D1618033

Frauke Gerlach | Christiane Eilders [Hrsg.]

#meinfernsehen2021

Bürgerbeteiligung: Wahrnehmungen, Erwartungen
und Vorschläge zur Zukunft öffentlich-rechtlicher
Medienangebote

Gefördert von der Staatskanzlei des Landes Nordrhein-Westfalen

Die Landesregierung
Nordrhein-Westfalen

Die Deutsche Nationalbibliothek verzeichnet diese Publikation in
der Deutschen Nationalbibliografie; detaillierte bibliografische
Daten sind im Internet über http://dnb.d-nb.de abrufbar.

1. Auflage 2022

© Die Autor:innen

Publiziert von
Nomos Verlagsgesellschaft mbH & Co. KG
Waldseestraße 3–5 | 76530 Baden-Baden
www.nomos.de

Gesamtherstellung:
Nomos Verlagsgesellschaft mbH & Co. KG
Waldseestraße 3–5 | 76530 Baden-Baden

ISBN (Print): 978-3-8487-8489-9
ISBN (ePDF): 978-3-7489-2869-0

DOI: https://doi.org/10.5771/9783748928690

Onlineversion
Nomos eLibrary

Inhalt

Inhalt

Einleitung der Herausgeberinnen

Im Frühsommer 2020 wurde die Kooperation zwischen dem Düsseldorfer Institut für Internet und Demokratie (DIID) an der Heinrich-Heine-Universität, der Bundeszentrale für Politische Bildung (bpb) und dem Grimme-Institut mit dem Ziel ins Leben gerufen, einen partizipativen Diskurs über die Zukunft des Fernsehens der öffentlich-rechtlichen Sender durchzuführen. Dieser Diskurs sollte online stattfinden, um standortunabhängig und ohne festgelegten Termin möglichst viele verschiedene Stimmen einzufangen – auch die von jüngeren Zielgruppen, die üblicherweise durch Versammlungen in Präsenz nicht erreicht werden. Nach der gemeinschaftlichen Entwicklung eines Konzepts für das Online-Partizipationsverfahren wurde die bestehende Partizipationsplattform für das Konzept angepasst und die dreiphasige Online-Diskussion konnte beginnen. Die Initiator:innen waren von der großen Resonanz und dem überwiegend sachlichen Ton der Beiträge und Kommentare freudig überrascht. Die Auswertung nahm entsprechend viel Zeit und Arbeitskraft in Anspruch. Auf einer Tagung im Mai 2021 konnten erste Ergebnisse vorgestellt und diskutiert werden. Mit dem vorliegenden Band und der Dokumentation der wesentlichen Ergebnisse, der Methodik und der Analyse der Diskurs-Qualität des Verfahrens findet die Kooperation ihren vorläufigen Abschluss.

Der Sammelband ist inter- und transdisziplinär angelegt, die Autor:innen setzen sich zum einen aus Akteur:innen der Kooperation #meinfernsehen2021 zusammen. Darüber hinaus wird das Partizipationsverfahren und seine Ergebnisse durch Gastbeiträge und damit durch den Blick von „außen" betrachtet.

Zum Einstieg in das Themenfeld des Sammelbandes erläutern Christiane Eilders und Frauke Gerlach wesentliche Zielsetzungen sowie das Verfahren von #meinfernsehen2021. Darüber hinaus beleuchten die Autorinnen Qualitätsmerkmale partizipativer Prozesse anhand der Bürgerbeteiligung zur Reform der Medienordnung sowie aktueller Bürgerdialoge öffentlich-rechtlicher Sender und kontextualisieren diese mit #meinfernsehen2021. Vor dem Hintergrund dieser Beispiele, die sich mit unterschiedlichen Fragestellungen der Zukunft öffentlich-rechtlicher Medien widmen, eröffnet der Beitrag Einblicke in den Ertrag diskursiver Beteiligungsverfahren. Auf der Grundlage dieser Betrachtungen und der Erkenntnisse von #meinfernsehen2021 entwickeln Christiane Eilders und Frauke Gerlach Handlungsempfehlungen und Anregungen für die Akteure der

Medienbranche, der Medienpolitik sowie einschlägiger Institutionen. Der Beitrag schließt mit dem Wunsch der Autorinnen, dass die Erkenntnisse aus dem Projekt #meinfernsehen2021 weitere Reflexionsprozesse in Gang setzen, Reformen initiieren oder untermauern.

Im ersten Teil des Sammelbandes werden Themen aus der Diskussion zur Zukunft des öffentlich-rechtlichen Fernsehens aufgegriffen, die in den Beiträgen von #meinfernsehen2021 besonders viel Aufmerksamkeit erhalten und Kontroversen ausgelöst haben. Der zweite Teil beleuchtet grundsätzliche Fragen von Online-Partizipation aus unterschiedlichen Perspektiven.

Zunächst untersuchen drei Beiträge unterschiedliche Aspekte der Struktur des öffentlich-rechtlichen Rundfunks. Um Regulierungsfragen geht es in dem Beitrag von Frauke Gerlach. Sie verdeutlicht die Aktualität der Diskursbeiträge von #meinfernsehen2021 anhand des Diskussionsentwurfs zur Reform des Medienstaatsvertrages vom 19.11.2021, indem sie inhaltliche Schnittmengen zwischen Ergebnissen des Partizipationsverfahrens und ausgewählter Regelungen des Diskussionsentwurfs erörtert. Dabei bezieht die Autorin ausgewählte Analysen zum Strukturwandel der Öffentlichkeit im digitalen Zeitalter in ihre Betrachtungen mit ein. In einem Fazit sieht Frauke Gerlach in den angelegten Reformpfaden des Diskussionsentwurfs vielschichtige Ansätze zur Steigerung der Akzeptanz des öffentlich-rechtlichen Rundfunks im digitalen Zeitalter.

Wie zu erwarten war, wurde die Frage des Rundfunkbeitrages auch im Kontext von #meinfernsehen2021 diskutiert. Aus rundfunkrechtlicher Perspektive geht Karl-Nikolaus Peifer der Frage nach, ob die Vorschläge der Beteiligten vor dem Hintergrund des Verfassungsrechts, der Rechtsprechung des Bundesverfassungsgerichts und der gewachsenen Struktur der Finanzierung des öffentlich-rechtlichen Rundfunks gegenwärtig umsetzbar sind. Sein Beitrag arbeitet die Balance zwischen Qualitätsförderung, Programmfreiheit und der Vermeidung politischer Einflussnahmen heraus. In seinem Fazit konstatiert Peifer die Nachvollziehbarkeit eines Unbehagens im Hinblick auf den Eindruck der Unverrückbarkeit der ausdifferenzierten und komplexen Finanzierung des öffentlich-rechtlichen Rundfunks.

Ebenso wie im Kontext des Diskurses über den Rundfunkbeitrag entwickelte sich eine lebendige Diskussion über die Gremien der öffentlich-rechtlichen Sender. Christoph Bieber setzt sich in seinem Beitrag mit der Zusammensetzung und der nicht immer leicht nachzuvollziehenden Arbeitsweise der Gremien auseinander. Den Fokus legt der Autor auf die Analyse des Reformbedarfes und der Reformansätze. Er bezieht sich hierbei insbesondere auf die Novelle des WDR-Gesetzes im Jahr 2021.

Christoph Bieber konstatiert, dass es einer Reform der Repräsentanz in den Gremien öffentlich-rechtlicher Sender und einer digitalen Modernisierung ihrer Arbeitspraxis bedarf.

Die Beiträge von Lena Reuters, Christoph Neuberger und Gerd Hallenberger setzen sich mit dem Programm und ausgewählten technischen Aspekten auseinander, die im Verfahren #meinfernsehen2021 zur Sprache kamen.

Lena Reuters beschäftigt sich mit dem Informationsangebot der öffentlich-rechtlichen Sender und hinterfragt redaktionelle Entscheidungen sowie die Auswahl von Themenschwerpunkten. Ferner reflektiert sie den Diskurs zu Dokumentationen und Talkshows. Sie untersucht dazu konkrete Vorschläge und Beiträge von #meinfernsehen2021 und vergleicht diese mit aktuellen Angeboten öffentlich-rechtlicher Sender und ihrer Programmentwicklungen. Lena Reuters kommt auf der Grundlage ihrer Untersuchungen zu dem Ergebnis, dass das Vertrauen in den öffentlich-rechtlichen Rundfunk als Informationsquelle gestiegen ist. Zugleich besteht der große Wunsch nach Innovation und Veränderung. Hierzu identifiziert die Autorin konstruktive und beachtenswerte Reformvorschläge der Teilnehmenden von #meinfernsehen2021.

Um Reformvorschläge geht es auch bei Christoph Neuberger. Auf der Grundlage seiner vielschichtigen Analyse der „Plattformisierung" der digitalen Welt skizziert er Wege zur Entwicklung gemeinwohlorientierter Medienplattformen. Ein Ansatz wäre aus seiner Sicht die Weiterentwicklung des Auftrags des öffentlich-rechtlichen Rundfunks. Hierzu macht der Autor instruktive Vorschläge und regt zudem einen grundsätzlichen Perspektivwechsel an, der darin mündet, die Vermittlungsfunktion breiter zu fassen. Danach stünde nicht mehr die kontrollierte und lineare Gatekeeper-Funktion im Vordergrund, sondern die kontinuierliche Interaktion der Redaktionen mit ihrer Umwelt, ihren Quellen und dem Publikum. Beispiele, die aufzeigen, wie eine breite Mitsprache ausgestaltet werden kann, sieht Christoph Neuberger in dem ARD-Zukunftsdialog und dem Projekt #meinfernsehen2021.

Mit einem anderen Aspekt des Auftrages des öffentlich-rechtlichen Rundfunks befasst sich Gerd Hallenberger in seinem Beitrag über den Wert der Unterhaltung. Er zeigt die Schwierigkeiten auf, die heterogenen und vielschichtigen Wünsche des Publikums an ein öffentlich-rechtliches Unterhaltungsprogramm zu erfüllen. Der Autor sieht die große Herausforderung nicht zuletzt darin, die Unterhaltungsinteressen des Publikums so anzusprechen, das es sich auf außergewöhnliche Unterhaltserlebnisse einlässt. Mit einem wertschätzenden Blick auf das „eigenwillige" Publikum, die Sender und Programmverantwortlichen sieht Gerd Hallenberger auf

Unterhaltsangebote und die Vorlieben des Zuschauenden. Dabei stellt er den Bezug zu Beiträgen von #meinfernsehen2021 her. Der Beitrag endet mit einem hoffnungsvollen Plädoyer für ein Fernsehen, das sein Publikum als Summe von Individuen und nicht als gesichtslose Masse wahrnimmt.

Ein weiterer Abschnitt des Bandes befasst sich mit der Erreichbarkeit jüngerer Zielgruppen. Dabei geht es um das Verhältnis zwischen linearem Fernsehen und Online-Angeboten des öffentlich-rechtlichen Fernsehens, um die Nutzung und Wahrnehmung des Angebots durch junge Zielgruppen, um die Medienbildung und um jüngere Zielgruppen im internationalen Vergleich.

Lena Reuters und Anna Soßdorf untersuchen die Vorstellungen der Diskussionsteilnehmenden zur Zukunft des linearen Fernsehens und sprechen damit eine große Herausforderung für den öffentlich-rechtlichen Rundfunk an. Wie sollen jüngere Zielgruppen erreicht werden, wenn man sie nicht da abholt, wo sie sich aufhalten – also im Internet? Was heißt das aber für die Erfüllung von normativen Funktionen, v.a. für die Integrationsfunktion? Wie integriert man die Gesellschaft ohne gemeinsame synchrone Rezeptionserlebnisse? Die Autorinnen sehen hier die Notwendigkeit eines andauernden Aushandlungsprozesses, in dem der Public Value festgelegt wird. Aufschlussreich ist hier die Gegenüberstellung einer Konsum-Haltung, bei der das Publikum mit Neuem und Überraschendem konfrontiert wird, ohne selbst aktiv zu werden, und der Strategie einer bewussten Auswahl, wie sie im Internet möglich ist.

Jüngere Zielgruppen stehen auch im Fokus des Beitrags von Anna Soßdorf und Viviana Warnken, die die Hinweise auf Wissenslücken zum öffentlich-rechtlichen Rundfunk zum Anlass genommen haben, über Media Literacy und Medienkompetenz nachzudenken. Die Autorinnen regen an, dass der öffentlich-rechtliche Rundfunk auch über seine eigene Struktur und seinen eigenen Auftrag informieren sollte. In der Analyse der Diskussionsbeiträge zeigt sich ein sehr unterschiedliches Wissensniveau in Bezug auf den öffentlich-rechtlichen Auftrag, bestimmte rechtliche Rahmenbedingungen in Bezug auf Paywalls und zu Werbung. Diese Lücken werden auch in Gruppeninterviews mit den Jugendlichen sichtbar, wie ausführlicher im Beitrag von Tim Gernsheimer (in diesem Abschnitt) berichtet wird. Der Beitrag endet mit einem Plädoyer für eine systematischere Medienbildung an Schulen und in außerschulischen Kontexten.

Anne Schulz kann die Debatte zur Sichtweise junger Menschen auf den öffentlich-rechtlichen Rundfunk mit aktuellen Befragungsdaten unterfüttern. Sie zeigt, dass junge Erwachsene Informationen im Fernsehen v.a. über Online-Kanäle nutzen, allerdings bewegt sich diese Nutzung auf sehr niedrigem Niveau, vergleicht man sie mit dem Gesamtpublikum. Das lässt sich interessanterweise nicht mit mangelndem Vertrauen erklären. Besonders junge Menschen haben nach den Daten ein ausgeprägteres Vertrauen in den öffentlich-rechtlichen Rundfunk als etwas ältere Zielgruppen. Unterschiede zwischen jungen Menschen und dem Gesamtpublikum zeigten sich auch in Bezug auf die Akzeptanz von klaren Haltungen anstelle von absoluter Neutralität, wenn es um wertgeladene Kontroversen wie den Klimawandel geht.

Am partizipativen Diskurs #meinfernsehen2021 haben sich überwiegend Männer im mittleren Alter mit hoher formaler Bildung aus bildungsbürgerlichen Milieus beteiligt. Dies ergab eine Evaluierungsbefragung, die von den Initiator:innen durchgeführt wurde (Verweis im Anhang). Um Perspektiven und Wünsche der jüngeren Generationen zu erfahren und den Blick auf die Zukunft des Fernsehens aus Sicht von Jugendlichen zu erhalten, wurde außerdem das SINUS-Institut beauftragt, Fokusgruppen mit Teilnehmenden zwischen 14 und 17 Jahren durchzuführen. Tim Gensheimer fasst die aufschlussreichen Ergebnisse in seinem Beitrag zusammen. Die Befragung orientiert sich an der Diskussion von #meinfernsehen2021. Die Ergebnisse sind, wie zu erwarten, vielschichtig und unterscheiden sich von den Teilnehmenden von #meinfernsehen2021. Große Einigkeit besteht indes auch bei den Jugendlichen darüber, dass sich das Fernsehen der Zukunft stärker am Diskurs mit den Zuschauenden ausrichten sollte, idealerweise aus der Community-Perspektive.

Zur abschließenden Reflexion des Online-Partizipationsverfahrens gehört auch eine Diskussion der Diskursqualität und der Einflüsse von Verfahrensdesign und Verfahrensregeln. Diese Fragen werden in weiteren vier Beiträgen aufgegriffen. Um Einflüsse auf die Diskursqualität der Online-Diskussion erfassen zu können, wurde für eine Stichprobe, die etwa 50 % aller Nutzerkommentare umfasst, die deliberative Qualität in Form von 15 Qualitätskriterien ermittelt (vgl. die ausführlichen Erläuterungen im Methodenanhang in diesem Band). Dazu wurde ein in anderen quantitativen Inhaltsanalysen bereits erprobtes Kategoriensystem verwendet, nach dem das Material unter der Leitung von Dominique Heinbach, Marc Ziegele und Lena Katharina Wilms verschlüsselt wurde. Diese Daten liegen allen vier Analysen in diesem Abschnitt zugrunde.

Marc Ziegele und Christiane Eilders gehen der Frage nach, inwiefern eine hohe deliberative Qualität von den Teilnehmenden des Online-Partizipationsverfahrens #meinfernsehen2021 durch eine hohe Beteiligungsaktivität gewürdigt wird. Liken also Teilnehmende Kommentare mit hoher Qualität und welche Merkmale sind besonders beliebt? Die Fragestellung knüpft an die Forschung zur Anschlusskommunikation in Online-Umgebungen an, in der bisher v.a. Nachrichtenfaktoren und Diskussionsfaktoren sowie Inzivilität, aber weniger deliberative Qualität als Trigger für weitere Aktivität untersucht worden sind. Die Autor:innen zeigen, dass Konstruktivität durchaus positiv beurteilt wird, während Rationalität keine Würdigung in Form von mehr Likes erhalten hat. Das könnte darauf hindeuten, dass Likes zumindest auch als Unterstützung für meinungskonforme Kommentare vergeben werden. Teilnehmende liken möglicherweise keine Kommentare, mit denen sie nicht übereinstimmen.

Dominique Heinbach und Lena Wilms untersuchen die Rolle von Moderation in #meinfernsehen2021. Sie zeichnen zunächst die Typen von Moderation nach und fokussieren dann auf die interaktive Moderation, die in der untersuchten Diskussion besonders häufig zum Einsatz kam. Sie fragen, unter welchen Bedingungen die Moderator:innen in die Diskussion eingreifen und gehen hier inhaltsanalytisch vor, indem sie die Merkmale derjenigen Kommentare erfassen, die eine Moderation ausgelöst haben. Moderator:innen wollten die Diskussion v.a. weiter voranbringen, sei es durch ein Zurückführen auf das eigentliche Thema oder durch zusätzliche Informationen, Nachfragen nach Argumenten oder Beispielen oder aber durch die Mobilisierung von weiteren Teilnehmenden. Die Moderation hat somit im untersuchten Verfahren wesentlich zur Qualität der Diskussion beigetragen. Die Autorinnen zeigen, dass die Moderation eine zentrale Stellschraube für die Diskussionsqualität ist.

Sarah-Michelle Nienhaus und Henri Mütschele befassen sich mit zwei ausgewählten Merkmalen von deliberativer Qualität, die häufig gegeneinander ausgespielt werden: Argumentation und Narration. Die Autor:innen untersuchen auf der Grundlage einer ausführlichen theoretischen Auseinandersetzung, inwiefern beide Merkmale als Qualitätsmerkmale im Bereich der Rationalität gelten können. Dabei zeigen sie auf, wie die inklusiveren Verständnisse deliberativer Qualität, also Emotion, Narration und Humor, auf die klassischen Merkmale bezogen werden können – als Konkurrenz oder Ergänzung bei der Argumentation. Im Ergebnis weisen beide Merkmale nach Phasen und nach Themenbereichen unterschiedliche Niveaus von Argumentation und Narration auf.

Christiane Eilders und Katharina Esau fokussieren auf die zwischen Nutzer:innen ungleich verteilte Aktivität in Online-Diskussionen. Sie zeigen, dass auch in der Diskussion zu #meinfernsehen2021 die meisten passiv die Diskussion der wenigen Aktiven verfolgt haben, ohne sich selbst aktiv durch Likes und Dislikes oder durch Kommentare zu beteiligen. Die Autor:innen fragen, ob nicht nur die Aktivität insgesamt, sondern auch die Qualität des Diskurses auf den Schultern von wenigen ruht. Mittels inhaltsanalytischer Daten zur deliberativen Qualität der Nutzerkommentare stellen sie fest, dass von den üblichen Qualitätsmerkmalen wie

Rationalität, Reziprozität und Zivilität ausschließlich die Reziprozität v.a. von den Hochaktiven getragen wird, während diese bei der Rationalität eher unterdurchschnittliche Werte erzielten. Auch die inklusiveren Qualitätsmerkmale wie Emotion oder Narration wurden nicht stärker von den Hochaktiven als von den restlichen Teilnehmenden erfüllt. Die Hochaktiven sind demnach v.a. deswegen so sichtbar oder aktiv, weil sie häufig auf andere sowie auf deren Diskussionsbeiträge eingehen.

Zur Qualität von Online-Diskussionen gehört auch die Zusammensetzung der Gruppe der Teilnehmenden. Mit diesem Aspekt beschäftigen sich zwei weitere Beiträge, in denen es um Repräsentativität und Diversität sowie um die Bedingungen, die zu einem Ausstieg von Teilnehmenden führen können, geht.

Jonathan Seim diskutiert die Gruppenzusammensetzung in Bezug auf die demokratietheoretischen Normen Repräsentativität und Diversität. Er arbeitet heraus, dass im vorliegenden Fall des Partizipationsverfahrens #meinfernsehen2021 Diversität die zentrale Anforderung ist, da es sich um eine Ideensammlung und nicht um ein Entscheidungsverfahren handelt, also möglichst viele unterschiedliche Sichtweisen zu Wort kommen sollten. Die Evaluationsstudie, die er zur Beurteilung der Diversität heranzieht, zeigt zwar Defizite, aber lässt immerhin diejenigen Bürger:innen zu Wort kommen, die sonst in der Öffentlichkeit nicht zur Zukunft des öffentlich-rechtlichen Fernsehens gehört werden. Für noch bessere Ergebnisse müssten gezielt und kontextabhängig Zielgruppen zur Teilnahme motiviert werden.

Julian Junggeburth zeigt anhand einer qualitativ-explorativen Inhaltsanalyse ausgewählter Diskussionsstränge, unter welchen Bedingungen sich Teilnehmende aus der Online-Diskussion zurückziehen. Damit ergänzt er die vorherrschende Forschungsperspektive zur Teilnahme-Motivation bei Online-Diskussionen um eine neue Facette. Er argumentiert, dass analog zu Motiven der Teilnahme auch Exit-Motive zu untersuchen sind, wenn man verstehen will, wie es dazu kommt, dass ein bestimmtes Meinungslager im Verlauf einer Debatte die Oberhand gewinnt. Exit sei – wie auch die Entscheidung, aktiv in die Diskussion einzusteigen – entscheidend für die in der Diskussion resultierende kollektive Meinung bzw. die Meinungsverteilung der aktiv Beteiligten. Julian Junggeburth unterscheidet Phänomene des Ausstiegs aus Diskussionen und kann für diese bspw. verschiedene Motive ausmachen, die jeweils etwas mit der Kontroversität des Themas bzw. der Einigkeit oder Uneinigkeit zwischen den Teilnehmenden zu tun haben.

Der Band schließt mit einem Exkurs von Matthias Trénel, der als einer der externen Expert:innen den ARD-Zukunftsdialog bei der Konzeption und der Realisierung dieses Beteiligungsverfahrens unterstützt hat. Vor dem Hintergrund des zunehmenden Drucks auf den beitragsfinanzierten Rundfunk und der Reformdiskussionen in Politik und Öffentlichkeit beschloss die ARD die Debatte um die Zukunft des öffentlich-rechtlichen Rundfunks aufzugreifen, indem sie einen öffentlichen Diskurs initiierte. Mit dem Beteiligungsverfahren sollten Erkenntnisse darüber gewonnen werden, wie sich Bürgerinnen und Bürger die Zukunft der ARD vorstellen. Matthias Trénel erläutert das vierstufige Verfahren sowie die Auswertung und stellt die Ergebnisse des ARD-Zukunftsdialogs dar. Darüber hinaus gibt er eine Übersicht, welche Ideen und Wünsche von der ARD weiterverfolgt werden und welche nicht. Der Beitrag von Matthias Trénel endet mit einem Fazit, welches die Anschlussfähigkeit an die Erkenntnisse von #meinfernsehen2021 aufzeigt. Sowohl der ARD-Zukunftsdialog als auch #meinfernsehen2021 verdeutlichen, dass die Bürgerinnen und Bürger bereit sind, sich an der Weiterentwicklung des öffentlich-rechtlichen Rundfunks engagiert und konstruktiv zu beteiligen.

Christiane Eilders und Frauke Gerlach

#meinfernsehen2021: Zur Zukunft des öffentlich-rechtlichen Fernsehens

Der öffentlich-rechtliche Rundfunk nimmt schon qua Programmauftrag eine besondere Funktion im medialen Umfeld der Bundesrepublik ein. Er soll nicht nur unterhalten, sondern auch informieren, einordnen und bilden.

Die sogenannten Massenmedien nehmen bei der Begleitung von Prozessen eine entscheidende Rolle ein, z. B. bei gesellschaftlichen, politischen oder wirtschaftlichen Themen und Fragestellungen. Sie treten gewissermaßen als Begleiter und Mediator zwischen den Ebenen und Positionen auf – ihnen obliegt damit eine besondere Verantwortung.

Letzteres ist – insbesondere vor dem Hintergrund der Corona-Pandemie – zuletzt noch einmal besonders deutlich geworden. Hier hat sich gezeigt, welche Bedeutung qualitativ gute und verlässliche Informationen und Berichterstattung haben; gerade in Krisenzeiten und Zeiten von Verunsicherung, wie wir sie hierzulande lange nicht kannten. Dem öffentlich-rechtlichen Fernsehen kommt dabei traditionsgemäß eine besondere Rolle zu.

In weiten Teilen der Bevölkerung genießt der öffentlich-rechtliche Rundfunk ein hohes Ansehen und Vertrauen; auch im Vergleich mit anderen Medien. Dies hat zuletzt eine repräsentative Befragung der Stiftung Neue Verantwortung im März 2021 zum Thema Nachrichtenkompetenz herausgefunden. 69 % der befragten Personen gaben an, dem öffentlich-rechtlichen Rundfunk zu vertrauen, das sagten gleichzeitig aber nur 52 % der Befragten über den privaten Rundfunk.

Die – zugegebenermaßen – sehr guten Werte sollten jedoch nicht davon ablenken, auch kritisch auf die Punkte zu blicken, die seit geraumer Zeit in der Diskussion stehen: Die Strukturdebatte um eine Reform des öffentlich-rechtlichen Rundfunks, seine Qualität und Ausrichtung, sein Angebot, seine Zielgruppen und Finanzierung, um nur einige Aspekte zu benennen.

Auch Themen wie Bürgernähe und Anbindung an die Lebenswelt der Zuschauenden werden in Zukunft für den öffentlich-rechtlichen Rundfunk sicherlich von zunehmend größerer Bedeutung sein. Innovative Beispiele, die bewusst den Konnex zum Alltag der Zuschauenden suchen – wie etwa die tagesthemen-Serie #mittendrin – finden bereits Einzug in das öffentlich-rechtliche Portfolio. In den #mittendrin-Reportagen, die das lineare Angebot ergänzen, stellen sich Menschen aus ganz Deutschland mit ihren Nöten, Ängsten, Ideen und Projekten vor.

Die Reportagen zeigen, dass es lohnenswert ist, „vor Ort" im Regionalen zu sein, denn in den kurzen, persönlichen Geschichten spiegeln sich die großen gesellschaftlichen Fragen und Debatten unserer Gesellschaft. Über crossmediale Ergänzungen bei YouTube, Instagram oder tagesschau.de ermöglichen weitere Kanäle eine Ansprache der Zuschauenden und schaffen zusätzliche persönliche Identifikations- und Anknüpfungspunkte.

Anliegen des Projekts „#meinfernsehen2021 – Zur Zukunft des öffentlich-rechtlichen Fernsehens", einer Kooperation zwischen dem Düsseldorfer Institut für Internet und Demokratie, dem Grimme-Institut und der Bundeszentrale für politische Bildung, ist es gewesen, die skizzierten Strukturreformprozesse und seine Potenziale in den Blick zu nehmen, mit dem Fokus, Reformprozesse bestenfalls nicht als Einbahnstraße zu begreifen, sondern den Beteiligten – in diesem Fall die Zuschauerinnen und Zuschauer – Gehör zu schenken, sie einzubeziehen und nach ihren Interessen zu fragen; sie also partizipieren zu lassen. Diese Anliegen sind nicht nur zentrale der politischen Bildung selbst, sondern erhöhen gleichzeitig Glaubwürdigkeit und Akzeptanz in sämtlichen Prozessen.

Mit der Partizipationsplattform #meinfernsehen2021 ist ein digitaler Diskursraum entstanden, der die (Fach)Debatten, die in der jüngsten Vergangenheit in Bezug auf Legitimation, Ausrichtungen, Inhalte und Reformen des öffentlich-rechtlichen Rundfunks öffentlich geführt werden, aufgegriffen hat und maßgeblich um die Perspektive der Zuschauenden erweitert und einen offenen Beteiligungsprozess initiiert hat. Zwischen November 2020 und März 2021 fanden dazu insgesamt drei offene, jeweils aufeinander aufbauende Beteiligungsphasen statt. Die Ergebnisse der Beteiligung wurden auf einer hybriden Veranstaltung im Mai 2021 präsentiert und diskutiert.

Die Kooperationspartner wollten in dem Beteiligungsprozess erfahren: Was wünschen sich die Zuschauenden im und vom öffentlich-rechtlichen Rundfunk – speziell im TV? Was möchte sie im Fernsehen sehen? Welche Themen sind wichtig, welche Stoffe, Formate und Entwicklungen, welche Zugänge? Was soll bleiben und was gehen? Welche Verbesserungsmöglichkeiten und -potenziale sehen und benennen die Zuschauenden? Was ist zeitgemäß?

Das Angebot zum digitalen Diskurs und Austausch haben insgesamt fast 700 Teilnehmende in über 3.600 Beiträgen wahrgenommen. Die Beiträge zeichneten sich aus durch eine immense Bandbreite, mitunter große Kenntnis und Expertise, Fachkenntnis in Spartenbereichen ebenso wie durch großen Ideenreichtum und kreative Vorschläge bei der Diskussion um notwendige Reformen aus den unterschiedlichsten Feldern wie Inhalte, Personen, Formate, Genre und vieles mehr. Als roter Faden zog sich die Frage nach dem „Fernsehen für alle" und wie dieses genau gestaltet sein könnte durch den Partizipationsprozess.

Im Themenfeld „zukunftsfähige Reformen" trugen die Zuschauer:innen umfassende und vielseitige Ideen zusammen, wie Verbesserungen im Bereich der Inhalte und Formate aussehen könnten und wie es gelingen könnte, die Zuschauenden insgesamt stärker in Live-Programm einzubinden.

Das Engagement und die Ergebnisse aus dem Beteiligungsprozess und der Veranstaltung im Mai 2021 waren für die beteiligten Partner sehr eindrucksvoll. Sie haben die anfangs gesetzten Erwartungen in vielerlei Hinsicht übertroffen und stellen einen großen Schatz und Fundus dar, dessen zentrale Aspekte in dem vorliegenden Band daher noch einmal strukturiert und gebündelt aufgegriffen und dokumentiert werden.

Der Band richtet sich an Expertinnen und Experten des Feldes, ebenso wie an Bürgerinnen und Bürger, die die Gelegenheit genutzt haben, sich auf der Plattform partizipativ zu beteiligen. Er fasst die zentralen Ergebnisse des Beteiligungsprozesses zusammen, gibt in unterschiedlichen Beiträgen eine Übersicht zum Status quo in wesentlichen Punkten der Debatte und soll weiterhin über die Aufnahme einiger neuer Aufsätze zur weiteren Auseinandersetzung mit dem Themenfeld „Zukunft des öffentlich-rechtlichen Rundfunks" anregen.

Eine interessante Lektüre wünscht

Thomas Krüger
Präsident der Bundeszentrale für politische Bildung

I. Bürgerbeteiligung zum öffentlich-rechtlichen Medienangebot

Christiane Eilders und Frauke Gerlach

1. Einleitung

Der öffentlich-rechtliche Rundfunk ist seit über siebzig Jahren ein Massenmedium, das der Information, Bildung und Unterhaltung dienen soll. Dabei soll er die vielschichtigen und komplexen Lebenswirklichkeiten und Interessen bündeln und einen anschlussfähigen gesellschaftlichen Diskurs ermöglichen. Wichtige Meilensteine für die Ausgestaltung des öffentlich-rechtlichen Rundfunks, wie wir ihn heute kennen, wurden auf der Grundlage politischer Entscheidungen gesetzt, die von einer ausdifferenzierten Rechtsprechung des Bundesverfassungsgerichts begleitet wurden. Gesellschaftliche, kulturelle und technische Umbruchzeiten sind die wesentlichen Auslöser und Treiber der Weiterentwicklungen nicht nur dieses Mediums. Die Arbeitsgemeinschaft der öffentlich-rechtlichen Rundfunkanstalten der Länder wurde 1950 und das ZDF 1961 gegründet. Der DDR-Rundfunk wurde 1990 mit dem Einigungsvertrag aufgelöst. Der Diskurs darüber, wie der öffentlich-rechtliche Rundfunk verfasst sein soll, fand dabei nur selten mit direkter Beteiligung der Bevölkerung statt.

Das sollte sich in dem hier zugrunde liegenden Projekt nun ändern. Um tiefere Einblicke in die Erwartungen der Zuschauerinnen und Zuschauer an das öffentlich-rechtliche Fernsehen zu erhalten, hat das Grimme-Institut in Kooperation mit der Bundeszentrale für politische Bildung und dem Düsseldorfer Institut für Internet und Demokratie der Heinrich-Heine-Universität Düsseldorf (DIID) Interessierte eingeladen, sich an einer Online-Diskussion zur Zukunft des Fernsehens zu beteiligen. Inspiriert von der übergeordneten Frage, ob der Auftrag des öffentlich-rechtlichen Fernsehens noch zeitgemäß ist, wurden Anmerkungen, Lob und Kritik zu Technik, Programm und Struktur sowie konkrete Vorschläge für das Fernsehen der Zukunft gesammelt. Ziel der Beteiligungsplattform war es, auf innovative Weise zusätzliche Stimmen zum Diskurs über den ÖRR einzufangen, und diesen zuzuhören, auch in ihrem Austausch untereinander.

Die eingefangenen Stimmen zur Zukunft des ÖRR umfassen Wünsche, Erwartungen und Vorschläge, Kritik und Lob. Sie wurden in einem mehrstufigen Auswertungsprozess zu bestimmten Themen und Meinungen verdichtet und geben einen Einblick in die Vielfalt der Wahrnehmungen und Präferenzen des Publikums und derjenigen, die nicht erreicht werden. Die Befunde, die in diesem Band präsentiert werden, betreffen u.a. die Qualität und die Rahmenbedingungen von Unterhaltung und Information, die Programmstruktur und Vielfalt der Angebote, den Zugang und die technischen Weiterentwicklungen sowie den Auftrag, die Senderstruktur, die Finanzierung und die Transparenz von Entscheidungen. Neben den von den Teilnehmenden angesprochenen Themen und den geäußerten Meinungen, ermöglichte die Auswertung auch Erkenntnisse zum Beteiligungsverhalten und zum Stil der Online-Diskussion. So konnte etwa die deliberative Qualität der Diskussionen nach bestimmten Gruppen von Teilnehmenden oder nach inhaltlichen Merkmalen wie Themen und Moderation verglichen werden.

Neben den wissenschaftlichen Erkenntnissen zur Wahrnehmung und Einschätzung verschiedener Probleme und Lösungen des öffentlich-rechtlichen Fernsehens durch die Teilnehmenden und zusätzlich zu den Einblicken in die Qualität einer solchen Online-Diskussion soll das Projekt #meinfernsehen2021 auch eine breite gesellschaftliche Reflexion über Funktion und Leistung des öffentlich-rechtlichen Fernsehens anstoßen. Ausgehend von einem Qualitätsdiskurs mit den Stimmen von Teilnehmenden soll Handlungsbedarf für Reformen identifiziert werden und an die Entscheidungsebene vermittelt werden.

Im Folgenden sollen zunächst die Grundideen der Bürgerbeteiligung im öffentlich-rechtlichen Fernsehen und der Einsatz von Online-Plattformen für diskursive Partizipation diskutiert werden (2). Aus der Perspektive von Bürgerbeteiligung werden dann die Genese des neuen Medienstaatsvertrags und die einschlägigen Konsultationen dazu diskutiert (3). Schließlich werden Idee, Aufbau und Durchführung des Verfahrens skizziert (4), bevor lessons learned formuliert und in Handlungsempfehlungen überführt werden (5).

2. Diskursive Partizipation als Prinzip

In den letzten zwei bis drei Jahrzehnten ist der Wunsch der Bürger:innen nach mehr Teilhabe an politischen Entscheidungsprozessen deutlich sichtbar geworden (z.B. Kubicek et al. 2011). Die Partizipationsansprüche reichen von Konsultationen zu kommunalen Haushalten (vgl. z.B.

die Arbeiten zum DIID-Monitor der kommunalen Bürgerbeteiligungen in NRW; https://diid.hhu.de/projekte/monitor-op/) bis zu Beteiligungsverfahren im Zuge von Großprojekten wie Stuttgart 21. Während lange Zeit Beteiligungsverfahren in Präsenz, also bspw. als Bürger-Versammlung durchgeführt und von den Kommunen initiiert worden waren, sind mit der Durchsetzung von Social Media zunehmend Online-Verfahren zu beobachten. Um die Vorteile des persönlichen Gesprächs *und* die asynchrone Online-Diskussion zu verbinden, wurden oftmals hybride Beteiligungskonzepte entwickelt, in denen die Präsenz-Diskussionsveranstaltungen durch Online-Formate ergänzt wurden (bspw. im Beteiligungsverfahren zur Neugestaltung des Tempfelhofer Feldes in Berlin, vgl. Esau, 2022). Durch die Corona-Pandemie und die damit einhergehende Kompetenzerweiterung der Bürger:innen haben reine Online-Formate deutlich aufgeholt.

Unabhängig von Angebotstyp geht es auf der Anbieter-Seite von Partizipationsprozessen nicht einfach nur darum, möglichst viele Ideen zu sammeln oder ein Stimmungsbild zu ihren Vorschlägen zu erhalten. Vielmehr wollen Anbieter:innen auch Akzeptanz und Legitimität für ihr Vorhaben generieren (van Deth, 2006). Allein die Tatsache, dass Bürger:innen in den Prozess der Meinungsbildung oder (seltener) der Entscheidungsfindung einbezogen werden, so die Erwartung, führt dazu, dass anerkannt wird, dass hier demokratische Grundsätze der Willensbildung umgesetzt wurden. In der Folge erhofft sich die Anbieter-Seite, dass auch Entscheidungen, die den individuellen Präferenzen entgegenstehen, von vielen mitgetragen werden. Das betrifft in erster Linie die am Prozess Beteiligten, kann aber auch viel weitere Kreise umfassen, nämlich die stillen Beobachter:innen des Prozesses.

Weiter gesteckt als diese generellen Ziele der Akzeptanz und Legitimität ist der Anspruch, durch Beteiligung auch bessere Ergebnisse zu erzielen. Eine solche Qualitätsverbesserung der Ergebnisse hofft man zu erreichen, indem Diskussionen möglichst vieler verschiedener Beteiligter angeregt und begleitet werden, in denen Meinungsbildungsprozesse in Gang kommen, die individuelle Präferenzen zu einer kollektiven Meinung verdichten. In einem Austausch zwischen den Bürger:innen selbst und zwischen Bürgerschaft und den politischen Eliten (z.B. Verba et al., 2005) sollen in Rede und Gegenrede Lösungen für Probleme abgewogen werden, die möglichst viele zufriedenstellen. Die diskursive Partizipation geht über das Einsammeln von Meinungen in Abstimmungen oder Umfragen weit hinaus. Durch das Diskussionsformat werden nicht nur die grundsätzlichen Positionen, sondern auch die Argumente dazu sichtbar gemacht. So ist das Diskussionsformat besonders gut geeignet, um die Komplexität der Sichtweisen offenzulegen.

Die Sichtbarkeit aller Beiträge für alle Beteiligten trägt außerdem zur Stabilität und Konsistenz der Positionen bei: Was hier artikuliert wird, muss auch der öffentlichen Kritik standhalten. Da der Meinungsaustausch zwischen verschiedenen Akteuren öffentlich stattfindet, müssen sich Akteure vor Publikum rechtfertigen und können kaum ihre Partikularinteressen durchsetzen, ohne dass diese vom Publikum thematisiert werden (Klein 2008, Eilders 2011, S. 164). Im Gegensatz dazu müssen sich Positionen, die „ohne Aussprache" entstanden sind, nie öffentlicher Kritik stellen. Hier unterscheidet sich also die diskursbasierte Meinung von der umfragebasierten aggregierten Meinung. Ein weiterer Vorteil der diskursiven Partizipation besteht – in der Perspektive des Kommunitarismus – in der Sicherung und Stärkung der Demokratie, die sich über die Rekonstruktion der Gemeinschaft und die Stärkung des Verantwortungsbewusstseins der Menschen schon durch die Interaktion der Beteiligten herstellt, auch ohne dass die Bürgerstimme dabei direkt in Entscheidungsprozesse eingeht (Etzioni 1995).

Im Idealfall entspricht die diskursive Partizipation den deliberativen Normen wie Gleichheit, argumentative Rationalität, Verständigungsorientierung und Respekt (Esau et al. 2019, Frieß und Eilders 2015, Steenbergen et al. 2003). In einem solchen Diskurs, so die Annahme, setzt sich nicht das Lager mit den meisten finanziellen Ressourcen oder der größten Macht durch, sondern der beste Vorschlag. Je mehr zivilgesellschaftliche Akteur:innen sich beteiligen, desto höher außerdem die Chance, dass tatsächlich die Kriterien erfüllt werden, da innerhalb der Zivilgesellschaft nicht nur die Abwesenheit von Macht und anderen Ressourcen für deren Einhaltung sorgt (Eilders und Niederelz, 2021), sondern die Zivilgesellschaft durch ihre Nähe zur Lebenswelt auch über ein ausgeprägtes Problembewusstsein verfügt. Dieses kann bei der Identifikation von Problemen und bei der Suche nach guten Lösungen sehr hilfreich sein.

Für die diskursive Diskussion eignen sich Online-Plattformen besonders gut, weil sie durch ihre Ortsunabhängigkeit unaufwändig eine große Menge an Menschen einbinden können und diese asynchron, also mit mehr Zeit zur Reflexion schriftlich miteinander diskutieren und auch weitere Informationen austauschen können. Ob dabei die deliberativen Normen eingehalten werden, ist mit Blick auf das Phänomen von Hate Speech allerdings mindestens umstritten. Im hier zugrunde liegenden Projekt gehen Autor:innen der Frage nach, inwiefern die Online-Diskussionen zur Zukunft des öffentlich-rechtlichen Fernsehens deliberative Normen einhalten und welche Einflussfaktoren diese Einhaltung fördern (vgl. z.B.

Heinbach und Wilms in diesem Band). Der Ertrag von Online-Diskussion wird in diesem Projekt allerdings nicht nur im Sinne der Deliberationsforschung diskutiert, sondern auch im oben skizzierten allgemeineren Sinne einer breiten und niedrigschwelligen Einbeziehung zivilgesellschaftlicher Stimmen. Ob dieses Online-Beteiligungsangebot im Medienbereich die Erwartungen in der Weise erfüllt, dass mithilfe der vielen Stimmen auch bessere Lösungen gefunden werden und Akzeptanz und Legitimität aus dem Prozess erwachsen, bleibt abzuwarten. Der Ertrag des zugrunde liegenden Projekts soll nun zunächst durch die Darstellung vorangegangener Beteiligungsverfahren im Medienbereich kontextualisiert werden, bevor die Ideen und Lösungen aus unterschiedlichen Perspektiven diskutiert werden.

3. Bürgerbeteiligung zur Reform der Medienordnung und aktuelle Bürgerdialoge öffentlich-rechtlicher Sender

3.1 Reform der Medienordnung

Im April 1987 trat der Rundfunkstaatsvertrag in Kraft. Mit ihm wurde eine einheitliche rechtliche Grundlage implementiert, um das Nebeneinander von öffentlichem und privatem Rundfunk zu schaffen, die aufgrund der Einführung des dualen Rundfunks erforderlich wurde. Die Rundfunkregulierung der ersten Jahrzehnte war von der analogen Medienwelt geprägt. An den Diskursen zu den Rundfunkänderungsstaatsverträgen wurden im Wesentlichen Akteur:innen der privaten und öffentlich-rechtlichen Rundfunkveranstalter sowie etablierte Stakeholder beteiligt. Der Kreis der zu Anhörungen Eingeladenen und derjenigen, die Stellungnahmen zu den jeweiligen Rundfunkänderungsstaatsverträgen abgegeben haben, wurde im Laufe der Jahre zunehmend größer. Darüber hinaus war der Diskurs über die Rundfunkregulierung vornehmlich von informellen Interaktionen zwischen Akteur:innen der Medienpolitik, Medienbranche und öffentlich-rechtlicher wie privater Rundfunkanbieter geprägt. Bürgerinnen und Bürger oder Akteur:innen der Zivilgesellschaft wurden nicht beteiligt (Gerlach, 2011). Dies änderte sich im Jahr 2018: Nach insgesamt 23 Rundfunkänderungsstaatsverträgen sollte die Medienordnung grundlegend reformiert werden.

Der erste große Reformschritt wurde mit dem Inkrafttreten des „Staatsvertrag zur Modernisierung der Medienordnung" (MoStV) am 07.11.2020 realisiert. Mit diesem Staatsvertrag wurde der Medienstaatsvertrag (MStV) beschlossen, der den seit April 1987 eingeführten Rundfunkstaatsvertrag ersetzt. Teile der Rechtsnormen aus der „alten" Rundfunkregulierung wurden übernommen, zentrale Normen wurden überarbeitet oder neu eingeführt. Auf die Einzelheiten kann an dieser Stelle nicht eingegangen werden (ausführlich hierzu, Dörr, 2022). In der Protokollerklärung aller Länder wird der Medienstaatsvertrag als Antwort „auf die zentralen Fragen und Herausforderungen einer digitalisierten Medienwelt"[1] beschrieben. Die Anpassung an die digitale Transformation sollte damit allerdings nicht abgeschlossen sein. Insofern ist der Diskussionsentwurf zur Neufassung des Auftrages des öffentlich-rechtlichen Rundfunks und die Optimierung seiner Strukturen (MStV-E) vom 19.11.2021 Bestandteil des Transformationsprozesses zur Modernisierung der Medienordnung.

Zu dem Reformprozess wurden die Bürgerinnen und Bürger erstmalig aufgerufen, Vorschläge und Ideen einzubringen. In der Zeit vom 23.07.2018 bis 30.09.2018 konnten über die Internetseite der Staatskanzlei Rheinland-Pfalz Eingaben zum Themenfeld gemacht werden.[2] Die ca. 1.200 Eingaben wurden systematisiert, wobei die Beiträge der Bürgerinnen und Bürger unter die Begriffe „Plattformregulierung", „Rundfunkbegriff" und „Intermediärsregulierung" eingeordnet und auf der Webseite der Staatskanzlei Rheinland-Pfalz veröffentlicht wurden, sofern die Beteiligten einer Veröffentlichung zugestimmt haben. Auf der Webseite der Staatskanzlei wurde darüber informiert, dass die Eingaben in die Beratungen einfließen würden.[3] Nur wenig später wurde der 2. Entwurf des Medienstaatsvertrages debattiert, auch hier hatten die Bürgerinnen und Bürger die Möglichkeit, ihre Wünsche und Vorstellungen – in der Zeit vom 03.07.2019 bis 09.08.2019 – einzubringen.[4] Soweit ersichtlich, wurden nur die Stellungnahmen von Sendern, Verbänden und Organisationen veröffentlicht.

Die Rundfunkkommission der Länder hat am 19.11.2021 einen weiteren Entwurf zur Reform des Medienstaatsvertrages veröffentlicht, dieser soll u.a. den Auftrag und die Struktur des öffentlich-rechtlichen Rundfunks neu fassen. Im Zeitraum vom 19. 11.21 bis 14.01.22 konnten Interessierte den Diskussionsentwurf kommentieren und ihre Kritik und Vorschläge einbringen. Dies erfolgte wiederum über die Webseite der Staatskanzlei Rheinland-Pfalz in Form einer Mail. In dieser Mail wurde

---

1 Protokollerklärung aller Länder, https://www.rlp.de/fileadmin/rlp-stk/pdf-Dateien/ Medienpolitik/Medienstaatsvertrag.pdf, S. 104 ff.
2 https://www.rlp.de/fileadmin/rlp-stk/pdf-Dateien/Medienpolitik/Eingaben_Medien staatsvertrag/Ihre_Ideen_zum_Medienstaatsvertrag__Rundfunkbegriff_.pdf
3 a.a.O.
4 https://www.rlp.de/fileadmin/rlp-stk/pdf-Dateien/Medienpolitik/Zusammenfassun g_MStV_2019-12-05.pdfm

abgefragt, ob die jeweilige Stellungnahme veröffentlich werden darf oder nicht. Ferner wurde darüber informiert, dass die eingegangenen Stellungnahmen, Ideen und Anregungen von den Fachleuten in den Staats- und Senatskanzleien der Länder ausgewertet würden und die Rundfunkkommission über die Ergebnisse des Beteiligungsprozesses beraten und über das weitere Vorgehen entscheiden werde.[5]

Die Veröffentlichung der mit einer Einwilligung versehenen Stellungnahmen ist bis Anfang Juni 2022 mit der Begründung noch nicht erfolgt, dass die Vielzahl der Eingaben noch nicht ausgewertet worden sei.[6] Nach der Darstellung der Staatskanzlei Rheinland-Pfalz haben sich ca. 2.600, vornehmlich Bürgerinnen und Bürger, beteiligt.[7]

Kritik und Reformvorschläge von Bürger:innen einzuholen, bedeutet auf jeden Fall eine Erweiterung des Stimmenspektrums und lässt daher auf gute Ideen und Lösungen hoffen. Allerdings mangelt es hier offenbar nicht nur an Antworten der Entscheidungsebene, sondern auch am offenen Austausch derjenigen, die sich zu Wort melden, also an der gegenseitigen Beobachtbarkeit aller Beteiligten. Die Integration der Beteiligten und das Prinzip der Öffentlichkeit, das für besonders reflektierte Beiträge sorgen soll, sind hier noch nicht überzeugend umgesetzt. Die Verdichtung der Beiträge zu einer tragfähigen Lösung, mit der möglichst viele zufrieden sind, geschieht nicht im Diskurs selbst, sondern erst durch die Entscheidungsebene nach Abschluss des Verfahrens.

3.2. Bürgerdialoge öffentlich-rechtlicher Sender

Im Verlauf der Jahre 2021/2022 fanden beachtenswerte Bürgerdialoge öffentlich-rechtlicher Sender statt. Im Folgenden sollen diese aktuellen Partizipationsbeispiele näher beleuchtet werden.

Im Hinblick auf die aktuellen Bemühungen öffentlich-rechtlicher Sender, den Diskurs mit Bürgerinnen und Bürgern zu suchen, ist § 31 Abs. 2d MStV-E relevant:

---

5 https://www.rlp.de/de/regierung/staatskanzlei/medienpolitik/rundfunkkommissio n/reform-ard-zdf-deutschlandradio/faq-und-hinweise/

6 https://www.rlp.de/de/pressemitteilungen/einzelansicht/news/News/detail/onlineb eteiligung-zum-diskussionsentwurf-beendet-ueber-2600-eingaben-vor-allem-von-bu ergerinnen-un-1/

7 https://www.rlp.de/de/regierung/staatskanzlei/medienpolitik/rundfunkkommissio n/reform-ard-zdf-deutschlandradio/

> *„Die Anstalten treffen Maßnahmen, um sich in einem kontinuierlichen Dialog mit der Bevölkerung, insbesondere über Qualität, Leistung und Fortentwicklung des Angebots auszutauschen."* (§ 31 Abs. 2d MStV-E).

Weitere Betrachtungen hierzu finden sich im Beitrag von Frauke Gerlach in diesem Band. Vor dem Hintergrund dieser Regelung nehmen die Bürgerdialoge von ARD und NDR eine gewisse Vorreiterrolle für die Sender ein.

ARD-Zukunftsdialog

Der ARD-Zukunftsdialog, der in diesem Band von Matthias Trénel ausführlich dargestellt wird, ist deutlich differenzierter konzipiert als die Beteiligungsverfahren zum Medienstaatsvertrag.

Der ARD-Zukunftsdialog erfolgte in vier aufeinander aufbauenden Schritten, zu dem eine vierwöchige allgemein zugängliche und einsehbare Online-Beteiligung gehörte, an der 3.822 Personen teilgenommen und die insgesamt 14.601 Beiträge verfasst haben. Dem Online-Diskurs ging eine Auftaktkonferenz voraus. Der ARD-Zukunftsdialog endete mit einer Abschlusskonferenz. An dieser sowie an der Auftaktkonferenz nahmen 139 sogenannte Losbürger:innen teil. Diese wurde im gesamten Bundesgebiet mithilfe eines telefonischen Losverfahrens ausgewählt, damit sollte ein Querschnitt der Gesellschaft abgebildet werden. Die Moderation erfolgte durch ARD-Vertreter:innen und ARD-Themenpart:innen. Die Konzeption und Realisierung wurde von Dialogdienstleistern unterstützt. Im Ergebnis wurden 13 ARD-Zukunftsprojekte identifiziert, die die ARD-Sender umsetzen wollen. Zu den Zukunftsprojekten, die die ARD umsetzen will, gehört u.a. der Ausbau der Mediathek und Audiothek, der verstärke Austausch mit den Nutzer:innen und die stärkere Abbildung des ländlichen Raumes. Zu den diskutierten, aber nicht weiter verfolgten Themen zählt u.a. der Wunsch nach weniger Fußball und mehr Breitensport, weniger Krimis und Gewalt oder anspruchsvolleren Quizshows. Die Auswahl der Themen erfolgte durch die ARD und die Dialogdienstleister. Wie und nach welchen Kriterien die Themen ausgewählt wurden, ist nicht transparent. Zu weiteren Einzelheiten wird auf den Beitrag von Matthias Trénel in diesem Band verwiesen.

NDR-Dialogwoche

Ein gänzlich anderes Beteiligungsformat gestaltete der NDR mit einer Dialogwoche. Über NDR Info hat der Sender vom 28.03.22 bis 02.04.22 zu Gesprächsrunden eingeladen, um über Wünsche und Erwartungen des Publikums zu diskutieren. Der Intendant des NDR, Joachim Knuth, stellt den Ausbau und die Weiterentwicklung des Austausches mit Bürgerinnen und Bürgern in Aussicht.[8] In jeweils 90-minütigen Videokonferenzen haben sich Macher:innen des Programms von NDR Info zu den Wünschen und Erwartungen mit den Teilnehmenden ausgetauscht. Beworben wurden die Videokonferenzen zu den verschiedenen Themenbereichen beispielsweise im Radio.[9] Interessierte konnten sich zu den Videokonferenzen im Vorfeld anmelden und unter diesen Anmeldungen wurden Teilnehmer:innen herausgefiltert oder ausgelost.[10] Auf seiner Webseite stellt der NDR das Auswahlverfahren wie folgt dar: „Um einen konstruktiven Dialog zu ermöglichen, ist die Anzahl der Personen pro Diskussion begrenzt. Bei der Auswahl der Teilnehmer und Teilnehmerinnen bemüht sich die Redaktion darum, die Nutzerinnen und Nutzer des Programms bestmöglich abzubilden, also bspw. Teilnehmer und Teilnehmerinnen aus allen vier Staatsvertragsländern des NDR zu berücksichtigen. Im Zweifelsfall entscheidet das Los. Alle Teilnehmer und Teilnehmerinnen werden telefonisch oder per E-Mail benachrichtigt."[11]

In zahlreichen Video-Konferenzen zu verschiedenen Themen haben Redakteur:innen Einblicke in ihre Arbeitsweisen und Diskussionen in den Redaktionen geben. Nach der Einschätzung des NDR sei der Austausch kontrovers, aber wertschätzend gewesen und Ideen und Kritik seien seitens der Macher:innen mit großer Offenheit und mit Interesse aufgenommen worden.[12]

Soweit ersichtlich wurden sechs Gesprächsrunden mit einer jeweils kurzen schriftlichen Zusammenfassung dokumentiert. Zu zwei Gesprächsrun-

---

8 https://www.ndr.de/nachrichten/info/wir_ueber_uns/NDR-Info-im-Dialog-Diskut ieren-Sie-mit-uns,ndrinfoimdialog188.html

9 https://www.ndr.de/nachrichten/info/Ausblick-auf-die-NDR-Dialog-Woche,audio 1090166.html

10 https://www.ndr.de/service/NDR-im-Dialog-Die-Angebote-im-Ueberblick,ndrimd ialog148.html

11 https://www.ndr.de/nachrichten/info/wir_ueber_uns/Teilnahmebedingungen,ndr infoimdialog190.html

12 https://www.ndr.de/nachrichten/info/wir_ueber_uns/NDR-Info-im-Dialog-Diskut ieren-Sie-mit-uns,ndrinfoimdialog188.html

den wurden zudem ca. fünfminütige Audiolinks mit Ausschnitten aus den Gesprächen veröffentlicht.

Die beiden neueren Beteiligungsverfahren durch die öffentlich-rechtlichen Anstalten selbst sind mit Blick auf den Ertrag diskursiver Partizipationsverfahren deutlich vielversprechender als die oben erwähnte Sammlung von Bürgerstimmen zum neuen Medienstaatsvertrag. Hier ist ein Austausch zwischen den Teilnehmenden sowie zwischen den Bürger:innen einerseits und den Verantwortlichen der Anstalten andererseits vorgesehen. So kommen die Interessierten miteinander in Kontakt und können sich innerhalb der Gruppe der Teilnehmenden orientieren und ggf. organisieren: Wie viel Unterstützung erhalte ich für meine Beiträge, wo liegen die Konfliktlinien, welche Argumente sind für die anderen überzeugend, was dagegen sorgt für ablehnende Reaktionen oder verhallt ohne Resonanz? Weiter können die Teilnehmenden und die Entscheidungsebene miteinander in einen Dialog treten. Dabei können Gründe für Entscheidungen und Strukturen eingefordert und Informationslücken geschlossen werden. Nicht zuletzt kann die Responsivität der Entscheidungsebene erfahren und bewertet werden. Das kann selbst im Falle divergierender Positionen zur Akzeptanz von Entscheidungen beitragen. Unabhängig von der Frage, wer sich mit seinen Positionen durchsetzt, liegt der übergeordnete Gewinn dieser Beteiligungsverfahren im Medienbereich darin, dass die Gesellschaft als Ganzes in die Diskussion über die Zukunft des öffentlich-rechtlichen Fernsehens einbezogen wird. Sie wird an der Steuerung und Kontrolle ihrer zentralen demokratischen Infrastruktur beteiligt (Eilders, 2011; Eilders, Hasebrink und Herzog, 2006). In dem Maße, in dem die Verfahren öffentlich zugänglich und hinreichend bekannt sind, werden – vermittelt über die öffentliche Meinungsbildung – die von den Entscheidungen Betroffenen zu Beteiligten, auch wenn sich das nicht unmittelbar in Einfluss auf die konkreten Entscheidungen niederschlägt. Dass diese Form der Bürgerbeteiligung sich mittelfristig positiv auf die Akzeptanz und Legitimität von öffentlich-rechtlichem Fernsehen auswirkt, liegt auf der Hand.

4. #meinfernsehen2021

Bei dem Partizipationsverfahren #meinfernsehen2021 ging es zwar wie bei den dargestellten Beteiligungsverfahren auch darum, die gesellschaftliche Reflexion zur Zukunft öffentlich-rechtlicher Angebote anzustoßen und konstruktive Impulse zu geben. Bei #meinfernsehen2021 fragen aber nicht die Verantwortlichen oder die politischen Entscheider:innen nach

Kritik und Ideen, sondern interessierte Institutionen aus dem Medien- und Bildungsbereich, die den Diskurs zur Zukunft des öffentlich-rechtlichen Fernsehens als Teil der zentralen demokratischen Infrastruktur voranbringen wollen. Als „unabhängige Dritte" sind sie unverdächtig in dem Sinne, dass hier keine eigenen Interessen die Verarbeitung der Befunde zur Zukunft des öffentlich-rechtlichen Fernsehens beeinflussen können. Andererseits ist die Verbindung zu den Verantwortlichen nicht direkt und Kritik und Ideen besitzen keine Verbindlichkeit. Ein Beitrag zur Reform öffentlich-rechtlicher Angebote ist nur über den öffentlichen Diskurs herzustellen. Dieser soll mit dem im Band dokumentierten Beteiligungsverfahren angestoßen und vertieft werden.

Das Beteiligungsverfahren war in drei Phasen unterteilt, um die Diskussion zu strukturieren und im Verlauf des Beteiligungsprozesses zu abstimmungsfähigen Verbesserungsvorschlägen für das öffentlich-rechtliche Fernsehen zu kommen. Die Teilnehmenden sollten sich in einer längeren ersten Phase zu den Themengebieten „Information", „Unterhaltung" und „Zugang und Nutzung" äußern und untereinander austauschen. Zu jedem Themengebiet wurden mehrere konkrete Leitfragen formuliert, um eine konstruktive Diskussion zu ermöglichen. Insgesamt haben sich 637 Personen aktiv an der Diskussion beteiligt. Dabei entfiel der größte Anteil mit 9.793 Likes oder Dislikes auf Bewertungen, 3.924-mal haben Teilnehmende Kommentare hinterlassen und 107-mal Vorschläge formuliert. Unter anderem ging es um die wahrgenommene Ausgewogenheit von Nachrichtensendungen, die Qualität von Unterhaltungsshows oder die Zukunft linearen Fernsehens. Ein nicht inhaltlich festgelegter Bereich sollte neue Diskussionsbeiträge zu weiteren, von den Teilnehmenden definierten Themen ermöglichen. Jeder Beitrag konnte von den anderen unmittelbar positiv oder negativ bewertet oder aber durch einen eigenen Textbeitrag kommentiert werden. Alle Beiträge dieser ersten Phase wurden in einem kooperativen Verdichtungsprozess von Expertinnen aus dem Grimme-Institut und dem DIID zu Kernaussagen synthetisiert und – sofern zu einem Diskussionspunkt grundsätzlicher Konsens deutlich geworden war – für die Abstimmung in der dritten Phase vorgemerkt. Positionen und Argumente, die in der ersten Phase besonders kontrovers waren, wurden pointiert zusammengefasst und für die etwas kürzere zweite Phase nochmals zur Diskussion gestellt. Diese wurden entlang der offengebliebenen Konflikte in die Themenbereiche „Wie geht Fernsehen für alle?", „Wie wird Fernsehen mitgestaltet?" und „Was läuft im Fernsehen?" gegliedert. Die Leitfragen, die innerhalb der Themenbereiche die Diskussion anregen und strukturieren sollten, befassten sich etwa mit regionalen Inhalten, mit Mediatheken und YouTube sowie mit Präferenzen für bestimmte Genres. Auf diese Weise konnten die Diskussion noch vertieft und weitere konstruktive Ideen für die Zukunft des öffentlich-rechtlichen Fernsehens gesammelt werden.

Während in den beiden ersten Phasen des Beteiligungsverfahrens in erster Linie Ideen gesammelt und diskutiert wurden, ging es in der dritten Phase darum, besonders kontroverse Punkte zur Abstimmung zu stellen. Es fand zudem eine Abstimmung über die wesentlichen strittigen Standpunkte und Vorschläge statt. Große Einigkeit bestand darin, dass die organisatorische Struktur und das Programm des öffentlich-rechtlichen Rundfunks umgestaltet werden und die Zusammensetzung und Arbeitsweise der Rundfunkräte reformiert werden sollte.

Die Abstimmung umfasste auch Fragen der Programminhalte. So wurde z.B. intensiv über Talkshows diskutiert. In der Abstimmung votierten die Abstimmenden fast einmütig dafür, dass es frischer Ideen für Formate, regelmäßiger Innovationen und neuer Moderierender bedarf. Eine starke interaktive Einbindung des Publikums wünschte sich die Mehrheit allerdings nicht. Bei der Frage, ob vermehrt Bürger:innen in die Talkshows eingeladen werden sollten, gab es kein klares Votum, sondern einen Gleichstand der Ja- und Nein-Stimmen.

Die Ergebnisse der Diskussion wurden am 27. Mai 2021 auf einer Tagung mit Verantwortlichen aus den Rundfunkanstalten und Vertreter:innen der privatwirtschaftlich organisierten Medienbranche, Wissenschaft und Politik vorgestellt.[13] Um vertiefende wissenschaftliche Erkenntnisse über die Qualität von #meinfernsehen2021 zu generieren, wurde das Verfahren inter- und transdisziplinär analysiert. In dem vorliegenden Band werden die Ergebnisse der vielschichtigen Analysen dokumentiert.

5. Was haben wir gelernt?

Mit Beteiligung der Zuschauenden in dem Online-Partizipationsverfahren #meinfernsehen2021 haben wir Einblicke in die sehr heterogenen Erwartungen an den öffentlich-rechtlichen Rundfunk gewinnen können. Die Beiträge der Teilnehmenden haben gezeigt, dass es einen starken Willen zur Mitgestaltung des ÖRR gibt. Es wurden zahlreiche Ideen formuliert, die zur Verbesserung des Angebots beitragen könnten, ohne in die redaktionelle Freiheit einzugreifen. Der Erfolg des Verfahrens zeigt uns, dass die Diskursplattform durchaus eine Blaupause für die Einbeziehung der

---

13 https://www.grimme-institut.de/h/news/d/digitale-tagung-zu-meinfernsehen2021

Bürgerschaft in Entscheidungsprozesse innerhalb der Sender sowie in der Medienpolitik bieten kann.

Was könnte aus den Erkenntnissen der Abstimmung und des Diskurses folgen? Auf der Grundlage der Auswertungen von #meinfernsehen2021 identifizieren wir folgende Themenfelder, in denen Handlungsbedarf besteht:

- Es gibt einen Bedarf nach Einrichtung und Etablierung von transparenten und leicht zugänglichen Kommunikationskanälen für Kritik und Anregungen der Zuschauenden, in denen ein Bottom-up-Qualitätsdiskurs in einem zivilen Umgangston ermöglicht wird.
- Der Diskurs über die Qualität des Fernsehens sollte nicht ausschließlich mit Expertinnen und Experten geführt werden, sondern für Bürgerinnen und Bürger geöffnet werden.
- Die Verbindung zwischen Entscheider:innen und Publikum bedarf einer Stärkung. Dazu könnte auch eine Verbesserung der Transparenz und Nachvollziehbarkeit von Entscheidungen der Sender und der Medienpolitik der Länder beitragen.
- Es wurden Wissenslücken zum Auftrag und zu den gesetzlichen Rahmenbedingungen identifiziert, die geschlossen werden sollten.
- Die Sender und die Medienpolitik, aber auch die Akteur:innen der Medienbildung, sind gefordert, die rechtlichen Rahmenbedingungen und die Historie des öffentlich-rechtlichen Rundfunks und seiner Strukturen besser zu erklären.
- Grundsätzliche Programmreformen sollten nicht nur auf der Grundlage von empirischen Reichweiten-Daten erfolgen, sondern stärker aus einer inhaltlichen Auseinandersetzung mit begründeten Anliegen entwickelt werden, die sich in Rede und Gegenrede im Diskurs durchgesetzt haben.
- Medienpolitische Diskurse sollten auch mit den Bürger:innen geführt werden (Bund, Land und Gemeinden).
- Medienpolitische Debatten sollten nicht allein zur Finanzierung des öffentlich-rechtlichen Rundfunks geführt werden, sondern auch andere Kritikpunkte umfassen.
- Die Gremien der Rundfunkanstalten sollten reformiert werden. Dazu sollten über transparente und leicht zugängliche Kommunikationskanäle Kritik und Anregungen der Zuschauenden eingeholt werden.
- Über die Fragen der Repräsentanz in den Gremien der Rundfunkanstalten sollte ein Diskurs initiiert werden.

- Es bedarf einer transparenten und leicht zu bedienenden Möglichkeit der Konsultation zu den Reformen des Medienstaatsvertrages, mit dem Fokus auf dem Auftrag des öffentlich-rechtlichen Rundfunks.

Die Erkenntnisse des Partizipationsverfahrens sollen aber auch in die Arbeit des Grimme-Instituts, des DIID und der bpb einfließen; sie bieten, dank der großen Resonanz der Teilnehmenden, vielfältige Ansätze für den Diskurs über die Qualität des Fernsehens, die Weiterentwicklung der Preise und zur wissenschaftlichen Vertiefung.

Dies sind einige Anregungen, die wir aus Einsichten und Schlussfolgerungen bei der Auswertung des Partizipationsverfahrens entwickelt haben. Wir würden uns wünschen, damit weitere Reflexionsprozesse in Gang zu setzen, um Veränderungen anzustoßen, Haltungen zu hinterfragen oder gar Reformen zu initiieren oder zu untermauern.

Literatur

Dörr, Dieter (2022). Regulierung intermediärer Plattformen durch den Medienstaatsvertrag. Neue Justiz, NJ 1/22, 1–6.

Eilders, Christiane (2011). Zivilgesellschaftliche Beteiligung im Medienbereich. In: Hans Kleinsteuber; Sabine Nehls, & Katrin Voss (Hrsg.), Media Governance in Europa – Regulierung, Partizipation, Mitbestimmung. VS-Verlag, Wiesbaden, 159–181.

Eilders, Christiane; Hasebrink, Uwe & Herzog, Anja (2006). Das aktive Publikum. Institutionalisierung zivilgesellschaftlicher Kontrolle des Fernsehens auf europäischer Ebene. In: Wolfgang R. Langenbucher & Michael Latzer (Hrsg.), Europäische Öffentlichkeit und medialer Wandel. Eine transdisziplinäre Perspektive. VS-Verlag, Wiesbaden, 330–351.

Eilders, Christiane & Niederelz, Christopher (2021). Online-Diskurse im Rahmen politischer Partizipation. In: Frank Bätge, Klaus Effing, Katrin Möltgen-Sicking, & Thorben Winter (Hrsg.), Politische Partizipation. Springer VS, Wiesbaden, 373–392.

Eilders, Christiane & Gerlach, Frauke (2022). Einbeziehen und Erklären. Handlungsempfehlungen auf der Grundlage der Beteiligungsplattform #meinfernsehen2021. Abgerufen am 29.04.2022, von https://www.grimme-institut.de/filead min/Grimme_Nutzer_Dateien/Preis/Grafiken_und_Fotos/2021/Publikation/Gri mme-Preis_Publikation-2021_web.pdf

Esau, Katharina (2022, gegenwärtig im Druck). Kommunikationsformen und Deliberationsdynamik. Eine relationale Inhalts- und Sequenzanalyse von Online-Diskussionen auf Beteiligungsplattformen. Nomos.

Esau, Katharina; Friess, Dennis; & Eilders, Christiane (2019). Online-Partizipation jenseits klassischer Deliberation. Eine Analyse zum Verhältnis unterschiedlicher Deliberationskonzepte in Nutzerkommentaren auf Facebook-Nachrichtenseiten und Beteiligungsplattformen. In: Ines Engelmann, Marie Legrand, & Hanna Marzinkowski (Hrsg.), Politische Partizipation im Medienwandel (S. 221–245). Digital Communication Research, Band 4: Berlin.

Etzioni, Amitai (1995). Die Entdeckung des Gemeinwesens. Stuttgart, Schäffer-Poeschel.

Frieß, Dennis & Eilders, Christiane (2015). A systematic review of online deliberation research. Policy & Internet, 7(3), 319–339.

Gerlach, Frauke (2011). [Media Governance] Moderne Staatlichkeit in Zeiten des Internets. Vom Rundfunkstaatsvertrag zum medienpolitischen Verhandlungssystem. Wiesbaden, Deutschland: Springer Gabler; 1. Aufl. 2011, Nachdruck 2019, 136–150, 159.

Klein, Ansgar (2008). Zivilgesellschaft und Demokratie. Ideengeschichtliche, demokratietheoretische und politisch-soziologische Zugänge. Forschungsjournal Neue Soziale Bewegung, 21(1), 189–237.

Kubicek, Herbert, Lippa, Barbara, & Koop, Alexander (2011). Erfolgreich beteiligt? Nutzen und Erfolgsfaktoren internetgestützter Bürgerbeteiligung; eine empirische Analyse von 12 Fallbeispielen. Gütersloh: Bertelsmann-Stiftung.

NDR. Abgerufen am 01.05.2022, von https://www.ndr.de/nachrichten/info/wir_ue ber_uns/NDR-Info-im-Dialog-Diskutieren-Sie-mit-uns,ndrinfoimdialog188.html

NDR. Abgerufen am 30.06.2022, von https://www.ndr.de/nachrichten/info/Ausblic k-auf-die-NDR-Dialog-Woche,audio1090166.html

NDR. Abgerufen am 30.06.2022, von https://www.ndr.de/service/NDR-im-Dialog -Die-Angebote-im-Ueberblick,ndrimdialog148.html

NDR. Abgerufen am 30.06.2022,von https://www.ndr.de/nachrichten/info/wir_ueb er_uns/Teilnahmebedingungen,ndrinfoimdialog190.html

Protokollerklärung aller Länder. Abgerufen am 29.04.2022, von https://www.rlp.de /fileadmin/rlp-stk/pdf-Dateien/Medienpolitik/Medienstaatsvertrag.pdf, S. 104 ff.

Staatskanzlei Rheinland-Pfalz. Abgerufen am 01.05.2022, von https://www.rlp.de/d e/pressemitteilungen/einzelansicht/news/News/detail/onlinebeteiligung-zum-d iskussionsentwurf-beendet-ueber-2600-eingaben-vor-allem-von-buergerinnen-u n-1/.

Staatskanzlei Rheinland-Pfalz. Abgerufen am 01.05.2022, von https://www.rlp.de/d e/regierung/staatskanzlei/medienpolitik/rundfunkkommission/reform-ard-zdf-d eutschlandradio/faq-und-hinweise/

Staatskanzlei Rheinland-Pfalz. Abgerufen am 17.06.2022, von https://www.rlp.de/fi leadmin/rlp-stk/pdf-Dateien/Medienpolitik/Eingaben_Medienstaatsvertrag/Ihre_I deen_zum_Medienstaatsvertrag__Rundfunkbegriff_.pdf

Staatskanzlei Rheinland-Pfalz. Abgerufen am 17.06.22 https://www.rlp.de/fileadm in/rlp-stk/pdf-Dateien/Medienpolitik/Zusammenfassung_MStV_2019-12-05.p dfm

Steenbergen, Marco. R.; Bächtiger, André, Spörndli, Markus & Steiner, Jürg (2003). Measuring political deliberation: A discourse quality index. Comparative European Politics, 1, 21–48.

Tagung zu #meinfernsehen2021. Abgerufen am 29.02.2022, von https://www.grim me-institut.de/h/news/d/digitale-tagung-zu-meinfernsehen2021

Van Deth, Jan W. (2006). Vergleichende politische Partizipationsforschung. In: Dirk Berg-Schlosser & Ferdinand Müller-Rommel (Hrsg.), Vergleichende Politikwissenschaft (4. Aufl., 167–187). Springer, Wiesbaden.

Verba, Sidney; Schlozman, Kay Lehmann; Brady, Henry E. (1995): Voice and equality. Civic Voluntarism in American Politics. Cambridge: Harvard University Press.

II. Inhaltsthemen

1. Struktur

1.1 Wandel der Gesellschaft und ihrer Öffentlichkeit. #meinfernsehen2021 und die Reform des Medienstaatvertrages 2022

Frauke Gerlach

Der medienpolitische Diskurs war in den letzten Jahren von dem Konflikt über die Erhöhung des Rundfunkbeitrages und dem Ringen um die Reform des Auftrages des öffentlich-rechtlichen Rundfunks geprägt. Im Hinblick auf die Erhöhung des Rundfunkbeitrages schaffte das höchste deutsche Gericht Klarheit. Mit dem Beschluss vom 20.07.2021[1] stellt das Bundesverfassungsgericht im Einklang mit seiner ständigen Rechtsprechung klar, dass eine Abweichung der Bedarfsfeststellung der KEF nur im Einvernehmen aller Länder erfolgen darf. Der Vortrag des Landes Sachsen-Anhalt, wonach das Land der von der KEF vorgeschlagenen Beitragserhöhung nicht zustimmen werde, weil es sich seit Jahren erfolglos um eine Strukturreform des öffentlich-rechtlichen Rundfunks bemüht habe, wies das höchste Gericht zurück und stellt klar, dass dieses Vorgehen dem „Grundsatz der Trennung zwischen der allgemeinen Rundfunkgesetzgebung und der Festsetzung des Rundfunkbeitrages" entgegensteht. Dieser Grundsatz zielt darauf ab, „den Risiken einer mittelbaren Einflussnahme auf die Wahrnehmung des Programmauftrages und damit die Programmfreiheit der Rundfunkanstalten zu begegnen" (BVerfGE, 2021). Den Sendern steht nach dem Urteil nicht nur die Beitragserhöhung, sondern „dem Grunde nach eine kompensierende Mehrausstattung zu", die durch die zeitliche Verzögerung der Erhöhung des Rundfunkbeitrages notwendig sein könnte.

---

1 Beschluss des Bundesverfassungsgerichts zu den Beschwerden zum 1. Medienstaatsvertrag, Erster Senat, 20.07.2021. epd medien Dokumentation (33/21), 20.08.2021.

Seit November 2021 liegt ein Diskussionsentwurf zur Reform des Medienstaatsvertrages vor, der die Neufassung des Auftrages des öffentlich-rechtlichen Rundfunks und die Optimierung seiner Strukturen vorsieht. Hierzu hatten Interessierte in der Zeit vom 19.11.2021 bis zum 14.01.2022 die „Gelegenheit zur Stellungnahme, für Anmerkungen und Feedback". Die ca. 2.600 Stellungnahmen sollen ausgewertet und auf der einschlägigen Seite der Staatskanzlei Rheinland-Pfalz veröffentlicht werden, sofern die Teilnehmenden eingewilligt haben[2]. Die Neufassung der Aufgaben des öffentlich-rechtlichen Rundfunks könnte im laufenden Jahr 2022 abgeschlossen werden.

Die Länder verfolgen mit der Reform zwei zentrale Ziele. Die digitale Transformation soll unter Berücksichtigung des veränderten Nutzungsverhalten ermöglicht werden. Ferner „soll die Akzeptanz des öffentlich-rechtlichen Rundfunks als wichtige Säule für Medienvielfalt und Pluralismus und damit für die Demokratie gestärkt werden".[3]

Das Partizipationsverfahren #meinfernsehen2021 verlief zeitweise parallel zu der kurz umrissenen medienpolitischen Debatte in der Rundfunkkommission der Länder. Die Regulierungsinhalte des Diskussionsentwurfes beinhalten Schnittmengen mit Beiträgen und Vorschlägen des Partizipationsverfahrens #meinfernsehen2021. Damit vermittelt sich der positive Eindruck, dass sich die aktuelle gesellschaftliche Debatte über die Zukunft des öffentlich-rechtlichen Rundfunks und die medienpolitischen Entscheidungsprozesse befruchten und sich wechselseitig beeinflussen.

In diesem Beitrag werden vier Regulierungsbereiche des Diskussionsentwurfes zum Medienstaatsvertrag näher betrachtet und mit Diskursbeiträgen von #meinfernsehen2021 in Beziehung gesetzt. Dabei soll es um die Neufassung des Auftrages gehen und hier spezifisch um die Verpflichtung, ein Gesamtangebot für alle Bevölkerungsgruppen zu unterbreiten (§ 26 Abs. 1, S. 4 MStV-E)[4] sowie um die Pflicht der Sender zum kontinuierlichen Dialog mit der Bevölkerung (§ 31 Abs. 2b MStV-E). Danach wird auf

---

2 https://www.rlp.de/de/pressemitteilungen/einzelansicht/news/News/detail/online-beteiligung-zum-diskussionsentwurf-beendet-ueber-2600-eingaben-vor-allem-von-buergerinnen-un-1/. Bis Anfang Mai 2022 erfolgte, soweit ersichtlich, keine Veröffentlichung der Stellungnahmen und Beiträge.

3 https://www.rlp.de/de/regierung/staatskanzlei/medienpolitik/rundfunkkommission/reform-ard-zdf-deutschlandradio/

4 Der Beitrag bezieht sich auf den Diskussionsentwurf zum Medienstaatsvertrag: Diskussionsentwurf zu Auftrag und Strukturoptimierung des öffentlich-rechtlichen Rundfunks (Abkürzung: MStV-E), Stand November 2021. https://www.rlp.de/file admin/rlp-stk/pdf-Dateien/Medienpolitik/Synopse_MAEStV_Reform_OERR_N ov2021.pdf Der Beschluss der Ministerpräsidentenkonferenz über die Reform des

die Verpflichtung eingegangen, allen Bevölkerungsgruppen die Teilhabe an der Informationsgesellschaft zu ermöglichen (§ 26 Abs. 1, S. 6, 7 MStV-E). Zuletzt werden einige Aspekte der Erweiterung des Aufgabenspektrums der Gremien des öffentlich-rechtlichen Rundfunks (§ 31 Abs. 2a, 2b MStV-E) behandelt. In die Betrachtungen sollen ausgewählte Analysen über den Strukturwandel der Öffentlichkeit im digitalen Zeitalter einbezogen werden, die für die genannten Regulierungsbereiche des Diskussionsentwurfs zum Medienstaatsvertrag relevant sein könnten. Der Beitrag endet mit einem zusammenfassenden Fazit.

1. *Gesamtangebot für alle (§ 26 Abs. 1, S. 4 MStV-E) und der kontinuierliche Dialog mit der Bevölkerung (§ 31 Abs. 2d MStV-E)*

Das Fernsehen für alle, vereint in einem öffentlich-rechtlichen Vollprogramm, wird es in unserer digitalisierten Gesellschaft mit ihrer sich wandelnden Öffentlichkeit kaum noch geben. Die Erwartungen, Bedürfnisse und Vorlieben in Bezug auf öffentlich-rechtliche Angebote sind so vielschichtig wie die Zielgruppen, Lebenswirklichkeiten und Rezeptionsvorlieben der Bevölkerung. Dieser Befund spiegelt sich erwartungsgemäß in den 3.507 Beiträgen der 693 Teilnehmenden von #meinfernsehen2021 wider, wie die Analysen von Lena Reuters und Anna Soßdorf mit ihren Beiträgen in diesem Band verdeutlichen.

Ungeachtet dessen hat der öffentlich-rechtliche Rundfunk die widerstreitenden Interessen- und Lebenslagen der Bevölkerung zu berücksichtigen.

„Die öffentlich-rechtlichen Rundfunkanstalten haben die Aufgabe, ein Gesamtangebot für alle zu unterbreiten" (§ 26 Abs. 1, S. 4 MStV-E).

Die Verpflichtung, ein „Gesamtangebot für alle" zu unterbreiten, bietet eine rechtliche Grundlage dafür, das Angebot des öffentlich-rechtlichen Rundfunks weiter auszudifferenzieren und möglicherweise auszuweiten.[5] Offen ist, wie die weit gefasste Regelung zu konkretisieren ist und ob ein „Gesamtangebot für alle" „anstaltsübergreifend, medienübergreifend,

---

Medienstaatsvertrages ist für den 02.06.2022 geplant und konnte damit nicht in diesen Beitrag einfließen.

5 Kritisch sieht dies der Verband Privater Rundfunk und Telemedien e.V., VAUNET: https://www.vau.net/system/files/documents/vaunet-stellungnahme_diskussion entwurf_oerr_auftrag_19.11.2021.pdf.

programmübergreifend oder sendungsübergreifend gemeint ist" (Dreyer, Rhein, Schulz, 2022).

Nach ständiger Rechtsprechung des Bundesverfassungsgerichts, zuletzt in der Entscheidung vom 20.07.2021, umfasst der „klassische Funktionsauftrag" neben seiner Rolle für die Meinungs- und Willensbildung, Unterhaltung und Information, hieraus folgt insgesamt eine kulturelle Verantwortung. Der Anspruch an den öffentlich-rechtlichen Rundfunk besteht darin, die Vielfalt der in der Gesellschaft „verfügbaren Informationen, Erfahrungen, Werthaltungen und Verhaltensmuster" abzubilden (BVerfGE, 2021[6]).

Nach geltender Fassung des § 26 Abs. 1 S. 3 MStV sollen die europäische Integration und der gesellschaftliche Zusammenhalt gefördert werden. Daraus leitet sich der Integrationsauftrag des öffentlich-rechtlichen Rundfunks ab. Dies bedeutet die „Ermöglichung der Anschlusskommunikation verschiedener Lebensbereiche", dabei soll „die Differenzierung der Gesellschaft" berücksichtigt und zugleich „Zentrifugalkräften" entgegengewirkt werden (Eifert, 2012). Der Diskussionsentwurf zum Medienstaatsvertrag verstärkt diese Verpflichtung durch die Ergänzung, dass der gesamtgesellschaftliche Diskurs in Bund und Ländern gefördert werden soll, § 3 Abs. 1 S. 3 MStV-E.

Insofern ist der Auftrag, ein Gesamtangebot für alle abzubilden, nicht neu. Die Regelung steht im Einklang mit der ständigen Rechtsprechung des Bundesverfassungsgerichts, dass die Heterogenität der Gesellschaft mit ihren widerstreitenden Interessen und Lebenswirklichkeiten bei der konkreten Ausgestaltung der Inhalte zu berücksichtigen ist. Der Wortlaut der Regelung deutet darauf hin, dass dies nicht auf ein bestimmtes Verbreitungsmedium, sondern auf alle Angebote des öffentlich-rechtlichen Rundfunks abzielt.

Wie diese Verpflichtung im digitalen Zeitalter zu erfüllen ist, konkretisiert die Regelung nicht, vielmehr wird der hohe Anspruch an den öffentlich-rechtlichen Rundfunk grundsätzlich manifestiert. Zugleich wird er zur Rückkoppelung mit der Gesellschaft verpflichtet, indem er sich im kontinuierlichen Dialog mit der Bevölkerung austauschen soll (§ 31 Abs. 2d MStV-E).

---

6 Beschluss des Bundesverfassungsgerichts zu den Beschwerden zum Ersten Medienstaatsvertrag, Erster Senat, 20.07.2021. epd medien Dokumentation (33/21), 20.08.2021.

„Die Anstalten treffen Maßnahmen, um sich in einem kontinuierlichen Dialog mit der Bevölkerung, insbesondere über Qualität, Leistung und Fortentwicklung des Angebots auszutauschen" (§ 31 Abs. 2d MStV-E).

Diese gesamtgesellschaftliche Verpflichtung des öffentlich-rechtlichen Rundfunks ist eine Neuerung, sie besteht nach geltender Rechtslage nicht. Der § 31 Abs. 2d MStV-E entspricht weitgehend dem Wunsch der Beteiligten von #meinfernsehen2021, sich an der Weiterentwicklung des öffentlich-rechtlichen Rundfunks aktiv zu beteiligen. Wie ein solcher Diskurs aussehen soll, ergibt sich allerdings nicht aus dem Wortlaut der Norm. Der Gesetzgeber scheint demnach einen weiten Spielraum der Sender bei der Ausdifferenzierung von Diskursformaten vorzusehen. Der Dialog soll stetig erfolgen und verpflichtet zu Rückkopplungsprozessen, die nicht nur an Zuschauende der klassischen Programme oder an Nutzende der digitalen Angebote gerichtet sein darf, sondern an die gesamte Bevölkerung. Die „Gesellschaft" wird damit nicht nur als Konsument:innen oder Nutzer:innen von Kommunikationsangeboten, sondern als Bürgerin und Bürger eines demokratischen Staates angesprochen, um sich an der Ausgestaltung „ihres" öffentlich-rechtlichen Rundfunks aktiv zu beteiligen. Die Verpflichtung zum Austausch bindet die Sender formal aber nicht, Ergebnisse, Anregungen und Erkenntnisse des Austausches bei der Fortentwicklung ihres Angebotes zu berücksichtigen. Im Hinblick auf die Akzeptanz des öffentlich-rechtlichen Systems ist es zu erwarten, dass sich die Sender nicht von den Ergebnissen eines solchen Austausches entkoppeln können oder wollen, insofern werden Dialoge vermutlich Auswirkungen auf die Ausgestaltung des öffentlich-rechtlichen Rundfunks haben. Den erwartbaren positiven Effekten stehen schwer aufzulösende widerstreitende Interessenlagen gegenüber, die sich nicht per se qualitätssteigernd auswirken müssen.

In demokratischen Verfassungsstaaten treffen die Bürgerinnen und Bürger ihre politischen Entscheidungen „im Spannungsfeld zwischen Selbstinteresse und Gemeinwohlorientierung" (Habermas, 2021). Die Beteiligung von Bürgerinnen und Bürgern an Entscheidungsprozessen, die sowohl das Gemeinwohl als auch Eigeninteressen berühren, sind außerordentlich voraussetzungsreich. Auch wenn Partizipation der Bürgerinnen und Bürger an Entscheidungsprozessen zu den Instrumenten moderner Staatlichkeit im Zeitalter des Internets gehören, sind auch diese kritisch zu hinterfragen (Gerlach, 2011).

Um heterogene Erwartungen und sich oft widersprechende Ansprüche an den öffentlich-rechtlichen Rundfunk funktional in die Ausgestaltung eines Gesamtangebotes einbeziehen zu können, bedarf es insofern mehr als eines unspezifischen, inkonsistenten Austauschs mit der Bevölkerung, die ganz und gar frei ist, sich zwischen Selbstinteresse und Gemeinwohl zu entscheiden. Dies gilt vor allem, wenn es um Informationsangebote geht und die Gefahr besteht, dass sich die Tendenzen hin „zu einer Entprofessionalisierung und zum Verständnis der journalistischen Arbeit als einer neutralen, entpolitisierten Dienstleistung – Daten- und Aufmerksamkeitsmanagement statt gezielter Recherche und genauer Interpretation" weiter verstärken (Habermas, 2021). In diesem Zusammenhang wird auf die aufschlussreichen Beiträge von Lena Reuters und Anne Schulz in diesem Band hingewiesen.

Dialogangebote[7] zu entwickeln, die hier nur kursorisch aufgezeigten Chancen und Risiken berücksichtigen, ist eine außerordentlich anspruchsvolle Aufgabe für den öffentlich-rechtlichen Rundfunk. Die Verfahrensanalysen von Christiane Eilders und Katharina Esau sowie die von Jonathan Seim untersuchen Problemkreise partizipativer Prozesse am Beispiel von #meinfernsehen2021 bieten konstruktive Grundlagen zur Ausdifferenzierung und Entwicklung von Dialogangeboten der öffentlich-rechtlichen Sender.

2. Teilhabe an der Informationsgesellschaft (§ 26 Abs. 1, S. 6, 7 MStV-E)

Das Aufgabenspektrum des öffentlich-rechtlichen Rundfunks im digitalen Zeitalter soll weitere Verpflichtungen beinhalten. Er soll allen Bevölkerungsgruppen die Teilhabe an der Informationsgesellschaft ermöglichen.

> *„Allen Bevölkerungsgruppen soll die Teilhabe an der Informationsgesellschaft ermöglicht werden. Dabei erfolgt eine angemessene Berücksichtigung aller Altersgruppen, insbesondere von Kindern, Jugendlichen und jungen Erwachsenen, der Belange von Menschen mit Behinderungen und der Anliegen von Familien"* (§ 26 Abs. 1, S. 6, 7 MStV-E).

---

7 Einige Sender haben bereits Dialogformate entwickelt. Aktuelle Beispiele von Bürgerdialogen öffentlich-rechtlicher Sender sind der Zukunftsdialog der ARD, den Matthias Trénel in diesem Band vorstellt. Der NDR hat vom 28.03.22 bis 02.04.22 im Rahmen eines Bürgerdialogs zu mehr als 30 Gesprächsrunden eingeladen, um über Wünsche und Erwartungen des Publikums zu diskutieren. Der Intendant des NDR, Joachim Knuth, stellt den Ausbau und die Weiterentwicklung des Austausches mit Bürgerinnen und Bürgern in Aussicht. https://www.ndr.de/nachrichten/info/wir_ueber_uns/NDR-Info-im-Dialog-Diskutieren-Sie-mit-uns,ndrinfoimdialog188.html.

Die Verpflichtung, die Teilhabe an der Informationsgesellschaft zu ermöglichen, geht dem Wortlaut nach über das Bereitstellen eines Gesamtangebots für alle hinaus und differenziert den Aufgabenkatalog des öffentlich-rechtlichen Rundfunks im digitalen Zeitalter weiter aus. Unklar ist, wie der Begriff der Teilhabe zu verstehen ist. Eine amtliche Begründung, die Hinweise auf die Ausgestaltung des Teilhabegriffs geben könnte, liegt, soweit ersichtlich, gegenwärtig noch nicht vor. Die Regelung lässt offen, ob es sich um die technische Zugänglichkeit oder die Auffindbarkeit von Angeboten oder darüber hinaus um partizipative Kommunikationsprozesse handelt (Dreier, Rhein, Schulz, 2022).

Die Regelung des § 26 Abs. 1 S. 7 MStV-E konkretisiert insoweit, dass die Verwirklichung der Zielsetzung eines inklusiven und diversen öffentlich-rechtlichen Mediensystems besonders zu berücksichtigen sind. Wie und wodurch dies zu erreichen ist, bleibt ebenfalls offen.

Im Rahmen der Abstimmung in der dritten Phase von #meinfernsehen2021 wurde die Frage der Ausdifferenzierung des Angebotes nach Zielgruppen und die möglichen Folgen intensiver diskutiert (Anhang 019). Es wurde danach gefragt, ob öffentlich-rechtliche Angebote stärker auf unterschiedliche Alters- und Zielgruppen zugeschnitten werden sollen: 63 % der Teilnehmenden sprachen sich dafür aus, 37 % dagegen. In der Diskussion, die zur Abstimmung geführt wurde, sahen Teilnehmende die Gefahr, dass eine große Differenzierung dazu führen könne, dass das Fernsehen nicht mehr bildet und informiert, sondern das gesendet würde, was bestimmte Gruppen sehen wollen, insofern dürfe der öffentlich-rechtliche Rundfunk nicht zur Entstehung sogenannter Filterblasen beitragen. Es müsse darum gehen, was getan werden sollte, um „uns aus unseren sozialen, politischen und sonstigen Blasen herauszuholen", Vorurteile müssten abgebaut werden, um so Generationen und unterschiedliche Interessengruppen einander näherzubringen, führte ein Teilnehmender aus.

Der skizzierte Austausch reflektiert anschaulich, dass eine selbstbestimmte und chancengleiche Teilhabe an der Informationsgesellschaft voraussetzungsreich ist und von der Notwendigkeit eines umfangreichen Wissens über die Zielgruppen, über die Zugänglichkeit von Angeboten und medialer Darstellungen, bis hin zum gleichberechtigten Zugang zu Information und Kommunikation abhängt (Bosse, 2016). Wie bereits dargestellt, soll darüber hinaus die Anschlusskommunikation verschiedener Lebensbereiche ermöglicht und damit der Integrationsauftrag des öffentlich-rechtlichen Rundfunks erfüllt werden (Eifert, 2012).

Nach ständiger Rechtsprechung des Bundesverfassungsgerichts dient die Rundfunkfreiheit „der freien, individuellen und öffentlichen Meinungsbildung" (ständige Rechtsprechung des Bundesverfassungsgerichts, zuletzt, BVerfGE, 20.07.2021). Die freie Meinungsbildung ist Voraussetzung für die Persönlichkeitsentfaltung und das Fundament unserer demokratischen Ordnung. Diese Grundprinzipien folgen dem Ideal politischer Willensbildungsprozesse, sie gehören zu den „Idealvorstellungen einer politischen Öffentlichkeit" (Jäckel, 2022) und werden in einer modernen Gesellschaft überwiegend durch Medien vermittelt (mit weiteren Nachweisen, Jarren/Fischer, 2021). Die Frage, welche normativen Anforderungen an Öffentlichkeit in einer liberalen Demokratie zu stellen sind, wird unterschiedlich bewertet (Jarren/Fischer, 2021). Einigkeit besteht darüber, dass „eine gemeinsame Sphäre der Öffentlichkeit und eine gemeinsame Wissensbasis" geschaffen werden sollen (Neuberger, 2022).

Die instruktive Übersicht von Christoph Neuberger systematisiert die normativen Demokratie- und Öffentlichkeitstheorien und deren abgeleitete Werte der liberalen Demokratie und identifiziert neun normative Kriterien, anhand derer die Qualität digitaler Öffentlichkeiten bewertet werden können. Hierzu gehören: „Informationsqualität, Diskursqualität, Freiheit, Gleichheit, Vielfalt, Verteilung von Meinungsmacht, Kritik und Kontrolle, Integration und Sicherheit" (Neuberger, 2022). Geht man der Frage der Verwirklichung von Werten nach, so stellt Neuberger „erhebliche Qualitätsdefizite in der digitalen Öffentlichkeit" fest (Neuberger, 2022).

Angesichts der sich wandelnden Öffentlichkeit – die häufig als fragmentierend wahrgenommen wird –, der unübersichtlichen Informationsflut im Netz, den Kommunikationsprozessen in den sozialen Medien, in denen Meinungsäußerungen und Werturteile individuell erwünschte Aufmerksamkeit generieren, geht ein Verlust der Verantwortung für das öffentlich Geäußerte einher. Zudem „parzelliert sich Öffentlichkeit, nehmen Orientierung und Integration ab" (Jarren/Fischer, 2021). In dem aktuellen wissenschaftlichen Diskurs zum Strukturwandel der Öffentlichkeit kommt Jürgen Habermas zu dem Schluss, dass ein demokratisches System im ganzen Schaden nimmt, „wenn die Infrastruktur der Öffentlichkeit die Aufmerksamkeit der Bürger nicht mehr auf die relevanten und entscheidungsbedürftigen Themen lenken und die Ausbildung konkurrierender öffentlicher, und das heißt: qualitativ gefilterter Meinungen, nicht mehr gewährleisten kann" (Habermas, 2021). Otfried Jarren und Renate Fischer sprechen in diesem Zusammenhang von der „Plattformisierung der Öffentlichkeit", infolgedessen die klassischen Massenmedien ökonomisch und hinsichtlich der journalistischen Qualitätsstandards unter Druck geraten. „Damit wandeln sich Redaktionen, zuvor Orte der politischen Debatte, mehr zu Koordinationszentren für die Beschaffung, die Steuerung der Produktion wie der Distribution von Content" (Jarren/Fischer, 2021).

Mit dieser Entwicklung beschäftigt sich auch das Bundesverfassungsgericht wiederholt in seiner Rechtsprechung zum öffentlich-rechtlichen
Rundfunk. „Die Digitalisierung der Medien und insbesondere die Netz-
und Plattformökonomie des Internet einschließlich der sozialen Netzwerke begünstigen Konzentrations- und Monopolisierungstendenzen bei Anbietern, Verbreitern und Vermittlern von Inhalten" (BVerfGE, 2021). Das
Bundesverfassungsgericht sieht den beitragsfinanzierten öffentlich-rechtlichen Rundfunk in der Verantwortung, u.a. „durch authentische, sorgfältig
recherchierte Informationen, die Fakten und Meinungen auseinanderzu-
halten, ein vielfaltssicherndes und Orientierungshilfe bietendes Gegenge-
wicht zu bilden." In Bezug auf die Folgen der Digitalisierung legt der
Medienstaatsvertrag in der Präambel der geltenden Fassung fest:

*„Die Vermehrung der Medienangebote (Rundfunk und Telemedien) in Eu-
ropa durch die Möglichkeiten der fortschreitenden Digitalisierung stärkt
die Informationsvielfalt und das kulturelle Angebot auch im deutschsprachigen Raum. Gleichzeitig bedarf es auch und gerade in einer zunehmend
durch das Internet geprägten Medienwelt staatsvertraglicher Leitplanken,
die journalistische Standards sichern und kommunikative Chancengleichheit
fördern. Für die Angebote des dualen Rundfunksystems sowie der Presse
bedarf es hierbei auch Regeln, die den Zugang zu Verbreitungswegen und
eine diskriminierungsfreie Auffindbarkeit sicherstellen."*

Die Betonung journalistischer Standards in der Präambel wurde 2020 im
Zuge der grundsätzlichen Reform des Rundfunkstaatsvertrages und seiner
Überführung in den Medienstaatsvertrag normiert und soll in Anbetracht
der Folgen der Digitalisierung die Bedeutung journalistischer Standards in
allen Angeboten für den gesamten Regulierungsrahmen des Medienstaatsvertrages, also für den öffentlich-rechtlichen und den privaten Rundfunk,
hervorheben (Kreile, 2020).

Plattformen unterliegen keiner publizistischen Sorgfaltspflicht, anders
als die Presse sowie der private und der öffentlich-rechtliche Rundfunk,
die kommunikative Qualitätsmaßstäbe, wie Objektivität, sorgfältige Recherche oder die Unterscheidung von Meinung und Tatsachen achten
müssen. „Selektions- und Adressierungsprozesse der publizistischen Medi-
en erfolgen mit Blick auf die gesamte Gesellschaft" (Jarren, 2021). Ungeachtet dessen wirken Plattformen an der Herstellung von Öffentlichkeit
mit, indem sie „die kollektiv-korporatistischen Medien- und Öffentlich-
keitsstrukturen um individuelle Kommunikations- und Interaktionsstruk-
turen erweitern", insbesondere durch die Artikulation von Meinungen wie
Interessen. „Plattformen als allein aufmerksamkeitsökonomisch getriebene
private Akteure verleihen oder entziehen Akteuren Kommunikationsmög-

lichkeiten und damit kommunikative Macht nach Gutdünken." Reichweite wird vor allem durch Aufmerksamkeit generiert von „Hate Speech bis Desinformation" (Jarren, 2021). Die Folgen für unsere liberale Demokratie können wir heute noch nicht absehen, was wir allerdings heute schon feststellen können, sind komplexe Destabilisierungstendenzen.

Die wissenschaftlichen Befunde verdeutlichen, dass unsere Idealvorstellungen einer politischen Öffentlichkeit, die durch Medien vermittelt werden, die Verantwortung für ihre Inhalte tragen und einer Gesellschaft, die faktenbasiert informiert wird, zunehmend unter Druck geraten ist.

Der Philosoph Jürgen Habermas folgert aus der skizzierten Entwicklung, dass es keine politische Richtungsentscheidung sei, sondern ein verfassungsrechtliches Gebot, „eine Medienstruktur aufrechtzuerhalten, die den inklusiven Charakter der Öffentlichkeit und einen deliberativen Charakter der öffentlichen Meinungs- und Willensbildung ermöglicht". Zu dieser tragenden Medienstruktur gehört die Qualitätspresse und das duale Rundfunksystem, die nach Habermas' Einschätzung dem Sog der „Plattformisierung" gegenwärtig noch widerstehen (Habermas, 2021).

Konstruktive Vorschläge für die Weiterentwicklung unserer Medienstruktur werden schon seit einigen Jahren diskutiert und ausdifferenziert. Christoph Neuberger hat hierzu in diesem Band produktive und praxistaugliche Vorschläge zusammengefasst.

Im Lichte wissenschaftlicher Analysen zum Strukturwandel der Öffentlichkeit könnte die Erweiterung des Aufgabenspektrums des öffentlich-rechtlichen Rundfunks ein konstruktiver Baustein sein, um Antworten auf die Fragen zu entwickeln, auf welche Weise Kommunikationsprozesse und Medienstrukturen im digitalen Zeitalter organisiert werden können und zugleich die Akzeptanz und das Vertrauen der Bevölkerung genießen. Dafür wird es darauf ankommen, wie die weit gefassten und unkonkreten Regelungen ausgestaltet und umgesetzt werden. Zentral erscheint dabei die Frage, was der Gesetzgeber unter „Teilhabe an der Informationsgesellschaft" versteht und wie ein „Gesamtangebot für alle" spezifiziert werden kann. Zudem ist die Herausforderung zu bewältigen, Instrumente zu entwickeln, die geeignet sind, die Bevölkerung in Gestaltungsprozesse transparent und nachvollziehbar einzubeziehen. Eine gesellschaftliche Reflexion über das Selbstinteresse und die Gemeinwohlorientierung wäre dabei nicht nur im Kontext des öffentlich-rechtlichen Rundfunks wünschenswert.

3. *Qualitätskontrolle und Qualitätsstandards: Aufgabenzuwachs für die Gremien*[8]

Die Teilnehmenden der Partizipationsplattform #meinfernsehen2021 sprechen sich in der Abstimmung der dritten Phase eindeutig für eine Reform der Gremien des öffentlich-rechtlichen Rundfunks im Hinblick auf ihre Zusammensetzung, Auswahl und Arbeitsweise aus. Zu Einzelheiten wird auf den inspirierenden Beitrag von Christoph Bieber in diesem Band verwiesen.

Die Wünsche der Teilnehmenden von #meinfernsehen2021 finden sich im Diskussionsentwurf zum Medienstaatsvertrag nicht wieder. Allerdings ist zu erwarten, dass die Reform Prozesse initiiert, die Rückwirkungen auf die Arbeitsweise der Gremien haben könnten.

Die Gremien nehmen in der deutschen Rundfunkordnung eine herausgehobene Stellung ein, sie sind das „höchste Organ der Anstalt" (BVerfGE 31, 314 [328]) und dienen als „Sachwalter der Interessen der Allgemeinheit" (BVerfGE 60,53 [65]). Sie sind weisungsunabhängig und haben vereinfacht zusammengefasst Kompetenzen im Bereich Programm, Personal und Haushalt. Die näheren Ausgestaltungen finden sich in den Rundfunkgesetzen. Die Gremien der öffentlich-rechtlichen Sender haben allerdings keine Programmgestaltungskompetenz, ihnen obliegt die Programmkontrolle. Eine zentrale Funktion der Gremien ist die Beratung der Intendant:innen bei der Programmgestaltung, die diese für die jeweiligen Sender verantworten (Hahn, 2012). Mit der Novelle des Medienstaatsvertrages wird das Aufgabenspektrum der Gremien der öffentlich-rechtlichen Sender erweitert.

„Die zuständigen Gremien der in der ARD zusammengeschlossenen Landesrundfunkanstalten, des ZDF und des Deutschlandradios wachen über die Erfüllung des Auftrages gemäß § 26." (§ 31 Abs. 2a MStV-E).
„Zur besseren Überprüfbarkeit im Sinne der Einhaltung des Auftrags gemäß § 26 sollen die zuständigen Gremien der Rundfunkanstalten Zielvorgaben setzen. Hierzu gehört die Festsetzung inhaltlicher und formaler Qualitätsstandards sowie standardisierter Prozesse zu deren Überprüfung. Die Standards sind in dem Bericht nach Absatz 2 zu veröffentlichen und regelmäßig unter Berücksichtigung der anerkannten und medienwissenschaftlichen Erkenntnisse und publizistischer Praxis zu überprüfen. Bei der Erstellung und

---

8 Der Begriff „Gremien" umfasst die Rundfunkräte der Anstalten der ARD, den ZDF-Fernsehrat, den Rundfunkrat der Deutschen Welle sowie den Hörfunkrat des Deutschlandradios.

Kontrolle dieser Zielvorgaben können die Gremien externe unabhängige Sachverständige einbeziehen" (§ 31 Abs. 2b MStV-E).

Die Gremien erhalten damit erweiterte Kompetenzen und Aufsichtspflichten und werden in ihrer Verfasstheit als staatsferne und vielfaltssichernde binnenplurale Kontrollinstanz gestärkt (Dreier, Rhein, Schulz, 2022). Die Funktionserweiterung der Gremien kann als „planhafter Akteurswandel" aufgefasst werden, der notwendige Strukturwandel hierfür steht indes noch aus (Dreier, Rhein, Schulz, 2022). Wie diese Funktionserweiterung ausgestaltet werden soll und welche Folgen Qualitätsbeanstandungen haben können, konkretisiert die Regelung nicht. Offen ist auch, wie mögliche Spannungsverhältnisse mit der Programmgestaltungsverantwortung der Intendant:innen und Redakteur:innen aufgelöst werden könnten.

Eine zentrale neue Aufgabe der Gremien soll die Festlegung inhaltlicher und formaler Qualitätsstandards sein sowie die Entwicklung standardisierter Prozesse zu deren Überprüfung. Die Entwicklung inhaltlicher und formaler Qualitätsmaßstäbe erfordert nicht unerhebliche Expertise sowie zeitliche Ressourcen der Gremienmitglieder. Zur Unterstützung können die Gremien der öffentlich-rechtlichen Sender gemäß § 31 Abs. 2b S. 4 MStV-E externe und unabhängige Sachverständige hinzuziehen.

In diesem Zusammenhang sollen einige normative Ansätze und Leitlinien sowie Instrumente zur Qualitätsvermessung skizziert werden.

Überprüfbare normative Qualitätsmaßstäbe finden sich für den Bereich der Berichterstattung und Informationssendungen in § 6 Abs. 1 MStV.

„Berichterstattung und Informationssendungen haben den anerkannten journalistischen Grundsätzen, auch beim Einsatz virtueller Elemente, zu entsprechen. Sie müssen unabhängig und sachlich sein. Nachrichten sind vor ihrer Verbreitung mit der nach den Umständen gebotenen Sorgfalt auf Wahrheit und Herkunft zu prüfen. Kommentare sind von der Berichterstattung deutlich zu trennen und unter Nennung des Verfassers als solche zu kennzeichnen" (§ 6 Abs. 1 MStV).

Darüber hinaus können die Medien-, Rundfunk und Pressegesetze der Länder, Satzungen und Richtlinien der Sender und die publizistischen Grundsätze des Pressekodex zur Konkretisierung journalistischer Grundsätze und Sorgfaltspflichten herangezogen werden (Hartenstein, Janich, 2021 Rz.7, S. 1–22).

Als normative Grundlage zur Entwicklung von Qualitätskriterien dient nicht zuletzt, gerade im Kontext des öffentlich-rechtlichen Rundfunks, das Wertegerüst des Grundgesetzes. Die Grundwerte der Verfassung spielen auch im Kontext des Qualitätsdiskurses des Grimme-Preises und des Grimme Online Award eine tragende Rolle, ohne dass diese ausdifferenziert formuliert sind. Sie gehören zur „DNA" des Grimme-Instituts und bilden das Wertegerüst des Grimme-Qualitätsdiskurses (Gerlach, 2020). Die Reflexion darüber, ob der öffentlich-rechtliche Rundfunk seinen Auftrag erfüllt, ist seit 1964 ein Bestandteil des Diskurses (Gerlach, 2020).

Medienpreise wie der Grimme-Preis „wirken im öffentlichen Qualitätsdiskurs als Katalysator, weil sie ihm Impulse geben und ihn beeinflussen" (Neuberger, 2020). Preise verleihen Anerkennung und Legitimation und haben als kulturelles Kapital gesellschaftliche Bedeutung (mit weiteren Nachweisen, Neuberger 2020). Das sich in der Erschließung befindliche Grimme-Preis-Archiv, in dem u.a. die Preisbegründungen der Juror:innen seit 1964 dokumentiert sind, könnte insofern eine weitere Grundlage für die Entwicklung von Qualitätskriterien für die Bereiche Information & Kultur, Fiktion, Unterhaltung sowie für Kinder & Jugendangebote bilden. Den Bewertungen gehen vielschichtige Diskurse voraus und sie sind durch robuste Verfahren abgesichert (ein Überblick hierzu in: Gerlach, 2020).

Die Erforschung und Systematisierung normativer und deskriptiver Bewertungsinstrumente erfordert also einen nicht zu unterschätzenden Sachverstand aus der Wissenschaft, Medienkritik und Medienpraxis, um Qualitätskriterien zu entwickeln und konsistente Entscheidungen zu ermöglichen, die auf der Grundlage standardisierter Prozesse – nicht nur für Akteur:innen der Medien oder Expert:innen – überprüfbar und transparent sind, sondern auch für die Bevölkerung.

Bei den Teilnehmenden von #meinfernsehen2021 besteht große Einigkeit darüber, dass die Qualität der Inhalte für den öffentlich-rechtlichen Rundfunk der Maßstab für seine Legitimation sein soll und nicht die Quotenorientierung. Insofern ist damit zu rechnen, dass die Neuregelung auf positive Resonanz treffen könnte. Allerdings werden auch Erwartungen geweckt, die sehr wahrscheinlich nur prozesshaft bearbeitet werden können. Um die Transparenz des Strukturwandels und die Akzeptanz von Qualitätsmaßstäben abzusichern und gesellschaftliche Vorstellungen aufzunehmen, wäre es sinnvoll, wenn auch die Gremien den Austausch mit der Bevölkerung im Sinne des § 31 Abs. 2c MStV-E implementieren. Das komplizierte binnenplurale Organisationsmodell des öffentlich-rechtlichen Rundfunks könnte in diesem Zuge einer breiten Öffentlichkeit vermittelt werden. Das Partizipationsverfahren #meinfernsehen2021 offenbarte nachvollziehbare Wissenslücken bei den Teilnehmenden. Die Schließung von Wissenslücken könnte dazu beitragen, die gesellschaftliche Identifikation mit einem öffentlich-rechtlichen Mediensystem zu stärken.

4. Fazit

Der Diskussionsentwurf zum Medienstaatsvertrag zeigt Pfade für die digitale Transformation des öffentlich-rechtlichen Rundfunks auf. Ob und inwieweit sich diese Reform zu einem belastbaren Weg entwickelt, kann heute noch nicht beurteilt werden. Es wird sehr darauf ankommen, auf welche Art und Weise die vielfach unbestimmten Vorgaben von den Sendern, ihren Gremien und gegebenenfalls der Rechtsprechung konkretisiert werden. Eine zentrale Rolle für die Weiterentwicklung des Auftrages soll die Bevölkerung spielen. Hier liegt die Verantwortung bei den Sendern, aber nicht nur. Die Bürgerinnen und Bürger sind ebenfalls gefordert, wenn sie „ihren" öffentlich-rechtlichen Rundfunk in die digitale Zukunft begleiten wollen. Die Diskussionen und Vorschläge sowie die Art und Weise der Kommunikation der Teilnehmenden von #meinfernsehen2021 geben in dieser Hinsicht Anlass für Optimismus. Das in diesem Band ausführlich dokumentierte und analysierte Partizipationsverfahren könnte als Blaupause für die Entwicklung von Austauschformaten der öffentlich-rechtlichen Sender dienen.

Zu einem weiteren Instrument der Mitgestaltung des Strukturwandels der Öffentlichkeit könnte sich die Ermöglichung der Teilhabe aller Bevölkerungsgruppen an der Informationsgesellschaft entwickeln. In diesem Kontext ist die Frage zu klären, was unter Teilhabe zu verstehen ist und wie die unterschiedlichen und nicht selten widerstreitenden Interessen, Bedürfnisse und Lebensbedingungen Berücksichtigung finden können. Der Aufgabenzuwachs der Gremien stärkt die binnenplurale Kontrolle und könnte zugleich den Qualitätsbegriff im Zusammenhang von Medieninhalten weiter konturieren. Im besten Fall wird diese Aufgabe mit der Rückbindung an die Bevölkerung, der Wissenschaft, der Medienkritik und der Medienbranche verknüpft. Der gesellschaftliche Qualitätsdiskurs könnte damit gestärkt werden, es wäre wünschenswert, wenn hiervon unserer gesamtes Mediensystem profitieren würde.

Literatur

Bosse, Ingo (2016). Teilhabe in einer digitalen Gesellschaft – Wie Medien Inklusionsprozesse befördern können. Abgerufen am 20.04.22, von https://www.bpb.de/themen/medien-journalismus/medienpolitik/172759/teilhabe-in-einer-digitalen-gesellschaft-wie-medien-inklusionsprozesse-befoerdern-koennen/

Dreyer, Stephan; Rhein, Valerie; Schulz, Wolfgang (2022). Schriftliche Stellungnahme zu dem Diskussionsentwurf zu Auftrag und Strukturoptimierung des öffentlich-rechtlichen Rundfunks. Abgerufen am 20.04.2022 von https://leibniz -hbi.de/de/publikationen/stellungnahme-zum-diskussionsentwurf-zu-auftrag-un d-strukturoptimierung-des-oeffentlich-rechtlichen-rundfunks

Eifert, Martin (2012). § 11 RStV, Rz. 50. In: Werner Hahn; Thomas Vesting (Hrsg.) Beck'scher Kommentar zum Rundfunkrecht München, Deutschland: C.H. Beck, 3. Aufl. 2012, S. 458–479.

Eilders, Christiane; Gerlach, Frauke (2021). Gestaltungswille und Wissenslücken – eine Zwischenbilanz zu #meinfernsehen2021. epd medien, 2021 (14/21), S. 3–7.

Gerlach, Frauke (2020). Werte, Leitlinien und Normen – Reflexionen über die „Grimme-DNA". In: Gerlach, Frauke (Hrsg.) Medienqualität – Diskurse aus dem Grimme-Institut zu Fernsehen, Internet und Radio. Bielefeld, Deutschland: transcript Verlag, 2020, S. 75–89.

Gerlach, Frauke (2011). [Media Governance] Moderne Staatlichkeit in Zeiten des Internets. Vom Rundfunkstaatsvertrag zum medienpolitischen Verhandlungssystem. Wiesbaden, Deutschland: Springer Gabler; 1. Aufl. 2011, Nachdruck 2019.

Habermas, Jürgen (2021). Überlegungen und Hypothesen zu einem erneuten Strukturwandel der politischen Öffentlichkeit. In: Martin Seeliger; Sebastian Sevignani (Hrsg.) Ein neuer Strukturwandel der Öffentlichkeit? Baden-Baden, Deutschland: Nomos 2021, S. 470–500.

Hahn, Werner (2012). Anhang zu §§ 11 e, 11f RStV, Überblick über das Aufsichtssystem des öffentlich-rechtlichen Rundfunks, Rz. 2, 18. In: Werner Hahn; Thomas Vesting (Hrsg.) Beck'scher Kommentar zum Rundfunkrecht München. Deutschland: C.H. Beck, 3. Aufl. 2012, S. 654–668.

Jarren, Otfried (2021). Demokratie benötigt Journalismus. Zur anhaltenden Relevanz publizistischer Medien für die gesamtgesellschaftliche Kommunikation. In: Birgit Stark; Uta Rußmann & Melanie Magin, (2021). Demokratie braucht Medien. Wiesbaden, Deutschland: Springer Fachmedien 2021, S. 117–141.

Jarren, Otfried, Fischer, Renate (2021). Die Plattformisierung von Öffentlichkeit und der Relevanzverlust des Journalismus als demokratische Herausforderung. In: Martin Seeliger; Sebastian Sevignani (Hrsg.) Ein neuer Strukturwandel der Öffentlichkeit? Baden-Baden, Deutschland: Nomos 2021, S. 365–382.

Jäckel, Michael (2022). Aufmerksamkeit und Ignoranz. Die öffentliche Meinung als Konstrukt. epd medien, 2022 (10/22), S. 5–9.

Kreile, Johannes (2020). Präambel MStV, Rz. 22. In: Medienstaatsvertrag – Jugendmedienstaatsvertrag, Kommentar. Heidelberg, Deutschland: C.F. Müller, 90. Aktualisierung, März 2022, B 5, S. 1–18.

Neuberger, Christoph (2022). Digitale Öffentlichkeit und liberale Demokratie. Aus Politik und Zeitgeschichte. 72. Jahrgang, (10–11/2022), S. 18–25.

Neuberger, Christoph (2020). Medienpreise und ihr Beitrag zum Qualitätsdiskurs. In: Werte, Leitlinien und Normen – Reflexionen über die „Grimme-DNA". In: Frauke Gerlach (Hrsg.) Medienqualität – Diskurse aus dem Grimme-Institut zu Fernsehen, Internet und Radio. Bielefeld, Deutschland: transcript Verlag, 2020, S. 23–33.

Staatskanzlei Rheinland-Pfalz. Abgerufen am 23.04.2022, von

https://www.rlp.de/de/regierung/staatskanzlei/medienpolitik/rundfunkkommission /reform-ard-zdf-deutschlandradio/

https://www.rlp.de/de/pressemitteilungen/einzelansicht/news/News/detail/onlinebe teiligung-zum-diskussionsentwurf-beendet-ueber-2600-eingaben-vor-allem-von-b uergerinnen-un-1/.

Staatskanzlei Rheinland-Pfalz. Abgerufen am 11.03.2022, von

https://www.rlp.de/fileadmin/rlp-stk/pdf-Dateien/Medienpolitik/Synopse_MAEStV _Reform_OERR_Nov2021.pdf

Verband Privater Rundfunk und Telemedienanbieter e.V. VAUNET (14.01.2022). Stellungnahme zum Diskussionsentwurf zu Auftrag und Strukturoptimierung des öffentlich-rechtlichen Rundfunks. 3. Medienänderungsstaatsvertrag, Stand 19.11.2021. Abgerufen am 11.03.2022, von

https://www.rlp.de/fileadmin/rlp-stk/pdf-Dateien/Medienpolitik/Synopse_MAEStV _Reform_OERR_Nov2021.pdf

NDR Info (02.04.2022). Abgerufen am 07.04.2022, von

https://www.ndr.de/nachrichten/info/wir_ueber_uns/NDR-Info-im-Dialog-Diskuti eren-Sie-mit-uns,ndrinfoimdialog188.html

1.2 Rundfunkfinanzierung – geht das auch anders?

Karl-Nikolaus Peifer

1. Rundfunkfinanzierung in der öffentlichen Debatte

Rundfunkveranstalter finanzieren sich durch Werbung, direkte Abonnementzahlungen oder aus öffentlichen Mitteln. Für die öffentlich-rechtlichen Anstalten in Deutschland sind Abonnementzahlungen („Pay-TV") gesetzlich verboten, Rundfunkbeiträge dagegen der Hauptfinanzierungsbeitrag. Werbung ist nur in engen Grenzen zulässig. Beide damit mögliche Finanzierungsquellen – Beiträge (früher: Gebühren) und Werbung – sind in der öffentlichen Debatte umstritten. Die Grenzen dessen, was zulässig und möglich sind, sind im Wesentlichen durch die Rechtsprechung des Bundesverfassungsgerichts gesetzt worden.

Zum Rundfunkbeitrag wurde in der Debatte #meinfernsehen2021 vor allem kritisiert, dass die Abgabe pauschal erhoben wird, dass jede Person unabhängig von ihrer Leistungsfähigkeit und ihrer konkreten Nachfrage denselben Beitrag zahlen muss, dass die Verwendung der Mittel zum Teil intransparent, zum Teil nicht zielgenau ist, jedenfalls die Beitragszahlenden zu wenige Befugnisse haben, über die konkrete Verwendung mitzubestimmen. Werbung – so einige Reaktionen in der Debatte #meinfernsehen2021 – solle im öffentlich-rechtlichen Rundfunk nicht zur Finanzierung herangezogen werden. Kritisiert wird zum Teil eine gewisse Unbeweglichkeit oder ein Beharrungsvermögen in der Verteidigung eines gewachsenen Systems.

Der Beitrag als Finanzierung wurde in der Debatte #meinfernsehen2021 nicht stets und generell abgelehnt. Es besteht durchaus Sympathie dafür, dass die Sicherung von Qualität und Unabhängigkeit der Programmtätigkeit ein wichtiges Anliegen ist, dem durch die gegenwärtige Finanzierung Rechnung getragen wird.

Zur Verbesserung der Ausgestaltung des derzeitigen Systems werden mehrere Vorschläge vorgebracht. Dazu gehört der Vorschlag, die Beitragszahlenden auf einer Diskussionsplattform über die Verteilung mitbestimmen zu lassen, die Zahlungspflicht stärker an die konkrete Nutzung zu binden, den Bürger:innen individuell nachzufragende (und ggf. auch individuell zu bezahlende) Inhaltspakete vorzuschlagen (z. B. neben einem

Paket für die Basisversorgung eines für den Bereich Nachrichten, eines für die Kultur, eines für Unterhaltung etc.) mit der Möglichkeit, nur einzelne dieser Pakete „buchen" zu können und den Beitrag dadurch auf diese gebuchten Pakete fokussieren zu können. Vorgeschlagen wird überdies, die Beitragshöhe stärker an die Leistungsfähigkeit der beitragsverpflichteten Person zu knüpfen.

Der vorliegende Beitrag möchte zunächst die Entwicklung des Systems kurz erklären (nachfolgend II.), um sodann zu diskutieren, wie aufnahmefähig das derzeitige System für diese Vorschläge ist (unter III.).

Soweit das gewachsene System auf Rechtsregeln und ihrer Ausdeutung durch das Bundesverfassungsgericht beruht – so viel sei bereits zu Beginn klargestellt –, wird es schwierig sein, einen radikalen Systemwechsel zu vollziehen. Die folgende Darstellung wird die juristisch begründeten Eckpfeiler darstellen und versuchen, Spielräume aufzuzeigen, dabei auch klarstellen, ob diese rechtlicher oder medienpolitischer Natur sind.

2. *Rundfunkfinanzierung – warum so?*

Der Rundfunkbeitrag ist eng mit der Entwicklung des öffentlich-rechtlichen Rundfunks in Deutschland verbunden. Nach dem Zweiten Weltkrieg war zunächst für die alliierte Besatzung, sodann aber auch für die deutsche Verfassung manches nicht dispositiv: Rundfunk sollte nicht in der Hand des Staates, sondern staatsfern errichtet werden (Bausch, 1980). Als Ergebnis dieser Entwicklung steht fest: Bei aller Kritik an der Präsenz der Politik in Rundfunkgremien; die Rundfunkanstalten gehören nicht dem Staat, sie werden daher auch nicht direkt staatlich finanziert. Der Staat hat keine direkten programmlichen Einwirkungsrechte, er soll auch nicht durch die Zuwendung oder die Verweigerung von Finanzierungsmitteln auf das Programm einwirken dürfen.

Interessanterweise wurde nach dem Zweiten Weltkrieg – anders als etwa bei der privat finanzierten Presse – nicht vorgeschlagen, den Rundfunk privatrechtlich zu organisieren. Zunächst hing diese Haltung an der Befürchtung, dass die knappen Frequenzen (die heute kein Problem mehr darstellen) und der hohe Geldbedarf für die Finanzierung teurer Aufzeichnungs- und Sendetechnik zu einer schnellen Konzentration weniger finanzstarker Unternehmen im Rundfunkbereich führen könnte. Die damalige Befürchtung zeigt sich heute im Bereich der Konzentration von Internetdienstbetreibern (Andree/Thomsen, 2020, S. 24). Die durchweg privat finanzierten Unternehmen auf diesem Sektor beeinflussen in erheblicher Weise nach kommerzieller Logik (Werbetauglichkeit) die Aufmerksamkeit der Nutzenden. Das war im Rundfunk so unerwünscht, wie es auch bei Internetdiensten kritisiert wird (zur Konzentrationskontrolle in diesem Zusammenhang: Dörr, 2022, S. 5; Schmid/Braam/Mitschke 2020, S. 20). Eine reine Werbefinanzierung und eine ausschließlich private Organisation des Rundfunks war daher nie eine Regulierungsoption.

Das Bundesverfassungsgericht hatte maßgeblichen Anteil daran, dass sowohl das Prinzip Staatsferne als auch die Verhinderung einer reinen Werbe- und Privatfinanzierung des Rundfunks eine Chance erhielten. Pay-TV für Sparteninhalte ist dadurch nicht ausgeschlossen (BVerfG, Amtliche Entscheidungssammlung, Bd. 74 (1987), S. 297, 347), müsste aber per Gesetz zugelassen werden. Derzeit schließt die Rundfunkgesetzgebung diese Finanzierungsquelle für den öffentlich-rechtlichen Rundfunk aus (§ 35 MStV).

Der in Deutschland gewählte Weg erhielt damit eine Richtung, die das heutige System erklärt: Die Finanzierung erfolgt nicht durch den Staat und auch nicht durch Werbung, sondern durch eine die Unabhängigkeit der Veranstalter wahrende Finanzierungsquelle. Eine an den Gerätebesitz anknüpfende „Gebühr" war bereits im Telekommunikationsbereich bekannt, also auch für den Rundfunk naheliegend (vgl. dazu Bundesverfassungsgericht (1994), Amtliche Entscheidungssammlung, Band 90, S. 60; Bausch, 1980, S. 24). Das zunehmende Verschwinden der klassischen Empfangsgeräte legte es später allerdings nahe, die Zahlungspflicht nicht geräteabhängig, sondern nutzerabhängig auszugestalten. Das war eine medienpolitisch-pragmatische, keine juristisch zwingende Option. Doch entstand so die „Haushaltsabgabe", die das BVerfG als verfassungsgemäße Art der Finanzierungsstruktur anerkannt hat (übernommen in § 35 MStV).

Die Erläuterung zeigt, dass auch dieses System nicht zwingend war. Gegenüber der an die staatliche Haushaltsgesetzgebung angelehnten Steuer, die durchaus eine Alternative geboten hätte, hat der Rundfunkbeitrag aber den Vorteil, dass seine Bemessung von politischen Entscheidungen eines Haushaltsgesetzgebers, der Steuergesetze erlassen muss, unabhängiger ist. Diese Unabhängigkeit spielt stets eine Rolle, wenn Parlamente oder Regierungen versuchen, durch Haushaltsgesetzgebung auf die Sendertätigkeit Einfluss zu nehmen. Ansätze einer politischen Einflussnahme auf die Höhe der Finanzierung hat es mehrfach gegeben, etwa im Vorfeld der Gebührenerhöhung des Jahres 2005 durch die damaligen Ministerpräsidenten aus Bayern, Nordrhein-Westfalen, Hessen und Sachsen (Mitteldeutsche Zeitung v. 13.11.2003, abrufbar unter https://www.mz.de/deutschland-und-welt/politik/tv-und-radio-erhohung-der-rundfunkgebuhren-unwahrscheinlich-3005036) und im Jahr 2020, als das Land Sachsen-Anhalt eine Erhöhung des Beitrags zum 1.1.2021 durch Verweigerung seiner Zustimmung zunächst verhindert hat (Frankfurter Rundschau v. 8.12.2020, abrufbar unter https://www.fr.de/politik/afd-cdu-sachsen-anhalt-rundfunk-beitrag-ge buehren-gez-innenminister-stahlknecht-90118367.html).

Eine direkte Einflussnahme der Politik auf die Senderfinanzierung ist bereits früher vom Bundesverfassungsgericht als mit der Verfassung nicht vereinbare Gefährdung angesehen worden (vgl. dazu Bundesverfassungsgericht, Amtliche Entscheidungssammlung – BVerfGE – Bd. 119, 2007, S. 181, 224). Den Versuch, dies durch Nichtzustimmung eines Landesparlaments – wie im Falle Sachsen-Anhalts – durchzusetzen, hat das Bundesverfassungsgericht sogar als verfassungswidriges Unterlassen in Bezug auf die verweigerte funktionsgerechte Finanzausstattung der Rundfunkanstalten angesehen (Bundesverfassungsgericht, Beschluss v. 20.7.2021, in Neue Juristische Wochenschrift (NJW) 2021, S. 1311).

Überlässt man andererseits den Rundfunkveranstaltern selbst die Entscheidung darüber, welche Beiträge finanzierungsadäquat sind, fördert man eine Selbstbedienungsmentalität, die das System der Finanzierung ebenfalls wegen fehlender Kontrollen gefährden. Mit dieser Konstellation mussten sich die Gerichte allerdings nicht befassen, weil sie nie ernsthaft diskutiert wurden.

Die Lösung des deutschen Rechts besteht danach seit Langem darin, eine unabhängige Kommission damit zu beauftragen, den von den Anstalten angemeldeten Bedarf zu prüfen und dann eine eigene Einschätzung darüber zu treffen, inwieweit dieser Bedarf angemessen ist. Dies erklärt die Existenz der Kommission zur Ermittlung des Finanzbedarfs der Rundfunkanstalten (KEF), die 1975 durch einen Beschluss der Ministerpräsidenten der Bundesländer errichtet und nach 1994 – wiederum auf Betreiben des Bundesverfassungsgerichts – weitgehend unabhängig ausgestaltet wurde. Das Gremium ist seither weder den Anstalten noch der Politik verpflichtet, schafft also eine Distanz zwischen Finanzierungsinteresse und politischem Steuerungsinteresse. Auch diese Lösung ist nicht zwingend. Das BVerfG hielt sie allerdings für am ehesten geeignet, um einerseits politische Einflüsse durch Finanzentscheidungen zu verhindern, andererseits die Bedarfsanmeldung der Sender auf ihre Vereinbarkeit mit den Grundsätzen von Wirtschaftlichkeit und Sparsamkeit zu überprüfen (Bundesverfassungsgericht [1994], Amtliche Entscheidungssammlung, Band 90, S. 60).

Mit den bisherigen Bausteinen der Entwicklung erklärt sich die Existenz einer Bürgerabgabe (Rundfunkbeitrag), die Kontrolle durch eine unabhängige Kommission und die Absagen an ein Staatseigentum, eine direkte staatliche Finanzierung sowie eine reine Werbe- oder Entgeltfinanzierung. Es bleibt die Frage, ob die Vorschläge in der Gebührendebatte in dem so realisierten System Platz finden oder ausgeschlossen sind. Darauf soll im dritten Teil eingegangen werden.

3. *Rundfunkfinanzierung – geht das auch anders?*

I. *Entgeltfinanzierung statt Bürgerabgabe?*

Eine Direktfinanzierung des Rundfunks scheitert derzeit jedenfalls an § 35 MStV, der hierzu nicht ermächtigt. Vorteile einer Direktfinanzierung sind die stärkere Steuerung der Inhalte durch die Nachfrageseite. Soweit Teilnehmende an #meinfernsehen2021 als Vorbilder für gelungene Inhalte Video-Streaming-Portale wie Netflix nennen, zeigt sich eine unterschwellige Tendenz, Bezahlinhalte für besser steuerbar zu halten.

Dagegen wird allerdings vielfach in der Programmdiskussion eingewendet, dass nachfrageintensive Angebote zu teuer eingekauft würden. Der Profisport wird hierfür als ein Beispiel genannt. Der Satz „Qualität statt Quotenorientierung" taucht in der Programmdebatte neben der Einschätzung auf, dass Qualität und Anspruch gewinnunabhängig sein sollen.

Die Frage der Entgeltfinanzierung ist daher nicht nur rechtlich, sondern auch medienpolitisch vorgeformt. Entgeltfinanzierte Inhalte erzeugen Zugangshindernisse für diejenigen, die sich diese Inhalte nicht leisten können. Eine breite Meinungsbildung durch Medienangebote sollte sich daher nicht nur auf Inseln der Informierten konzentrieren, auch wenn keinesfalls gesichert ist, dass ein entgeltfreier Zugang auch zu einer besseren Information breiter Bevölkerungskreise führt. Immerhin erhöht er die Chance dazu.

Das Verbot der Entgeltfinanzierung des öffentlich-rechtlichen Rundfunks ist derzeit einfachgesetzlich festgelegt, verfassungsrechtlich gibt es kein klares Verbot. Das Bundesverfassungsgericht betont allerdings in ständiger Rechtsprechung, dass „die dem öffentlich-rechtlichen Rundfunk gemäße Art der Finanzierung [...] die Gebührenfinanzierung" sei (BVerfGE 73, 118, 158; 74, 297, 325; 83, 238, 297; 90, 60, 90; in heutiger Terminologie: Beitragsfinanzierung). „Sie erlaubt es ihm, unabhängig von Einschaltquoten und Werbeaufträgen ein Programm anzubieten, das den verfassungsrechtlichen Anforderungen gegenständlicher und meinungsmäßiger Vielfalt entspricht" (BVerfGE 90, 60, 90). Sie erst erlaube es, die Grundversorgung der Bevölkerung mit Rundfunkprogrammen zu gewährleisten. Das Gericht argumentiert insoweit, dass eine markt- und insoweit nachfrageunabhängige Finanzierung die Freiheit der Programmgestalter erhöhe. Diese Wirkung ist nicht unplausibel. Ob sie in der Praxis dazu genutzt wird, unabhängige Programme qualitätsvoll herzustellen, wird in der Programmdebatte bezweifelt. Gleichwohl folgt daraus für die Finanzierungsfrage nicht, dass die Entgeltfinanzierung die Programmqualität zwingend erhöht.

II. Verzicht auf Werbung?

Es scheint naheliegend, dass eine Beitragsfinanzierung ergänzende markt- und nachfrageabhängige Finanzierungsformen überflüssig macht. Verfassungsrechtlich ist eine Werbefinanzierung nicht ausgeschlossen, solange die Beitragsfinanzierung dadurch nicht in den Hintergrund gedrängt wird (BVerfGE 90, 60, 91). Das Bundesverfassungsgericht ist sogar der Ansicht, dass eine Werbefinanzierung die Unabhängigkeit des öffentlich-rechtlichen Rundfunks stärken könne (a.a.O. S. 91). Ein Verfassungsgebot der Art, dass Werbung zugelassen werden muss, gibt es hingegen nicht.

Allerdings ist verfassungsrechtlich verankert, dass der öffentlich-rechtliche Rundfunk bedarfsgerecht finanziert werden muss. Ein Verzicht auf Werbung erhöht mithin den Bedarf auf der Beitragsseite. Das Risiko eines individuell höheren Rundfunkbeitrags steigt damit. Wenn dieser Preis akzeptiert würde, stünde einer Beseitigung der Werbung grundsätzlich nichts entgegen.

Hinzuweisen ist allerdings darauf, dass die Vermittlung von Rundfunkangeboten nicht mehr linear oder über eigene Infrastrukturen oder Mediatheken erfolgt. Die Verfügbarmachung von Inhalten über die Plattformen sozialer Medien ist vielmehr verbreitet und aus Nutzersicht vielfach auch gewünscht. Die Verweildauer auf solchen Plattformen ist bereits jetzt höher als die auf linearen Rundfunkkanälen oder Mediatheken (Andree/ Thomsen, 2020, S. 24 ff.). Da die sozialen Medien vielfach werbefinanziert sind, ist eine Verbreitung werbefreier Programme zwar nicht ausgeschlossen, er wird durch die Plattformbetreiber aber jedenfalls faktisch erschwert. Die werbefreie Verbreitung muss daher möglicherweise gesetzlich begleitet, vielleicht sogar erzwungen werden.

Ein weiterer Problempunkt liegt darin, dass die Programmproduktion und -verbreitung nicht mehr nur durch indirekte Finanzierung erfolgt. Die Phänomene des native advertising und des branded entertainment schaffen Anreize, direkte Werbefinanzierung dadurch zu umgehen, dass Unternehmen oder auch zivilgesellschaftliche Gruppen Programme vorproduzieren oder durch Produktplatzierungen oder Produktionshilfen ermöglichen (Lilienthal/Weichert (2014); Beispiele bei Lobe, FAZ Nr. 282 v. 4.12.2014, S. 15). Diese indirekten Finanzierungen belasten die redaktionelle Freiheit jedenfalls faktisch. Werbung als direkte Finanzierung ist insoweit ein durchaus ehrlicherer Weg auch zum Schutz redaktioneller Freiheiten.

III. Senkung des Rundfunkbeitrags

Forderungen nach der Senkung oder gar Abschaffung des Rundfunkbeitrags stoßen an harte verfassungsrechtliche Grenzen. Das Bundesverfassungsgericht hat mehrfach, zuletzt noch 2021, klargestellt, dass die Rundfunkanstalten einen Anspruch auf funktionsgerechte Finanzierung haben (Bundesverfassungsgericht, NJW 2021, S. 3111; so auch § 34 Abs. 1 MStV). Die Länder haben diese Finanzierung zu gewährleisten. Weigert sich ein Land, die von der KEF ermittelte Finanzierung ohne tragfähige Begründung bereitzustellen, kann ihm sogar ein verfassungswidriges Unterlassen vorgeworfen werden (s.o.). Die Bedarfsfeststellung ist insoweit eine harte Grenze.

Spielraum zur Senkung oder Beseitigung des Beitrags besteht nur dort, wo eine Mehrfachbelastung für den identischen Tatbestand vorliegt (z.B. bei der Beitragsbelastung einer Zweitwohnung, vgl. Bundesverfassungsgericht; Neue Zeitschrift für Verwaltungsrecht (NVwZ), 2019, S. 1035) oder eine soziale Härte Ausnahmen von der Beitragspflicht erfordert (z.B. bei Arbeitslosigkeit oder Bezug von Sozialhilfeleistungen, vgl. § 4 Abs. 1 S. 1, S. 3 RBStV). Diese Befreiungstatbestände sind individuell konzipiert, eine generelle Befreiung kommt nicht in Betracht. Das betrifft insbesondere auch Konstellationen der Nichtnutzung oder des Nichtgefallens.

IV. Zahlung nur für genutzte Inhalte

Es liegt nahe, eine Zahlungspflicht nur für Situationen zu akzeptieren, in denen Inhalte tatsächlich genutzt werden. Die Rechtslage ist allerdings auch hier eindeutig. Der Rundfunkbeitrag ist keine Gegenleistung für die Programmnutzung (vgl. Kirchhof, 2010, S. 46). Dieser Grundsatz ist in der Rechtswissenschaft unbestritten, von daher auch eine harte rechtliche Grenze für jede Reformüberlegung.

V. Mitbestimmung bei der Zubilligung oder Verteilung des Beitrags

Die Ermittlung des funktionsgerechten Beitrags obliegt nach der heutigen Ausgestaltung einer unabhängigen Kommission, der KEF. Die Verteilung des Aufkommens ist ihr dagegen nicht überantwortet. Für sie gibt es gesetzliche Vorgaben. Der Rundfunkbeitrag finanziert danach nicht nur die Anstalten, sondern auch die Landesmedienanstalten (§ 10 Abs. 1 RfinStV) und die KEF selbst (§ 6 Abs. 1 RFinStV). Innerhalb der Anstalten gibt es einen Finanz- und Strukturausgleich, der die Verteilung zwischen größeren und kleineren Anstalten regelt (§ 9 RFinStV). Die Aufteilung ist allerdings pauschal. Die Zuwendung geht an die jeweilige Anstalt, ohne dass der Staatsvertrag genauere Zuweisungen (etwa für bestimmte Programmkategorien) vornimmt. Die Vornahme des Finanzausgleichs unter den Anstalten wird diesen selbst überantwortet (§ 12 RFinStV), auch hierfür fehlen genauere Vorgaben.

Der rechtliche Rahmen sorgt auf diese Weise dafür, dass die Bemessung des Beitrags und seine generelle Zuteilung der politischen Feinsteuerung oder Einflussnahme entzogen, allerdings nicht eindeutig vorgeprägt ist. Die Vermeidung politischer Einflussnahme entspricht einer Vorgabe des Bundesverfassungsgerichts, die eine harte verfassungsrechtliche Grenze für die Ausgestaltung mit sich bringt. Die Vermeidung inhaltlicher Einwirkungen auf die Programmfreiheit der Anstalten ist ähnlich zu bewerten.

Die Transparenz des Prozesses hängt derzeit zum einen daran, dass die genannten Grundsätze gesetzlich geregelt, die Tätigkeit der KEF selbst mit Berichtspflichten verbunden ist. Die KEF unterhält eine Webseite, auf der sie über ihre Aufgabenerfüllung berichtet. Alle zwei Jahre hat sie den Landesregierungen einen Bericht zu erstatten (§ 3 Abs. 8 RFinStV). Die Berichte werden auf der Webseite bereitgestellt (z. B. der 22. Bericht unter https://kef-online.de/fileadmin/KEF/Dateien/Berichte/22._Bericht.pdf).

Diese Darlegungen zeigen, dass bisher zwar eine gewisse Transparenz, aber keine Bürgerbeteiligung an den Bemessungs- und Verteilungsverfahren im Rahmen der KEF vorgesehen ist. Soweit die Anstalten selbst Bedarf anmelden oder über die Beiträge verfügen, erfolgt eine Mitarbeit im Rahmen der pluralistisch besetzten Rundfunk- bzw. Fernsehräte.

Eine Beteiligung von Bürgern an der Arbeit der KEF wäre konstruktiv denkbar. Der gesetzliche Rahmen sieht sie nicht vor, das Verfassungsrecht schließt sie nicht aus. Begrenzt wäre diese Mitarbeit allenfalls insoweit, als auch die Bürgerbeteiligung bei der Finanzberechnung oder Zuteilung, soweit sie außerhalb der Anstalten erfolgt, nicht auf die Programminhalte Einfluss nehmen darf. Soweit eine Mitwirkung bei der Beitragsverteilung oder gar Beitragszuteilung gefordert wird, wäre näher zu eruieren, ob diese Beteiligung nicht im Ergebnis eher eine Beteiligung an der Programmgestaltung beabsichtigt (Soll Fußball finanziert werden? Sollen Unterhaltungsformate zugunsten von Nachrichten und Kulturformaten geschwächt werden? Sollen die Anstalten mehr und für längere Zeit Gratisinhalte auf ihren Mediatheken zur Verfügung stellen?). Letzteres wäre verfassungsrechtlich nur über eine Beteiligung an den Programmgremien der Anstalten, nicht aber über eine Beteiligung an der „Steuerung" des Rundfunkbeitrages zulässig.

4. Fazit

Die Darstellung gesteht zu, dass es ein Unbehagen an der Finanzierung öffentlich-rechtlicher Sender gibt. Sie legt aber auch nahe, dass diese Finanzierung historisch gewachsen und durchaus fein ausziseliert ist, also eine Balance zwischen Qualitätsförderung, Wahrung der Programmfreiheit und Vermeidung finanzieller oder politischer Einflussnahmen beabsichtigt. Diese gewachsene Struktur ist zum Teil komplex, zum Teil erweckt sie nachvollziehbar den Eindruck, unverrückbar zu sein, was vor allem an den vielen verfassungsrechtlichen Leitlinien liegt, innerhalb derer sie sich entwickelt hat.

Literatur

Andree, Martin/Thomson, Timo (2020), Atlas der Digitalen Welt, München Campus.

Bausch, Hans (1980), Rundfunk in Deutschland, Band 3: Rundfunkpolitik nach 1945, München dtv.

Dörr, Dieter (2022), Regulierung intermediärer Plattformen durch den Medienstaatsvertrag, Neue Justiz (NJ) Baden-Baden Nomos, S. 1.

Bundesverfassungsgericht, Amtliche Entscheidungssammlung (BVerfGE), zitiert nach Band und Seite.

Kirchhof, Paul (2010), Gutachten über die Finanzierung des öffentlich-rechtlichen Rundfunks, Heidelberg.

Lilienthal, Volker/Weichert, Stephan (2014), Digitaler Journalismus. Dynamik – Teilhaber – Technik (Studie im Auftrag der Lfm NRW), abrufbar unter https://www.medienanstalt-nrw.de/fileadmin/user_upload/lfm-nrw/Foerderung/Forschung/Dateien_Forschung/Band-74_Digitaler-Journalismus.pdf (Abruf 24.1.2022).

Lobe, Adrian (2014), Wer haut hier wen warum in die Pfanne?, FAZ Nr. 282 v. 4.12.2014, S. 15.

Schmid, Tobias/Braam, Laura/Mitschke, Julia (2020), Macht im Netz I: Herausforderungen für die Sicherung der Meinungs- und Medienvielfalt, Multimedia und Recht (MMR), München Beck, S. 19.

1.3 Rundfunk, Räte und Repräsentation im digitalen Medienraum

Christoph Bieber

Der öffentlich-rechtliche Rundfunk befindet sich seit den 1990er-Jahren im digitalen Transformationsprozess – das geschieht für Außenstehende mal mehr, mal weniger sichtbar. Mit kontinuierlich wachsenden Mediatheken, populären Online-Auftritten einzelner Sendeformate, unzähligen Livestreams jenseits der TV- und Hörfunkprogramme oder dem jungen Content-Netzwerk funk ist dies aufseiten der Programmentwicklung und -gestaltung schon lange zu erkennen. Nahezu im Verborgenen vollzieht sich dagegen die gesellschaftliche Repräsentation und Beteiligung in den sogenannten Aufsichtsgremien von ARD, ZDF und dem Deutschlandradio – doch auch hier ist eine Transformation, eine Anpassung an die Gegebenheiten einer digitalen Medienumgebung notwendig. Die rechtliche und soziale „Einbettung" des öffentlich-rechtlichen Rundfunks sowie die vielfältigen Möglichkeiten zur gesellschaftlichen Repräsentation und Beteiligung des Publikums im Umfeld der Sendeanstalten ist über Jahrzehnte hinweg gewachsen und in einem komplizierten Regelwerk dokumentiert. Es ist auch für Expert:innen schwierig, angesichts einer föderal differenzierten Rundfunk- und Mediengesetzgebung den Überblick zu behalten – darüber hinaus sind einige Aspekte der öffentlich-rechtlichen Konstellation noch kaum wissenschaftlich untersucht. Dazu zählt unter anderem auch der Bereich der Gremienaufsicht in den verschiedenen Organisationen des Mediensystems, systematisch vergleichende Studien etwa zu Besetzung, Arbeitsweise, Entscheidungen oder der inner-organisationellen Arbeitsteilung von Rundfunk- oder Fernsehräten sind bislang die Ausnahme. Auch in den vielen Diskussionen um eine zukunftsfähige Weiterentwicklung öffentlich-rechtlicher Medien oder auch im „offiziellen" Prozess zur Strukturentwicklung spielen die Aufsichtsgremien allenfalls eine Nebenrolle. Es überrascht insofern nicht, dass die Thematik im Rahmen des Beteiligungsprojekts #meinfernsehen2021 in der ersten Befragungsrunde unter der Rubrik „Was noch?" einsortiert wurde – zu prominent sind die versendeten öffentlich-rechtlichen Inhalte, zu präsent die Kontroverse um deren öffentliche Akzeptanz. Unter den Bedingungen der Digitalisierung führt die nachgeordnete Auseinandersetzung mit einem wesentlichen

„Feature" der demokratischen Medienordnung in Deutschland zu erheblichen Problemen – denn gerade eine Veränderung und Aktualisierung der Beteiligungsstrukturen in den Aufsichtsgremien weisen ein erhebliches Innovationspotenzial für die künftige Entwicklung öffentlich-rechtlicher Strukturen auf.

1. „Gremien" im Online-Verfahren

Auch im Verlauf des Beteiligungsprojekts #meinfernsehen2021 standen Fragen nach der Rolle und den Perspektiven der Gremien[1] nicht im Vordergrund des Interesses der Teilnehmer:innen. In der ersten Diskussionsphase haben einige Kommentare den (angeblich) zu starken Einfluss insbesondere von Politik und Kirchen kritisiert, eine ausgewogenere Besetzung gewünscht sowie eine größere Aufgeschlossenheit gegenüber Neuerungen gefordert. Damit folgen die Eingaben im Großen und Ganzen den öffentlich geführten Debatten über Zusammensetzung und Zukunftsfähigkeit der Aufsichtsgremien, ohne spezifisch neue Diskussionspunkte einzuführen. Das ist insofern verständlich, als dass die Arbeit der Rundfunk-, Fernseh- und Hörfunkräte zwar durchaus öffentlich stattfindet, jedoch weit weniger Aufmerksamkeit erhält als die programmliche Tätigkeit der Sender oder öffentliche Äußerungen des hauptamtlichen Führungspersonals. Die regelmäßig stattfindenden Gremiensitzungen sind weitestgehend für die Öffentlichkeit zugänglich und werden i.d.R. auf den Online-Präsenzen der Sendeanstalten dokumentiert (vgl. www.wdr-rundfunkrat.de; www.zdf .de/zdfunternehmen/zdf-fernsehrat-funktion-vorsitz-und-mitglieder-10

---

1 Unter dem Begriff der „Gremien" werden die verschiedenen, in den entsprechenden Gesetzen verankerten Aufsichtsbehörden der Rundfunkunternehmen ARD, ZDF und Deutschlandradio zusammengefasst. Je nach Zugehörigkeit werden diese Körperschaften als „Rundfunkrat" (bei den Landesrundfunkanstalten innerhalb der ARD sowie beim Auslandssender Deutsche Welle), „Fernsehrat" (ZDF) oder „Hörfunkrat" (Deutschlandradio) bezeichnet. Die Regelungen für die personelle Zusammensetzung dieser Gremien sind in den jeweiligen Landesmediengesetzen, dem ZDF- und dem Deutschlandradio-Staatsvertrag niedergelegt. Als weitere Aufsichtsgremien fungieren die jeweiligen Verwaltungsräte, die insbesondere die geschäftlichen Aktivitäten der Senderleitungen begleiten und überwachen. Im Bereich der ARD existieren darüber hinaus „Gremien zweiter Ordnung", die einen Austausch und die Kooperation zwischen den insgesamt neun Rundfunkräten gewährleisten.

0.html).[2] Wichtige Entscheidungen oder personelle Entwicklungen kommunizieren die Räte proaktiv, häufig in Form von Pressemitteilungen, die Nutzung sozialer Medien für die Berichterstattung zur Gremienarbeit findet allenfalls kursorisch oder durch einzelne Gremienmitglieder statt, nur selten in Form einer „institutionellen" Medienpräsenz.[3]

Auch wenn die Arbeit der Aufsichtsgremien nicht immer leicht nachzuvollziehen ist, so stellen die Räte für den am öffentlich-rechtlichen Mediensystem interessierten Teil der Öffentlichkeit durchaus eine relevante Projektionsfläche dar – das zeigt sich etwa in den noch immer sehr zahlreichen Zuschauer- und Hörer:innen-Zuschriften, die von den Geschäftsstellen der ARD-Rundfunkräte oder des ZDF-Fernsehrates bearbeitet werden müssen.[4] In den vergangenen Jahren haben sich darüber hinaus Akteure wie die „Ständige Publikumskonferenz" formiert, die via Internet als Sammelstelle und Katalysator für kritische Zuschauerreaktionen fungieren (vgl. https://publikumskonferenz.de/blog).[5] Obwohl nicht immer Klarheit darüber herrscht, wie die Aufsichtsgremien arbeiten, was genau die thematischen Schwerpunkte ihrer Arbeit sind, und in welcher Beziehung sie zu den Sendeanstalten stehen, so drücken die Ergebnisse der dritten Befragungsphase von #meinfernsehen2021 einen starken Reform- und Änderungswunsch der Teilnehmer:innen aus. Die Aussage, „Die Zusammensetzung, Auswahl und Arbeitsweise der Rundfunkräte soll reformiert werden", löste mit 82 Stimmen das stärkste Echo in dieser Abstimmungsrunde aus. Mit 98 Prozent Zustimmung fiel die Beantwortung zudem eindeutiger aus als bei allen anderen Fragen der dritten Phase.

Mit Blick auf die Antworten wird deutlich, dass aus Sicht der Bürger:innen nicht bei allen Sendern die Zusammensetzung der Räte heutigen Anforderungen entspreche, insbesondere in puncto Diversität und der Be-

---

2 Vgl. stellvertretend die Website des WDR-Runkfunkrats (wdr-rundfunkrat.de) sowie des ZDF-Fernsehrats (zdf.de/zdfunternehmen/zdf-fernsehrat-funktion-vorsitz-und-mitglieder-100.html).

3 Ein Beispiel zur „institutionellen" Kommunikation in sozialen Medien bietet der Account @ZDFfernsehrat. Vgl. dazu auch die Blog-Reihe „Neues aus dem Fernsehrat" von Leonhard Dobusch für Netzpolitik.org (https://netzpolitik.org/tag/neues-aus-dem-fernsehrat/) oder die Gespräche „Herr Rundfunkrat fragt Herrn Fernsehrat" für Übermedien (https://uebermedien.de/17122/herr-wdr-rundfunkrat-fragt-herrn-zdf-fernsehrat/).

4 Auch hier liegen keine systematischen und/oder vergleichenden Untersuchungen zur Nutzung dieses Feedback-Formates vor. Der Autor des Beitrags war selbst von 2013 bis 2017 Mitglied im Rundfunkrat des WDR und hatte in dieser Zeit regelmäßig Einsicht in die entsprechenden Kommunikationsvorgänge.

5 Vgl. insbesondere die Website https://publikumskonferenz.de/blog.

rücksichtigung benachteiligter Gruppen (arme, behinderte, alte Menschen; Frauen; religiöse Minderheiten). Hinter solchen Kommentaren ist der Wunsch nach einer verbesserten Abbildung der Gesamtgesellschaft zu erkennen – der prinzipiell längst umgesetzt ist. Denn genau darüber verständigen sich die Parlamente stets im Vorfeld der Aktualisierung der Landesmediengesetze, zum Beispiel werden in § 15 des WDR-Gesetzes oder in § 21 des ZDF-Staatsvertrags die Vertretung gesellschaftlicher Gruppen detailliert geregelt. Die genaue Ausgestaltung der Repräsentation ist – natürlich – politisch umstritten und führt nach Wahlen auch regelmäßig zu Anpassungen. Die Abbildung der gesellschaftlichen Vielfalt ist grundsätzlich in die Mediengesetzgebung eingeschrieben und unterliegt den Dynamiken des politischen Wettbewerbs. Nichtsdestotrotz sollte die konkrete Ausgestaltung dieser Vielfaltsverpflichtung angesichts gesellschaftlicher und technologischer Herausforderungen überdacht werden (vgl. dazu den Abschnitt 2 dieses Beitrags). Zudem äußert sich Kritik an der eigentlichen Gremienarbeit, oftmals seien die Räte zu groß und daher kaum arbeitsfähig, auch wird eine Amtszeitbeschränkung empfohlen. Des Weiteren finden sich Vorschläge für eine Veränderung des Bestellungsverfahrens, hieran sollten Beitragspflichtige direkt beteiligt werden – eine kritische Debatte, ob dann durch eine geringe Wahlbeteiligung ein Legitimitätsdefizit der gewählten Mitglieder entstehe, entwickelte sich jedoch nicht. Der Wunsch nach mehr aktiver Teilhabe an den Angelegenheiten des öffentlich-rechtlichen Rundfunks spiegelt sich auch in der Anregung eines Diskussions- und Bewertungsportals über die konkrete Arbeit der Rundfunkanbieter wider. Ähnlich wie beim Projekt #meinfernsehen2021 sollten über einen Rückkanal alle Beitragszahler:innen die Möglichkeit zu einem kritischen Dialog über die Qualität öffentlich-rechtlicher Angebote erhalten. Auch hier fehlt eine abwägende Diskussion über Vor- und Nachteile einer solchen Lösung, die aus zahlreichen Beteiligungsprojekten bekannt sind: Die besondere Form der Online-Partizipation begünstigt bestimmte Bevölkerungsgruppen und schließt andere Gruppen tendenziell aus der Debatte aus.

Grundsätzlich zeigen die Eingaben im Partizipationsverfahren den Wunsch nach einer stärkeren und unmittelbaren Einbettung der Bürger:innen in Diskussionen mit und über öffentlich-rechtliche Medienangebote – wahlweise unmittelbar im Austausch mit Verantwortlichen oder vermittelt über eine „zentrale" Bürgerinitiative. Die Debatte um die Stärkung der Beziehung von Sendeanstalten und Publikum wird in unterschiedlichen Foren bereits geführt, erreicht aber nicht immer die breitere Öffentlichkeit. So tragen Fokusgruppen als Instrument schon lange zur redaktionellen Weiterentwicklung von Sendeformaten bei, es werden in

Hackathons neue Medienformate entwickelt oder Zuschauer:innen testen im „Userlab" des WDR digitale Anwendungen noch vor deren endgültiger Fertigstellung. Auch Konsultationen im Stile der bei der BBC erprobten „audience councils" sind in Deutschland kein Fremdwort mehr. Das große Interesse an einer Diskussion über die künftige Rolle der Aufsichtsgremien im Rahmen des Beteiligungsverfahrens zeigt einerseits, dass es eine hohe Bereitschaft zur Mitwirkung im Publikum gibt – andererseits ist der Kenntnisstand über die tatsächlichen Aktivitäten der Räte, ihre gesetzlich geregelte gesellschaftliche Verankerung sowie bereits vorhandene innovative Ansätze als mindestens lückenhaft zu beschreiben.

2. *Reformbedarf und Reformansätze*

Einer allgemeinen Aufbruchsstimmung in Richtung Digitalisierung bei den öffentlich-rechtlichen Medienanbietern zum Trotz funktionieren Organe wie Rundfunk-, Fernseh- oder Hörfunkrat größtenteils noch so wie bei ihrer Einführung vor mehreren Jahrzehnten – nur wenig lässt auf eine institutionelle Anpassung an die neuen Herausforderungen schließen. Dabei hat die technologische Entwicklung der vergangenen zwei Jahrzehnte zu einer grundsätzlich veränderten Dynamik der Inhaltsentwicklung und -distribution geführt – die verkürzten Produktionszyklen crossmedialer Inhalte erfordern demnach neue Formen der Gremienbehandlung und -kontrolle. Die im Laufe der vergangenen Jahrzehnte entstandenen Strukturen der Aufsichtsgremien können auf die digital beschleunigte Innovationsdynamik nicht mehr angemessen reagieren. Ein prominentes Beispiel dafür ist die gemeinsam von ARD und ZDF angebotene Plattform funk – für dieses „joint venture" existiert kein eigenständiges Aufsichtsgremium. Gerade hier hätte es Spielraum für Experimente gegeben – wenn doch das digitale „Content-Netzwerk" ausdrücklich nicht als linearer Sender konzipiert wurde, hätten parallel auch neue Formen einer „Content-Aufsicht" erprobt werden können. Durch die beschleunigte Produktion von Inhalten und deren unmittelbarer, nicht in ein traditionelles „Programmschema" eingebundenen Bereitstellung auf diversen digitalen Plattformen entstehen völlig neue Herausforderungen für eine Gremienkontrolle. Außerdem bestehen direkte Möglichkeiten zur Akzeptanzmessung durch die Nutzer, aus denen Anpassungen des Formats (oder dessen Absetzung) folgen können – mitunter in einem Zeitraum, der kürzer ist als der Abstand zwischen zwei Sitzungen des SWR-Rundfunkrats, der als Gremium der federführenden Sendeanstalt eine Art „Erstverantwortung" für die Aufsicht hat. Das Beispiel funk zeigt in verdichteter Form eine Problematik auf, die künftig für alle Sendeanstalten immer deutlicher spürbar wird: Die Digitalisierung verändert nachhaltig Inhalte, Arbeitsroutinen, Nutzungsprozesse und schließlich auch das Publikum der öffentlich-rechtlichen Medienangebote. Auf diese Entwicklung braucht es Antworten nicht nur seitens der Sendeanstalten, sondern auch auf der Ebene der Gremienaufsicht.

Ein „natürlicher" Ansatzpunkt für eine Reaktion auf solche Herausforderungen sind die regelmäßigen Novellen der jeweiligen Mediengesetze, in denen wesentliche Aufgaben und Funktionen der Sendeanstalten und eben auch die Zusammensetzung der Aufsichtsgremien geregelt sind. Insbesondere nach Regierungswechseln geraten diese Gesetze in den Fokus, sodass nicht selten neue medienpolitische Impulse für Veränderung sorgen können. Am Beispiel der Neufassung des WDR-Gesetzes aus dem Jahr 2021 sollen nachfolgend einige Defizite und Lösungsansätze aufgezeigt werden – die dort erkennbaren Regeln finden sich in ähnlicher Weise auch in anderen Rundfunkgesetzen und sollen hier stellvertretend für die übrigen Regelungspakete kommentiert werden.[6]

Die Zusammensetzung des WDR-Rundfunkrats ist in § 15 des WDR-Gesetzes festgelegt, in der aktuell gültigen Fassung von 2021 umfasst der Rundfunkrat 55 Mitglieder, die über drei Bewerbungspfade[7] rekrutiert werden: Nach Absatz 2 werden 13 Mitglieder durch den Landtag benannt, Absatz 3 sieht die Entsendung von 37 Mitgliedern durch im Gesetz festgeschriebene gesellschaftliche Gruppen vor. Absatz 4 regelt die Entsendung von weiteren 5 Mitgliedern aus gesellschaftlichen Gruppen, die sich beim Landtag um ein Mandat bewerben können. Bis 2021 waren 7 solcher „Wahl-Mandate" vorgesehen, darüber hinaus bestand die Möglichkeit einer „Zuwahl" von zwei Vertreter:innen direkt durch den Rundfunkrat – diese sogenannten „Bürgermandate" wurden in der Neufassung des WDR-Gesetzes gestrichen. Bei einem Blick auf die Besetzungspraxis fällt auf, dass gerade dort, wo durch Initiativ-Bewerbungen von Organisationen (beim Landtag) oder interessierten Bürger:innen (beim Rundfunkrat) eine Steige-

---

6 Grundlage für die nachfolgenden Überlegungen ist eine Stellungnahme des Autors zum Gesetzentwurf der Landesregierung in einer Anhörung des Ausschusses für Kultur und Medien im Landtag Nordrhein-Westfalen zum WDR-Gesetz am 18.3.2021 (19. Rundfunkänderungsgesetz, Drucksache 17/12307).
7 Der Weg in die Gremien ist in den diversen Rundfunkgesetzen und Staatsverträgen unterschiedlich geregelt, grundsätzlich gibt es jedoch starke Ähnlichkeiten. Das Vielfaltsgebot führt zu i.d.R. differenzierten Auflistungen von Entsendeorganisationen, die in unregelmäßigen Abständen parlamentarisch diskutiert und ggf. überarbeitet werden. Abweichende Regeln im Nominierungsprozess wie die Zuwahl von Mitgliedern durch die Aufsichtsgremien stellen Ausnahmen dar.

rung „gesellschaftlicher Vielfalt" zu erwarten wäre, Einschränkungen vorgenommen wurden.

In seiner Richtungsentscheidung vom 25.03.2014 hatte das Bundesverfassungsgericht die Frage nach der „Vielfalt" innerhalb der Gremien der Rundfunkaufsicht thematisiert. Die Zahl der Vertreter:innen „der unmittelbaren Staats- und Parteienseite"[8] dürfe nicht zu hoch sein, um die „Staatsferne" der Aufsichtsgremien zu gewährleisten. Die Regelungen des WDR-Gesetzes genügen zwar den durch das Bundesverfassungsgericht formulierten Ansprüchen, doch ist zu erkennen, dass der Zugang für gesellschaftliche Gruppen durch die o.g. Einschränkungen relativ zu den Vertreter:innen der sogenannten „Staatsbank" erschwert worden ist. Hier ist insbesondere auf den Verzicht der beiden „Bürgermandate" zu verweisen, die einen besonderen Diversitätsfaktor in den Rundfunkrat hätten einbringen können. Ein solcher Eingriff hat weitere Konsequenzen – denn gerade über derartige Individualmandate könnten auch Personen mit Expertise im Digitalbereich in die Aufsichtsgremien gelangen.

Denn mit Blick auf die im WDR-Gesetz benannten „gesellschaftlichen Gruppen" fällt auf, dass nur wenige Entsendeorganisationen mit einem expliziten Digitalbezug gelistet sind.[9] Die Rekrutierung von Expertise aus diesem Bereich ist jedoch unerlässlich, um die Sendeanstalten in der Phase der digitalen Transformation begleiten und unterstützen zu können. Professionelle Nutzergemeinschaften organisieren sich – mit Ausnahme der Digitalwirtschaftsverbände wie BITKOM oder eco – allerdings kaum noch als klassische Interessenvertretung, viel stärker findet ein Austausch in informellen Netzwerken oder im Rahmen von „communities of practice" statt. Dies gilt im Besonderen für jüngere Menschen, die sich professionell in digitalen Medienumgebungen bewegen (z. B. als Influencer:in, Gründer:in oder Software-Entwickler:in). Daher erschwert eine ersatzlose Streichung von „Bürgermandaten" gleich zwei wichtigen Gesellschaftsbereichen den Zugang in die Aufsichtsgremien: jungen Menschen und

---

8   Gemeint ist damit die Summe der Vertreter:innen von Land und ggf. Bund, der Parteien, der kommunalen Spitzenverbände und aus den Berufs-, Industrie- und Handelskammern. Diese Gruppe von Ratsmitgliedern wird gelegentlich auch als „Staatsbank" bezeichnet.

9   Dies sind nach § 15 Abs. 3 an Position 20. Bitkom-Bundesverband e.V./eco e.V.; Pos. 26. Film u. Medienverband/Filmbüro NW/AG Dokumentarfilm; Pos. 33. DJV/Gewerkschaft der Journalist:innen; 34. Gewerkschaft ver.di/FG Medien, Dt. Journalist:innen Union). Hierbei handelt es sich zudem um „geteilte" Mandate, d.h. die Vertreter der jeweiligen Gruppen rotieren und sind jeweils nur für einen Teil der Amtszeit des Rundfunkrates aktiv.

Menschen mit ausgeprägter Digital-Expertise. Künftig sollte daher die Abbildung gesellschaftlicher Vielfalt insbesondere mit einer Stärkung der Repräsentation von Vertreter:innen aus diesen beiden Gruppen gekoppelt werden.

Zur Schließung dieser Repräsentationslücke gibt es bislang nur wenige Ansatzpunkte. Der ZDF-Fernsehrat nennt in § 21 des ZDF-Staatsvertrags immerhin die Bereiche „Digitales" (Abs. 1 q) bb)) und „Internet" (Abs. 1 q) cc)). Die Entsendung der Vertreter:innen liegt dabei jedoch jeweils in der Hand eines Bundeslandes. Auf einen konkreten Personalvorschlag haben sich in Berlin („Digitales") die Vereine Chaos Computer Club (CCC), D64 – Zentrum für Digitalen Fortschritt e.V., eco – Verband der Internetwirtschaft und media:net berlinbrandenburg e.V. geeinigt. In Bayern („Internet") wurde das Nominierungsrecht direkt an den Branchenverband BITKOM delegiert.

Die Praxis des neuen WDR-Gesetzes verengt den Zugang für „digital-affine" Personen auf das Bewerbungsverfahren für entsprechende „gesellschaftliche Gruppen" beim Landtag nach § 15 Absatz 4. Doch genau hier greift dann die bereits beschriebene Problematik der „Organisationsmüdigkeit" potenzieller digitaler Interessenvertreter:innen. Jenseits von BITKOM und eco finden sich nur wenige Beispiele für entsprechende Organisationen (z. B. Bundesverband für Digitale Wirtschaft (BVDW); Bundesverband Influencer Marketing e.V. (BVIM); Verband Community Management e.V. (BVCM); WikiMedia e.V.; FairTube e.V.; Freischreiber e.V.; Freifunk e.V.). Unklar ist hier zudem die regionale Differenzierung der meist noch jungen Organisationen, die nicht in allen Bundesländern gleichermaßen verankert sind.

Allerdings gäbe es noch weitere, durchaus naheliegende Möglichkeiten: So könnten etwa die Landtagsfraktionen einen Teil ihres nach § 15 Absatz 3 verfügbaren Kontingents an Personen aus den genannten Gruppen übertragen. Möglich wäre dies evtl. durch die Nominierung von Vertreter:innen der Jugendorganisationen oder aus den sogenannten „Netzvereinen", die den Parteien nahestehen (z. B. D-64, Cnetz, Load e.V.). Denkbar wäre hier auch eine koordinierte Vergabe durch eine gemeinsame Selbstverpflichtung der Fraktionen als Entsendeorganisationen. Eine Alternative bildet auch die öffentliche Ausschreibung von durch die Fraktionen zu besetzenden Posten, wie es 2013 zum Beispiel durch die seinerzeit im Landtag vertretene Piratenpartei praktiziert wurde.

3. Ausblick

Es ist klar, dass die künftige Gestaltung des Besetzungsprozesses der Aufsichtsgremien sowie deren konkrete Arbeitspraxis einer digitalen Modernisierung bedarf. Die technologische Entwicklung verschiebt das Angebotsprofil der öffentlich-rechtlichen Medienanbieter unweigerlich weg von den traditionellen Formaten der Massenmedien hin zu neuartigen Angebots- und Nutzungsstrukturen im Umfeld digitaler Plattformen. Die Einrichtung der Content-Plattform funk hat einen Innovationsraum eröffnet, der auch zur Weiterentwicklung einer zeitgemäßen Gremien- und Aufsichtsstruktur genutzt werden kann. In den Sendeanstalten selbst gibt es auch jenseits von funk längst sehr gute Beispiele dafür, wie sich ein öffentlich-rechtlicher Rundfunk in der digitalen Medienwelt präsentieren und entwickeln kann: Der „Innovation Hub" als offene Experimentierfläche für Sendeformate im WDR, die gemeinsam von BR und SWR gegründete Softwarefirma „PUB – Public Value Technologies" oder die Entwicklungseinheit SPIN für nonlineare Doku-Formate sind solche Wegweiser in eine andere, interaktive, digitale Zukunft des öffentlich-rechtlichen Rundfunks.

Um mit dieser Entwicklung Schritt halten zu können, müssen sich die Aufsichtsgremien viel stärker als bisher mit solchen Innovationssprüngen beschäftigen. Dazu bedarf es nicht nur einer entsprechend veränderten (und verjüngten) Zusammensetzung der Räte, sondern auch anderer Arbeitsschwerpunkte und -routinen. Zumeist stehen Digitalisierungsfragen in den Fachausschüssen noch zu selten auf der Tagesordnung, die Thematik wird meist nur „mitbearbeitet", reine Digitalausschüsse sind bislang eine Seltenheit.[10]

Es bedarf daher der Impulse aus zwei Richtungen. Zum einen müssen die landespolitischen Akteure der Medienpolitik dafür Sorge tragen, dass die Zugangsregeln für die Aufsichtsgremien der digitalen Medienentwicklung angepasst werden. Diese Veränderungen der jeweiligen Rundfunkgesetze bzw. Staatsverträge sind unausweichlich, um eine zeitgemäße Gremienkontrolle zu erreichen. Zum anderen müssen sich die gewählten Vertreter:innen in den Räten offensiv den Herausforderungen der Digitalisierung stellen und ihre Arbeit modernisieren. Unterstützt werden muss diese digitale Transformation der Aufsichtsgremien in den Leitungsebe-

---

10 Digitalthemen werden in den meisten Fällen als Teilthema in übergreifenden (Haupt-)Ausschüssen behandelt. Hinweise auf eine allmähliche Fokussierung liefern die „Telemedienausschüsse" von MDR, RBB, SR und ZDF, der „Ausschuss für Telemedien und mediale Innovation" (HR), oder der „Ausschuss für Zukunftsfragen und Telemedien" (Radio Bremen).

nen der Sendeanstalten, die über Infrastruktur und personelle Ressourcen verfügen. Und schließlich bedarf es engagierter Bürger:innen mit der entsprechenden Digital-Expertise, die sich auf die oftmals mühsame Gremienarbeit einlassen. Erst durch ein produktives Zusammenwirken dieser Faktoren wird sich eine digitale Zukunft der Rundfunkaufsicht entfalten können.

2. Programm, Themen und Inhalte

2.1 Der öffentlich-rechtliche Rundfunk und die Informationsflut: Wellenbrecher, Grundversorger, Vermittler

Lena Reuters

Entgegen dem Trend des Echtzeitjournalismus, der durch die Freischaltung von Push-Nachrichten und News-Livetickern forciert wird, ist das Fernsehen nach wie vor das in der Gesamtbevölkerung meistgenutzte tagesaktuelle Medium (Beisch et al., 2021, S. 518). Warum schalten so viele Menschen zu einem bestimmten Zeitpunkt den Fernseher ein, um sich über Nachrichten zu informieren, die sie im Netz bereits hätten finden können? Das Publikum ist nicht nur auf der Suche nach der aktuellen Nachrichtenlage, sondern auch nach einer Übersicht der wichtigsten Themen des Tages und einer Einordnung.

Nutzer:innen können durch die Masse an Informationen im Netz, die sie täglich über Soziale Netzwerke, Messenger-Dienste und weitere Plattformen erreichen, überfordert werden. Die Weltgesundheitsorganisation, WHO, warnte zu Beginn der Corona-Pandemie vor einer „Infodemie", die ebenfalls schädlich für die Gesundheit sein könne. „Journalisten sind Wellenbrecher der Informationsflut", sagte «Tagesthemen»-Moderator Ingo Zamperoni bei seiner Antrittsrede als Honorarprofessor an der Hochschule der Medien in Stuttgart (stufeChannel, 2022). Dieses Bild beschreibt treffend die Erwartung, die von Zuschauenden auf der Partizipationsplattform #meinfernsehen2021 in Bezug auf das Informationsangebot von ARD und ZDF geäußert wurde. Der Antwort zu der Frage, „Wie wollen Sie in Zukunft von den öffentlich-rechtlichen Rundfunkanstalten informiert werden?", näherten sich die Teilnehmenden über zwei Schwerpunkte: Themen und Formate. Aus den Ergebnissen des Beteiligungsverfahrens lassen sich drei Thesen formulieren, die in dem Beitrag näher betrachtet werden:

Erstens, das Informationsangebot der Öffentlich-Rechtlichen hat trotz des Strukturwandels der Medien und der erweiterten Angebote im Netz bisher nicht an Bedeutung verloren. Das Bedürfnis nach verlässlichen und verständlichen Informationen ist zuletzt während des Krieges Russlands gegen die Ukraine und der unübersichtlichen Pandemielage gestiegen – ebenso wie die Akzeptanz des öffentlich-rechtlichen Rundfunks. Dennoch zeigt sich: Das sich rasant verändernde Mediennutzungsverhalten führt dazu, dass der öffentlich-rechtliche Rundfunk seine Angebote weiterentwickeln muss – vor allem um jüngere medienaffinere Generationen anzusprechen und sich bei ihnen als attraktiver und verlässlicher Player auf dem Bewegtbildmarkt zu etablieren.

Zweitens, die Auswahl und Gewichtung von Themen und Meinungen geraten vermehrt in den Fokus der Zuschauer:innen: Redaktionelle Entscheidungen werden hinterfragt und diskutiert. Einerseits wird die Frage aufgeworfen, wer in welchem Maße zu Wort kommt, andererseits wird diskutiert, wie sich Redaktionen, die über Themenschwerpunkte entscheiden, zusammensetzen. Zu internationalen und regionalen Themen fühlten sich die Teilnehmenden nicht ausreichend informiert. Die bundesdeutsche beziehungsweise auch westdeutsche Perspektive würde innerhalb der Angebote überwiegen.

Drittens, bei der investigativen Recherche, den Dokumentationen und Talkshows wird ein großer Innovationsbedarf der Formate erkannt. Die Zielgruppe der Politikmagazine und Talkshows ist ein eher bildungsnahes und traditionell fernsehaffines Publikum. Die zukünftige Reichweite der derzeit laufenden Sendungen erscheint daher beschränkt. Es bedarf neuer Formate, um jüngere und neue Zuschauer:innen zu gewinnen und um das Angebot der Mediatheken zu stärken. Das Vertrauen, das dem öffentlich-rechtlichen Rundfunk als zuverlässige Informationsquelle zugesprochen wird, könnte ein stabiles Fundament sein, um das bisherige Programm und altbewährte Strukturen um- und auszubauen.

1. Auf der Suche nach Halt in der Flut an Informationen

Das Sender-Empfänger-Verhältnis hat sich durch den digitalen Wandel verschoben. Online können User:innen unzählige Nachrichtenportale, Foren, Blogs, Kanäle und Plattformen nutzen, um sich zu informieren, auszutauschen und selbst zum Sender von Inhalten zu werden. Neben den Möglichkeiten, die sich ergeben, entsteht das Risiko, dass sich die Gesellschaft durch die Vervielfachung relevanter Kommunikationsräume entsprechend der eigenen Interessen und politischen Überzeugungen segmentiert (Van Eimeren & Egger, 2021, S. 554). Während der Corona-Pandemie hat sich die Suche nach verlässlichen und verständlichen Informationen zusätzlich verschärft. Kurz nachdem die WHO den COVID-19-Ausbruch zu einer Notlage von internationaler Tragweite erklärte, warnte WHO-Generaldirektor Dr. Tedros Adhanom Ghebreyesus vor der Gefahr einer „Infodemie" – einer Überfülle an Informationen, von denen einige irreführend oder sogar schädlich sein können (WHO, 2020). Ghebreyesus zufolge kann sich die unüberschaubare Menge an Informationen auf vielfältige Weise negativ auf die menschliche Gesundheit auswirken. Als Beispiele nannte der WHO-Generaldirektor Angstzustände, Ermüdungserscheinungen, Desinteresse bis hin zu Ablehnung und Hass (ebd.).

In der Mainzer Langzeitstudie Medienvertrauen erklärte der Großteil der Befragten gegenüber Nachrichten in den Sozialen Medien oder in Gruppen auf Messengerdiensten skeptisch zu sein (Jakobs et al., 2021, S. 157). Gerade einmal fünf Prozent bezeichneten Informationen, die sie auf diesem Weg erreichten, als sehr oder eher vertrauenswürdig. Das Vertrauen der Gesamtbevölkerung in traditionelle Medien ist dagegen im Langzeitvergleich gestiegen und hat Ende 2020 seinen bisherigen Höchststand erreicht: 56 Prozent der Befragten stimmten der Aussage zu: *„Wenn es um wirklich wichtige Dinge geht – wie Umweltprobleme, Gesundheitsgefahren, politische Skandale und Krisen – kann man den Medien vertrauen."* In den Vorjahren schwankte dieser Wert zwischen 41 und 44 Prozent, 2015 lag er bei 28 Prozent (ebd., S. 154).

Im Vergleich der verschiedenen Mediengattungen war das Vertrauen in den öffentlich-rechtlichen Rundfunk mit 70 Prozent am höchsten (Jakobs et al., 2021, S. 157). Diese Resonanz zeigt sich auch in den Nutzungszahlen und Einschaltquoten. Der öffentlich-rechtliche Rundfunk erreichte 2020 mit seinen nationalen und regionalen Angeboten den Großteil der Bevölkerung: 93,4 Prozent der deutschsprachigen Erwachsenen nutzen mindestens wöchentlich Angebote von ARD, ZDF und Deutschlandradio. Für 81,7 Prozent der Bürger:innen gehören öffentlich-rechtliche Sendungen zum täglichen Medienritual (Van Eimeren & Egger, 2021, S. 557). Dass die Nutzung des öffentlichen-rechtlichen Angebots nach wie vor so hoch ist, kann angesichts des Strukturwandels der Medien als nicht selbstverständlich und in gewissem Maße sogar überraschend angesehen werden:

> „Diese alle Bevölkerungsgruppen umfassende Akzeptanz der öffentlich-rechtlichen Inhalte gerade auch im „klassischen" Fernsehen und Hörfunk hat viele Beobachter der Medienszene erstaunt, da die Medienbranche seit Jahren einem tiefgreifenden Strukturwandel unterliegt. Dieser Strukturwandel stellt auch die Rolle der klassischen Informationsmedien als Gatekeeper für aktuelle Informationen infrage mit der Folge, dass sich die Zahl der relevanten Kommunikationsräume innerhalb weniger Jahre vervielfacht hat" (Van Eimeren & Egger, 2021, S. 554).

Auch wenn unklar ist, ob die Akzeptanz nachhaltig steigt oder sich im Anschluss an die Krise wieder umkehren wird, kann beobachtet werden, dass sich während der Extremsituation einer Pandemie mehr Menschen den öffentlich-rechtlichen Sendern und Hörfunkanstalten zugewandt haben. Diese Entwicklung bestätigte sich im Partizipationsprojekt #meinfernsehen2021. Die Teilnehmenden diskutierten darüber, wie Strukturen reformiert oder die Zuschauer:innen in Zukunft informiert werden könnten – eine Abschaffung hingegen wurde nur vereinzelt vorgeschlagen. Einigkeit schien darüber zu bestehen, dass es der öffentlich-rechtlichen Rundfunkanstalten als glaubwürdigen Gatekeeper in der Informationsflut bedarf, um sich zuverlässig informieren zu können. Wie Jonathan Seim in seinem Beitrag in diesem Band erläutert, waren ältere Personen, höhere Bildungsabschlüsse sowie Männer in dem Beteiligungsverfahren deutlich überrepräsentiert. Es kann also nicht davon ausgegangen werden, dass alle relevanten Perspektiven miteinbezogen wurden. Innerhalb der Diskussionsverläufe wurden Kritik und Vorschläge geäußert, die bestimmte Tendenzen in der Wahrnehmung des Informationsprogramms sichtbar machen können. Die Kernpunkte der Forderungen und Ideen, wie Informationsfernsehen in Zukunft aussehen könnte, werden im Folgenden vorgestellt und in die aktuelle Debatte um den öffentlich-rechtlichen Rundfunk verortet.

2. *Wo werden die Wellenbrecher aufgestellt?*

Intensiv wurde diskutiert, was im Informationsprogramm inhaltlich berücksichtigt werden sollte. Dabei wurden zunächst die aktuellen Themen von Nachrichtensendungen, Dokumentationen und Magazinen näher betrachtet: Worüber wird berichtet und worüber nicht? Der Informationsbegriff des Medienstaatsvertrags (§ 2 Abs. 2 MStV) umfasst Nachrichten und Zeitgeschehen, Zeitgeschichtliches, politische Information, Wirtschaft, Auslandsberichte, Religiöses, Sport, Regionales, Gesellschaftliches und Service. Das Beteiligungsprojekt #meinfernsehen2021 fand während einer Ausnahmesituation statt, denn die Corona-Pandemie dominierte thematisch das Informationsprogramm, wie kaum ein Thema jemals zuvor:

> „Knapp die Hälfte der insgesamt analysierten Nachrichtensendezeit bestand 2020 aus Beiträgen, die sich in irgendeiner Weise mit der Corona-Krise befassten. Das ist um ein Vielfaches mehr als der Zeitumfang der Berichterstattung im Jahr 2019 zu so großen Themen wie Klimawandel, Flucht und Migration, Brexit und Wahlen (...). Dass ein

einziges Thema (...) über ein ganzes Nachrichtenjahr hinweg so viel Raum einnimmt, dürfte in den letzten Jahrzehnten beispiellos sein" (Maurer et al., 2021, S. 168).

Zum Vergleich: In der Zeit vor der Corona-Pandemie, 2019, bildete die politische Berichterstattung den größten Anteil der gesellschaftlich relevanten und zur öffentlichen Meinungsbildung beitragenden Information. Sowohl beim Senderverbund der ARD als auch beim ZDF wurde über diesen Themenbereich am umfangreichsten berichtet (Weiß et al., 2020, S. 270–271). Der Themenbereich Wirtschaft und Gesellschaft lag mit einem Anteil von etwa 28 Prozent auf dem zweiten Platz. Auch sogenannte Human-Touch-Themen sowie Service- und Ratgeberthemen nahmen größere Sendeanteile ein. 2019 kann also nicht davon gesprochen werden, dass nur ein einziger Themenbereich bestimmend war (ebd., S. 275).

Es kann davon ausgegangen werden, dass die Beiträge der Teilnehmenden die Ausnahmesituation der Corona-Berichterstattung aus den Jahren 2020 und 2021 widerspiegeln. Somit stellt sich die Frage, inwieweit die Ergebnisse des Beteiligungsprojektes Aussagen über diese Zeit hinaus zulassen. Doch auch in Pandemiezeiten besteht die Qualitätserwartung, dass der öffentlich-rechtliche Rundfunk gesellschaftlich relevante Themen und die in der Allgemeinheit vertretenen Tendenzen verständlich und nicht selektiv, sondern umfassend darstellt (Rotermund, 2021, S. 335). Zwei Bereiche finden laut der Mehrheit der Teilnehmenden im Programm der öffentlich-rechtlichen Sender zu wenig Berücksichtigung: Internationales und Regionales.

Es wurde argumentiert, dass internationale Themen mehr Tiefe in der Information vertragen könnten. So sollten sich die Journalist:innen der öffentlich-rechtlichen Sender mehr Zeit nehmen, Hintergründe zu verdeutlichen. Die Teilnehmenden waren sich nicht einig, wie diese Forderung bestmöglich umgesetzt werden könnte. Einerseits wurde vorgeschlagen, mehr Dokumentationen zu globalen sowie länderspezifischen Themen zu produzieren und zu senden. Andererseits wurde eine Intensivierung der Berichterstattung in den Nachrichtensendungen gefordert, um Zusammenhänge und das politische Miteinander in Europa und der Welt besser verstehen zu können. Mehrere Personen kritisierten, dass viele Länder in den Sendungen nicht stattfinden würden. Schaut man auf die Auswahl an internationalen Themen in der „Tagesschau" und dem «heute-journal» im Jahr 2019 fiel knapp ein Drittel aller Länderbezüge auf die Europäische Union, die USA und Großbritannien (Weiß et al., 2020, S. 283). Eine Person schrieb dazu:

„Die Auswahl der Nachrichten ist sicher eine sehr schwierige Entscheidung. Täglich.
Fakt ist, dass große Teile der Erde es nur mit Naturkatastrophen oder Kriegen in die Nachrichten schaffen (Afrika, Indien, Teile Asiens ...), dann aber schon eine Schießerei in den USA es in die Nachrichten schafft. Wie viele Tote durch Schießereien gibt es in Südamerika? Generell haben wir schon recht ausgewogene Nachrichtensendungen. Wenn man dazu noch ein paar ausländische Sender hört oder Nachrichten im Internet verfolgt, kann man sich schon ein gutes Bild machen" (ID 1361).

Die Relevanz einer Nachricht bemisst sich für die Redaktionen daran, wie viele Menschen betroffen sind, wie einflussreich die handelnden Akteure sind und inwieweit mittelfristige Folgewirkungen zu erwarten sind, sagte Kai Gniffke, Intendant des SWR, 2016 damals in seiner Funktion als erster Chefredakteur von ARD aktuell (Gniffke, 2016, S. 22). Es wurde hinterfragt, warum die Einschätzung der Nachrichtenlage ausschließlich aus einer deutschen und nicht einer europäischen oder globalen Perspektive erfolgen würde. In Deutschland käme fast jede vierte Person aus einer Familie von Einwanderern (Statistisches Bundesamt, 2020). Menschen mit internationaler Geschichte würden durch die Auswahl der Nachrichten nicht genügend eingeschlossen. Um sowohl eine europäische Einordnung zu bieten als auch Nachrichten aus einzelnen Ländern nicht zu vernachlässigen, schlug eine Person vor, beide Themenschwerpunkte getrennt voneinander zu betrachten:

„Ich wäre für eine tägliche, zehnminütige Europaschau vor der ‚Tagesschau' und zwei- bis dreimal die Woche ‚World News' (nicht wie das Auslandsjournal, sondern richtige Nachrichten) von ca. 20 Minuten Länge für all die ausländischen Nachrichten, die in den 15-minütigen Nachrichtensendungen keinen Platz finden" (ID 3367).

Einig waren sich die Teilnehmer:innen über die zu kritisierende Kurzlebigkeit eines Nachrichtenwerts. Internationale Konflikte, die Klimakrise und Migration würden punktuell im Katastrophenfall thematisiert. Im Anschluss würde nicht umfassend genug berichtet. Eine Person, die von weiteren Diskutanten besonders viel Zuspruch erhielt, merkte an, dass zu vielen Themen nicht nachhaltig genug informiert und über Entwicklungen aufgeklärt würde: „Der gängige Weg ist ja: Thema ist neu und heiß, man hört es überall. Thema kühlt ab, manche berichten noch. Thema ist kalt, man hört nichts mehr davon. Aber das Problem besteht weiterhin, und dürfte gerne gelegentlich wieder aufgegriffen werden" (ID2742). Um

„vergessene" oder „vernachlässigte" Themen und Entwicklungen weiter zu begleiten, wurde vorgeschlagen, nach jeder „Tagesschau" eine Vertiefungssendung anzusetzen, die sich mit neuen Aspekten zusätzlich zur aktuellen Nachrichtenlage befasst.

Bei den internationalen Themen ist es interessant, die verschiedenen Formate im Vergleich zu betrachten, denn hier lässt sich ein deutliches Gefälle erkennen: 65 Prozent aller Länderreferenzen stammten aus Nachrichtensendungen, 29 Prozent aus Magazinsendungen und lediglich sechs Prozent aus anderen Formaten wie Reportagen, Dokumentationen und Talkshows (Weiß et al., 2020, S. 283). Wenn 94 % der Reportagen, Dokumentationen und Talkshows keinen internationalen Bezug aufweisen, stellt sich die Frage, woher diese eindeutige Schwerpunktsetzung auf innerdeutsche Themen herrührt. Jörg Schönenborn, WDR-Programmdirektor, sagte im Januar 2022 es begeistere ihn, „wie sehr diese junge Zielgruppe an Auslands-Themen interessiert" sei (Lückerath, 2022). In dem Beteiligungsprojekt #meinfernsehen2021 zeigte sich, dass auch andere Zielgruppen mehr Informationsangebote zum Weltgeschehen fordern.

Die Auslandsberichterstattung von ARD und ZDF läuft zu großen Teilen über das weltweite Korrepondent:innennetzwerk der Sender. Während der russischen Invasion in der Ukraine zeigte sich erneut, wie wichtig es ist, schnell und verlässlich vor Ort berichten und erste Einordnungen liefern zu können. Im Januar 2022 wurde die ARD-Sendung „Weltspiegel", in der Berichte der ARD-Auslandsstudios aus aller Welt gezeigt werden, um fünf Minuten verlängert. Die Reportagen aus den verschiedenen Ländern sollen zudem nicht nur in Kurzbeiträgen in der Sendung stattfinden, sondern auch montags nach den „Tagesthemen" in längeren, vertiefenden Stücken, die laut der ARD-Programmdirektorin Christine Strobl auch der ARD-Mediathek zugutekommen sollen (Krei, 2021).

Der Trend zu längeren Hintergrundberichten ist im Programm von Das Erste und ZDF schon länger erkennbar: Seit 2016 wird in einem halbstündigen und monothematischen Reportageformat der „Weltspiegel"-Redaktionen anhand konkreter Beispiele gezeigt, wie sich die Weltpolitik auf den Alltag von Menschen auswirkt. Das ZDF sendet eine vertiefende Auskoppelung ihrer Korrespondent:innenberichte, „auslandsjournal =die doku", bereits seit 2013. Die Anzahl der Dokumentationen ist über die Jahre stark gestiegen. 2013 strahlte das ZDF sieben Vertiefungssendungen aus, 2021 waren es siebzehn. Mit „WDRforyou" gibt es zudem ein Portal, über das sich Nutzer:innen in vier Sprachen informieren und orientieren können. So sollen auch Menschen mit Informationen erreicht werden, die neu in Deutschland ankommen. Zuletzt produzierte der WDR auch Informationssendungen und ein Kinderprogramm auf Ukrainisch. Internationale Themen werden demnach – über Sondersendungen hinaus – vermehrt im Programm der öffentlich-rechtlichen Sender berücksichtigt. In den letzten Wochen zeigte sich, dass auch private Sender in journalistische Formate investiert haben. RTL und ntv starteten ebenfalls ein tägliches Online-Format, indem auf Ukrainisch über Nachrichten und die Situation von Geflüchteten in Deutschland berichtet wird. Anders als ProSieben sendete RTL zudem nicht nur vereinzelt News-Spezialsendungen, sondern stellte längerfristig das Programm um. Mit fast acht Stunden Sondersendungen zur Ukraine täglich hat der Privatsender deutlich gemacht, dass die Konkurrenz für die Öffentlich-Rechtlichen im Informationsbereich stark zugenommen hat (Niemeier, 2022).

Neben den internationalen Themen zeigte sich auf der Beteiligungsplattform ein weiterer Schwerpunkt: Regionales. Hier wurde weniger darüber diskutiert, ob regionale Themen gesetzt werden, sondern wie. Kritisiert wurde, dass Regionalsender häufig nicht zuverlässig über Vorkommnisse im eigenen Bundesland berichten würden. Außerdem brauche es mehr Sendungen, die auch Berichte auf Kreisebene oder für kleinere Regionen übernehmen. Die Teilnehmenden sahen große überregionale Themen in regionalen Sendern und Sendungen falsch platziert. Ihnen zufolge überschneiden sich die Nachrichtenmagazine der Dritten thematisch zu stark mit Sendungen wie der „Tagesschau". Man solle lieber „richtige" regionale Nachrichten senden sowie erkennbar abgetrennt auch regionale politische Magazine, regionale Kultur, Bildung und Geschichte. Dabei sollten auch Handlungsmöglichkeiten für Bürger:innen aufgezeigt werden. Alltagsgeschichten und „bunte Themen" hingegen sollten in Regionalsendungen weniger berücksichtigt werden. Teilweise fühlten sich Personen, die auf dem Land leben, zu klischeehaft dargestellt. Es würde ein Gefälle gezeigt, dass nicht immer treffend Entwicklungen auf dem Land wiedergeben würde. Ebenso würde die ostdeutsche Perspektive auf Themen zu wenig miteinbezogen werden. Einige Teilnehmende erklärten, dass sich Produktionen oft wie eine Draufsicht, nicht aber wie eine Innenperspektive anfühlen würden. Dass regionale Inhalte auch weiterhin eine Stärke des öffentlich-rechtlichen Informationsprogramms sein können, zeigt sich auch in den Einschaltquoten. Innerhalb des ARD-Medienverbundes sind regionale und überregionale Angebote nahezu gleichauf. Regionale Programme erzielen allerdings nach wie vor eine etwas höhere Gesamtreichweite als überregionale Angebote (Van Eimeren & Egger, 2021, S. 559).

Über die Frage, welche Themen durch die Informationsangebote des öffentlichen-rechtlichen Rundfunks abgedeckt werden, hinaus, diskutierten die Teilnehmenden, wer in Sendungen zu Wort kommt. Insbesondere wurde debattiert, ob „rechte Stimmen" wie die von AfD-Mitgliedern in

Informationssendungen wie politischen Talkshows stattfinden sollten: Einerseits wurde gefordert, diese nicht einzuladen, da sie die demokratische Grundordnung hinterfragen würden. Die Haltung vieler AfD-Mitglieder müsse nicht in Debatten hinzugezogen werden, um dem Gebot der Meinungsvielfalt zu entsprechen. Andererseits wurde erläutert, Parteimitglieder der AfD würden sich argumentativ selbst disqualifizieren. Sie bewusst nicht einzuladen, würde das Narrativ, dass nicht alle Stimmen im öffentlich-rechtlichen Rundfunk abgebildet würden, stärken. Außerdem wurde deutlich, dass sich Menschen, die sich selbst als konservativ beschrieben, nach eigener Aussage oft nicht in der Rubrik Meinung der Tagesschau oder in Beiträgen wiederfinden würden. Sie würden den Umgang mit „konservativen Stimmen" als zu wenig differenziert wahrnehmen. Immer wieder wurde daher die Frage aufgeworfen, wie sich Redaktionen zusammensetzen würden und wie dafür gesorgt werden könnte, dass sich die Diversität der Gesellschaft – auch in politischen Überzeugungen – in der Meinungsvielfalt des öffentlich-rechtlichen Rundfunks wiederfindet. Um diesen Herausforderungen zu begegnen, wünschen sich die Teilnehmenden mehr Partizipation und Transparenz bei der Programmgestaltung.

3. Wie informieren? Eine Frage des Formats und eine Frage der Plattform

Das Angebot an Informationsformaten des öffentlich-rechtlichen Rundfunks wirkt zunächst breit und heterogen. Gleichzeitig sind viele Sendungen trotz der wachsenden Bedeutung der Mediatheken und Online-Plattformen in Aufbau und Länge auf den linearen Ausspielweg ausgerichtet. Reportagen oder Wissensformate, die an die Anforderungen der Online-Plattformen angepasst sind, wurden bisher vor allem für das junge Content-Netzwerk „funk" produziert. Um dem Nutzungsverhalten des Publikums weiterhin zu entsprechen, muss das öffentlich-rechtliche Informationsangebot insgesamt weiterentwickelt werden. Bisher setzt sich das Programm wie folgt zusammen: Das Erste sendet ebenso wie das ZDF zehn verschiedene Nachrichtensendungen. Politische Berichterstattung mit aktuellem Bezug findet sich in vierzehn Magazinsendungen im Ersten und fünfzehn beim ZDF. Darüber hinaus gibt es zehn (Das Erste) beziehungsweise acht (ZDF) weitere informative Sendungen wie Reportagen, Dokumentationen und Talkformate. Insgesamt weisen das Erste und ZDF so mit insgesamt 34 beziehungsweise 33 Informationsformaten auffallend ähnliche Größenordnungen auf (Weiß et al., 2020, S. 267). Die Teilnehmenden des Beteiligungsprojektes diskutierten, wie Nachrichtensendungen, Dokumentationen und Magazine sowie Talkshows in Zukunft gestaltet sein könnten.

3.1 Nachrichtensendung

Die Nachrichtenformate von ARD und ZDF, vor allem die „Tagesschau"-Sendung um 20.00 Uhr und „ZDF-heute" um 19.00 Uhr, scheinen gesetzt: Im Durchschnitt erreichen sie 11,8 Millionen (ARD) und 4,65 Millionen (ZDF) Zuschauer:innen (Maurer et al., 2021, S. 163). Auch die Mehrheit der Teilnehmenden war sich einig, dass die Bündelung verlässlicher und verständlicher Informationen, durch die die relevanten Nachrichten des Tages zusammengefasst werden, unverzichtbar im Programm ist. Vereinzelt wurde die Kritik geäußert, dass in einer Online-Welt der Neuigkeitswert fehlen würde und durch die verkürzte Darstellungsform zu wenig Informationen vermittelt würden. So wurde argumentiert: „In den Nachrichten hat es eher das Niveau des Lesens der Überschrift in der Zeitung. Das mag für Leute reichen, die sich sonst nicht näher informieren, für mich sind die Häppcheninfos zu oberflächlich" (ID 2093). Als Gegenargument wurde genannt, dass die „Tagesschau" und „ZDF-heute" dazu beitragen würden, dass gesellschaftliche und politische Debatten anschlussfähig bleiben – auch für Menschen, die sich nur über die Nachrichtensendung informieren. Eine Person erklärte, dass das Kurzformat dazu anregen kann, sich weiter zu informieren:

> „Mir fehlt neben dem Studium häufig die Zeit und manchmal auch die Motivation, mich jeden Tag durch die Zeitungsseiten zu schlagen. Um einen Überblick über das aktuelle Geschehen zu bekommen sind die ,Tagesthemen', das ,heute-journal' oder die ,Tagesschau' abends eine leichte Lektüre. Wenn mich ein Thema interessiert, lese ich spezifisch dazu Online-Artikel im Abo. Die Mischung macht es eben!" (ID 2118).

Das öffentlich-rechtliche Nachrichtenangebot hat sich als Reaktion auf die zunehmende Konkurrenz im Netz und um dem Nutzungsverhalten der Zuschauenden zu entsprechen vervielfältigt. Der Nachrichten- und Informationskanal „tagesschau24" soll umfassend ausgebaut und durch mehr Live-Berichterstattung als zentraler Nachrichtensender für internationale, nationale und regionale Informationen etabliert werden (Huber/Sagatz, 2022). Das Publikum der „Tagesschau" kann sich schon jetzt nicht nur während der Sendungszeiten informieren, sondern jederzeit auch beispielsweise auf der „Tagesschau"-Webseite, dem „Tagesschau"-Instagram-

Kanal, dem „Tagesschau"-Facebook-Account, dem „Tagesschau"-TikTok-Kanal, dem „Tagesschau"-Twitter-Account, dem „Tagesschau"-YouTube-Account oder im Podcast „Tagesschau in 100 Sekunden". In den sozialen Netzwerken folgen Millionen Menschen den Angeboten der ARD-Nachrichtenmarke – hier zeigt sich ein großer Unterschied zu „ZDF-heute", die eine solche Reichweite und Weiterentwicklung ihrer Angebote bisher nicht vollzogen haben. Anne Schulz hat sich in diesem Band genauer angesehen, inwieweit junge Erwachsene auf die öffentlich-rechtlichen Nachrichtenangebote zurückgreifen: Demnach nutzt nur jede:r Dritte der 18- bis 24-Jährigen Angebote von „Tagesschau" und „Tagesthemen". Auch wenn die ARD dem ZDF vorausscheint, geht das Bemühen um die junge Zielgruppe weiter.

Eine Frage, die sich den Teilnehmenden stellte, war, ob das Konzept der Sendung zeitgemäß ist. Trotz der experimentierfreudigen Weiterentwicklung der Marke „Tagesschau" im Netz, ist die Länge der Nachrichtensendung von 15 Minuten durch das lineare Programm fest verankert. Auf der Beteiligungsplattform wurde diskutiert, warum die Länge der Sendungen nicht flexibler an die Beiträge und Themen des Tages angepasst wird. Eine Person argumentierte:

> „Richtig ist, dass die Gemengelage kompliziert sein kann (z. B. Syrien); dann ist es aber nicht wichtiger, über Hintergründe zu berichten, sondern dann gehören die Hintergründe zu den Berichten dazu. Dann muss man der Nachrichtensendung eben mehr Zeit für ihren Bericht einräumen. In längeren Nachrichtensendungen wäre die Flexibilität dazu automatisch gegeben" (ID 2751).

Einige Teilnehmende hielten es für sinnvoll, die Sendezeit der „Tagesschau" und von „ZDF-heute" auf dreißig Minuten zu setzen. Eine Anmerkung dazu lautete, dass eine Verlängerung der Nachrichtensendezeit aber nur dann sinnvoll wäre, wenn es eine Trennung von regionalen und überregionalen Nachrichtenformaten gäbe. Auf diese Weise würde es zu einer Ausweitung der Informationen kommen, ohne die Sendezeit zu erhöhen, und die Zuschauer:innen könnten sich das für sie passende Angebot aussuchen. Alternativ wurde vorgeschlagen, das Nachrichtenangebot um einen unkommentierten Newsticker zu ergänzen. Eine weitere Überlegung bestand darin, eine regelmäßige Vertiefungssendung nach der „Tagesschau" anzubieten, die einen festen Sendeplatz hat und sich somit in das Programm einfügt.

Mit den „Tagesthemen" und dem „heute-journal" werden bereits Vertiefungssendungen von 35 und 30 Minuten zu den Themen der Nachrichtensendungen gesendet. Dass der Unterschied zwischen den Formaten nicht allen Zuschauer:innen bewusst ist, könnte sich auch darin zeigen, dass die Redaktionen in den Sozialen Medien selbst über ihre Sendungsinhalte aufklären. In einem Beitrag auf TikTok und Instagram erläutert Moderatorin Caren Miosga Ende 2021, wie sich „Tagesschau" und „Tagesthemen" voneinander abgrenzen: Während die „Tagesschau" 15 Minuten Zeit habe, um das aktuelle Tagesgeschehen zusammenzufassen, könnten die „Tagesthemen" in 35 Minuten längere Interviews und Hintergrundberichte liefern. Zusammengefasst sei der Unterschied, dass die „Tagesschau" frage, „Was ist heute passiert?", die „Tagesthemen" dagegen frage, „Warum ist es passiert?".

Warum kommentierten dennoch so viele Teilnehmende, dass sie sich täglich mehr vertiefende Informationssendungen wünschen? Mehrfach wurde geäußert, dass der Sendeplatz von „Tagesthemen" und „heute-journal" zu spät im Programm gelegt sei. Recherchen und Hintergrundinformationen sollten laut den Teilnehmenden vor 21:45 Uhr oder 22:45 Uhr im Programm laufen. Auch zur inhaltlichen Gestaltung gab es Kritik: Es wurde angemerkt, dass in den Sendungen zu häufig Interviews mit Politiker:innen geführt würden, die dem Sachverhalt nichts Neues hinzufügen. Moderator:innen wie Marietta Slomka, Ingo Zamperoni oder Caren Miosga würden zwar kritisch nachhaken und die Politiker:innen herausfordern, aber diese Sendezeit könnte auch genutzt werden, um Zusammenhänge und Hintergründe besser zu erklären. Eine Person erklärte: „Ich wünsche mir mehr Information. Die Informationen sollten sich ausführlich auf die Sache konzentrieren. Weniger interessant ist, was der Politker X oder die Politikerin Y dazu gesagt haben. Stellungnahmen dieser Art sind natürlich auch Nachrichten, aber zweitrangig. Zuerst sollte man erfahren, was Sache ist" (ID 1823).

Das Bedürfnis, Informationen zu durchdringen, um komplexe globale, wirtschaftliche wie politische Entwicklungen zu verstehen, trat in den Kommentaren auf der Beteiligungsplattform deutlich hervor. Anhand der Diskussionsverläufe lässt sich dabei auch ein größerer Wunsch nach Transparenz erkennen. In einer Debatte darüber, inwieweit die Trennung von Information und Meinung in den Nachrichten noch deutlicher sichtbar werden könnte, schlugen einige Kennzeichnungen vor, um zwischen Meldung und Meinung zu unterscheiden: darunter etwa das Setzen optischer Signale während der gesamten Sendedauer der geäußerten Meinung. Andere regten an, Meinungen grundsätzlich mit Gegenmeinungen zu koppeln, um so etwa ein Pro- und Kontra-Format zu etablieren. Letzteres wurde jedoch aus dem Grunde deutlich abgelehnt, weil dies als Reduktion in „Schwarz und Weiß" empfunden wurde. Ein reines Pro- und Kontra-Format führe dazu, dass sich das Publikum für eine Haltung entscheide, anstatt sich selbstständig eine eigene Meinung zu bilden. Um Nachrichten auf die Übermittlung reiner Fakten zu beschränken, wünschte sich eine Person eine „Übertragung von Ereignissen", die unkommentiert bleibt und ohne Einordnung erfolgt. Auch wenn viele die Verunsicherung, wann in den Nachrichten eine Haltung transportiert würde und wann objektive Informationen, teilten, wurde dieser Vorschlag von den meisten Teilnehmenden verneint. Es bedarf der Erläuterung der Themen, um die Nachrichten verarbeiten zu können.

Im Beteiligungsprojekt traten drei Forderungen deutlich hervor: Die Zuschauenden wünschen sich stärkere Themenschwerpunkte im Regionalen und Internationalem, mehr Hintergrundinformation und mehr Transparenz der Redaktionen, um sich täglich gut informiert zu fühlen. Vertiefende Informationen sollten dabei laut der Mehrheit der Teilnehmenden nicht innerhalb einer Nachrichtensendung erfolgen, sondern könnten durch Vertiefungssendungen oder Dokumentationen ergänzt werden – am besten direkt im Anschluss an die reguläre Sendung.

3.2 Dokumentation und Magazin

Die große Nachfrage nach non-fiktionalen Inhalten hat zu einem „Doku-Boom" innerhalb der Branche geführt, schrieb der Medienjournalist Timo Niemeier im Juni 2021. Bei verschiedenen Sendern und Video-on-Demand-Plattformen sei eine Doku-Offensive zu beobachten. So gründeten drei große Produktionshäuser, Banijay, UFA und Constantin, „eigenständige Doku-Einheiten" (Niemeier, 2021). Ein Genre erscheint dabei besonders beliebt beim Publikum: True-Crime. In den Mediatheken deutscher Sender – egal, ob privat oder öffentlich-rechtlich = finden sich entsprechende Produktionen, oftmals auch als Serie. Entgegen der Trends wurde auf der Beteiligungsplattform die Forderung gestellt, dass der Fokus der öffentlich-rechtlichen Senderverantwortlichen stets auf gesellschaftsrelevanten Themen und Recherchen liegen sollte.

Während das Nachrichtenangebot laut der Mehrheit der Teilnehmenden ausreichend groß sei, würde es an Hintergrundinformation, investigativen Recherchen und Dokumentationen zu Sendezeiten vor 23.00 Uhr mangeln. Auf der Beteiligungsplattform wurde als Kritik aber nicht nur die Anzahl der Sendungen und die Sendezeiten genannt, sondern auch die bisherige Gestaltung. Hinterfragt wurde, ob die Abstimmung sämtlicher Formate auf ein Programm, das dem Audience Flow angepasst ist, die Qualität der Produktionen beschränkt. Das entspricht der Argumentation des Medienwissenschaftlers Hermann Rotermund: Ihm zufolge gerät das lineare Programm, das auf ein Massenpublikum abzielt, grundsätzlich in Konflikte mit journalistischen Qualitätskriterien (2021, S. 336). In der losgelösten Darbietung in Mediatheken würden die Mängel von Produktionen, die unter den Anforderungen des linearen Programmschemas entstanden sind, besonders gut erkennbar (ebd.). Dieser Eindruck wurde in dem Beteiligungsprojekt #meinfernsehen2021 bestätigt. Durch feste Formate wie „Menschen hautnah" oder „37 Grad" würden Dokumentationen einem bestimmten Schema entsprechen und wären in ihrem Aufbau erwartbar. Es wurde argumentiert, dass die Länge und Darstellung einer Produktion an der Recherche angepasst werden sollten:

> „Die Dokumentationen der Zukunft sollten in ihrer Länge deutlich ausgedehnt werden, bisher ist es doch immer so, dass ein Kontingent von 45 Minuten (um dann von 17:15–18:00 abgespielt zu werden) vorgegeben wird – in das dann alle Informationen zu quetschen sind. Die Praxis sollte sich dahingehend ändern, dass die Menge der relevanten Informationen und Dauer, die benötigt wird, beide Seiten darzustellen, die Dauer einer Dokumentation bestimmen sollte" (ID 1475).

Eine Person schlug vor, kürzere Dokumentationen in den gängigen Formaten zu produzieren, um Recherchen zu testen; würde hinter einer Geschichte noch mehr stehen, könne eine Dokumentation zum Dokumentarfilm ausgebaut werden und als Langfassung in der Mediathek laufen. Außerdem wünschten sich die Teilnehmenden mehr Langzeitbeobachtungen und investigative Recherchen. Um Themen aus verschiedenen Perspektiven zu berücksichtigen, sollten auch Produzent:innen, Redakteur:innen und Filmemacher:innen diverser sein.

Uneinigkeit herrschte bei der Frage, ob neue Formate auf eine bestimmte Zielgruppe zugeschnitten sein sollten. Einerseits wurde angemerkt: „Dokumentationen sollten tiefgehende Analysen sein. Wenn das gut gemacht werden würde, dann muss es eigentlich für jede Alters- oder Zielgruppe wichtig sein" (ID 3578). Andererseits wurde dem entgegnet: „Selbstverständlich MÜSSEN unterschiedliche Zielgruppen angesprochen werden! Das ist so trivial, sorry: Wenn alles für alle interessant wäre, dann ist das Niveau zu seicht oder die Themenauswahl zu schmal!" (ID 2724).

Reportagen und Recherchen des Content-Netzwerks „funk" richten sich gezielt an eine jüngere Zielgruppe von 14 bis 29 Jahren. Hier wurde Kritik wie Lob geäußert: Das Wissensformat „maiLab" beispielsweise wurde mehrfach aufgrund seiner verständlichen Analysen hervorgehoben. Gleichzeitig wurde angemerkt, dass verschiedene Reportage-Formate zwar nicht der Clickbait-Strategie folgen würden – das heißt die Inhalte halten ein, was im Titel und Teaser versprochen wird – dennoch wurde der Eindruck geäußert, dass vermehrt Themen und Recherchen gesetzt werden, die vor allem Aufmerksamkeit generieren sollen, in dem sie möglichst „schocken". Eine Person schrieb dazu:

> „Bitte geht nicht in die Richtung, in die sich Formate von funk entwickelt haben. Ich habe funk und alle Kanäle, die damit zusammenhängen, anfangs sehr geliebt. Inzwischen finde ich die völlig unkommentierten Katastrophen-Dokus (Ich habe nur ein Bein/ Meine Mutter zwingt mich zum Ballett / Ich war Prostituierte) einfach nur noch geschmacklos" (ID 1098).

Die Teilnehmenden sahen zudem einen deutlichen Qualitätsunterschied zwischen dem privaten und dem öffentlich-rechtlichen Informationsangebot. So wurde argumentiert, dass Sportler:innen- und Popstar-Portraits der Video-on-Demand-Portale in ihrer Erzählhaltung und Bildern an Imagefilme erinnern würden. Die öffentlich-rechtlichen Produktionen sollten daher inhaltlich nicht an Relevanz einbüßen, um der Aufmerksamkeitsökonomie zu entsprechen. Dennoch wurde der Wunsch geäußert, dass sich unabhängig von der Zielgruppe Dokumentationen und Magazin-Beiträge mehr den Anforderungen der Online-Plattformen anpassen, das heißt flexibler in der Darstellung sind. Eine Möglichkeit, größere Recherchen abzubilden, sahen die Teilnehmenden im seriellen Erzählen. Es bedarf außerdem der Themenabende zur Prime-Time um 20.15 Uhr, um die Aufmerksamkeit auf bestimmte gesellschaftliche Probleme zu legen und den Austausch zwischen den Zuschauenden anzuregen. Als Beispiele wurden an dieser Stelle die ProSieben-Doku „Rechts. Deutsch. Radikal." genannt und Ferdinand von Schirach-Verfilmungen wie „Terror" oder „Gott". Dass auch ein Privatsender wie ProSieben aufgezählt wurde, zeigt erneut, dass die Konkurrenz im Doku-Bereich für die öffentlich-rechtlichen Sender stärker geworden ist.

3.3 Talkshow

Kein Format des Informationsangebots wurde so kontrovers diskutiert wie die politische Talkshow. Der Erkenntnisgewinn wäre bei Talkshows gering, da es vielen vorkäme, als würden die Gäste nacheinander zu ihren Haltungen befragt. Die Zusammensetzung und Größe der Talkrunden gingen zulasten des argumentativen Austauschs. Die Teilnehmenden äußerten sich insgesamt kritisch gegenüber den bekannten politischen Talkshows, die sich in ihrem Aufbau ähneln würden. Eine Person kritisierte:

„Die Talkshows haben das ausführliche und kritische Interview verdrängt, in denen Politikern, Funktionären oder Wirtschaftsbossen auf den Zahn gefühlt wird. – Die Talkshows sind schon von der Gästeanzahl nicht geeignet, ein Thema zu vertiefen. Hier wird Oberflächlichkeit zum Prinzip" (ID 1883).

Mehrfach wurde die Fachkompetenz und eine Reduzierung von Gästen bejaht, aber „kontroverse" Meinungen in Talkshows verneint. Zu oft sei vorher schon klar, wer sich wie äußern würde. Zudem wurde angemerkt, es sollten außer den Moderatorinnen mehr Frauen in Talkshow-Runden diskutieren. Dass weniger Frauen Interesse hätten, Gast einer Polit-Talkrunde zu sein, könne mit der bisherigen Diskussionsatmosphäre zusammenhängen. Eine Person schlug vor, es bedürfe eines „Verhaltenskodexes", um Diskussionsregeln für Teilnehmende festzulegen.

Andere gingen in ihren Forderungen weiter: Es brauche eine grundlegende Reformierung des Formats. Eine Sendung, in der der argumentative Austausch im Mittelpunkt steht, könnte in der Theorie gesellschaftliche Debatten durchaus bereichern, allerdings müssten diese anders konzipiert sein. Eine Idee bestand darin, die Anzahl der Personen generell auf zwei zu reduzieren. Dieses Debattenformat sollte ohne Moderation umgesetzt werden, im Zentrum stünden zwei Menschen mit unterschiedlichen, wissenschaftlich fundierten Auffassungen:

„Ich wünsche mir mindestens einstündige (also tiefergehende) Debatten zwischen zwei fachkompetenten Personen, die klar kontroverse Positionen zu einem definierten Thema (z. B. Windkraft, Gendern, Migration, Impfen ...) vertreten. Dieses eine Thema sollte in einem Streitgespräch ausführlich zwischen den beiden diskutiert werden" (ID 3007).

Dagegen wurde gehalten, bei fachkompetenten Personen gäbe es nicht immer zwei Meinungen. In manchen Fällen sei die Faktenlage nun einmal eindeutig. Andere erklärten für ein gutes Talkshow-Format bräuchte es mindestens zwei divergierende Meinungen. Das warf die Frage auf, wonach Redaktionen die Fachkompetenz von Menschen beurteilen würden. Es sollte mehr darauf geachtet werden, ob Personen wissenschaftliche Inhalte verständlich vermitteln könnten. So äußerten die Teilnehmenden die Sorge, dass Talkshow-Runden, die nur aus Expert:innen bestehen, abgehoben seien. Die Besetzung sollte daher nicht zu wissenschaftlich, sondern konkret am Sachverhalt sein: Anstelle von Parteimitgliedern wurde vorgeschlagen, regionale Entscheider, Vertreter:innen von NGOs, Bürgerinitiativen oder auch Influencer:innen einzuladen.

Anstatt kontrovers, sollten Talkshows informativ, lösungsorientiert und aufschlussreich sein. Mehrfach wurde gefordert, nicht nur andere Gäste einzuladen, sondern auch neue Ideen zu entwickeln, wie Debatten ablaufen könnten. Außerdem sollte der „Moderationsnachwuchs" gefördert werden. Ein Vorschlag lautete, eine maximale Anzahl an Sendungsjahren für Moderator:innen pro Format einzuführen, um für einen regelmäßigen Wechsel zu sorgen. Um die Neukonzeption von Formaten anzuregen, könnten Hochschulen der Medien und kleinere Produktionsfirmen eingebunden werden. Bewährte Formate könnten alle zwei Wochen laufen und der freie Sendeplatz so für neue, innovative Talkshows genutzt werden.

Das Vorhaben, Talk- und Debattenformate weiterzuentwickeln, konnte bereits im Informationsprogramm der öffentlich-rechtlichen Sender beobachtet werden – bislang allerdings ausschließlich online oder in der Sparte. In der ZDFkultur-Produktion „13 FRAGEN" versuchen die Moderator:innen Salwa Houmsi und Jo Schück diametral positionierte Teilnehmer:innen mit dreizehn gezielt gestellten Fragen zu Kompromissen zu bewegen und so ins Mittelfeld zu führen. Die Sendung ist auf dem ZDF-YouTube-Kanal und in der Mediathek abrufbar und läuft bei ZDFneo. Im Juli 2021, also im Anschluss an die dritte und letzte Phase des Beteiligungsprojektes #meinfernsehen2021, wurde außerdem die SWR-Sendung „Der Raum mit Eva Schulz" vorgestellt, die als Hybrid einer Talk- und Gameshow betrachtet werden kann. Vier Personen des öffentlichen Lebens mit unterschiedlichen Erfahrungen und Überzeugungen werden in einer Art „Escape Room" versammelt. Während die Gäste durch Spiele versuchen, sich zu befreien, tauschen sie sich zu drängenden gesellschaftlichen Fragen aus. Die beiden Beispiele zeigen, dass es Bemühungen gibt, das Talkformat neu zu denken, allerdings nicht im linearen Programm zur besten Sendezeit. „Der Raum mit Eva Schulz" ist zudem ein weiteres Beispiel dafür, dass die Grenzen zwischen Unterhaltung und Information nicht starr gedacht werden sollten. Wie Gerd Hallenberger in seinem Beitrag in diesem Band aufzeigt, kann in Late Night Shows, Kabarett und Satireshows mit journalistischem Anspruch ein interessanter Ansatz gefunden werden, wie Unterhaltungsshows kurzweilig wie humorvoll und trotzdem in der nötigen Tiefe investigative Recherchen vermitteln können, um so eine breite Zielgruppe zu erreichen und gesellschaftliche Debatten zu entfachen. In den Kommentaren trat deutlich hervor, dass politische Talkshows in ihrer Machart nicht mehr als zeitgemäß gelten und die Teilnehmenden sich umfangreiche Innovationen wünschen – obwohl die Diskutierenden der Plattform zu einem großen Teil der Zielgruppe entsprechen.

4. Fazit: Dabei sein ist alles

Zum Abschluss die gute Nachricht zuerst: Das Vertrauen in den öffentlich-rechtlichen Rundfunk als zuverlässige Informationsquelle ist gestiegen. Auch wenn sich noch nicht sagen lässt, wie nachhaltig diese Entwicklung ist, erscheint dies eine gute Ausgangslage zu sein, um das Informationsprogramm in einem transparenten und in Teilen auch partizipativen Prozess weiterzuentwickeln. Die Onlinewelt birgt Risiken wie die Fragmentierung der Öffentlichkeit aber auch demokratische Potenziale. Diese können durch ein umfangreiches Community-Management und durch Möglichkeiten des Austauschs in den Mediatheken genutzt werden, um die Akzeptanz öffentlich-rechtlicher Inhalte weiter zu stärken.

Die schlechte Nachricht, die gar nicht mal schlecht sein muss: Es gibt viel zu hinterfragen, zu streichen und neu zu denken, denn der Wunsch nach Innovation und Veränderung ist groß. Die Teilnehmenden forderten, neue, von bisherigen Formaten abweichende Nachrichtensendungen, Dokumentationen, Dokumentarfime und Dokuserien. Politische Talkshows sollten von der Moderation, über die Gäste bis zum Ablauf überdacht und reformiert werden. In diesen Vorschlägen kann auch eine Chance gelesen werden, aus dem starren Konzept bisheriger Formate, die für den linearen Ausspielweg konzipiert sind, auszubrechen, um kreativ und experimentierfreudig gesellschaftsrelevante Inhalte und Geschichten nach vorne zu stellen. Eine zusätzliche Möglichkeit könnte auch in mehr Mut zur Relevanz und Substanz in Unterhaltungsformaten liegen.

In dem Beteiligungsprojekt traten in Bezug auf Nachrichtensendungen die Forderung nach Objektivität und die Unsicherheit, wann Meinungen und wann Fakten vermittelt würden, deutlich hervor. Auch wenn „Tagesschau" und „ZDF-heute" auf hohe Einschaltquoten verweisen können, stellen sich die Zuschauer:innen vermehrt auch hier Fragen, aus welcher Perspektive die Auswahl der Beiträge getroffen wird. Die Ausgewogenheit des öffentlich-rechtlichen Rundfunks fördert den Meinungspluralismus der Gesellschaft. Dass diese nun vermehrt in Zweifel gezogen wird, ist daher eine ernst zu nehmende Kritik. Der öffentlich-rechtliche Rundfunk kann diesen Fragen durch Angebote zur Stärkung der Medienkompetenz und durch einen intensiveren Austausch zwischen Redaktionen und Zuschauenden begegnen. Sicherlich braucht es auch über die Angebote der Sender hinaus Möglichkeiten, die eigene Informationskompetenz zu festigen, wie Anna Soßdorf und Viviana Warnken in ihrem Beitrag analysieren.

Auf der Suche nach Halt in der Informationsflut äußerten nahezu alle Teilnehmenden, es bedürfe ein Mehr an Hintergründen und Recherchen.

Dieser Eindruck wird vermutlich in einer gewissen Form erhalten bleiben, denn bei so viel Information, die uns alle umgibt, wird auch der vermeintliche Riese, der öffentliche-rechtliche Rundfunk, nicht alle Themen abdecken können. Daher wird es umso wichtiger sein, zu entscheiden, wo Wellenbrecher gesetzt werden und wo nicht. Inhaltlich wurde von den Teilnehmenden gefordert, zwei Themenbereiche stärker zu beleuchten: Internationales und Regionales.

Bei dem fest verankerten Korrespondent:innennetzwerk, das regelmäßig in Beiträgen und Dokumentationen Einblicke vor Ort bietet, stellt sich die Frage, wie das Publikum besser erreicht werden kann. Die Programmdirektorin der ARD Christine Strobl kündigte an, den Doku-Bereich in den Mediatheken durch „zeitgemäße" Dokumentationen und Reportagen auszubauen (Krei, 2021). Mit Blick darauf, dass 2020 gerade einmal sechs Prozent aller Länderbezüge auf Formate wie Reportagen, Dokumentationen und Talkshows fielen, kann der große Bedarf, der von den Teilnehmenden geäußert wurde, das Angebot auszubauen, nachvollzogen werden (Weiß et al., 2020, S. 283). Um sich gut informiert zu fühlen, möchten die Zuschauenden globale Zusammenhänge besser nachvollziehen können.

Obwohl vor allem der Senderverbund ARD regional breit aufgestellt ist, haben die Teilnehmenden den Eindruck, dass sich das Informationsprogramm zu oft auf der Bundesebene abspielt. Regionale Inhalte sind gefragt und unter den großen Playern des Bewegtbildmarkts ein Alleinstellungsmerkmal des öffentlich-rechtlichen Rundfunks. Daher könnte es sich lohnen, hier noch konsequenter auf Qualitätsjournalismus zu setzen und genau zu prüfen, dass Inhalte der verschiedenen Sender sich nicht überschneiden, sondern ein eigenes (regionales) Profil erkennen lassen.

Es gab auf der Beteiligungsplattform Fragen dazu, wie ein ausgewogenes Informationsprogramm aussehen kann, das mit seinen Angeboten gleichzeitig viele Menschen erreicht und verschiedene Zielgruppen in ihren Interessen und in ihrem Mediennutzungsverhalten bedient: Wie schafft es der öffentlich-rechtliche Rundfunk, die Diversität der Gesellschaft abzubilden und klischeefrei unterschiedliche Lebensrealitäten zu repräsentieren? Was ist eine Meinungsvielzahl und wann wird sie zu einer Meinungsvielfalt? Und wie können die Angebote zur souveränen Meinungsbildung beitragen? Auch hier können die Schlagworte Transparenz und Partizipation eine Möglichkeit sein, den Fragen und Herausforderungen entgegenzutreten. Die Ergebnisse von #meinfernsehen2021 zeigen anschaulich: Die Zuschauer:innen möchten Prozesse und Arbeitsweisen besser nachvollziehen und ihre Ideen einbringen.

Literatur

Beisch, Natalie; Egger, Andreas; Schäfer, Carmen (2021): Ergebnisse der ARD/ZDF-Massenkommunikation Trends und der ARD/ZDF-Onlinestudie 2021 Bewegtbildmarkt in Bewegung: Videonutzung habitualisiert sich in mittlerer Altersgruppe. Media Perspektiven (10), 518–540.

Gniffke, Kai (2016). Marke Tagesschau. Politik & Kultur – Dossier. Der öffentlich-rechtliche Rundfunk. (4) Abgerufen am XX. von https://www.kulturrat.de/wp-content/uploads/2016/04/PolitikUndKultur_Dossier_Rundfunk.pdf

Huber, Joachim; Sagatz, Kurt (2022, 17. Februar): ARD-Vorsitzende Schlesinger über die neue Rolle von Tagesschau24. „Es steht uns gut an, einen klaren Nachrichtenkanal zu haben". Abgerufen am 1. März 2021 von https://www.tagesspiegel.de/gesellschaft/medien/ard-vorsitzende-schlesinger-ueber-die-neue-rolle-von-tagesschau24-es-steht-uns-gut-an-einen-klaren-nachrichtenkanal-zu-haben/28078898.html.

Jakobs, Ilka; Schultz, Tanjev; Viehmann, Christina; Quiring, Oliver; Jackob, Nikolaus; Ziegele, Marc; Schemer, Christian (2021). Mainzer Langzeitstudie Medienvertrauen 2020. Medienvertrauen in Krisenzeiten. Media Perspektiven. (3), S. 152–162.

Lückerath, Thomas (2022, 24. Januar). „Was nützt es uns, wenn wir 400 Dokus im Jahr produzieren". DWDL.de-Interview mit Jörg Schönenborn. Abgerufen am XX: https://www.dwdl.de/interviews/86251/was_nuetzt_es_uns_wenn_wir_400_dokus_im_jahr_produzieren

Krei, Alexander (2021, 2. Dezember). Christine Strobl: „Niemand sollte uns unterschätzen". ARD-Programmdirektorin im DWDL-Interview. Abgerufen am 10. Januar 2021 von https://www.dwdl.de/interviews/85619/christine_strobl_niemand_sollte_uns_unterschaetzen

Maurer, Torsten; Wagner, Matthias; Weiß, Hans-Jürgen (2021). Ergebnisse des Nachrichtenmonitors 2020. Fernsehnachrichten im Zeichen der Corona-Krise. Media Perspektiven (3), S. 163–184.

Niemeier, Timo (2021, 28. Juni): Doku-Boom: Wie nachhaltig ist der aktuelle Trend? Zwischen Chancen und Risiken. Abgerufen am 18. Dezember 2021 von https://www.dwdl.de/magazin/83314/dokuboom_wie_nachhaltig_ist_der_aktuelle_trend

Niemeier, Timo (2022, 28. Februar): Sondersendungen zum Ukraine-Krieg. „Investition in Journalismus": RTL bleibt im News-Modus. Abgerufen am 01. März von https://www.dwdl.de/nachrichten/86759/investition_in_journalismus_rtl_bleibt_im_newsmodus/

Rotermund, Hermann (2021): Nach dem Rundfunk: Die Transformation eines Massenmediums zum Online-Medium. Köln: Herbert von Halem Verlag.

Statistisches Bundesamt. (2020) Mikrozensus – Bevölkerung mit Migrationshintergrund. Sonderauswertung (Spät-)Aussiedler/innen Mikrozensus.

stufeChannel (2022, 13. Januar). HdM Stuttgart – Antrittsvorlesung von Ingo Zamperoni (Video). YouTube. https://www.youtube.com/watch?v=F-zqX9ehYPk&t=1478s

Weiß, Hans-Jürgen; Maurer, Torsten; Beier, Anne. (2020) ARD/ZDF-Programmanalyse 2019: Kontinuität und Wandel. Forschungshintergrund und Methode. Medien und Wandel (5), S. 226–245.

WHO (2020, 29. Juni). Gegen die Infodemie. Abgerufen am 29. Januar von https://www.euro.who.int/de/health-topics/Health-systems/digital-health/news/news/2020/6/working-together-to-tackle-the-infodemic

Van Eimeren, Birgit; Egger, Andreas (2021): Die ARD aus Sicht der Bevölkerung. Stabil hohe Akzeptanz und Wertschätzung. Ergebnisse der ARD-Akzeptanzstudie 2020. Media Perspektiven (11), S. 554–574.

2.2 Öffentlich-rechtlicher Rundfunk und Plattformen: Programmatik, Prinzip, Praxis, Projekt

Christoph Neuberger

1. Einführung

Das Beteiligungsverfahren #meinfernsehen2021 ist ein wichtiges Pionier-projekt für die Zukunft des öffentlich-rechtlichen Rundfunks. Es zeigt auf, wie ein permanenter Qualitätsdiskurs unter breiter Einbeziehung der Bür-ger:innen gestaltet werden kann, der die Arbeit der Rundfunkräte ergänzt. Der Gegenstand dieses Aufsatzes ist das Verhältnis zwischen öffentlich-rechtlichem Rundfunk und Plattformen. Die Plattformisierung der digita-len Welt betrifft auch den öffentlich-rechtlichen Rundfunk. Dies bestätigt eine Reihe kritischer Äußerungen, die im Rahmen des Projekts #meinfern-sehen2021 gesammelt wurden, zum Engagement der Anstalten auf digita-len Drittplattformen wie Facebook, Instagram und YouTube, die in erster Linie kommerzielle Interessen verfolgen. Dem aber steht entgegen, dass vor allem jüngere Zielgruppen dort am besten erreicht werden können (#meinfernsehen2021, 2022, S. 3–4, 9–10, 23–24). Damit ist ein Dilemma angesprochen, das in diesem Aufsatz analysiert und diskutiert werden soll. Die Befragung hat auch ergeben, dass Plattformen zur besseren Publi-kumsbeteiligung für begleitende Programmkritik eingesetzt werden soll-ten (#meinfernsehen2021, 2022, S. 8). Dies ist ein weiterer Aspekt, der hier aufgegriffen wird.

Die Gliederung folgt den vier „P"-s im Titel: Programmatik – Prinzip – Praxis – Projekt. Zunächst ist der Anspruch des öffentlich-rechtlichen Rundfunks zu klären: Was will er erreichen, was ist seine *Programmatik?* Sie wird oft mit den Begriffen „Funktionsauftrag" und „Public Value" umschrieben (Abschnitt 2). Vor dem Hintergrund dieser Programmatik stellt sich sodann die Frage, wie der digitale Wandel die Bedingungen für die Auftragserfüllung verändert hat (Abschnitt 3). Dabei lassen sich zwei *Prinzipien* unterscheiden: erstens das massenmediale, den Rundfunk bestimmende Pipeline-Prinzip, bei dem in einem linearen Prozess erst professionell produziert, dann publiziert wird, und zweitens das digitale Plattform-Prinzip, das Partizipation, Interaktion und Ko-Produktion ver-einfacht. Die Digitalisierung führt hier zu einem Wechsel: weg von der

Pipeline, hin zur Plattform. Allerdings ist die allgemeine *Praxis* des Plattform-Gebrauchs heute noch weit davon entfernt, dem öffentlich-rechtlichen Anspruch gerecht zu werden (Abschnitt 4). Schon deshalb ist öffentlich-rechtlicher Rundfunk notwendig – vorausgesetzt allerdings, dass es ihm gelingt, das Plattform-Prinzip zu adaptieren. Dafür müssen die Anstalten zunehmend eine Außenorientierung haben, ihre Redaktionen müssen stärker mit Quellen und Publikum interagieren. Schließlich geht es um das *Projekt* und die Frage, wie der Auftrag für das digitale Plattform-Prinzip weiterentwickelt werden sollte und wie er noch besser erfüllt werden kann (Abschnitt 5).

2. Die Programmatik des öffentlich-rechtlichen Rundfunks

Was also soll öffentlich-rechtlicher Rundfunk für die Gesellschaft leisten? Lange Zeit blieb seine Programmatik vage, sein Auftrag wurde oft nur floskelhaft umrissen. Deshalb war die Erfüllung auch kaum überprüfbar, und der Auftrag musste als wenig verbindlich erscheinen (z. B. Langenbucher, 1990, S. 701; Thomaß, 2006, S. 71; Neuberger, 2011, S. 38). Von juristischer Seite wird der Auftrag des öffentlich-rechtlichen Rundfunks im Medienstaatsvertrag (§ 26 Abs. 1 MStV) zwar definiert, allerdings nur „sehr abstrakt" (Schulz, 2008, S. 159). Der Grund dafür: Dies belässt den Anstalten einen erheblichen Interpretationsspielraum, den das Bundesverfassungsgericht in seinem letzten Urteil noch einmal bestätigt hat (BverfG, BvR 2756/20, 2775/20, 2777/20 Rn. 88–89). Im Rahmen ihrer Programmautonomie können sie den Rundfunkauftrag auslegen, differenzieren sowie dynamisch dem Medien- und Gesellschaftswandel anpassen. Dennoch wird inzwischen mehr Genauigkeit verlangt:

Vor rund einem Jahrzehnt hat die Einführung von „Public Value"-Tests in Europa (Donders & Moe, 2011) – auch in Deutschland mit dem Drei-Stufen-Test – den entscheidenden Anstoß dafür gegeben, dass die Definition und Begründung des öffentlich-rechtlichen Auftrags, seine Konkretisierung für die Messung in der Evaluierungsforschung (Neuberger, 2011) und seine systematische Umsetzung im redaktionellen Qualitätsmanagement erheblich weiterentwickelt worden sind. Gegenwärtig ziehen die öffentlich-rechtlichen Anstalten neben dem viel diskutierten Public Value (Gransow, 2018; van Eimeren, 2019) auch Konzepte wie Corporate Social Responsibility, Nachhaltigkeit und Diversity für die nähere Bestimmung ihres Auftrags heran (Mohr & Schiller, 2020; Mohr & Schiller, 2021).

Ob die jeweilige Konkretisierung des Auftrags und seine Erfüllung überzeugen, muss sich in den Rundfunkgremien und im öffentlichen Qualitätsdiskurs erweisen. Ihnen gegenüber sind die Anstalten rechenschafts-pflichtig. Die Bedeutung der Rundfunkräte für die gesellschaftliche Kontrolle der Auftragserfüllung ist durch den Drei-Stufen-Test gewachsen (z. B. Aust & Schade, 2020). Der Diskussionsentwurf der Rundfunkkommission der Länder (2021, S. 7–8) für den Medienstaatsvertrag sieht eine weitere Aufwertung vor: Die Gremien sollen künftig über die Erfüllung des Auftrags „wachen". Dafür sollen sie „Zielvorgaben" machen, nämlich durch die „Festsetzung inhaltlicher und formaler Qualitätsstandards sowie standardisierter Prozesse", und sie sollen deren Erreichen „überprüfen". Auch der öffentliche Qualitätsdiskurs soll gestärkt werden, indem die Anstalten künftig einen „kontinuierlichen Dialog mit der Bevölkerung" führen sollen, um ihre Akzeptanz zu sichern (van Eimeren & Egger, 2018). Den Legitimationsdruck erhöht hat in den letzten Jahren nicht zuletzt die Zunahme scharfer Kritik, die sich – vor allem von populistischer Seite – gegen Public Service Broadcasting (PSB) richtet (Holtz-Bacha, 2021; Sehl, Simon, & Schroeder, 2022).

Dass der Auftrag ein „sich bewegendes Ziel" (Hasebrink, 2018, S. 245) ist, wird besonders am „Public Value"-Konzept deutlich (Neuberger, 2019, S: 435–436), das bestimmte Verfahrensregeln für seine Bestimmung vorschreibt, dabei aber das Ziel des öffentlich-rechtlichen Rundfunks weitgehend offenlässt. Verstanden wird Public Value „als Ergebnis eines Verständigungsprozesses, der alle relevanten Stakeholder einbezieht und zugleich flexibel genug ist, um auf die sich ändernden gesellschaftlichen Bedingungen rasch mit entsprechend angepassten gesellschaftlichen Zielsetzungen reagieren zu können" (Hasebrink, 2007, S. 42).

Daneben gibt es Versuche, den öffentlich-rechtlichen Auftrag substanziell zu bestimmen. Will man ihn auf den Begriff bringen, so bietet sich dafür „Universalität" an (Horowitz & Lowe, 2020; Martin, 2021, S. 3–4). Auf eine einfache Formel gebracht, geht es um Rundfunk *von allen* (partizipative Governance), *über alles* (Angebotsvielfalt) und *für alle* (Zielgruppenvielfalt, Erreichen der Gesamtbevölkerung). Scannell (1989, S. 137–138, 141–145) hat den Wert der britischen BBC mit dieser dreifachen Universalität begründet: Die technische Erreichbarkeit der Gesamtbevölkerung durch nationale Broadcasting-Kanäle und die Vielfalt des Programms schaffen eine gemeinsame Kultur, ein geteiltes öffentliches Leben, das auch öffentliches und privates Leben verbindet. Dabei wird ein offener, demokratischer Stil gepflegt. Scannell verweist aber auch auf die Grenzen von repräsentativer Demokratie und repräsentativen Medien (PSB) in der Governance und fordert mehr Partizipation in Politik und Broadcasting (Scannell, 1989, S. 163).

Mit ähnlicher Bedeutung wie „Universalität" wird in Deutschland die zentrale Funktion des öffentlich-rechtlichen Rundfunks als „Integration" bezeichnet: Vielfalt und Dialog sollen zur „kommunikativen Integration der vielfältigen partikularen Kommunikationsräume" (Langenbucher, 1990, S. 707) beitragen. Integration soll durch die Teilhabe an der Gestaltung, durch die Vielfalt im Programm und die umfassende Abbildung der Gesellschaft sowie das Erreichen der Gesamtbevölkerung erreicht werden, um damit den gesellschaftlichen Zusammenhalt zu fördern (Saxer, 1990, S. 718–720).

Auch der öffentlich-rechtliche Auftrag im Medienstaatsvertrag (§ 26 Abs. 1 MStV) verweist auf Universalität:[1] Erwartungen an das Angebot sollen möglichst umfassend abgedeckt werden, und zwar nach Genres (Information, Bildung, Beratung, Unterhaltung, Kultur) und Themen („umfassender Überblick über das internationale, europäische, nationale und regionale Geschehen in allen wesentlichen Lebensbereichen"). Außerdem wird mit der freien individuellen und öffentlichen Meinungsbildung auf den Modus der demokratischen Integration verwiesen. Im Auftrag wird auch – sehr weit gespannt – die Befriedigung der „demokratischen, sozialen und kulturellen Bedürfnisse der Gesellschaft" gefordert (§ 26 Abs. 1 MStV).[2] Damit ist die Gesamtbevölkerung angesprochen. Im Auftrag der Telemedien wird zusätzlich betont, dass für „alle Bevölkerungsgruppen die Teilhabe an der Informationsgesellschaft ermöglicht" werden soll (§ 30 Abs. 3 MStV).

Der Grundgedanke, dass sich die Gesellschaft über die Massenmedien selbst beobachtet und verständigt, ist keineswegs neu. Schon im 19. Jahrhundert hat der Historiker Robert E. Prutz (1971 [1845], S. 7) den Journalismus als Selbstgespräch der Zeit charakterisiert:

> „Der Journalismus überhaupt, in seinen vielfachen Verzweigungen und der ergänzenden Mannigfaltigkeit seiner Organe, stellt sich als das Selbstgespräch dar, welches die Zeit über sich selber führt. Er ist die tägliche Selbstkritik, welcher die Zeit ihren eigenen Inhalt unterwirft; das Tagebuch gleichsam, in welches sie ihre laufende Geschichte in

---

1 Als kommunikationswissenschaftliche Erläuterung der Elemente des öffentlich-rechtlichen Auftrags vgl. Neuberger (2011, S. 38–55).

2 An anderer Stelle hat der Autor vorgeschlagen, die demokratischen Bedürfnisse mithilfe der Werte der liberalen Demokratie zu konkretisieren (Neuberger, 2019, S. 437–439), die sich von normativen Demokratie- und Öffentlichkeitstheorien ableiten lassen (Neuberger, 2020a, S. 22). Die vorgeschlagenen Werte sind: Informations- und Diskursqualität, Freiheit, Gleichheit, Vielfalt, Machtbegrenzung, Kritik und Kontrolle, Integration sowie Sicherheit.

unmittelbaren, augenblicklichen Notizen einträgt. Es versteht sich von selbst und bei den persönlichen Tagebüchern, welche wir führen, geht es uns ja ebenso, daß die Stimmungen wechseln, daß Widersprüche sich häufen und Wahres und Falsches ineinanderläuft."

Auch der Soziologe Niklas Luhmann (1996, S. 173) sah „im Dirigieren der Selbstbeobachtung des Gesellschaftssystems" die Funktion der Massenmedien (Birkner, 2012, S. 17–22). Diese gesellschaftliche Selbstbeobachtung über Medien trägt selten zur Beruhigung und Bestätigung bei, sondern viel häufiger zur Verunsicherung und zum Infragestellen des Bestehenden. Mit ihrer laufenden Berichterstattung über Neuigkeiten in allen Lebensbereichen sind die Massenmedien eine Art Unruheherd und Störenfried: „Massenmedien halten, könnte man deshalb auch sagen, die Gesellschaft wach. Sie erzeugen eine ständig erneuerte Bereitschaft, mit Überraschungen, ja mit Störungen zu rechnen" (Luhmann, 1996, S. 47). Medien in der liberalen Demokratie verunsichern in besonderem Maße, weil demokratische, d. h. offene und plurale Verhältnisse einen fortlaufenden Klärungs- und Verständigungsbedarf erzeugen (Müller, 2021).

Mehr als anderen Medien ist es dem öffentlich-rechtlichen Rundfunk aufgetragen, diese dynamische Selbstbeobachtung und -verständigung zu leisten: Er soll die Universalität des gesellschaftlichen Lebens abbilden und der Vielfalt der Meinungen Ausdruck verleihen. Und er soll den diskursiven Austausch zwischen den Bürger:innen organisieren und fördern. Damit ihm dies gelingt, soll er auch von der Gesellschaft selbst getragen und gesteuert werden. Diese gesellschaftliche Rückkopplung und Mitbestimmung soll über die Rundfunkräte und den öffentlichen Qualitätsdiskurs sichergestellt werden.

3. *Plattform und Pipeline als Prinzipien*

Den Übergang vom Gatekeeper- zum Netzwerk-Paradigma treiben vor allem digitale Plattformen voran. Massenmedien wie der Rundfunk und digitale Plattformen setzen unterschiedliche technische und institutionelle Rahmenbedingungen (Affordances). Zumindest auf den ersten Blick lösen Plattformen wie Facebook, YouTube und Twitter das Versprechen der Universalität besser als Massenmedien ein, und zwar in allen drei Dimensionen: freie Zugänglichkeit und weite Erreichbarkeit *(für alle)*, Offenheit im Gebrauch *(über alles)* und die Möglichkeit, sich in Communities selbst Regeln zu geben *(von allen)*. Plattformen schaffen relativ offen zugängliche und verwendbare Möglichkeiten für Partizipation, Interaktion und Ko-Produktion:

> „What are platforms? At the most general level, platforms are digital infrastructures that enable two or more groups to interact. They therefore position themselves as intermediaries that bring together different users: customers, advertisers, service providers, producers, suppliers, and even physical objects. More often than not, these platforms also come with a series of tools that enable their users to build their own products, services, and marketplaces" (Srnicek, 2017, S. 43).

Der Zugewinn an Offenheit durch den Paradigmenwechsel lässt sich anhand der Unterscheidung von Plattform und Pipeline verdeutlichen (Parker, Van Alstyne, & Choudary, 2016, S. 6–12). In der linearen Wertschöpfungskette der professionellen (Nachrichten-)Produktion (Pipeline) kontrolliert eine relativ kleine Zahl von Gatekeeper-Medien den Zugang zur Öffentlichkeit. Dagegen bieten Plattformen eine offene, dezentrale, von einzelnen Gatekeepern jedenfalls nicht mehr vollständig kontrollierbare Fläche, auf der sich Akteure in unterschiedlichen Rollen unvermittelt und variabel austauschen können. Anders als die klassische Massenkommunikation, die sich einseitig und einstufig an ein weitgehend passives, verstreutes und großes Publikum richtet, sind Plattformen nicht auf eine bestimmte Konstellation von Akteuren, eine bestimmte Kommunikationsform und einen bestimmten Verlauf der Kommunikation festgelegt. Stattdessen kann auf Plattformen relativ flexibel zwischen der Beteiligtenzahlen, unterschiedlichen Rollen, Konstellationen zwischen Akteuren sowie Formen der Kommunikation gewechselt werden.

Auf Plattformen sind Akteure aus allen gesellschaftlichen Bereichen wie z. B. Politik, Wirtschaft, Kunst, Sport und Gesundheit anzutreffen (van Dijck, Nieborg, & Poell, 2019, S. 9). Auch der lebensweltliche Bereich ist stark auf Plattformen vertreten, etwa in Freundeskreisen. Plattformen haben damit „wesentliche soziale Ordnungs- und Regulierungsfunktionen im Internet übernommen, die hier zusammenfassend als *Kuratierung sozialer Verhältnisse und sozialen Verhaltens* bezeichnet werden" (Dolata, 2019, S. 195; H. i. O.). Auch für die Öffentlichkeit haben Plattformen inzwischen eine überragende Bedeutung gewonnen, wie sich an der *Nachrichtennutzung* über soziale Medien ablesen lässt (Hölig, Hasebrink, & Behre, 2021, S. 13–21). Diese Verlagerung lässt sich auch für einzelne Themen wie den Klimawandel (Guenther et al., 2020, S. 289) oder für die politische Information in Wahlkämpfen (Geese & Hess, 2021, S. 611) nachweisen. Neben der Nutzung ist auch das *Angebot* enorm angewachsen. So zeigten z. B.

Kandidat:innen im Bundestagswahlkampf 2021 eine hohe Präsenz auf Facebook und Twitter (Schmidt, 2021).

Während in traditionellen Massenmedien der professionelle Journalismus die öffentliche Kommunikation vermittelt, ermöglichen Plattformen mit *Partizipation* und *Automation* zwei weitere Formen der öffentlichen Kommunikation: Einerseits stellen sie für Nutzer:innen Werkzeuge zur freien Gestaltung eigener Beiträge und Angebote zur Verfügung. Andererseits setzen Plattformbetreiber selbst oder Dritte Algorithmen ein, um den Nutzer:innen Selektionsentscheidungen abzunehmen oder um sie zu beeinflussen (Schweiger et al., 2019, S. 12–14). Zu den Plattformen zählen zum einen soziale Medien (Taddicken & Schmidt, 2017), zum anderen Suchmaschinen und andere Aggregatoren, die über Angebote im Internet orientieren.

Die Universalität in der Beteiligung und im Gebrauch von Plattformen hat u. a. zur Folge, dass bisherige institutionelle *Grenzen überschritten* werden, etwa zwischen privater und öffentlicher Sphäre, zwischen Leistungs- und Publikumsrollen (Prosumer) oder auch zwischen Journalismus, Werbung und politischem Aktivismus. Es entstehen Hybridformate wie z. B. das Format „Influencer". Auch wenn Plattformen deutlich mehr zulassen als Gatekeeper-Medien und in der Regel auch nicht selbst Inhalte produzieren – auch sie setzen technische und institutionelle Grenzen: „Platforms may not shape public discourse by themselves, but they do shape the shape of public discourse" (Gillespie, 2018, S. 23).

4. Plattformen in der heutigen Praxis

Wie wirkt sich das Plattform-Prinzip nun in der Praxis aus? Wie machen Akteure in unterschiedlichen Rollen davon Gebrauch? Und was sind die gesellschaftlichen Folgen, gemessen am öffentlich-rechtlichen Auftrag? Da die dominanten US-Plattformen primär ökonomischen Zielen folgen, sind sie radikal indifferent gegenüber der Qualität der selektierten Inhalte, kritisiert Zuboff (2018, S. 577–586). Da Plattformbetreiber die Publikation von Inhalten nicht vollständig kontrollieren wie Gatekeeper-Medien, können zudem *gesellschaftliche Kräfte* Plattformen von außen instrumentalisieren, um mit ihrer Hilfe Meinungsmacht zu erringen. Dabei kommen Techniken der strategischen Kommunikation zum Einsatz wie Social Bots und Desinformation (wie Fake News) (Benkler, Faris, & Roberts, 2018).

Außerdem beeinflussen Plattformen das *Nutzungsverhalten* negativ: Die Erweiterung des verfügbaren Angebots über soziale Medien und Suchmaschinen führt zur Überforderung der Nutzer:innen, einem Relativismus wegen der vielen Falschinformationen, einem Verlust an Vertrauen, einem Gefühl der „Entpflichtung" von der bürgerlichen Aufgabe der Nachrichtennutzung sowie einer nur „gefühlten" Informiertheit durch beiläufige Nachrichtenaufnahme (z. B. Hölig, Wunderlich & Hasebrink, 2021; Kim & Schwarze, 2021; Müller, Schneiders & Schäfer, 2016; als Forschungsüberblick vgl. Kleinen-von Königslöw, 2020, S. 101–104).

Darüber hinaus lässt sich eine Reihe weiterer, vor allem durch Plattformen verursachter Defizite der *digitalen Öffentlichkeit* anführen wie die Verrohung öffentlicher Diskurse (Hate Speech), eskalierende Kommunikationsdynamiken (Shitstorms), eine Polarisierung in den Auseinandersetzungen, Einschränkungen der Meinungsfreiheit durch Abschreckung und Einschüchterung (Chilling-Effekt), Verstöße gegen das Wahrheitsgebot (Fake News), die Verbreitung irrationaler Erklärungsmuster (Verschwörungstheorien), Ungleichheiten in der Nutzung des Internets (digitale Spaltung) und die algorithmische Manipulation der öffentlichen Meinungsbildung (Social Bots) (Neuberger, 2018a). Allerdings treffen nicht alle Befürchtungen im Zusammenhang mit Plattformen zu. So tragen sie eher nicht zu einer Verengung der Vielfalt bei der Nachrichtennutzung bei, sondern erweitern sie sogar (Scharkow et al., 2020). Der These der „Filter Bubble" mangelt es insgesamt an empirischer Evidenz (Bruns, 2019). Allerdings sind Nutzer:innen wenig vertraut mit der Funktionsweise von Plattformen (Schmidt et al., 2019).

Die freie Zugänglichkeit und die Offenheit im Gebrauch haben also nicht nur Grenzen, sondern auch eine dunkle Seite, betrachtet man ihre Folgen (Quandt, 2018). Außerdem bestimmen Plattformbetreiber selbst – wenn auch oft unsichtbar – die Regeln, und zwar nach ökonomischen Gesichtspunkten. Universalität wird auf den heutigen Plattformen keineswegs in dem Maße erreicht, wie es möglich wäre.

Auch der *Journalismus* verändert sich unter dem Einfluss digitaler Plattformen: Sie ermöglichen die permanente Interaktion im Dreieck zwischen Redaktionen, Publikum und Quellen (zum Folgenden vgl. Neuberger, 2018b, S. 22–35). Das Publikum kann sich an den verschiedenen Phasen der redaktionellen Produktion beteiligen wie Recherche, Prüfung, Präsentation und Diskussion. Redaktionen können Quellen kontinuierlich beobachten und sie bei Bedarf befragen (Neuberger, Nuernbergk, & Langenohl, 2019, S. 1267–1269). Zur Publikumspartizipation kommt die Algorithmisierung redaktioneller Prozesse hinzu (Diakopoulos, 2019), was zu hybriden Formen des Gatekeeping führt (Nielsen, 2017).

Weil viele dieser Beziehungen zu Publikum und Quellen über fremde Plattformen verlaufen, verlieren Redaktionen tendenziell die Kontrolle über diese Beziehungen an die Plattformbetreiber, die sie durch Algorithmen steuern können und die auch über die Nutzungsdaten verfügen (Bell, 2018; Martin, 2021, S. 4–5; Nielsen & Ganter, 2018). Medien begeben sich auf Plattformen in ein problematisches, vom Publikum als wenig vertrauenswürdig eingeschätztes Umfeld (Jakobs et al., 2021), in dem ihre Erkennbarkeit als Qualitätsanbieter leicht verloren geht (Pearson, 2020). Dabei sind Medien gezwungen, ihre Strategie an die Plattformen und den von ihnen – nach rein ökonomischen Kriterien gesetzten – Erfolgsbedingungen anzupassen (Clickbaiting, Suchmaschinen-Optimierung). Sie sind dazu auch deshalb bereit, weil Plattformen ihnen einen erheblichen Anteil des Traffics zuleiten. Medien geraten damit in eine einseitige Abhängigkeit von jenen Plattformen, die sie zugleich auf dem Werbemarkt verdrängen und die es den bisherigen journalistischen Quellen erlauben, sich von den Redaktionen unabhängig zu machen und an ihnen vorbei direkt mit dem Publikum zu kommunizieren.

Wie verwenden *öffentlich-rechtliche Rundfunkanstalten* digitale Plattformen? Darauf können hier nur einige Schlaglichter geworfen werden: Die Ambivalenz eines Engagements auf kommerziellen Drittplattformen ist für den gemeinwohlorientierten PSB besonders groß (Martin, 2021, S. 3–5; Sehl & Cornia, 2021, S. 1478–1479; van Es & Poell, 2021, S. 7–8). Fallstudien über PSB in Europa zeigen, dass soziale Medien vor allem verwendet werden, um Traffic auf die eigene Website zu lenken, an schwer erreichbare Zielgruppen zu gelangen und das Publikum zu beteiligen. In sozialen Medien leidet die Erkennbarkeit der PSB-Marke (Sehl, Cornia, & Nielsen, 2018; Sehl, Cornia, & Nielsen, 2021, S. 10–11).

Die Einbindung des Publikums kann die Nutzung von Inhalten, ihre Erstellung und die Beteiligung an der Media Governance betreffen (Dobusch & Parger, 2021). Publikumspartizipation im PSB darf jedoch kein Selbstzweck sein, sondern muss stets als Mittel für gesellschaftliche, besonders demokratische Ziele gesehen werden (Vanhaeght & Donders, 2021). Darüber hinaus bieten sich Möglichkeiten der crossmedialen Sendungsbegleitung im Internet. Social TV ist die Echtzeit-Begleitung von Fernsehsendungen in den sozialen Medien, etwa von Debatten zwischen den Kandidierenden im Wahlkampf (König & König, 2017).

Deutlich weiter geht das 2016 gestartete ARD/ZDF-Jugendangebot funk, das für den öffentlich-rechtlichen Rundfunk einen „Paradigmenwechsel" (Stark & Steiner, 2018, S. 86) bedeutet, weil es experimentell eine Vielzahl neuer Formate entwickelt und konsequent auf Drittplattformen und die junge Zielgruppe setzt (Feierabend, Philippi, & Pust-Petters, 2018; Granow & Hager, 2020; Stollfuß, 2019; Stollfuß, 2021, S. 130–133). Während Social TV ursprünglich als „Kombination von Fernsehen mit der kommunikativen Real-Time-Erfahrung über soziale Medien" (Stollfuß,

2020, S. 649) definiert wurde, steht funk für „Social TV 3.0", d. h. die plattformgerechte „Konzeptualisierung und Produktion von Inhalten für die digital vernetzte Distribution und Rezeption in sozialen Netzwerken" (Stollfuß, 2020, S. 652), die den crossmedialen Sendungsbezug aufgegeben hat. Das Austesten von Grenzen führt mitunter zu Fehlern (Bayer, 2022) und auch zu harter Kritik (Kissler, 2021). Interviews mit YouTubern, die auf funk aktiv sind, zeigen aber die intensive redaktionelle Betreuung und die Orientierung am Auftrag (Lichtenstein, Herbers, & Bause, 2021). Im Fall von funk zeigt sich besonders deutlich das „Dilemma" (Stark & Steiner, 2018, S. 89) zwischen dem Engagement auf kommerziellen Drittplattformen und dem öffentlich-rechtlichen Auftrag (Stollfuß, 2020, S. 655–657; Stollfuß, 2021, S. 131–132).

5. Die öffentlich-rechtliche Plattform als Projekt

Die Praxis auf den dominanten US-Plattformen, die einem ökonomischen Imperativ folgen, und im Journalismus, der eine ökonomische Krise durchlebt, sowie das einseitige Abhängigkeitsverhältnis, in das er gegenüber den Plattformen geraten ist, führen – wie gezeigt – zu erheblichen Vermittlungsdefiziten in der digitalen Öffentlichkeit. Der kommerzielle Gebrauch ist Plattformen aber keineswegs eingeschrieben, wie Zuboff (2018, S. 30) betont: „Der Überwachungskapitalismus ist keine Technologie; er ist vielmehr die Logik, die die Technologie und ihr Handeln beseelt." Auch Staab (2019, S. 272) sieht eine Offenheit der Plattform-Technologie für unterschiedliche Ziele: „Kein technologischer Imperativ diktiert die soziale Form, die die Leitunternehmen des kommerziellen Internets annehmen. Das Leitmotiv ist kapitalistisch."

Es sind zwei Wege zu gemeinwohlorientierten Medienplattformen denkbar: Entweder werden bestehende Plattformen weiterentwickelt, oder es werden bessere Alternativen geschaffen. Der erste Weg wird in der *Plattformregulierung* eingeschlagen: In Deutschland stehen dafür vor allem das Netzwerkdurchsetzungsgesetz (zur Löschung von Beiträgen im Fall von strafrechtlich relevanten Verstößen) und der Medienstaatsvertrag mit seinen Regeln zur Transparenz und Verhinderung von Diskriminierung bei Medienintermediären (Dogruel et al., 2020). Ähnlich den Rundfunkräten könnten auch Social Media Councils für die gesellschaftliche Kontrolle von Plattformen eingesetzt werden (Kettemann & Fertmann, 2021).

Der zweite Weg ist die Gründung von *alternativen Plattformen*. Dieser Weg ist allerdings noch kaum beschritten worden. Eine Bestandsaufnahme von 39 journalistischen Plattformen in Deutschland kommt zu dem er nüchternden Ergebnis, dass sie nur der Vertriebsförderung dienen. Sie besitzen keine eigenständigen Inhalte und offerieren (bei nur einer Ausnahme) lediglich Gesamtausgaben von Zeitungen und Zeitschriften (Weber, Steffl, & Buschow, 2021, S. 28–29). Das Plattform-Prinzip wird hier also bei Weitem nicht ausgeschöpft.

Für eine öffentlich-rechtliche Plattform gibt es keine Blaupause. Dafür reicht es auch nicht aus, erfolgreiche Konzepte anderer Anbieter zu kopieren. Bei der Entwicklung digitaler Innovationen orientieren sich PSB-Anbieter bisher vor allem an anderen erfolgreichen PSB-Angeboten wie jenem der BBC und der finnischen Yle sowie an Digital-Born Media, weil diese die junge Zielgruppe besonders gut erreichen (Sehl & Cornia, 2021, S. 1475–1478).

Ausgangspunkt der Überlegungen sollte der öffentlich-rechtliche Auftrag sein: Er muss für das digitale Plattform-Prinzip weiterentwickelt werden. Vermittlung bedeutet dann nicht mehr in erster Linie die Produktion und Distribution von Nachrichten in einem linearen, von Gatekeeper-Medien kontrollierten Prozess der Massenkommunikation. Stattdessen müssen Redaktionen nun kontinuierlich mit ihrer Umwelt, vor allem mit den Quellen und dem Publikum interagieren.

Eine *Neukonzeption des Auftrags* sollte daher – wie an anderen Stellen ausführlich dargestellt und diskutiert (Neuberger, 2020b, S. 131–143; Neuberger, 2021a, S. 75–80, Neuberger, 2021b; Neuberger, 2022) – die folgenden Aufgabenbereiche umfassen:

- das Bereitstellen von *geprüftem Wissen* in den Bereichen Nachrichten, Bildung und Beratung als geteilte, offene Wissensallmende, auch in Kooperation mit anderen Wissensanbietern (Horowitz & Lowe, 2020, S. 180),
- *Navigationshilfen* zur besseren Orientierung im unübersichtlichen Internet (Kuratieren, Gatewatching), d. h. ein „weiches" Selektieren im Sinne eines Bewertens und Verweisens auf fremdpubliziertes Material, z. B. durch Fact-Checking (Horowitz, 2018) oder Empfehlen (im Gegensatz zum „harten" Selektieren im Gatekeeping),
- die Organisation und Moderation des *öffentlichen Diskurses* nach deliberativen Maßstäben, z. B. Rationalität, Kohärenz und Respekt,
- die Unterstützung der Nutzer:innen bei der *eigenen Produktion und Publikation* von digitalen Inhalten,
- ein *Kontext- und Schnittstellenmanagement* für die digitale Öffentlichkeit, um durch klare Grenzziehungen Angebotsqualitäten transparent zu machen und Regeln zur Qualitätssicherung Geltung zu verschaffen (z. B. die zuverlässige Einhaltung journalistischer Standards),

- die digitale Umsetzung von *Unterhaltung und Kultur* (wie z. B. auf funk in der mehrkanalig erzählten Echtzeit-Serie „Druck" mit enger Anbindung an eine Community [Stollfuß, 2021, S. 134–137] und der Snapchat-„Soap Opera" iam.serafina [Stollfuß, 2019, S. 514–515] oder auf arte in der Serie „About:Kate" als „participatory production" [Stollfuß, 2018]),
- die Vermittlung von *Publikumskompetenz*, und zwar sowohl für die Rezeption (etwa als Aufklärung über Desinformation [Horowitz, 2018, S. 16; Horowitz et al., 2021]) als auch für die Kommunikation in der digitalen Öffentlichkeit,
- sowie die Entwicklung von *Qualitätsstandards*, die Moderation des Qualitätsdiskurses und die Förderung der Qualität des Mediensystems.

Die Idee einer öffentlich-rechtlichen Medienplattform ist in den letzten Jahren vielfach diskutiert worden, wobei sie häufig auf Europa bezogen wurde: Sie soll eine europäische Öffentlichkeit herstellen und europäische Werte verwirklichen, also zur transnationalen Integration beitragen (Hillje, 2019, S. 161–166; Martin, 2021, S. 7–9; Steinmaurer, 2019, S. 27–35; van Es & Poell, 2021, S. 7–9). Vor allem die Bücher „Plattform Europa" von Hillje (2019) sowie „The Platform Society" von van Dijck, Poell und de Waal (2018) liefern dafür hilfreiche Hinweise. Hillje (2019, S. 133–160) schlägt vier Elemente für eine „Plattform Europa" vor: einen europäischen Newsroom und ein europäisches Nachrichtenangebot, Beteiligungsmöglichkeiten für Bürger:innen, eine kulturelle Verbindung, welche nicht nur die Vielfalt Europas darstellt, sondern auch einen gemeinsamen „European Way of Life", sowie Apps für Aktionen und Interaktionen zwischen Bürger:innen.

Eine solche universelle Plattform setzt die *Kooperation* öffentlich-rechtlicher Anstalten untereinander und mit anderen Anbietern voraus (Horowitz & Lowe, 2020, S. 183–185). Das wissenschaftliche Begleitgutachten zum Medien- und Kommunikationsbericht der Bundesregierung 2021 enthält eine Bestandsaufnahme von Plattform-Projekten sowie ökonomische, rechtliche und publizistische Einschätzungen und Empfehlungen für den Aufbau einer kooperationsbasierten, gemeinwohlorientierten Plattform (Gostomzyk et al., 2021). Für solche Kooperationen kommen vor allem Einrichtungen mit öffentlichem Auftrag aus den Bereichen Kultur, Wissenschaft, Bildung und Beratung infrage. Hinter den Namen „European Public Open Space" (EPOS) und „Public Open Space" stehen Initiativen zur Schaffung offener digitaler Räume (Thomaß, 2019, S. 15–21; Thomaß, 2020). Verlinkungen zu Einrichtungen aus Wissenschaft und Kultur sollen künftig Teil des Telemedien-Auftrags sein (Rundfunkkommission der Länder, 2021, S. 6).

Dies sind einige Bausteine einer öffentlich-rechtlichen Plattform, die auch eine partizipative Governance umfassen sollte (Hillje, 2019, S. 129; Srnicek, 2017, S. 128). Probeläufe für eine solche Beteiligung von Bürger:innen sind Plattform-Initiativen wie der ARD-Zukunftsdialog und das Projekt #meinfernsehen2021 (2022, S. 8). Auf diese Weise wird demonstriert, dass Plattformen zur Universalität beitragen können: nicht nur im Hinblick auf das Angebot und das Publikum, sondern auch auf eine breitere Mitsprache.

Literatur

#meinfernsehen2021. (2022). Ergebnisse der drei Beteiligungsphasen des Projekts #meinfernsehen2021. Bonn, Deutschland: Bundeszentrale für politische Bildung, Grimme-Institut, Düsseldorf Institute for Internet and Democracy.

Aust, Antje, & Schade, Gabriele. (2020). Qualitätsevaluierung von Telemedien als Instrument der Gremienkontrolle. Media Perspektiven, (3), 126–138.

Bayer, Felix. (2022). Wie kam es zum fehlerhaften Hitler-Video von Funk? Spiegel Online, 7. Januar 2022. Abgerufen am 15. April 2022, von https://www.spiegel.de/kultur/tv/fehlerhaftes-hitler-video-von-funk-ein-innovatives-format-und-seine-tuecken-a-48fb0b0a-5218-4eee-9625-d97721647d8d

Bell, Emily. (2018). The dependent press. In: Michael Moore & Damian Tambini (Hrsg.), Digital dominance (S. 241–261). Oxford, UK: Oxford University Press.

Benkler, Yochai; Faris, Robert & Roberts, Hal. (2018). Network propaganda. New York, NY, USA: Oxford University Press.

Birkner, Thomas. (2012). Das Selbstgespräch der Zeit. Die Geschichte des Journalismus in Deutschland 1605–1914. Köln, Deutschland: von Halem.

Bruns, Axel. (2019). Are filter bubbles real? Cambridge, UK: Polity Press.

Diakopoulos, Nicholas. (2019). Automating the news. Cambridge, MA, USA: Harvard University Press.

Dobusch, Leonhard, & Parger, Ricardo. (2021). Formen digitaler Publikumsbindung. In: ORF (Hrsg.), Digitale Transformation (S. 97–120). Wien, Österreich: ORF.

Dogruel, Leyla; Stark, Birgit; Facciorusso, Dominique & Liesem, Kerstin. (2020). Die Regulierung von Algorithmen aus Expertensicht. Media Perspektiven, (3), 139–148.

Dolata, Ulrich. (2019). Plattform-Regulierung. Berliner Journal für Soziologie, 69(3–4), 179–206.

Donders, Karen, & Moe, Hallvard (Hrsg.). (2011). Exporting the public value test. (S. 29–37). Gothenborg, Schweden: Nordicom.

Feierabend, Sabine, Philippi, Pia, & Pust-Petters, Anna. (2018). Funk – das Content-Netzwerk von ARD und ZDF. Media Perspektiven, (1), 10–15.

Geese, Stefan & Hess, Claudia. (2021). Nutzung und Bewertung medialer Wahlinformationen. Media Perspektiven, (12), 610–624.

Gillespie, Tarleton. (2018). Custodians of the internet. New Haven, USA: Yale University Press.

Gostomzyk, Tobias; Jarren, Otfried; Lobigs, Frank, & Neuberger, Christoph. (2021). Neue kooperative Medienplattformen in einer künftigen Medienordnung. Wissenschaftliches Gutachten zum Medien- und Kommunikationsbericht der Bundesregierung 2021. Mitarbeit: Daniel Moßbrucker. Abgerufen am 15. April 2022, von https://dserver.bundestag.de/btd/19/311/1931165.pdf

Granow, Viola, & Hager, Florian. (2020). Öffentlich-rechtliche Audio-Inhalte für junge Menschen – Podcasts bei funk. MedienWirtschaft, (2–3), 62–66.

Gransow, Christiana. (2018). Public Value-Konzepte im öffentlichen Rundfunk. Wiesbaden, Deutschland: Springer VS.

Guenther, Lars, Mahl, Daniela, De Silva-Schmidt, Fenja, & Brüggemann, Michael. (2020). Klimawandel und Klimapolitik: Vom Nischenthema auf die öffentliche Agenda. Media Perspektiven, (5), 287–296.

Hasebrink, Uwe. (2007). „Public Value": Leitbegriff oder Nebelkerze in der Diskussion um den öffentlich-rechtlichen Rundfunk? Rundfunk und Geschichte. Mitteilungen des Studienkreises Rundfunk und Geschichte, 33(1–2), 38–42.

Hasebrink, Uwe. (2018). Public Value als Diskurs. In: Konrad Mitschka & Klaus Unterberger (Hrsg.), Public Open Space (S. 242–246). Wien, Österreich: ORF.

Hillje, Johannes. (2018). Plattform Europa. Bonn, Deutschland: Dietz.

Hölig, Sascha, Hasebrink, Uwe, & Behre, Julia. (2021). Reuters Institute Digital News Report 2021 – Ergebnisse für Deutschland. Hamburg, Deutschland: Verlag Hans-Bredow-Institut.

Hölig, Sascha, Wunderlich, Leonie, & Hasebrink, Uwe. (2021). Informationsorientierung und Informiertheit bei Jugendlichen und jungen Erwachsenen in Deutschland. Media Perspektiven, (6), 334–344.

Holtz-Bacha, Christina. (2021). The kiss of death. European Journal of Communication, 36(3), 221–237.

Horowitz, Minna Aslama, & Lowe, Gregory Farrell. (2020). Public service media in the era of information disorder. In: Philip Savage, Mercedes Medina, & Gregory Ferrell Lowe (Hrsg.), Universalism in public service media (S. 175–190). Gothenborg, Schweden: Nordicom.

Horowitz, Minna, Cushion, Stephen, Dragomir, Mario, Gutiérrez Manjón, Sergio, & Pantti, Mervi. (2021). A framework for assessing the role of Public Service Media organizations in countering disinformation. Digital Journalism, 9(19), 1–23.

Horowitz, Minna (2018). Public Service Media and information disorder. Budapest, Ungarn: Center for Media, Data and Society, Central European University.

Jakobs, Ilka, Schultz, Tanjev, Viehmann, Christina, Quiring, Oliver, Jackob, Niko-laus, Ziegele, Marc, & Schemer, Christian. (2021). Medienvertrauen in Krisen-zeiten. Media Perspektiven, (3), 152–162.

Kettemann, Matthias C., & Fertmann, Martin. (2021). Die Demokratie plattform-fest machen. Potsdam, Deutschland: Friedrich-Naumann-Stiftung.

Kim, Su Jung, & Schwarze, Lena-Mariea. (2021). Cross-platform news media reper-toires and their political implications. International Journal of Communication, 15, 4619–4638.

Kissler, Alexander. (2021). Linke Politik und gerechter Sex: Das öffentlichrechtli-che Jugendangebot „Funk" wird fünf Jahre alt. Neue Zürcher Zeitung, 1. Okto-ber 2021. Abgerufen am 15. April 2022, von https://www.nzz.ch/feuilleton/linke -politik-und-gerechter-sex-das-oeffentlichrechtliche-jugendangebot-funk-wird-fu enf-jahre-alt-ld.1648108?reduced=true

Kleinen-von Königslöw, Katharina. (2020). Die Individualisierung der Nachrich-tennutzung als Treiber der gesellschaftlichen Vermittlungskrise. In: Otfried Jar-ren & Christoph Neuberger (Hrsg.), Gesellschaftliche Vermittlung in der Krise (S. 93–117). Baden-Baden, Deutschland: Nomos.

König, Mathis, & König, Wolfgang. (2017). Social TV: Die Twitter-Debatte zum TV-Duell. Media Perspektiven, (12), 630–638.

Langenbucher, Wolfgang R. (1990). Braucht eine demokratische Gesellschaft öf-fentlichen Rundfunk? Media Perspektiven, (11), 699–716.

Lichtenstein, Dennis, Herbers, Martin R., & Bause, Halina, (2021). Journalistic YouTubers and their role orientations, strategies, and professionalization ten-dencies. Journalism Studies, 22(9), 1103–1122.

Luhmann, Niklas. (1996). Die Realität der Massenmedien (2. Aufl.). Opladen, Deutschland: Westdeutscher Verlag.

Martin, Erik Nikolaus. (2021). Can Public Service Broadcasting survive Silicon Valley? Technology in Society, 64, 101451.

Mohr, Inge, & Schiller, Dietmar. (2021). Nachhaltigkeit und gesellschaftliche Ver-antwortung im öffentlich-rechtlichen Rundfunk. Media Perspektiven, (1), 2–16.

Mohr, Inge, & Schiller, Dietmar. (2020): Diversity und Public Value – gesellschaft-liche Vielfalt als Mehrwert für alle. Media Perspektiven, (1), 2–15.

Müller, Jan-Werner. (2021). Freiheit, Gleichheit, Ungewissheit. Wie schafft man Demokratie? Berlin, Deutschland: Suhrkamp.

Müller, Philipp, Schneiders, Pascal, & Schäfer, Svenja. (2016). Appetizer or main dish? Computers in Human Behavior, 65, 431–441.

Neuberger, Christoph. (2011). Definition und Messung publizistischer Qualität im Internet. Berlin, Deutschland: Vistas.

Neuberger, Christoph. (2018a). Was erwartet die Gesellschaft vom Internet – und was erhält sie? Berlin, Deutschland: Konrad-Adenauer-Stiftung.

Neuberger, Christoph. (2018b). Journalismus in der Netzwerköffentlichkeit. In: Christian Nuernbergk & Christoph Neuberger (Hrsg.), Journalismus im Inter-net (2. Aufl.) (S. 10–80). Wiesbaden, Deutschland: Springer VS.

Neuberger, Christoph. (2019). Öffentlich-rechtlicher Rundfunk und Qualitätsdiskurs. Media Perspektiven, (10), 434–443.

Neuberger, Christoph. (2020a). Funktionale und defekte Öffentlichkeit in der Demokratie – Analyse und Anwendung am Beispiel der Schweiz. Wissenschaftliche Studie im Auftrag des Bundesamtes für Kommunikation BAKOM, Abteilung Medien. Biel, Schweiz: BAKOM.

Neuberger, Christoph. (2020b). Journalismus und digitaler Wandel: Krise und Neukonzeption journalistischer Vermittlung. In: Otfried Jarren & Christoph Neuberger (Hrsg.), Gesellschaftliche Vermittlung in der Krise (S. 119–154). Baden-Baden, Deutschland: Nomos.

Neuberger, Christoph. (2021a). Kommunikationswissenschaftliche Perspektive: Konzeption einer gemeinwohlorientierten und kooperativen Medienplattform (Kap. 4). In: Tobias Gostomzyk, Otfried Jarren, Frank Lobigs, & Christoph Neuberger, Neue kooperative Medienplattformen in einer künftigen Medienordnung. Wissenschaftliches Gutachten zum Medien- und Kommunikationsbericht der Bundesregierung 2021. Mitarbeit: Daniel Moßbrucker (S. 63–94). Abgerufen am 15. April 2022, von https://dserver.bundestag.de/btd/19/311/1931165.pdf

Neuberger, Christoph. (2021b). Daheim und draußen in der Welt – Der öffentlich-rechtliche Auftrag und die digitale Vernetzung. In: ORF (Hrsg.), Digitale Transformation (S. 22–32). Wien, Österreich: ORF.

Neuberger, Christoph. (2022). Die digitale Weiterentwicklung des öffentlich-rechtlichen Auftrags: Eine kommunikationswissenschaftliche Perspektive. Zeitschrift für Urheber- und Medienrecht (ZUM), 66(3), 157–164.

Neuberger, Christoph, Nuernbergk, Christian, & Langenohl, Susanne. (2019). Journalism as multichannel communication. Journalism Studies, 20(9), 1260–1280.

Nielsen, Rasmus Kleis. (2017). News media, search engines and social networking sites as varieties of online gatekeepers. In: Chris Peters & Marcel Broersma (Hrsg.), Rethinking journalism again (S. 81–96). London, UK: Routledge.

Nielsen, Rasmus Kleis, & Ganter, Sarah Anne. (2018). Dealing with digital intermediaries. New Media & Society, 20(4), 1600–1617.

Parker, Geoffrey G., Van Alstyne, Marshall W., & Choudary, Sangeet Paul. (2016). Platform revolution. New York, NY, USA: Norton.

Pearson, George. (2020). Sources on social media. New Media & Society, 23(5), 1181–1199.

Prutz, Robert E. (1971 [1845]). Geschichte des Deutschen Journalismus. Erster Teil. Faksimiledruck. Göttingen, Deutschland: Vandenhoeck & Ruprecht.

Quandt, Thorsten. (2018). Dark participation. Media and Communication, 6(4), 36–48.

Rundfunkkommission der Länder. (2021). Diskussionsentwurf zu Auftrag und Strukturoptimierung des öffentlich-rechtlichen Rundfunks. Stand: November 2021. Mainz, Deutschland: Landesregierung Rheinland-Pfalz. Abgerufen am 15. April 2022, von https://www.rlp.de/de/regierung/staatskanzlei/medienpolitik/rundfunkkommission/reform-ard-zdf-deutschlandradio/

Saxer, Ulrich. (1990). Integrationsrundfunk und multikulturelle Gesellschaft. Media Perspektiven, (11), 717–729.

Scannell, Paddy. (1989). Public service broadcasting and modern public life. Media, Culture and Society, 11(2), 135–166.

Scharkow, Michael, Mangold, Frank, Stier, Sebastian, & Breuer, Johannes. (2020). How social network sites and other online intermediaries increase exposure to news. PNAS, 117(6), 2761–2763.

Schmidt, Jan-Hinrik. (2021). Facebook- und Twitter-Nutzung der Kandidierenden zur Bundestagswahl 2021. Media Perspektiven, (12), 639–653.

Schmidt, Jan-Hinrik, Merten, Lisa, Hasebrink, Uwe, Petrich, Isabelle, & Rolfs, Amelie. (2019). How do intermediaries shape news-related media repertoires and practices? International Journal of Communication, 13, 853–873.

Schulz, Wolfgang. (2008). Der Programmauftrag als Prozess seiner Begründung. Media Perspektiven, (4), 158–165.

Schweiger, Wolfgang, Weber, Patrick, Prochazka, Fabian, & Brückner, Lara. (2019). Algorithmisch personalisierte Nachrichtenkanäle. Wiesbaden, Deutschland: Springer VS.

Sehl, Annika, & Cornia, Alessio. (2021). How do public service media innovate? Journalism Studies, 22(11), 1469–1486.

Sehl, Annika, Cornia, Alessio, & Nielsen, Rasmus Kleis. (2021). How do funding models and organizational legacy shape news organizations' social media strategies? Digital Journalism. Online first, https://doi.org/10.1080/21670811.2021.19 68920

Sehl, Annika, Simon, Felix M., & Schroeder, Ralph. (2022). The populist campaigns against European Public Service Media: Hot air or existential threat? International Communication Gazette, 84(1), 3–23.

Sehl, Annika, Cornia, Alessio, & Nielsen, Rasmus Kleis. (2018). Public service news and social media. Oxford, UK: Reuters Institute for the Study of Journalism, University of Oxford.

Srnicek, Nick. (2017). Platform capitalism. Cambridge, UK: Polity Press.

Staab, Philipp. (2019). Digitaler Kapitalismus. Berlin, Deutschland: Suhrkamp.

Stark, Birgit, & Steiner, Miriam. (2018). Public Network Value or the Next Generation am Beispiel von funk. In: Nicole Gonser (Hrsg.), Der öffentliche (Mehr-)Wert von Medien (S. 77–92). Wiesbaden, Deutschland: Springer.

Steinmaurer, Thomas. (2019). Vom Public Network Value zum Public Open Space. In: ORF (Hrsg.), Allianzen, Kooperationen, Plattformen. (S. 23–36). Wien, Österreich: ORF.

Stollfuß, Sven. (2018). Between television, web and social media: On social TV, About: Kate and participatory production in German Public Television. Participations, 15(1), 36–59.

Stollfuß, Sven. (2019). Is this social TV 3.0? On funk and social media policy in German public post-television content production. Television & New Media, 20(5), 509–524.

Stollfuß, Sven. (2020). Soziales Fernseherleben: Social TV. Formen, Dynamiken und Entwicklungen am Beispiel des Contentnetzwerks funk. Media Perspektiven, (12), 649–660.

Stollfuß, Sven. (2021). The platformisation of Public Service Broadcasting in Germany: The network 'funk' and the case of Druck/Skam Germany. Critical Studies in Television, 16(2), 126–144.

Taddicken, Monika, & Schmidt, Jan-Hinrik. (2017). Entwicklung und Verbreitung sozialer Medien. In: Jan-Hinrik Schmidt & Monika Taddicken (Hrsg.), Handbuch Soziale Medien (S. 3–22). Wiesbaden, Deutschland: Springer.

Thomaß, Barbara. (2019). Rundfunk der Gesellschaft 3.0. In: ORF (Hrsg.), Allianzen, Kooperationen, Plattformen (S. 5–22). Wien, Österreich: ORF.

Thomaß, Barbara. (2006). Der Qualitätsdiskurs des Public Service Broadcasting im internationalen Vergleich. In: Siegfried Weischenberg, Wiebke Loosen, & Michael Beuthner (Hrsg.), Medien-Qualitäten (S. 53–73). Konstanz, Deutschland: UVK.

Thomaß, Barbara. (2020): Ein Public Open Space. Berlin, Deutschland: Heinrich Böll Stiftung (= böll.brief, #8).

Van Dijck, José, Nieborg, David, & Poell, Thomas. (2019). Reframing platform power. Internet Policy Review, 8(2).

Van Dijck, José, Poell, Thomas, & de Waal, Martijn. (2018). The platform society. New York, NY, USA: Oxford University Press.

Van Eimeren, Birgit. (2019). EBU Core Values und ARD-Wertesystem. Media Perspektiven, (10), 452–462.

Van Eimeren, Birgit, & Egger, Andreas (2018). Die ARD aus Sicht der Bevölkerung: Reichweiten und Wert des ARD-Medienverbunds. Media Perspektiven, (10), 462–475.

Van Es, Karin, & Poell, Thomas. (2020). Platform imaginaries and Dutch Public Service Media. Social Media & Society, 6(2), 1–10.

Vanhaeght, Anne-Sofie, & Donders, Karen. (2021). Audience participation in Public Service Media. adComunica. Revista Científica de Estrategias, Tendencias e Innovación en Comunicación, 20(1), 45–70.

Weber, Jonas, Steffl, Jonas, & Buschow, Christopher. (2021). Plattformen für digitalen Journalismus in Deutschland. MedienWirtschaft, (2), 20–33.

Zuboff, S. (2018). Das Zeitalter des Überwachungskapitalismus. Frankfurt a. M., Deutschland: Campus.

2.3 Vom Wert der Unterhaltung

Gerd Hallenberger

Das Fernsehpublikum liebt es, Sender und Programmverantwortliche vor Rätsel zu stellen. Das Projekt #meinfernsehen2021 ist da keine Ausnahme: Nimmt man die Resultate einschlägiger Befragungen seit den Anfangstagen des Fernsehens für bare Münze, kann man sich nur wundern, dass anspruchsvolle Dokumentarfilme nicht immer schon absolute Quotenhits gewesen sind und heute arte nicht der mit Abstand beliebteste Sender ist. In manchen Fällen können die Konsequenzen für öffentlich-rechtliches Fernsehen dabei durchaus heikel sein: Als 1993 die ARD-Erstausstrahlung der von Kritik wie vielen Zuschauer:innen hochgelobten Reitz'-Produktion *Die zweite Heimat* ein deutlich kleineres Publikum erreichte als ihr Vorgänger, wurde nicht nur der Mut der ARD gelobt, eine so anspruchsvolle Produktion zur besten Sendezeit zu zeigen, es wurde auch getadelt, und zwar das offensichtliche Ignorieren von Publikumsinteressen: Wie kann die ARD zur besten Sendezeit ein Minderheitenprogramm zeigen? (vgl. „Bulldozer des Banalen", in: Der Spiegel 22/1993).

Geht es um Unterhaltung, ist die Diskrepanz zwischen artikuliertem und tatsächlichem Publikumsinteresse besonders groß. Wer gibt schon gerne zu, etwas so Banales, Triviales wie Fernsehunterhaltung regelmäßig zu sehen, und das auch noch mit Vergnügen? Auch bei #meinfernsehen2021 plädiert wenig überraschend natürlich eine große Mehrheit derer, die sich an der entsprechenden Abstimmung beteiligt haben, für mehr dokumentarische und Info-Formate und weniger Unterhaltung (80 %). Das Problem ist aus der empirischen Sozialforschung als Antwortverhalten nach (vermuteter) sozialer Erwünschtheit bekannt. Die bekannteste Erscheinungsform dieses Phänomens im Zusammenhang mit Fernsehunterhaltung ist das Programm, das jede(r) kennt, aber auf Nachfrage niemals gesehen hat – prominentestes fernsehgeschichtliches Exempel dürfte immer noch die als Spielshow verkleidete Stripshow *Tutti Frutti* von RTL sein.

Gerd Hallenberger

Vom Lesen zwischen den Zeilen

Bei Befragungen wie auch bei einem Partizipationsprojekt wie #meinfernsehen2021 empfiehlt es sich daher, Aussagen über Unterhaltung mit Vorsicht zu interpretieren, ja sogar manchmal die Botschaft hinter der Botschaft zu suchen. Zwischen den Zeilen gelesen, drängt sich hier zuerst der Eindruck auf, „#meinfernsehen2021" wird vor allem mit einem ganz bestimmten Teil des Programmangebots gleichgesetzt. Gemeint ist eigentlich: „Mein lineares Fernsehen auf den Hauptkanälen zu den von mir präferierten Sendezeiten". Vieles von dem, was von zahlreichen Teilnehmenden kritisch angemahnt wird, ist durchaus im öffentlich-rechtlichen Angebot zu finden, aber eben nicht an diesen besonderen Stellen. Es findet spät nachts statt, in Dritten Programmen und Spartenkanälen und im Content-Netzwerk funk, im Zweifelsfall muss es in Mediatheken gesucht werden.

Daraus lassen sich für Programmverantwortliche ganz allgemein drei Folgerungen ableiten. Erstens: Die Verknüpfung von linearem und non-linearem Angebot ist in vielen Bereichen verbesserungsfähig. Zweitens: Auch hinsichtlich der Navigation in den Mediatheken gibt es trotz erkennbarer Bemühungen in letzter Zeit noch reichlich Luft nach oben. Immerhin zeigen sich in diesem Punkt ARD und ZDF anderen Anbietern deutlich überlegen, unter anderem arte. Drittens – und vielleicht am wichtigsten: Lineares Fernsehen ist keineswegs so tot, wie es in der Fachpresse seit vielen Jahren geschrieben worden ist.

Der Trend bei jüngeren Publika geht zwar klar in Richtung non-linearer Nutzungsformen von AV-Angeboten, aber in manchen Fällen ist lineares Fernsehen doch überlegen: Es gibt TV-Events (nicht nur Fußballspiele), die man einfach „live" verfolgen muss, um Teil einer virtuellen Gemeinschaft werden – und hinterher mitreden – zu können. Außerdem sind alle Formen von Publikumsbeteiligung mit Konsequenzen für den weiteren Sendungsverlauf ebenfalls auf Linearität und Live-Ausstrahlung angewiesen, schließlich entlastet lineares Fernsehen von der Mühe, sich selbst etwas Passendes unter einer Vielzahl von Angeboten aussuchen zu müssen. Sogar Netflix experimentiert mit einem linearen Sender, Netflix Direct, der zuerst in Frankreich eingeführt worden ist. Vergleicht man das Fernsehen insgesamt mit einem neuzeitigen Medienphänomen wie Spotify, entspricht lineares Fernsehen kuratierten Playlists.

Während lineares Fernsehen für ältere Zuschauer:innen auch bei stetig wachsender Mediathekennutzung das „eigentliche" Fernsehen bleibt, bietet es jüngeren Publika echte Lean-back-Angebote, es ist Convenience pur. Die Beziehung zum Gesamtangebot auf allen Plattformen ist die eines

Schaufensters. Wie gesagt: es ist ein Schaufenster für *alle* Angebote und bewirbt die Dachmarke – da genügt es nicht, wie es ARD und ZDF bis heute zu oft machen, Hinweise zu streuen, dass es in einer Filiale in der Seitenstraße auch ganz andere Dinge gibt und in einem Vorort (namens Internet) noch einen Shop für junge Leute, funk, um bei dem Vergleich zu bleiben. Im Idealfall ist die Auslage im Schaufenster für sich attraktiv und reizt dazu, sich außerdem mit den weiteren Angeboten zu beschäftigen.

Nicht nur im Unterhaltungsbereich verbirgt sich hier eine zentrale Aufgabe für ARD und ZDF in den nächsten Jahren: das eine Publikum zu halten und das andere zu gewinnen; das ältere nicht zu verprellen und das jüngere zu erreichen. Und all das im Wissen, dass „das Fernsehpublikum" immer schon eine Abstraktion war und heute eine Fiktion ist. Jenseits von Fußball, *Tagesschau* und *Tatort* zerfällt es rasch in eine Vielzahl von sendungs- oder genrebezogenen Klein- und Kleinstgruppen, was den Umgang mit Meinungsäußerungen überraschenderweise tatsächlich erleichtert.

Auf Vorschläge von Zuschauer:innen einzugehen, wird einfacher, wenn es ohnehin bei den meisten Programmangeboten um eher kleinere Zielgruppen geht. Das ist die gute Nachricht. Die schlechte: Diesen kleineren Zielgruppen zu kommunizieren, dass und wo es etwas gibt, das sie ganz besonders interessieren könnte, wird immer schwieriger.

Muss Unterhaltung überhaupt sein…?

In diesem Punkt liefert das Projekt #meinfernsehen2021 wenig neue Erkenntnisse. Seit den Anfängen des Fernsehens in Deutschland gibt es die Fraktionen der Unterhaltungshasser:innen und der Unterhaltungsfreund:innen. Die erstere ist zwar im Laufe der Jahrzehnte deutlich kleiner geworden, die zweite dagegen deutlich ausdifferenzierter. Die Folge: In jeder Befragung und auch beim Projekt #meinfernsehen2021 zeigt sich, dass man es nicht allen recht machen kann, aber aus verschiedenen und immer wieder anderen Gründen.

Schwierig wird es außerdem, weil es bei nicht-repräsentativen Ansätzen wie einer Beteiligungsplattform schlicht unmöglich ist, Äußerungen quantitativ zu gewichten. Wer äußert sich hier überhaupt? Und mit welcher Motivation? Zieht man bei den Äußerungen zum Thema Unterhaltung erst einmal die Stimmen ab, die sich erkennbar eher ungern überhaupt auf Unterhaltungsangebote im engeren Sinn einlassen, vielmehr aber Dokumentarfilme, anspruchsvolles Kino und auch im Unterhaltenden Bildungswert wünschen, bleibt immer noch eine widerspruchsreiche Stimmenvielfalt. Aber genaueres Hinsehen lohnt sich durchaus.

In manchen Fällen kann man selbst bei vordergründiger Uneinigkeit der Beitragenden ein verdecktes Drittes erkennen, über das durchaus Einigkeit besteht. Wenn etwa bei den Abstimmungen zum sehr kontrovers diskutierten Bereich Talkshows zwar mit deutlichen Mehrheiten neue Ideen und kontroverse Diskussionen von Expert:innen gewünscht werden, aber keine verstärkte Beteiligung von Bürger:innen oder gar Interaktivität, deuten diese Befunde vor allem auf große Einigkeit bei dem hin, was abgelehnt wird – wir möchten schon unterhalten werden, aber bitte nicht von den immer gleichen Gesichtern mit ihren erwartbaren Statements.

... und wenn ja, welche? Und welche nicht?

Liest man die Auswertung der Projektergebnisse unter dem Gesichtspunkt, welche Anregungen Programmmacher:innen daraus gewinnen können, gibt es zumindest zwei deutlich erkennbare Punkte, einen allgemeinen und einen genrebezogenen.

In den letzten Jahren, ja fast schon Jahrzehnten, hat sich der Fernsehkrimi als eine Art fiktionales Universal-Genre etabliert. Egal welche Geschichte erzählt werden soll, sie lässt sich zumindest auch in eine Kriminalgeschichte kleiden. Und da nur einige wenige Plot-Elemente erforderlich sind, um eine Geschichte als Krimi zu markieren (ein Verbrechen, Ermittler:innen und das Bemühen um Aufklärung), lässt sich das Genre wunderbar mit vielen anderen kombinieren. Komödie, Sozialdrama, Problemstück, Beziehungsgeschichte, alles kann in diese vertraute Grundstruktur gepackt werden. Und offenbar reicht es einem Teil des Publikums allmählich: Es muss nicht immer Krimi sein, auch andere, selbst fürs Fernsehen ungewöhnliche Genres wie Science Fiction, tauchen auf den Wunschlisten auf.

Ein allgemeiner Wunsch liegt von diesem gar nicht so weit entfernt: der Wunsch nach mehr Mut und Phantasie. Es ist ja schon oft beschrieben und kritisiert worden, dass als Folge der Konkurrenz von zunächst nur Fernsehsendern und Sendergruppen um begrenzte Einnahmemöglichkeiten, aus der heute eine Konkurrenz von Fernsehen und Netzmedien geworden ist, die Lust am Experiment bei etablierten Medien deutlich gesunken ist. Hatten vor einigen Jahrzehnten erst nur ARD und ZDF viel zu verlieren, nämlich an RTL, SAT.1, ProSieben und Co., sitzen heute ARD, ZDF und RTL sowie alle anderen Privatsender in vielerlei Hinsicht im gleichen Boot und müssen sich gegen Netflix, YouTube und TikTok wehren.

In solchen Situationen ist die Neigung groß, lieber auf Vertrautes als auf Neues zu setzen, und bei Neuem eher auf Varianten von Bekanntem denn auf echte Innovation, eher auf Formatimporte denn auf Eigenentwicklungen. Formatimporte haben den großen Vorteil, sich schon einmal in anderen Ländern bewährt zu haben, und taugen daher als Mittel zur Risikoverminderung.

Es sollte eigentlich eine Ermutigung für Programmmacher:innen darstellen, dass offenbar viele Zuschauer:innen trotz unüberschaubar großer Angebotskonkurrenz durch Streamingportale und unzählige andere Quellen für AV-Material immer noch von ihrem vertrauten Fernsehen erwarten, dass es sich um Innovation bemüht, und das quer durch alle Genres. Es soll sich nicht mit dem Status des audiovisuellen Äquivalents eines Oldie-Radiosenders zufriedengegeben werden, der auch in den kommenden Jahrzehnten verlässlich nur die größten Hits der Vergangenheit spielen wird. Dem öffentlich-rechtlichen Fernsehen wird offenbar noch etwas zugetraut!

Das ist die gute Nachricht. Die schlechte: Eine ganze Reihe der in diesem Zusammenhang geäußerten Vorschläge gehen genau in die Richtung des audiovisuellen Äquivalents eines Oldie-Radiosenders, was natürlich verständlich ist. Wer sich überlegt, was ihm oder ihr im heutigen Fernsehen fehlt, denkt logischerweise auch an eigene, frühere Fernseherlebnisse. Und dabei fällt unweigerlich auf, dass verschiedene Angebote heute einfach fehlen. So lässt sich etwa der mehrfach geäußerte Wunsch nach Filmklassikern und Neuauflagen alter Serien, nach Zirkus, Varieté und Zauberei erklären. Das Problem dabei ist, dass mittlerweile nicht nur andere Unterhaltungsangebote an deren Stelle getreten sind, sie haben zum Teil auch ihren medialen Ort verändert – manchmal sogar zurück.

Das Varieté war zunächst Bühnenunterhaltung für alle, ehe es genau aus dem Grund, Unterhaltung für alle zu sein, ins frühe Fernsehen kam. Mit der Ausdifferenzierung von Fernsehangebot und Unterhaltungsinteressen, durch die etwa große Musikshows an Bedeutung und Publikum verloren, verschwand auch das Varieté aus dem Fernsehen, um heute eine Renaissance als ganz besonderes Bühnenangebot für Kenner:innen zu erleben. Der Wunsch nach innovativen Musikshows, die auch Geschmäcker jenseits von Schlager und Mainstream-Pop bedienen, ist aus einem verwandten Grund schwer umzusetzen. Vielleicht mehr als jeder andere unterhaltungskulturelle Bereich ist die populäre Musik so stark segmentiert, dass die Schnittmengen zwischen Teilpublika immer kleiner werden. Während vor 40 Jahren alle aktuellen Top-Hits einem großen Teil der im Prinzip daran interessierten Bevölkerung bekannt waren, trifft dies heute nicht mehr zu. Ein Selbsttest, welche Top-10-Singles und welche Top-10-Alben man denn halbwegs kennt, mag alle Zweifler:innen überzeugen. Und es gibt gute Gründe dafür, dass selbst MTV heute nicht mehr vornehmlich Musikvideos zeigt.

Humor plus

Wenn man berücksichtigt, wie heftig derzeit über humorbezogene Fragen gestritten wird, darüber, wer sich wovon beleidigt fühlen könnte und wo angeblich nicht überschreitbare Grenzen überschritten werden, stimmen die Befunde des Projekts geradezu optimistisch. Hier können sich eine Reihe von Teilnehmer:innen durchaus ein größeres Angebot vorstellen, vor allem mehr Satire. In den Anregungen deutet sich ein Trend an, der in den USA schon seit langer Zeit manifest ist. Dort hat sich herausgestellt, dass bestimmte Zuschauer:innengruppen von klassischen Mainstream-Nachrichtensendungen kaum noch erreicht werden, sei es aufgrund der Sendezeit, sei es aufgrund der Machart. Stattdessen haben sich verschiedene ambitionierte Late-Night-Shows mittlerweile fast schon als alternative Medien der Nachrichtenvermittlung und Nachrichtenkommentierung etabliert. Vor allem David Lettermans Nachfolger bei CBS hat aus der *Late Show With Stephen Colbert* einen wichtigen Faktor der politischen Meinungsbildung gemacht, und John Oliver hat mit *Last Week Tonight with John Oliver* (HBO) ein satirisches Doku-Format etabliert.

Die Verbindung von Humor mit Informationsvermittlung ist heute auch in Deutschland angekommen und gilt offenbar als durchaus attraktives indirektes Bildungsangebot. Diesen Ansatz verfolgen beispielsweise *Die Anstalt* mit ihren „Tafelbildern" und Faktenchecks und das *ZDF Magazin Royale*, das sogar mit netzpolitik.org und dem Recherchezentrum CORRECTIV zusammenarbeitet. Diesen Weg weiter zu verfolgen, könnte ein interessanter Ansatz sein, um die Akzeptanz öffentlich-rechtlicher Unterhaltung zu stärken.

Die sportliche Herausforderung

Ein Problem besonderer Art stellt traditionell das Themenfeld „Sport" dar, und das gleich aus mehreren Gründen. Erstens schon wegen der Zuordnung: Gehört Sport zur Unterhaltung oder nicht? Frauen galten lange Zeit als unterhaltungsorientierter als Männer, weil eines der zentralen Unterhaltungsangebote vor allem für Männer, nämlich der Sport, als separate Inhaltskategorie behandelt wurde. Zweitens sind Sportevents unter den populärsten globalen Unterhaltungsangeboten, was nicht nur zu explodierenden Preisen bei Sportrechten geführt hat, sondern auch zum Zwang aufwändiger Präsentation, um die Investitionen zu rechtfertigen. Sport zu zeigen, ist also sehr kostspielig. Drittens geht es bei sportlichen Großereignissen oft um symbolischen Mehrwert – bei Olympiaden, Welt- oder Europameisterschaften spielt nationale Repräsentation eine wichtige Rolle: Wir sind Deutschland, werden „wir" gewinnen?

Öffentlich-rechtliches Fernsehen muss also einerseits einen gefühlten Kostenrahmen im Blick haben: Wie viel darf welcher Sport kosten, wenn das Geld ohnehin knapp ist? Andererseits müssen Ereignisse von „nationaler" Bedeutung von ARD oder ZDF gezeigt werden, da andernfalls die Legitimation der Sender auf dem Spiel stünde: Wozu brauchen wir überhaupt öffentlich-rechtliches Fernsehen, wenn dort nicht einmal die Fußball-Weltmeisterschaft gezeigt wird?

Dieser Konflikt zeigt sich auch bei #meinfernsehen2021, und die Ergebnisse sind für Sender und Programmverantwortliche nicht gerade hilfreich. Weniger Geld für Sport auszugeben, ist zwar eine häufig aufgestellte Forderung, aber gleichzeitig für kürzere Übertragungszeiten und weniger kostspielige Produktionen zu plädieren, passt nicht zusammen. Fernsehrechte haben grundsätzlich ihren Preis, und durch längere Sendungen sinkt nun mal der Rechtekostenanteil pro Sendeminute. Weniger aufwändige Produktionen würden unweigerlich die Frage aufwerfen, warum denn mit den teuer erworbenen Rechten so lieblos umgegangen und damit die Chance auf mehr Zuschauer:innen verschenkt wird. Eine von einer Mehrheit gewünschte Beschränkung öffentlich-rechtlicher Sportsendungen auf „große Events" wirft natürlich die Frage auf, was genau darunter zu verstehen ist – und dabei einen gesellschaftlichen Konsens zu finden, dürfte kaum möglich sein.

Schon sehr oft wurde bei Befragungen zum Thema auch der Wunsch geäußert, das Spektrum der berücksichtigten Sportarten solle erweitert werden und auch den Amateurbereich einschließen, #meinfernsehen2021 ist da keine Ausnahme. Alle Erfahrungen zeigen jedoch, dass sich so nur kleinste Publika erreichen lassen. Sport für ein deutsches Massenpublikum weist jedoch fast immer wenigstens eines von vier Merkmalen auf: Es geht um Fußball, es handelt sich um eine Olympiade, es gibt in dieser Sportart „local heroes", also einheimische Weltstars, oder die Sportart ist visuell besonders attraktiv wie etwa Autorennen oder Surfen. Besonders heikel für Fernsehsender ist der dritte Faktor. Sind „local heroes" nicht mehr erfolgreich oder beenden ihre Karriere, sinkt das Interesse an der betreffenden Sportart rasch, falls kein hoffnungsvoller Nachwuchs in Sicht ist. Das Paradebeispiel: Tennis nach Steffi Graf und Boris Becker.

Der Weg in die Sport-Nische wäre für öffentlich-rechtliche Sender mit einiger Sicherheit der Weg in die Sackgasse. Minderheitensport an prominenter Stelle platziert und vielleicht noch mit höherem Aufwand präsentiert, lädt einmal mehr zu einer Diskussion darüber ein, ob für so etwas überhaupt Gebührengelder ausgegeben werden sollten.

Anstatt eines Fazits: Schwierige Aufgaben, aber mit Hoffnungsschimmer

Wie eingangs erwähnt, liebt es das Fernsehpublikum, Sender und Programmverantwortliche vor Rätsel zu stellen. In diesem Fall lautet es: Die Fernsehunterhaltung soll moderner und vielseitiger werden, aber gleichzeitig gelernten Erwartungen immer noch entgegenkommen. Sie soll frisch und neu sein, aber nicht so radikal anders, dass sie verschreckt. Sie soll gesellschaftliche Wirklichkeit in ihrer Vielfalt und Diversität zeigen, aber nicht krampfhaft. Sie soll gesellschaftlich relevante Themen berücksichtigen, aber nicht zur Bürger:innensprechstunde oder Volkshochschule verkommen.

Die Widersprüchlichkeit der Wünsche und Erwartungen sollte Programmmacher:innen aber nicht mutlos werden lassen, es gibt auch wenigstens zwei gute Gründe für (verhaltenen) Optimismus. Der erste: Allein die engagierte Beteiligung bei #meinfernsehen2021 hinsichtlich der Fernsehunterhaltung zeigt, alle Bemühungen um aktuelle Formen der Unterhaltung lohnen sich – das Publikum dafür ist offenbar vorhanden. Ein zweiter Grund: Man kann dem heutigen Fernsehpublikum durchaus einiges zutrauen, weil es ein sehr gut ausgebildetes Publikum ist. Natürlich sind gerade Unterhaltungsvorlieben ausgesprochen zäh und langlebig, und warum sollte man etwas ändern, das sich bewährt hat? Es ist kein Zufall, dass unter den meistgesehenen Fernsehsendungen des Jahres 2014 alte Bekannte zu finden sind, die schon 40 Jahre zuvor zu den Quotenhits zählten – das Endspiel der Fußballweltmeisterschaft und der Tatort. Aber was sich im Laufe der Jahre und Jahrzehnte radikal verändert hat, sind Medienerfahrungen und Medienerfahrung.

In der Frühzeit des bundesdeutschen Fernsehens war für alle Beteiligten das Medium neu: Das zunächst spärliche Publikum und die Programmmacher:innen kannten Film, Radio, Bühne, Literatur. Was dagegen Fernsehen war und sein könnte, das war noch unbekannt. Heute dagegen kennt selbst ein Ü70-Publikum „Fernsehen" seit seinen Jugendtagen und hat durch langjährige Praxis gelernt, mit dem Medium umzugehen und auch bei stetigem Medienwandel immer wieder etwas den eigenen Vorlieben Entsprechendes zu finden. Alle jüngeren Zuschauer:innen können ohnehin als Profis im Umgang mit Bewegtbildangeboten angesehen werden. Die Konsequenz: Wer heute zeitgenössische Fernsehunterhaltung machen will, kann außer auf die Neugier des Publikums auch auf ein erhebliches Maß an Medienkompetenz zählen, das es sich erworben hat. Die große Herausforderung besteht darin, die Unterhaltungsinteressen des Publikums so anzusprechen, dass es bereit ist, seine Medienkompetenz aktiv für außergewöhnliche Unterhaltungserlebnisse einzusetzen.

„Ein Fernsehen für alle" in dem Sinne, wie diese Formulierung in den 1950er-Jahren gemeint war, ist heute schlicht nicht mehr möglich. Damals gab es gerade einmal ein Programm für eine äußerst homogen gedachte Zuschauerschaft, die sich – sofern man überhaupt einen Fernsehapparat besaß – im Familienverband abends neben dem Familienvater vor dem Gerät einfand. Neben einer Vielzahl von Fernsehprogrammen, Medienangeboten, Abspielgeräten und sozialen Sehsituationen sind es heute auch die vielfältigen Sehwünsche und die individuellen Umgangsweisen mit dem Angebot, die ein Fernsehen „für alle" im traditionellen Sinn verhindern.

Aktuelles öffentlich-rechtliches Fernsehen adressiert und erreicht nicht mehr imaginäre oder tatsächliche Kollektive, sondern je einzelne Zuschauerinnen und Zuschauer. Diese finden im besten Fall für sich etwas, das sie interessiert, begeistert, aufwühlt. Sie fühlen sich nicht nur abstrakt repräsentiert, sondern konkret angesprochen. So funktioniert im Idealfall ein Fernsehen für alle 2.0, das sein Publikum nicht als gesichtslose Masse, sondern als Summe von Individuen wahrnimmt. Und genau damit einen wichtigen Beitrag zum Gelingen unserer Zivilgesellschaft leistet.

3. Generationen und Zukunft

3.1 Fernsehen der Zukunft – Zwischen individueller Programmgestaltung und traditioneller Alltagsbegleitung

Lena Reuters und Anna Soßdorf

1. Einleitung – Was sehen die Fernsehzuschauenden der Zukunft?

Eine der leitenden Fragen zur Zukunft des Fernsehens dreht sich darum, wie junge und zukünftige Generationen für das Angebot der öffentlich-rechtlichen Sender (weiterhin) begeistert werden können. Für diese jungen Bewegtbildnutzenden (16 bis 30 Jahre) haben sich neue Routinen in Form von selbstbestimmten, zeitlich und lokal ungebundenen Mediennutzungsmustern etabliert. Es scheint, als sei die jetzige Generation an YouTube, TikTok und Twitch verloren. Mit Streaming-Diensten, Mediatheken und Gaming-Portalen haben sie sich ihre favorisierten Angebote um sich gebaut und entscheiden stets interessengeleitet und nutzenorientiert.

Setzt man dieser Zielgruppe die älteren Bürger:innen (ab Mitte 30) oder die Kinder unter zwölf Jahren entgegen, wird sofort deutlich, dass diese Gruppen noch stark an die traditionellen Nutzungsmuster des linearen Fernsehens gebunden sind. Sowohl die Kindersendungen bei KiKA als auch die lang etablierten Formate vom Tatort, über die Sportschau bis hin zum MOMA erfreuen sich weiterhin ihrer Stammzielgruppe.

Sind die Jugendlichen und jungen Erwachsenen gerade herausgetreten aus der behüteten Kindersendungsphase und werden sie in einigen Jahren wieder zu der traditionelle Mediennutzung zurückgehen? Oder sehen wir hier eine erste Generation, die langfristig für lineares Fernsehen verloren ist?

Ganz eindeutig scheinen diese Fragen nicht beantwortbar zu sein. Denn es herrscht einerseits der Wunsch nach absoluter medialer Selbstbestimmung und andererseits nach den verbindenden Lagerfeuermomenten bei gemeinsamen Fernsehabenden. Auch die Zuordnung der Sehgewohnheiten entlang der Altersgruppen scheint nicht klar auszumachen sein. Denn die jungen sowie die eher traditionell mit dem Fernseher sozialisierten

Zuschauer:innen sprechen sich sowohl für als auch gegen eine Zukunft mit linearem Programm aus.

Dieser Beitrag soll einen Überblick zu den unterschiedlichen Einstellungen bezüglich der Zukunft des Fernsehens geben, indem ausgeleuchtet wird, wo das Fernsehen zwischen individueller Programmgestaltung und traditioneller Alltagsbegleitung seinen Platz hat. Dabei wird auf Aussagen und Argumentationen auf der Beteiligungsplattform des Beteiligungsprojektes #meinfernsehehn2021 (vgl. Methodenkapitel in diesem Band) sowie auf qualitative Daten einer parallel durchgeführten Fokusgruppenbefragung unter Jugendlichen (vgl. Tim Gensheimer in diesem Band) zum Thema Fernsehen zurückgegriffen.

2. Status quo – Das lineare Fernsehen ist tot, lang lebe …

Das Internet sei die „dritte Säule" neben dem linearen Fernsehen und Hörfunk, erklärte WDR-Intendant Fritz Pleitgen in einer Pressemitteilung zur Jahrhundertwende (WDR 2000). Doch es sei bis heute nicht so, dass die Online-Plattformen der öffentlich-rechtlichen Sender im gleichen Maße bedacht werden, schreibt der Medienwissenschaftler Hermann Rotermund. Die Mediatheken seien schon von Beginn an aufgrund der finanziellen Ausstattung „ein Streichholz im Vergleich zum Kohlekraftwerk des Fernsehens" gewesen (Rotermund, 2021, S. 331). Jörg Schönenborn, WDR-Programmdirektor Information, Fiktion und Unterhaltung, verglich den Umbau der Sender in einem Interview im Januar 2022 mit einer Rakete, die immer weiter beschleunigen würde. Mit jeder Stufe würde die Fahrt in Richtung online mehr Schub aufnehmen. Als 2015 das Budget vom linearen Fernsehen zu Online-Projekten umgeschichtet wurde, sei das „eine überschaubare Summe" gewesen (DWDL 2022). In diesem Jahr hingegen wären „weitere sechs Millionen Euro für originäre Mediatheken-Projekte eingeplant" (ebd.). Rotermund argumentiert dagegen, das Bemühen um den Online-Markt sei nicht konsequent, nicht progressiv und dadurch nicht ausreichend, es bedürfe einer Auflösung und Neugründung der Rundfunkanstalten, um dem Medienwandel entsprechend agieren zu können. Der Autor prognostiziert: „Im Jahr 2030 werden gemeinschaftsfinanzierte, gemeinnützige Medien nur noch dann erfolgreich bestehen und operieren können, wenn sie keine Rundfunkmedien mehr sind, sondern ihre Transformation zu Public-Value-orientierten Online-Medien vollzogen haben" (2021, S. 349). In seinen Ausführungen bezieht sich Rotermund auf das Public-Value-Konzept von Mark H. Moore, das die Dimensionen Legitimation, Wirtschaftlichkeit und Akzeptanz unterscheidet

(2021, S. 11). Der „Wert", der dem öffentlich-rechtlichen Rundfunk inmitten dieses Dreiecks zugesprochen wird, lässt sich dabei nicht fest definieren. Rotermund erläutert: „Public Value ist keine Eigenschaft, die eine öffentliche Institution oder eine Dienstleistung erwirbt, sondern ein permanenter Aushandlungsprozess, dem sich eine solche Institution zu unterziehen hat" (2021, S. 297).

Bisher erscheint die Transformation des öffentlich-rechtlichen Rundfunks zu einem „Public-Value-orientierten Online-Medium" als eine Frage der Generationen. Während sich das lineare Fernsehen an ältere Zielgruppen richtet, ist ein Programm der Jugend nicht linear, sondern ausschließlich im Netz zu finden. Dass die öffentlich-rechtlichen Rundfunkanstalten durch den Rundfunkänderungsstaatsvertrag mit einem Jugendangebot beauftragt sind, das nicht über Rundfunkfrequenzen verbreitet werden darf, sei eine deutliche Reaktion auf die Konvergenz der Medien, betont die Juristin Alexandra Wagler (2018, S. 213). Die Medienkonvergenz beschreibt „die Möglichkeit der Übertragung von Inhalten unabhängig von einem festen Weg über verschiedene Netze und Plattformen" (Wagler, 2018, S. 209). Der unabgeschlossene Prozess der Konvergenz umfasst verschiedene Dimensionen: Technik, Dienste und Angebote, Netze, Endgeräte sowie das Nutzerverhalten (ebd.).

Die bereits laufende Konvergenz der Angebote und Strukturen des öffentlich-rechtlichen Rundfunks könnte sich dahingehend weiterentwickeln, dass Mediatheken und Online-Formate den linearen Ausspielweg nicht ablösen, sondern von diesem ergänzt werden. Dafür müsste das Publikum weiterhin einen Mehrwert in der Nutzung eines linearen Programms erkennen. Für ältere Generationen ist dieser gegeben: Das Fernsehen wird als Alltagsbegleiter geschätzt, die fehlende Auswahl teilweise sogar als Vorteil bezeichnet. Wichtig für die Zukunft des Linearen wird sein, ob Jugendliche im Laufe ihres Erwachsenenlebens den Bezug zum „traditionellen Fernsehen" finden. Ein solches Szenario wirkt zunächst undenkbar, da das Mediennutzungsverhalten von Gewohnheiten abhängt, die bereits etabliert sind. Dass ein Mehrwert auch für heranwachsende Generationen nicht gänzlich auszuschließen ist, zeigt sich aber an dem Beispiel des linearen Netflix-Kanals „Netflix-Direct", den das Video-on-Demand-Portal seit vergangenem Jahr anbietet. Nach einem erfolgreichen Pilotprojekt in Frankreich, gibt es den „Netflix-Sender" nun auch weltweit. Könnte diese Entwicklung als Indiz gewertet werden, dass das lineare Fernsehen auch weiterhin eine Rolle spielen wird? Jein, auf der Partizipationsplattform #meinfernsehen2021 und bei einer Fokusgruppenbefragung unter Jugendlichen zeigte sich ein differenziertes Bild darüber, wie Zuschauer:innen in Zukunft fernsehen möchten.

3. Ergebnisse des Beteiligungsprojekts #meinfernsehen2021

Wie bereits ausgeführt, soll im vorliegenden Beitrag aufgezeigt werden, welche Einschätzungen und Haltungen Menschen unterschiedlicher Altersgruppen im Hinblick auf die Zukunft des Fernsehens haben und welche Rolle das Programm des öffentlich-rechtlichen Rundfunks aktuell für sie spielt. Entlang der Dimensionen Alltagsbegleitung, Qual der Wahl, Mediathek, Horizonterweiterung, Event-Fernsehen und Partizipation werden die zentralen Erkenntnisse – sowohl auf Grundlage der Kommentare und Beiträge auf der Beteiligungsplattform als auch der Gruppendiskussionen mit den Jugendlichen – dargestellt.

Alltagsbegleitung und Orientierung

Als eine große Stärke des linearen Ausspielweges sahen die Teilnehmenden das Fernsehen als Alltagsbegleiter: Über Jahrzehnte hinweg etablierte Sendungen und ihre bekannten Gesichter würden Zuschauende durch den Tag begleiten und so Halt vermitteln (ID 469, ID 461, ID 709). Durch das Hintergrundrauschen des TVs fühlten sich Menschen an die Welt angebunden und weniger alleine. Das Programm strukturiere den Tagesablauf vieler Menschen. Die Beständigkeit durch die wiederkehrende Formatierung der Sendungsabläufe gebe dem Publikum Orientierung.

> Für mich als alleinlebenden Menschen ist das klassische Fernsehen schon mein ganzes Leben ein Begleiter. Ich verbringe viel Zeit alleine und zu Hause und empfinde ein TV-Programm, in das man sich ohne Mühe einklinken kann, fast als überlebenswichtig gegen Einsamkeit. Ich genieße die Regelmäßigkeit von wiederkehrenden Programmen (ID 1459).

Die Diskussion über das lineare Fernsehen als Strukturgeber konzentrierte sich auf der Beteiligungsplattform vor allem auf ältere Generationen. Dabei schalteten während der letzten zwei Jahre – während der Corona-Pandemie – auch immer mehr Kinder den Fernseher ein. Denn das Bedürfnis nach verständlichen Informationen und einer verlässlichen Begleitung durch den Ausnahmezustand stieg nicht nur bei Erwachsenen. Das zeigte sich zum Beispiel während des ersten Lockdowns an der merklich gestiegenen Nachfrage an Bildungsangeboten der öffentlich-rechtlichen Rundfunkanstalten: Im Vergleich zum Normalprogramm vervierfachte sich beispielsweise die Reichweite des Bayerischen Rundfunks und ARD-alpha während des linearen Bildungs- und Schulfernsehens (Jacobs 2021, S. 588).

Hohe Einschaltquoten erzielte auch das WDR-Format „Der etwas André Unterricht". Namenspate André Gatzke, auch bekannt als Moderator bei „Die Sendung mit der Maus", führte dort gemeinsam mit der Grundschullehrerin Pamela Fobbe („Frau Fobbe") durch den Schulvormittag. In filmischen Beiträgen wurden Unterrichtsinhalte spielerisch vermittelt beispielsweise durch „assoziatives Buchstaben-Tennis, Kopfrechnen mit „verliebten Zahlen" oder sportliche Übungen durch Bewegungskofferpacken" (Jakob 2021, S. 591). Damit konnte das lineare Fernsehprogramm während des Lockdowns gerade auch auf die Bedürfnisse der jungen Zielgruppe (6–11) ausgerichtet werden.

Die Funktion einer Alltagsbegleitung wurde auch von den befragten Jugendlichen in den Gruppendiskussionen bestätigt, wobei die meisten angaben, eher unregelmäßig fernzusehen. Außerdem nennen die Jugendlichen verschiedene konkrete Motive, die sie bei der Fernsehnutzung haben und die letztlich einer Alltagsbegleitung dienen. Darunter finden sich soziale Motive, wie das Gemeinschaftsgefühl, die Wissens- und Horizonterweiterung und Entspannung, aber allen voran Unterhaltungs- und Informationsbedürfnisse. Letztlich ist den Jugendlichen wichtig, dass sie in unterschiedlichen Bereichen auf dem aktuellen Stand sind und sich dafür – oft nebenher – dem Fernsehangebot zuwenden. Ein Jugendlicher (14 Jahre) beschreibt beispielsweise: „Ich schaue Fernsehen viel für Nachrichten, einfach, um was aus der Welt mitzubekommen, Nachrichten, aber auch öfter, um mir einfach nur die Langeweile zu vertreiben" (GD-ID 1).

Generationenübergreifend wurden Situationen beschrieben, in denen die Befragten es vorziehen, den Fernseher anzuschalten oder Videos laufen zu lassen, um nebenbei unterhalten zu werden, ohne sich auf das Gezeigte zu fokussieren. Das lineare Programm ist in einem solchem Moment förderlich, da außer der Wahl des Senders keine bewusste Entscheidung darüber getroffen werden muss, was man gerne sehen möchte. Daher stellt sich die Frage, ob die Begrenzung der Auswahl auch als Stärke des linearen Programms gesehen werden kann.

Keine Qual der Wahl? – Selbstgewählte vs. vorgegebene Fernsehnutzung

In seinem Gastbeitrag „*Wo die ARD in 2030 steht*" in der Frankfurter Allgemeinen Zeitung, schrieb WDR-Intendant Tom Buhrow: „Am Ende des Jahrzehnts bedient der öffentlich-rechtliche Rundfunk 80 Millionen Programmchefs mit hochwertigen Inhalten." Entgegen dieser Vision stehen Stimmen, die einen Mehrwert darin sehen, nicht selbst über das Programm zu entscheiden, sondern beim Fernsehen abzuschalten und sich berieseln zu lassen. Das lineare Fernsehen würde genau diesem Bedürfnis entsprechen.

> Ich halte das klassische Fernsehen für sehr wichtig. Einschalten und fertig. Eventuell ab und zu den Sender wechseln. Entspannend. Nicht sich erst durch zig Menüs durcharbeiten müssen. Nicht mit tausend überflüssigen Informationen überschüttet zu werden. Nicht mit „personengebundener" Werbung überflutet zu werden. (...) Summa summarum: Sich medial verwöhnen lassen zu können mit einem Minimum an Eigenbeteiligung (ID 1420).

Teilnehmende äußerten, sie würden es oftmals bevorzugen, ein strukturiertes Abendprogramm zu haben, wo sie wüssten, was auf welchem Sender zu finden sei (ID 573). Im Anschluss an einen stressigen Arbeitstag habe man keine Lust, sich selbst etwas rauszusuchen und freue sich über zufällige TV-Highlights (ID 1096). Ein Nachteil von Streamingdiensten sei das Überangebot, das überfordernd wirke. Es gäbe „viel Masse" aber „wenig Klasse" (ID 1285). Das bewusste Genießen von Filmen und Serien würde dadurch verringert. Die Stärke des linearen Fernsehens liege in der Ruhe, die sich durch das Durchzappen einstellen würde (ebd.).

Diesen Wunsch nach einer von außen vorgeschlagenen Fernsehagenda bestätigen die befragten Jugendlichen nur teilweise. Für sie mache gerade die Vereinbarkeit eines linear festgelegten Fernsehprogramms mit einer frei verfügbaren, nahezu endlosen Angebotspalette an Bewegtbildformaten im Internet eine optimale Medienumgebung aus: „Ich finde, in der Zukunft kann es auch so bleiben, dass man es über alle Plattformen machen kann" (GD-ID 2, männlich, 14 Jahre). Dabei ist den Jugendlichen wichtig, dass sie je nach Bedürfnis, Zeitressourcen und Anlass frei entscheiden können, wie sie ein bestimmtes Angebot nutzen: „Wenn ich die Entscheidung, treffe Netflix oder [TV-] Serie, dann nehme ich doch Netflix, weil es da mehr Filme und Serien gibt, und da kann ich auch schneller suchen, muss nicht stundenlang warten, bis mal eine Serie kommt" (GD-ID 3, weiblich, 14 Jahre). Einen besonderen Stellenwert haben Nachrichtensendungen, die Jugendliche oft aus dem Elternhaus kennen, und deren traditionelle Nutzung – regelmäßig und zu gleichbleibenden Zeiten – sie durchaus schätzen. Nichtsdestotrotz stellen diese festgelegten Formate nicht deren ausschließliche Informationsquelle dar, wie die Aussage des Jugendlichen (16 Jahre) bestätigt: „Ich schaue schon Nachrichten. Vor allem jetzt während Corona habe ich oft Tagesschau geschaut, aber sonst bekommt man schon alles mit über andere Kanäle. Z. B. über YouTube oder man hört, wenn andere Leute darüber reden wie Freunde oder Familie" (GD-ID 4).

Die Möglichkeit, sich berieseln zu lassen oder nebenbei informiert zu werden, entspricht dabei nur einer von vielen Anforderungen der Nutzer:innen. Auch das Bedürfnis, frei darüber entscheiden zu wollen, wann und wo man Sendungen, Serien und Filme schaut, wurde bei Jugendlichen wie von älteren Generationen mit Nachdruck formuliert. Viele Befragte erkannten einen großen Verbesserungsbedarf der Mediatheken, damit das Online-Angebot der öffentlich-rechtlichen Sender mehr genutzt würde und sich einer größeren Beliebtheit erfreuen könnte.

Mediathek – fernsehen an jedem Ort, zu jeder Zeit, auf allen Geräten

Als eine „Qual der Wahl" empfinden viele Nutzer:innen das Online-Angebot der öffentlich-rechtlichen Sender – insbesondere die ARD-Mediathek. Die sei ihnen im Vergleich zum linearen Programm zu unübersichtlich. Zum einen läge das an dem Aufbau der Mediathek, zum anderen aber auch an Überschneidungen im Angebot der Dritten Programme. Die doppelte Themenabdeckung führe dazu, dass die Mediatheken überfüllt seien (ID 443). Bei dem Ausbau der Mediatheken und Apps sollten gängige Video-on-Demand-Plattformen wie Amazon Prime und Netflix als gute Beispiele hinsichtlich ihrer Usability gelten – vom Angebot her allerdings nicht. Das umfangreiche Informationsprogramm und vor allem investigative Recherchen würden den großen Mehrwert des öffentlich-rechtlichen Rundfunks und damit auch der Mediatheken ausmachen.

Deutlich trat in der Diskussion hervor, dass die Mediatheken Interaktionsmöglichkeiten, passende Videovorschläge und Livestreams bieten sollten. Zuschauende sollten sich austauschen können. Es wurde vorgeschlagen, die Mediatheken eher wie die Videoplattform YouTube, auf der User:innen unterhalb von Videobeiträgen kommentieren können, zu gestalten und nicht wie den Streaminganbieter Netflix, wo man lediglich Videos abspielen könne. Von vielen Mediatheken-Nutzer:innen wurde ein Appell an die Senderverantwortlichen in Bezug auf die Verbleibdauer der Inhalte ausgesprochen: Es müsse endlich eine Lösung gefunden werden, wie Inhalte dauerhaft online bleiben könnten (ID 251). Wenn die Senderverantwortlichen diese Probleme angehen würden und die Mediathek ganz anders genutzt werden könnte, würde diese auch deutlich öfter aufgesucht und dem linearen Fernsehprogramm vorgezogen.

Die befragten Jugendlichen haben bezüglich der Mediatheken ganz klare Vorstellungen und fokussieren sich dabei vor allem auf zwei zentrale Aspekte: Usability und Content. Sobald die Nutzung und Bedienbarkeit der öffentlich-rechtlichen Mediatheken den gewohnten Komfort der vertrauten Streaming-Anbieter Netflix und Co. vermissen lässt oder die Themen nichts mit Ihrer Lebenswelt zu tun haben, wandern sie zu Internet-Angeboten ab. So bewertet eine Jugendliche (16 Jahre) die Nutzung eher themenorientiert: „Ich finde, es kommt generell auf die Themen und auf die Auswahl an. Ich glaube, die [Mediatheken] haben auch nicht so viel, was Leute in unserem Alter so interessieren könnte und Netflix bietet viel mehr an, glaube ich" (GD-ID 12). Hinsichtlich der Bedienbarkeit fasst ein Jugendlicher (14 Jahre) des Weiteren zusammen: „Ich persönlich würde es [ÖR Content] lieber auf YouTube gucken. Da findet man die Sachen direkter und muss nicht erst noch fünf verschiedene Dinge anklicken, bevor man gefunden hat, was man möchte" (GD-ID 13).

Gleichzeitig schätzen sie viele der Sendungen im öffentlich-rechtlichen Angebot und die Möglichkeit, diese nicht zu einer bestimmten Zeit, sondern flexibel zu nutzen. So resümiert eine Jugendliche (15 Jahre):

> „Ich muss sagen, dass ich sie [die Mediathek] relativ oft benutze, mehr wie so einen Streamingdienst, weil viele Serien auch, gibt es dort. Ich muss sagen, dass ich gerade bei Serien jetzt nicht so ein Mensch wäre, der dann jede Woche zu der bestimmten Zeit den Fernseher anschaltet, sondern dann schaue ich eher in der Mediathek, wenn es mir gerade passt, die Serie" (GD-ID 14).

Letztlich zeigen sich die Jugendlichen offen für eine Verfügbarkeit des öffentlich-rechtlichen Programms auf Plattformen wie YouTube und sehen hierbei eine Chance, jüngere Zielgruppen in ihrem (digitalen) Lebensraum zu erreichen. Ein Jugendlicher (14 Jahre) schlussfolgert dazu:

> „Es wäre auf jeden Fall cool, wenn es [ÖR-TV] auf YouTube wäre, weil dann würden sich vielleicht das auch mehr angucken, weil man dann auch spezifisch sich immer angucken kann, wofür man sich gerade interessiert und nicht das, was gerade läuft. Und das ist das auch, was die meisten Leute, glaube ich, am Fernsehen stört" (GD-ID 11).

Die Auffassung, dass sich das Angebot der öffentlich-rechtlichen Sender, von dem sich der Streaming-Anbieter unterscheidet und dadurch einen Mehrwert bietet, wurde von den Diskutierenden vor allem im Hinblick auf den Informationsbereich bestätigt. Mediatheken, die benutzerfreundlicher auf die Bedürfnisse der User:innen zugeschnitten sind, könnten diesen Aussagen nach deutlich öfter angesteuert werden. Bei jüngeren Zielgruppen wird die Videoplattform YouTube auch weiterhin ein wichtiger Ausspielweg sein, was durch verschiedene funk-Formate wie die Serie „Druck" oder die Reportagen von „Strg_F" bereits erfolgreich eingeführt wurde.

Blick über den Bildschirmrand – Horizonterweiterung und unerwartetes Lernen

In der Debatte um die Stärken des linearen Programms wurde geäußert, dass es dem Publikum nicht nur um Entspannung oder Entertainment gehe, sondern auch darum, mit Inhalten und Informationen konfrontiert zu werden, die einen nicht ausschließlich im eigenen Denken bestätigen. Der Reiz nicht selbst auszuwählen, was auf dem Bildschirm läuft, sondern sich durch das formatierte Fernsehprogramm zu schalten, liege daher darin, dass Zuschauende auf Themen stoßen, die sie von selbst vielleicht nie verfolgt hätten (ID 230). Eine Person schrieb: „Ich finde die Programmvielfalt, die der öffentlich-rechtliche Rundfunk liefert, sehr wichtig (nicht immer gut – anderes Thema), so schaut man auch mal etwas, das man nicht aktiv gesucht hat und erweitert so seinen Horizont" (ID 194).

Das lineare Fernsehen biete einen Blick über den eigenen Tellerrand, den man als „Programmdirektor im Netz" nicht so einfach nachahmen könne. Mehrfach wurde argumentiert, dass diese Stärke des Linearen nur durch eine „gute Programmmischung" möglich sei. Ist diese gegeben, könnten Inhalte, „die viel zitierten Filterblasen" durchbrechen (ID 709). Das wäre ein wichtiger Faktor für das gesellschaftliche Zusammenleben.

Auch dieses Bedürfnis nach Vielfalt der Fernseherlebnisse wurde im Zusammenhang mit der jugendlichen Nutzung deutlich. Jedoch stellen die befragten Jugendlichen hierbei keine direkte Verbindung zum traditionellen Fernsehen her. Für sie ist es wichtig, dass sie zufällig über spannende, interessante und unterhaltsame Inhalte stolpern. Diese Funktion erfüllt für sie aber nicht nur das traditionelle Fernsehen, sondern die unterschiedlichen Plattformen mit spezifischen Interessen, Freundeskreisen und Zielgruppen, auf denen sie vernetzt sind. „Wenn man mitüberlegen kann und ich gleichzeitig etwas lerne bei Unterhaltung, finde ich, ist es immer gut" (GD-ID 5, weiblich, 14 Jahre). Dabei geben die Jugendlichen auch an, dass sie Online-Angebote oft interessengeleitet als Ergänzung nutzen, wenn sie vorher über das öffentlich-rechtliche Programm auf etwas aufmerksam geworden sind. So schildert eine Jugendliche (17 Jahre) folgende Erfahrung:

„Von der Schule aus hatten wir das Thema Rassismus jetzt, dazu haben wir auch viele Dokus geguckt, und ich habe dann auch privat auf YouTube weitergeguckt, weil es mich einfach interessiert hat. Und ich auch noch eigene Fragen hatte. Das finde ich wichtig. Weil heutzutage gibt es wirklich schlimme Sachen auf dieser Welt, die die Leute immer noch machen, deswegen finde ich es wichtig, dass es dann auch im Fernsehen ausgestrahlt wird und nicht nur auf YouTube, weil es eigentlich jeder sehen sollte" (GD-ID 6).

Sich unabhängig vom Alter auch abseits der Schule weiterzubilden und mit gesellschaftsrelevanten Themen auseinanderzusetzen, wird auch weiterhin eine Maßgabe für das Programm der öffentlich-rechtlichen Sender sein. Dass diese Stärke nicht an das lineare Programm gebunden sein sollte, erläuterte Jörg Schönenborn im Januar 2022:

> „Ich wünsche mir Empfehlungslogiken, die einerseits smart erkennen, was mich interessiert, aber nicht der Logik folgen, mir dann nur mehr vom Gleichen anzubieten. Unser öffentlich-rechtlicher Algorithmus muss auf intelligente Art und Weise den Horizont erweitern und mir etwas zumuten."

Ob der öffentlich-rechtliche Rundfunk auch online seine User:innen mit lehrreichen und überraschenden Inhalten konfrontiert, wird also auch davon abhängen, wie die Mediatheken in Zukunft gestaltet sind. Eine weitere Frage, die für ältere Generationen online nur schwierig zu lösen schien, ist die nach Gesellschaft verbindenden Fernseherlebnissen.

Event-Fernsehen: Das gemeinsame Lagerfeuer-Erlebnis vor dem Bildschirm?

Das lineare Fernsehen habe über Jahrzehnte hinweg eine Gesellschaftsfunktion erfüllt, indem es für „Lagerfeuermomente" sorgte und damit den Austausch untereinander angeregt habe, schrieben Teilnehmende. Dabei gehe es nicht nur darum, dass Zuschauer:innen die gleiche Sendung oder Show gesehen haben, sondern auch darum, dass sie es zur gleichen Zeit tun. Eine Person sagte: „Was viele zugleich sehen, kann ich mit mehreren später diskutieren" (ID 230). Das „klassische" Fernsehen würde dadurch eine nicht zu unterschätzende soziale Aufgabe übernehmen. In der Diskussion auf der Partizipationsplattform wurde im linearen Programm ein sehr wichtiger Beitrag gegen die „zunehmende Vereinsamung trotz sozialer Medien, Verrohung und Spaltung" gesehen. Ein Programm, das das Publikum zur selben Zeit mit denselben Inhalten erreicht, führe dazu, dass man sich auch mit Fremden und eben nicht nur mit der eigenen Peergroup über bestimmte Themen austauschen könnte. Das lineare Fernsehen wurde als „gemeinschafts- und gesellschaftsstiftend" bezeichnet (ID 513).

Es wurde argumentiert: Wenn im Abendprogramm eine Sendung, Show oder Dokumentation laufen würde, die von der Machart und dem Thema Menschen mehrerer Generationen ansprechen würde, könnte das lineare Fernsehen auch wieder beliebter für Lagerfeuermomente in Familien werden (ID 1096). Die Zielgruppen seien aber mittlerweile zu eng gefasst und das lineare Programm zu sehr ausschließlich auf ältere Generationen ausgelegt.

Diese Einschätzung teilen nahezu alle befragten Jugendlichen, denn auch für sie sind gemeinsame Fernseherlebnisse von hoher Bedeutung, um sich über die Inhalte auszutauschen, sich verbunden zu fühlen und gemeinsam neue Impulse zu bekommen. Aber auch hier sehen sie nicht nur die Angebote im öffentlich-rechtlichen Programm in der Lage, eine solches Gemeinschaftserlebnis bereitzustellen. Bereits seit Jahren gibt es auch im Internet auf speziell darauf zugeschnittenen Plattformen Formate für gemeinsame Lagerfeuerevents. So finden auf Plattformen wie Twitch und YouTube lange im Voraus angekündigte Live-Events statt, die von Millionen von jungen Menschen verfolgt werden. Hier liegt der besondere Reiz darin, dass solche Events Seltenheitswert besitzen, von ebenfalls jungen Menschen in jugendaffiner Form gestaltet werden und die Zuschauenden auf parallel verlaufenden Plattformen interagieren können (Hajok und Lindner 2021). Diesen Vorsprung in der Aufmachung, Vermarktung und Nutzereinbindung müssen die traditionellen Medien noch aufholen, damit Jugendliche folgende Aussagen auch mit Bezug auf das ÖR machen: „Aber ich mag es schon, wenn meine Freundin und ich eher so das Gleiche schauen, weil man bei manchen Dingen vielleicht auch eine andere Sichtweise bekommt, weil vielleicht Freunde was anders verstanden haben, oder vielleicht andere, kleinere Details bemerkt haben, und dann kann man sich darüber auch schon so unterhalten" (GD-ID 7, weiblich, 15 Jahre). Auch ein anderer Jugendlicher (14 Jahre) bestätigt:

> „Für mich ist es natürlich immer cool, wenn ich irgendwas mit Freunden gucke, weil z. B. wenn da irgendwas Witziges passiert, können wir auch immer darüber Witze machen, und das ist auch immer cool. Dadurch steht man sich auch immer näher, wenn man gegenseitig immer Insider hat, und dadurch versteht man sich auch, finde ich, immer besser" (GD-ID 8).

Das gemeinsame Erleben von Videoinhalten, das sogenannte Event-Fernsehen, war in dem Beteiligungsprojekt #meinfernsehen2021 bei Menschen verschiedenen Alters sehr gefragt. Nicht überzeugend fanden es die meisten Befragten, diesem Bedürfnis zu entsprechen, indem auf alte Marken und Shows zurückgegriffen würde.

Die Beiträge verdeutlichen, dass es weniger generationenübergreifendes Event-Fernsehen gibt. Es braucht neue Formate und Ideen, um vor allem die jungen Zuschauer:innen vom öffentlich-rechtlichen „Lagerfeuer-Fernsehen" zu überzeugen. Dabei stellte sich den Diskutierenden auch die

Frage, wie Shows und Sendungen konzipiert werden können, die das Publikum live einbinden.

Interaktives Fernsehen – Zuschauende mitten drin statt nur dabei

Neu erschien in vielen Formaten bereits vor zehn Jahren die in der Sendung „sichtbare Crossmedialität" zu sein. Die Frage, die sich vielen Redaktionen aufdrängte, lautete: Wenn das Publikum live zusieht, die technischen Möglichkeiten gegeben sind und Mitsprache erwünscht ist, warum sollten Reaktionen von Zuschauenden nicht gleich eingebunden werden? Mit dem Begriff „interaktives Fernsehen" verbinden die Diskutanten der Partizipationsplattform das folgende Szenario: Die Moderator:innen oder extra zu diesem Zweck hinzugezogene Social-Media-Beauftragte lesen auf Plattformen hinterlassene Kommentare vor. In einigen Sendungen oder Shows wird zudem aktiv dazu aufgerufen, dass die Zuschauenden ihre Haltung zu einem bestimmten Thema äußern, Gästen Fragen stellen oder sich an einer Diskussion beteiligen sollen.

Die Meinung zu diesen Formaten war eindeutig: Die Form, in der bisher eine Einbindung von Zuschauer:innen stattgefunden hat, würde nicht funktionieren und kaum einen Mehrwert für die Sendungen und Talkshows mit sich bringen. Diese Form der Interaktion sei so gefiltert, dass sie nicht wirklich als solche betitelt werden könnte. Eine Person erhielt besonders viel Zuspruch für ihren Beitrag:

> „Ich weiß nicht, ob das Publikum immer live in irgendwas eingebunden werden muss. Meist liefert dies unnötige Blabla Kommentare und simuliert Partizipation zu einem Punkt, an dem wichtige inhaltliche Entscheidungen längst gefallen sind. Warum nicht die Zuschauer IM VORFELD an Programmplanung und -gestaltung teilhaben lassen?" (ID 625).

Die Interaktionsmöglichkeiten, die bisher genutzt werden, um in den Austausch mit dem Publikum zu treten, seien nicht ausreichend, argumentierten die Teilnehmenden. Die Ergebnisse auf der Beteiligungsplattform sind dabei keine generelle Absage an interaktive Fernsehformate, denn der Wunsch nach Partizipation und Teilhabe ist da.

Die jugendliche Mediennutzung ist schon längst durch eine stärkere Partizipation, Interaktivität und Produktion gekennzeichnet als die älterer Generationen (Feierabend et al. 2020; Beisch et al. 2021). Daher haben junge Menschen oft ein aktives, vielseitiges und selbstbestimmtes Mediennutzungsverhalten. Dabei sind sie es gewohnt, sich durch verschiedene

Netzwerke zu bewegen, dabei Themen, Formate und Menschen zu liken, zu kommentieren und neue Vernetzungen herzustellen. Ein Ausbau der Interaktionsmöglichkeiten mit dem öffentlich-rechtlichen Fernsehen würde diesen Mediengewohnheiten der Jugendlichen daher entsprechen. So bemängelt ein Jugendlicher an der Einseitigkeit von Talkshows (14 Jahre): „Wenn sie dann mal über interessante Themen reden, dann kann man auch nicht mitdiskutieren, und das ist langweilig" (GD-ID 9). In eine ähnliche Richtung gehen die Wünsche einer Jugendlichen (17 Jahre) im Hinblick auf Talkshows: „Ich fände es auch interessant, wenn es die Möglichkeit gäbe, seine eigenen Fragen zu stellen, während ein Thema diskutiert wird, dass darauf eingegangen wird. Da fühlt man sich einfach mehr mit eingebracht, und das ist auch auf einen persönlicher zugeschnitten" (GD-ID 10). Diese Beiträge illustrieren, dass Jugendliche sich einerseits eine stärkere Einbindung wünschen und andererseits zeigen sie eindrücklich, wie selbstverständlich eine solche Einbindung der Reaktionen der Zuschauenden sie aus der Nutzung von YouTube und Co. kennen und für angemessen halten.

4. Fazit: Der öffentlich-rechtliche Rundfunk und sein „Public Value"

Im vorliegenden Beitrag wurde die Frage nach der zukünftigen Fernsehnutzung vor dem Hintergrund aktueller gesellschaftlicher und technischer Entwicklungen diskutiert. Dazu wurde zunächst ein Abriss zu den programmatischen und strukturellen Entwicklungen des öffentlich-rechtlichen Rundfunks gegeben. Zweifelsfrei hat sich die Rundfunklandschaft im Zuge der lebensweltlichen Durchdringung durch das Internet und die Digitalisierung breiter und innovativer aufgestellt. Hierzu wurde erläutert, dass in Zukunft eine Transformation der Rundfunkmedien zu Public-Value-orientierten Online-Medien zu erwarten ist und damit die Herausforderung entsteht, wie den Bedarfen der Menschen – zwischen Informationsbedürfnissen und Unterhaltungswünschen – mit dem Angebot entsprochen werden kann. Eine bereits zu beobachtende Umsetzung hängt mit der Medienkonvergenz zusammen und weist in eine Chance für die Rundfunkmedien. Es wurde weiter argumentiert, dass es ihnen dazu gelingen muss, unterschiedliche Ausspielwege der eigenen Inhalte je nach Nutzungsgewohnheiten der Zuschauenden anzubieten und dabei ein verlässlicher Player für das Bewegtbild zu bleiben.

Diese Skizzierung des Status quo wurde aufgegriffen, um entlang unterschiedlicher Dimensionen die zentralen Erkenntnisse der Beteiligungsplattform #meinfernsehen2021 und der zusätzlich durchgeführten Gruppendiskussionen mit Jugendlichen hinsichtlich der zukünftigen Rolle des Fernsehens vorzustellen. Zunächst wurde auf eine der zentralsten Funktionen des Fernsehens eingegangen: die Alltagsbegleitung und Orientierung. Hier wurde deutlich, dass vor allem ältere Menschen es gewöhnt sind, den Fernseher zu bestimmten Tageszeiten, Sendeformaten oder als routinierte Alltagshandlung einzuschalten. Für viele dieser Nutzenden stellen die strukturierten Angebote und stetigen, wiederkehrenden Programme eine verlässliche Orientierung und Übersicht zum Weltgeschehen dar. Auch die befragten Jugendlichen bestätigen, dass sie die klassischen Medien zur Information aufsuchen und sich etablierten Formaten, wie den Nachrichtensendungen, zuwenden. Allerdings ist ihre Mediennutzung sehr vielfältig, sodass für sie die Funktion von Alltagsbegleitung und Orientierung eher von unterschiedlichen Medienangeboten – unter anderen durch das Fernsehen – erfüllt werden.

Ein weiteres stark diskutiertes Thema war das Zusammenspiel aus selbstgesteuerter Nutzung von Bewegtbild im Internet und über Streaming-Dienste oder Mediatheken sowie aus der vorgegebenen linearen Angebotsstruktur des Fernsehens. Beide Zugangswege haben für die Zuschauenden ihre Berechtigung, denn einerseits wird der Wert anerkannt, sich über die eigenen Interessen und flexibel Angebote herauszuchen zu können. Andererseits wurde auch betont, dass das Überangebot auf den unterschiedlichen Plattformen dazu führe, dass die Auswahl schwerfällt, Menschen den Überblick verlieren und letztlich nicht einschätzen können, welches Angebot sie wirklich nutzen wollen. Die befragten Jugendlichen bestätigen diese Problematiken nicht in derselben Form. Für sie ist es selbstverständlich, dass sie sowohl das lineare als auch das frei wählbare Angebot in der Kombination nutzen können und dabei je nach Bedarf, Anlass und Situation immer wieder neu entscheiden.

Bezüglich der Nutzung der Mediatheken haben die Diskussionsteilnehmer:innen auf der Beteiligungsplattform deutlich gemacht, dass diese ausbaufähig sind. So wurde betont, dass im Hinblick auf die Interaktivität, Bedienbarkeit und Verfügbarkeit des Angebots eine Anlehnung an die großen Streaming-Anbieter wünschenswert ist. Gleichzeitig wurde jedoch häufig der Mehrwert der qualitativ hochwertigen journalistischen Angebotspalette in den Mediatheken der öffentlich-rechtlichen Sender hervorgehoben. Auch die Jugendlichen gaben eindeutig zu verstehen, dass sie die Usability der Streaming-Dienste häufig vorziehen, weil diese ihnen den gewohnten Komfort bei der Suche, Verfügbarkeit und Vielfalt bieten. Dennoch wurde auch ersichtlich, dass die Entscheidung gegen die Mediatheken auch damit zu hat, dass Jugendliche dort nur wenige Angebote finden, die sie als interessant empfinden.

Entgegen diesen Befunden zu einer selbstbestimmten Suche und Nutzung von Angeboten in Mediatheken und auf Plattformen steht der als relevant eingeschätzte Mehrwert einer Horizonterweiterung und einer unerwarteten Lernerfahrung. Dabei sind sich die älteren Befragten des Beteiligungsprojektes und auch die Jugendlichen in den Gruppendiskussionen einig, dass es inspirierend ist, über neue, spannende und ungeplante Programminhalte zu stolpern. Das gestaltete Programmangebot im linearen Fernsehen stellt eine solche Möglichkeit dar und wird häufig dankend genutzt, um bewusst aus einer eigenen Blase herauszutreten und etwas zu lernen oder zu erfahren, was man zunächst nicht bewusst herausgesucht hätte. Die Jugendlichen schätzen eine solche Erfahrung, verbinden diese allerdings nicht unbedingt nur mit der Linearität des Fernsehens. Sie erleben diese Vielfalt an neuen Themen und Impulsen vielfach, weil sie auf unterschiedlichen Plattformen vernetzt sind und dort auf unterschiedliche Trends und Neuigkeiten aufmerksam werden.

Im Hinblick auf die Gemeinschaftsfunktion der Bewegtbildnutzung sind sich alle Teilnehmenden einig, denn altersübergreifend weisen alle Befragten darauf hin, dass sie gerne in Gruppen an Fernsehabenden teilnehmen, um sich über die Inhalte auszutauschen und gemeinsam Neues zu entdecken. Doch auch hier wurde deutlich, dass die Jugendlichen solche Event-Erlebnisse viel stärker als die Befragten auf der Beteiligungsplattform auf unterschiedlichen Wegen wahrnehmen. Für sie ist ein gemeinsamer Fernsehabend nicht an eine vorgegebene Zeit im Programm der öffentlich-rechtlichen Rundfunksender gebunden, da sie sich einerseits flexibler zu Events verabreden und dabei andererseits unterschiedliche Plattformen nutzen.

Mit Blick auf die Aussagen zu den Interaktionsmöglichkeiten wurde deutlich, dass in den Diskussionen vor allen Dingen die jetzigen Formen der Teilhabe am Programm und innerhalb der Sendungen bemängelt wurden. Denn Partizipation und damit die Einbindung der Bürger:innen-Perspektiven sind gewünscht; angemessene Formate dazu müssen hier noch entwickelt werden. Dieser Eindruck wird auch von den Jugendlichen geteilt, denn sie sind es durch ihren vielseitigen Umgang mit unterschiedlichen Plattformen und den Sozialen Netzwerken gewohnt, mit den Machern von Angeboten aber auch mit anderen Nutzer:innen in direkten Austausch zu treten. Daher wünschen auch sie sich bei ihrer Bewegtbildnutzung eingreifen zu können, um Fragen zu stellen, zu kommentieren und sich mit anderen Interessierten auszutauschen.

Summarisch konnte in diesem Beitrag gezeigt werden, dass gerade die befragten Jugendlichen mit der diversen Medienökologie viel natürlicher, selbstverständlicher umgehen und sich nutzenorientiert auf diese einlassen können. Sie hinterfragen viele der erwähnten problematischen Aspekte nicht und haben weniger Schwierigkeiten damit, beide Welten ergänzend zu kombinieren und sich Alternativen zu suchen, wenn das Angebot des Rundfunks sie nicht zufriedenstellt. Ihre Mediennutzung korrespondiert daher eher mit den technologischen Entwicklungen und der damit einhergehenden Medienkonvergenz. Gleichzeitig darf daraus allerdings nicht geschlossen werden, dass Jugendliche alle programm-politischen, strukturellen und medienrechtlichen Facetten des öffentlich-rechtlichen Rundfunks sowie der verfügbaren Plattformen wie Netflix, YouTube und Co. bei der Wahl ihrer jeweiligen Mediennutzung bedenken (siehe dazu Beitrag in diesem Band zu Medienbildung). Dennoch zeigt das abwechslungsreiche Nutzungsverhalten Jugendlicher, dass die Reaktion des öffentlichen-rechtlichen Rundfunks auf die Konvergenz der Medien in Zukunft noch entscheidender sein wird.

In Zukunft wird die Frage, wie der öffentlich-rechtliche Rundfunk sich mit einem vielfältigen Angebot auf unterschiedlichen Plattformen aufstellt, um die Bedürfnisse der Zuschauer:innen verschiedener Generationen zu begegnen, immer mehr an Bedeutung gewinnen. Sicherlich wird dazu eine fortlaufende Transformation in Richtung eines Online-Mediums nötig sein. Diese hat vor Jahren begonnen, gerade die Mediatheken halten dem Vergleich mit privaten Video-on-Demand-Plattformen bisher allerdings nicht stand. Doch auch wenn die Nutzung der Mediatheken durch neu-entwickelte Empfehlungsalgorithmen, einen Community-Bereich und das Zusammenlegen von ARD- und ZDF-Angeboten verbessert wird, werden sich die Sender auch inhaltlich neu aufstellen müssen, um jüngere Generationen anzusprechen. Ein breites Spektrum an Formaten wie das von funk, dem Jugendangebot von ARD und ZDF, berücksichtigt bereits die wachsende Medienkonvergenz. Es braucht aber auch Formate, die generationsübergreifend geschaut werden. Gerade im Informationsbereich konnten sich Marken wie „Quarks" und „tagesschau" crossmedial bei Menschen unterschiedlichen Alters etablieren. Im Sinne des Public Values sollte der Fokus laut Rotermund aber weniger auf der Markenbindung und mehr auf gesellschaftsrelevanten Inhalten liegen, mit denen die öffentlich-rechtlichen Sender auch in Zukunft Menschen erreichen.

> „Markenwahrnehmung und Markentreue sind Begriffe, die im Hinblick auf den Public Value gemeinnütziger Medien bedeutungslos sind. Der publizistische Wettbewerb geht nicht um die Beziehung der Konsumenten zu den Anbietern, sondern um den Wert, den einzelne Produkte für die demokratischen, sozialen und kulturellen Bedürfnisse der Gesellschaft haben" (Rotermund, 2021, S. 270).

Im Laufe des Beteiligungsprojektes #meinfernsehen2021 wurde deutlich: Die Frage, wie das Fernsehen der Zukunft aussieht, sollte nicht nur durch eine auf eng gefasste Zielgruppen ausgerichtete, individuelle Programmgestaltung beantwortet werden. Die Herausforderung wird darin bestehen, Stärken, die dem Linearen derzeit oder in der Vergangenheit zugesprochen wurden – wie die Horizonterweiterung oder das Kreieren von gemeinschaftlichen Fernseherlebnissen – weiterzuentwickeln und so zu erhalten.

Literatur

Beisch, Natalie; Egger, Andreas; Schäfer, Carmen (2021). Ergebnisse der ARD/ZDF-Massenkommunikation Trends und der ARD/ZDF-Onlinestudie 2021 Bewegtbildmarkt in Bewegung. Videonutzung habitualisiert sich in mittlerer Altersgruppe. Media Perspektiven (10), 518–540.

Buhrow, Tom (2021, 22. März). Wo die ARD in 2030 stehen wird. Abgerufen am 10.01.2022 von https://www.faz.net/aktuell/feuilleton/medien/wdr-intendant-tom-buhrow-wo-die-ard-im-jahr-2030-steht-17258121.html

Feierabend, Sabine; Rathgeb, Thomas; Kheredmand, Hediye; Glöckler Stephan (2020). JIM-Studie 2020. Jugend, Information, Medien: Basisuntersuchung zum Medienumgang 12- bis 19-Jähriger. Medienpädagogischer Forschungsverbund Südwest.

Hajok, Daniel; Lindner, Sophie (2021). „YouTube war gestern–Twitch ist heute? Zur gestiegenen Bedeutung einer Live-Streaming-Plattform unter Jugendlichen." JMS Jugend Medien Schutz-Report (44.5), 2–5.

Jakob, Jasmin (2021). Bildung, Information und Unterhaltung für Schüler in der Corona-Krise. Pandemiebezogene Programmgestaltung in den Kindermedien. Media Perspektiven (11), 588–601.

Lückerath, Thomas (2022, 24. Januar): DWDL.de-Interview mit Jörg Schönenborn. Was nützt es uns, wenn wir 400 Dokus im Jahr produzieren. Abgerufen am 10.01.2022 von https://www.dwdl.de/interviews/86251/was_nuetzt_es_uns_wenn_wir_400_dokus_im_jahr_produzieren/

Rotermund, Hermann (2021). Nach dem Rundfunk: Die Transformation eines Massenmediums zum Online-Medium. Köln, Deutschland: Herbert von Halem Verlag.

Standard-Eurobarometer 94 (2021). Winter 2020–2021. Die Mediennutzung in der Europäischen Union.

Wagler, Alexandra (2018). Die Auswirkungen der Konvergenz der Medien auf den öffentlich-rechtlichen Rundfunk, insbesondere auf die Regelungen im Rundfunkstaatsvertrag. Berlin, Deutschland: Logos Verlag Berlin GmbH.

WDR-Pressestelle (2000, 19. Juni). Internet wird künftig dritte Programmsäule. Ausbau von wdr.de zum Informationsportal für Nordrhein-Westfalen. Abgerufen am 12.01.2022 von https://www.presseportal.de/pm/7899/151902

Weiß, Hans-Jürgen; Maurer, Torsten; Beier, Anne (2020). ARD/ZDF-Programmanalyse 2019: Kontinuität und Wandel. Forschungshintergrund und Methode. Medien und Wandel (5), 226–245.

3.2 Zur Rolle der Medienbildung im öffentlich-rechtlichen Fernsehen

Anna Soßdorf und Viviana Warnken

1. Wandel der Fernsehlandschaft in einer digital geprägten Welt

Der öffentlich-rechtliche Rundfunk ist durch die sich verändernde Fernsehlandschaft und die Digitalisierung vielfach unter Druck geraten. Regelmäßig debattiert werden das Vertrauen der Zuschauenden in Qualitätsmedien, der Informations- und Bildungsauftrag sowie die Strukturen der Rundfunkanstalten. Um tiefere Einblicke in die Erwartungen der Zuschauenden an das öffentlich-rechtliche Fernsehen zu erhalten, wurden im Beteiligungsprojekt #meinfernsehen2021 Interessierte eingeladen, sich an einer Online-Diskussion zur Zukunft des Fernsehens zu beteiligen. Inspiriert von der übergeordneten Frage, ob der Auftrag des öffentlich-rechtlichen Fernsehens noch zeitgemäß ist, wurden Anmerkungen, Lob und Kritik zu Technik, Programm und Struktur sowie konkrete Vorschläge für das Fernsehen der Zukunft gesammelt.

Eine Erkenntnis dieser Beteiligung soll hier näher betrachtet werden. So hat sich in verschiedenen Diskussionssträngen der Online-Beteiligung, aber auch in ergänzend zum Beteiligungsprojekt geführten Fokusgruppen-Interviews mit Jugendlichen gezeigt, dass es einige Defizite im Hinblick auf das Medienwissen zu den Strukturen des öffentlich-rechtlichen Rundfunks gibt. Es wurden Forderungen und Vorstellung für eine Neugestaltung des öffentlich-rechtlichen Rundfunks formuliert, die sich aufgrund rechtlicher Rahmenbedingungen nicht realisieren lassen. Außerdem wurde sichtbar, dass einigen der Beteiligten Kenntnisse zu den Zuständigkeiten, Funktionen und dem grundsätzlichen Auftrag des öffentlich-rechtlichen Rundfunks fehlen.

Auf dieser Datengrundlage soll im vorliegenden Beitrag daher nachgezeichnet werden, wo genau die erwähnten Wissenslücken liegen und welche Herausforderungen sich dadurch ergeben. Dies soll vor dem theoretischen Hintergrund der aktuellen Debatte zu Konzepten von Media Literacy und Medienkompetenzrahmen erfolgen, um der Frage nachzugehen, welche Medienkompetenzen Rezipient:innen im Hinblick auf die Nutzung des öffentlich-rechtlichen Rundfunks haben.

2. Digitale, mediale und informationale Kompetenzen

Um die zur Verfügung stehenden Informationen zum Weltgeschehen als Individuen aber auch Gesellschaften nutzbar zu machen, brauchten diese schon immer zeitgemäße Fertigkeiten, solche Informationen überhaupt zu erhalten, sie zu selektieren, auszuwerten und schließlich für das eigene Leben nutzbar zu machen. Seit der Entstehung der Disziplin der Medienpädagogik in den 1960er- und 1970er-Jahren (Moser, 2008) erhielt die Beschreibung, Identifikation und Untersuchung solcher Medienkompetenzen daher vermehrte Aufmerksamkeit und unterliegt seither vor allem vor dem Hintergrund der heutigen technologischen Entwicklung einem rasanten Wandel. Dabei basieren die heutigen Modelle zu den benötigten digitalen Kompetenzen im Umgang mit der durch eine *Kultur der Digitalität* (Stalder, 2016) geprägten Welt vor allem – aber nicht ausschließlich (Trützsch-Wijnen, 2020) – auf dem Ursprungsmodell nach Baacke (1999). Unter anderem aufbauend auf den vier Dimensionen *Medienkunde, Medienkritik, Mediennutzung* und *Mediengestaltung*, wurden in den letzten Jahren konkrete Medienkompetenzmodelle entwickelt, die in den schulischen, außerschulischen und Erwachsenenbildungs-Sektoren Anwendung finden sollten. Dabei wurden die einzelnen Dimensionen ausdifferenziert, konkretisiert und vor allem in Bezug auf das digitale Moment der heutigen Medienlandschaft erweitert. Aktuell finden sich in den unterschiedlichen Modellen – wie zum Beispiel des DigComp 2.0 (Carretero, Vuorikari & Punie, 2017), der KMK-Kompetenzen (KMK, 2016) und der 4C's (Pfiffner, Sterel & Hassler, 2021) – neue Begriffe, die das Verständnis von Baacke (1999) erweitern. Dimensionen wie *Kommunizieren, Kollaborieren, Umgang mit Informationen und Daten, Erzeugen digitaler Inhalte* sowie *Analysieren und Reflektieren* zeugen von dieser Entwicklung hin zu einer genaueren Beschreibung von benötigten Medienkompetenzen.

Parallel zur Diskussion dieser unterschiedlichen Medienkompetenzmodelle hat sich ein Diskurs zur Definition des Begriffes Medienkompetenz entwickelt. Während ursprünglich darunter verstanden wurde, dass Menschen in der Lage sind, unterschiedliche Medien für ihre individuellen Kommunikationshandlungen einzubringen (Baacke, 1999) und „in Medienzusammenhängen sachgerecht, selbstbestimmt, kreativ und sozialverantwortlich handeln zu können" (Tulodziecki, 1998, S. 9), hat sich das heutige Verständnis stark auf weitere Bereiche ausgedehnt (Hugger, 2008; Schorb, 2017; Spahnel, 2011; Treumann et al. 2002). Einer der aktuell gängigsten Trends ist dabei die Fokussierung auf zwei Begrifflichkeiten, die sich mehr und mehr miteinander verbinden. So stellt Trültzsch-Wijnen (2020) heraus, dass in der aktuellen Diskussion vielfach über *Digital Litera-*

cy gesprochen wird, aber sich die weiterhin zentralsten Ansätze unter den beiden Begrifflichkeiten *information* und *media literacy* subsumieren lassen. Bei der *information literacy* steht der „Zugang zu Informationen bzw. zu Medieninhalten im Zentrum der Aufmerksamkeit" und beinhaltet „sowohl technische Fertigkeiten zur Bedienung von Medien als auch individuelle Medienumgangsformen wie etwa Suchstrategien" (Trültzsch-Wijnen, 2020, S. 234). Die Fertigkeiten, die unter *media literacy* zusammengefasst werden, beziehen sich dagegen verstärkt darauf, „Medieninhalte zu verstehen und kritisch zu beurteilen" (ebd., S. 234).

Hinsichtlich des Umgangs mit dem Fernsehen kann an dieser Stelle an eine untergeordnete medienbasierte Kompetenz angeschlossen werden. Die *television literacy* wird häufig als Vorstufe der *media literacy* sowie der *visual literacy* mit Bezug zum Fernsehen verstanden und reicht bis in die Anfänge der kritischen bewahrpädagogischen Konzepte der Medienbildung der 1960er- und 1970er-Jahre zurück. Hier ging es vorrangig um die Bewertung der Inhalte und den damit verbundenen Kompetenzen zur Interpretation und der kritischen Reflexion der Botschaften (Trültzsch-Wijnen, 2020). Wie bereits ausgeführt, hat sich heute allerdings die Perspektive einer Verschmelzung von *media* und *information literacy* durchgesetzt, die damit die Erfordernisse für ein Leben in einer digital geprägten Lebenswelt bedient. Trültzsch-Wijnen (2020) folgert daher: „Medienkompetente Individuen müssen technisch in der Lage sein, Medien zu bedienen und in einem digitalen Medienumfeld navigieren können, um Informationen bzw. Medieninhalte zu finden" (ebd., S. 234).

3. Welche Medienkompetenzen finden sich in Bezug auf das öffentlich-rechtliche Fernsehen?

Anknüpfend an die oben hergeleiteten Verständnisse der verschiedenen Kompetenzbegriffe, soll an dieser Stelle auf die relevanten, medienbildenden Komponenten beim öffentlich-rechtlichen Rundfunk sowie dem entsprechenden Information- und Bildungsauftrag eingegangen werden. Im letzten Kapitel wurde bereits erläutert, dass für den Umgang mit den verfügbaren digitalen Tools und medialen Inhalten unterschiedliche Kompetenzen erforderlich sind. Dabei stellt sich die Frage, ob diese Skills bereits eine Voraussetzung für die Fernsehnutzung darstellen oder das Fernsehen diese Skills eher befördern kann. Allerdings ist auch eine Kombination dieser Perspektiven denkbar, bei der sowohl Medienkompetenzen im Zuge der Fernsehnutzung entstehen und somit für kommende Nutzungspraktiken herausgebildet werden können. Eine solche generische und daher auch eher spontane Erarbeitung eines eigenen Medienkompetenzrepertoires repräsentiert folglich eine realitätsnahe Mediensozialisation (Aufenanger, 2021; Süss, 2007).

Mit Blick auf die bereits beschriebenen Konzepte wird sichtbar, dass für den Umgang mit dem Medium Fernsehen unterschiedliche Dimensionen wesentlich sind. So werden zum einen Kenntnisse zu den Medienstrukturen, -prozessen und -bestandteilen gefordert, um beispielsweise nachzuvollziehen, wie Sendungen konzipiert werden, welche Akteur:innen das Programmangebot gestalten und auf welchen grundsätzlichen Überlegungen diese Vorgänge basieren. Dieser Bereich lässt sich der ursprünglichen Baack'schen (1999) Dimension der *Medienkunde* zuordnen und hat auch in neueren Modellen eine große Relevanz. So finden sich bei den Ausführungen zu den KMK-Kompetenzen (KMK, 2016) unter den Beschreibungen *Schützen und Agieren* sowie *Analysieren und Reflektieren* die Anforderungen an Mediennutzende, die bestehenden Medienumgebungen einordnen zu können. Auch Kerres (2020) hat im Hinblick auf seine sieben zentralen Kompetenzen der digitalen Bildung unter *Medien kennen* den Fokus unter anderem auf ein „sich auskennen" mit der Medienlandschaft gelegt (Kerres, 2020).

Bei der Betrachtung der neueren Modelle wird deutlich, dass das Wissen um die Strukturen und Prozesse der klassischen Medien nicht mehr im Vordergrund der Medienbildung steht, sondern dies als basale Grundkenntnis vorausgesetzt wird. Mediennutzende werden heute vielmehr als aktive Teilnehmende und Produzierende innerhalb der breiten digitalen Medienpalette angesehen, worauf sich auch die medienpädagogischen Zieldimensionen und Angebote fokussieren. In diesem Zusammenhang geht es daher vertieft um kritische und interpretative Skills im Umgang mit Hate Speech, Fake News und ein digitales *well being* sowie um die Befähigung zum aktiven Mitmachen bei *Makerspaces* und in *Do-it-yourself*-Umgebungen (Brüggen, 2019; Dengel, 2018; Knaus, 2019).

Zu der Frage zurückkommend, wie Menschen einen medienpädagogisch wertvollen Umgang mit den Fernsehangeboten entwickeln und etablieren können, wird deutlich, dass diese Kompetenzen nebenbei entfaltet werden. Dabei haben das Fernsehen an sich und damit die in diesen Umgebungen handelnden Akteur:innen eine verantwortungsvolle Rolle. Dann geht es darum, in den eigenen Angeboten für Aufklärung und Vermittlung zu den genauen Strukturen, Prozessen und Inhalten des öffentlich-rechtlichen Rundfunks zu sorgen. Dieser Anspruch korrespondiert mit den Leitgedanken des Bildungsauftrags des öffentlich-rechtlichen Rundfunks zur Grundsicherung einer Allgemeinbildung. So ist bereits in der Präambel des aktuellen Medienstaatsvertrags die große Bedeutung einer informierten Meinungsbildung hervorgehoben: „Öffentlich-rechtlicher Rundfunk und privater Rundfunk sind der freien individuellen und öffentlichen Meinungsbildung sowie der Meinungsvielfalt verpflichtet" (Präambel MStV). Im Besonderen beschreibt der Auftrag der öffentlich-rechtlichen Rundfunkanstalten „durch die Herstellung und Verbreitung ihrer Angebote als Medium und Faktor des Prozesses freier individueller und öffentlicher Meinungsbildung zu wirken und dadurch die demokratischen, sozialen und kulturellen Bedürfnisse der Gesellschaft zu erfüllen" (§ 26 Abs. 1 S. 1 MStV). Damit wird das zentrale Ziel beschrieben, Bürger:innen zu befähigen, sich eigene Urteile über das Weltgeschehen mittels der verfügbaren Angebote des ÖR zu bilden. Weiter geht es darum, aufgrund dieser vermittelten Kenntnisse und Kompetenzen in demokratischen, sozialen und kulturellen Bereichen informiert und kompetent wirken zu können.

Es bleibt jedoch die Frage, ob eine qualitativ hochwertige, ausgewogene und für Bürger:innen relevante Angebotspalette ausreicht, damit Nutzer:innen sich mit diesen Angeboten informierend, bildend und unterhaltend selbst zu mehr Medienkompetenzen verhelfen können. Zweifelsfrei ist zu erwarten, dass durch Nutzung hochwertiger Angebote und der wiederholten kritischen Auseinandersetzung mit den Programmangeboten des öffentlich-rechtlichen Fernsehens eine medienbewusste Haltung entwickelt wird. Dennoch ist fraglich, ob die Angebote der öffentlich-rechtlichen Sender so intensiv auf die eigene Struktur, die Prozesse und Inhalte schauen, diese kritisch beleuchten und damit dazu beitragen, dass die Zuschauenden über eine umfängliche *Medienkunde* (Baacke, 1999) in diesem Bereich verfügen. Im Zentrum dieses Beitrags steht daher die folgende Frage: Welche Medienkompetenzen im Hinblick auf die Nutzung des öffentlich-rechtlichen Rundfunks haben Fernsehnutzende?

Um diese Fragestellung zu bearbeiten, wurden zwei Datensätze eines Beteiligungsprojektes zur Zukunft des öffentlich-rechtlichen Fernsehens untersucht. Hierbei handelte es sich einerseits um Kommentare einer geleiteten, mehrphasigen Diskussion mit Zuschauenden auf der Beteiligungsplattform #meinfernsehen2021 sowie drei Gruppendiskussion mit Jugendlichen zum Thema Fernsehen (Forschungskonzept und Methodik siehe Methodenanhang). Im Fokus stand einerseits die Sichtbarmachung von Potentialen des öffentlich-rechtlichen Rundfunks für die Herausbildung und Verankerung von Medienbildung, aber auch die Identifikation von Herausforderungen, die auf (noch) bestehende Wissenslücken und ausbaufähige Medienkompetenzen zurückzuführen sind.

4. Wissenslücken als Zeichen mangelnder Medienkompetenzen?

Um Wissenslücken zu identifizieren, wurde zunächst eine qualitative Inhaltsanalyse (vgl. Mayring, 2015) von Nutzer:innenbeiträgen der Online-Beteiligung durchgeführt. Da bislang wenige Erkenntnisse über Wissenslücken beziehungsweise Fehleinschätzungen bezüglich öffentlich-rechtlicher Fernsehangebote vorliegen, verfolgt diese Analyse einen explorativen Anspruch und soll erste Hinweise auf Herausforderungen im Hinblick auf künftig zu stärkende Medienkompetenzen geben. Die zentralen Erkenntnisse der Beteiligungsplattform und der Gruppendiskussionen mit den Jugendlichen zur leitenden Frage des Beitrags lassen sich entlang von vier Bereichen darstellen.

Vorhandenes Wissen vs. Reduktions- und Priorisierungsabsichten

Der Auftrag der öffentlich-rechtlichen Rundfunkanstalten ist es, „in ihren Angeboten einen umfassenden Überblick über das internationale, europäische, nationale und regionale Geschehen in allen wesentlichen Lebensbereichen zu geben", dabei „der Bildung, Information, Beratung und Unterhaltung zu dienen" sowie „Beiträge insbesondere zur Kultur anzubieten" (§ 26 Abs. 1 S. 4 MStV). Bei einigen Teilnehmenden der Beteiligung scheint dieses *Wissen um den Auftrag* vorhanden. Dies zeigt sich in Forderungen, nach denen „Der Informations-, Bildungs- und Unterhaltungsauftrag [...] mit einem deutlich geringeren Angebot erfüllt werden" (ID 2633) könne oder in dem Wunsch, dass „Bildungsformate und (bildende) Kulturformate [...] gerne auch weiterhin zum gesetzlichen Auftrag gehören" (ID 1719) dürfen. Auch kritischen Stimmen ist dieses Wissen zu entnehmen: „Ich finde es ist allemal eine Diskussion wert, ob der Auftrag der ÖR heutzutage – ganz ohne gravierende gesellschaftliche Folgen – nicht auf neutrale Berichterstattung, Kulturformate und Bildungsangebote beschränkt werden könnte" (ID 1712). Bei anderen Beiträgen ist wiederum nicht klar, ob solch eine Kenntnis vorhanden ist. Ihnen sind Forderungen nach einer *Reduktion des Auftrags* beziehungsweise *Priorisierungen* einzelner Bestandteile zu entnehmen. Einer Person zufolge sollen ausschließlich Information und Kultur das Ziel sein:

> Der Rundfunk-„Apparat" muss schrumpfen und sich auf den Kern reduzieren, nämlich unabhängige und umfassende Information. Gerne darf auch etwas Kultur dabei sein und Dinge, die sich selbst nicht tragen. Quizshows, Unterhaltung, Musikshows, Sport und ähnliche

Dinge sollten zukünftig nicht mehr Bestandteil gebührenfinanzierten des öffentlich-rechtlichen Auftrags sein (ID 1415).

Andere regen eine Beschränkung auf Information und Bildung an: „Ich denke, dass das beitragsfinanzierte Fernsehen sich ausschließlich um Nachrichten und Bildung kümmern dürfen soll, mehr Geld in die journalistische Arbeit stecken muss, mehr Hintergrundberichte, die wirklich vor Ort ergründet wurden und so weiter" (ID 3476). Viele Beiträge sprechen dem öffentlich-rechtlichen Fernsehen nicht explizit Teile des Auftrags ab, definieren jedoch Hauptaufgaben und Kernziele, die wichtiger als andere Bereiche zu sein scheinen. So beispielsweise Information und Bildung („ÖR Fernsehen muss sich vor allem daran messen lassen, wie es seinen Informations- und Bildungsauftrag erfüllt", ID 2828).

Die Ergebnisse der zusätzlich durchgeführten Gruppendiskussionen mit Jugendlichen zeigen ein ähnliches Bild. So haben die Jugendlichen ein solides Verständnis davon, was „gutes" Fernsehen sein sollte und decken mit ihrer hohen Zustimmung zu Aspekten wie „abwechslungsreich", „spannend", „unterhaltsam" und „lehrreich" die Grundpfeiler des öffentlich-rechtlichen Auftrags ab. Ein Jugendlicher (16 Jahre) fasst es beispielhaft zusammen: „Das Programm muss sehr abwechslungsreich sein und es muss einen am Bildschirm halten" (GD-ID 1). Sichtbar wurde zudem, dass die Jugendlichen klar abgrenzen können, wie sich das öffentlich-rechtliche und das private Fernsehen unterscheiden und in diesem Zuge explizit der Bildungsauftrag der Öffentlich-Rechtlichen Erwähnung gefunden hat. So ist den Jugendlichen bewusst, dass die beiden Systeme unterschiedliche Zielgruppen ansprechen: „Ich denke auch die Zielgruppe ist altersmäßig ziemlich verschieden und die Öffentlichen wollen mehr bilden, weil sie ja schon viele Bildungsserien haben, mehr als Pro Sieben oder RTL" (GD-ID 2). Auch die Unterschiede in den Programminhalten werden erkannt („Öffentliche haben oft allgemeine Nachrichten drin. Auf Privaten werden auch Infos gebracht, die vielleicht über C-Promis sind", GD-ID 3) und einer Bewertung unterzogen („Ich habe das Gefühl auf den Öffentlichen ist es noch bildungsnäher als auf Privaten", GD-ID 4).

Andererseits sei an dieser Stelle auch anzumerken, dass sich diese Jugendlichen nicht so intensiv mit dem öffentlich-rechtlichen Fernsehen identifizieren und daher auch nicht notwendigerweise die tatsächliche Erfüllung des Bildungsauftrags reflektieren. Sie sehen sich selbst nicht als die primäre Zielgruppe und wenden sich vermehrt Medienangeboten außerhalb des öffentlich-rechtlichen Rundfunks zu. Für sie scheint es nicht relevant, wie der öffentlich-rechtliche Rundfunk zukünftig aufgestellt sein wird, wie sich die Strukturen verändern könnten oder wie Programminhalte von wem gestaltet werden. So beschreibt eine Jugendliche (15 Jahre) ihre Einschätzung wie folgt: „Ich würde sagen, im Fernsehen gibt es jetzt nicht so für Jugendliche unbedingt Sendungen, oder es gibt ja keinen Kanal oder so. Aber ich glaube, das ist auch gar nicht notwendig, weil Jugendliche vorwiegend im Internet sind" (GD-ID 5). Für diese befragten Jugendlichen gilt noch mehr als für die älteren Teilnehmer:innen des Beteiligungsprojektes, dass sie sich in der aktiven und partizipativen Nutzung des Bewegtbildes auf den alternativen Plattformen eigenständig Medienkompetenzen aneignen.

Information und Bildung

Einige Erkenntnisse zum Umgang mit *Informationen* sind an dieser Stelle ebenfalls relevant. So wurde im Rahmen der Gruppeninterviews deutlich, dass sich die Jugendlichen eine Mischung aus gezielter und zufälliger Informationsstrategien zurechtlegen. Einerseits vertrauen sie den etablierten Medien, wenn es um seriöse Nachrichten geht, und andererseits sind sie in so vielen Netzwerken präsent, dass sie den Eindruck haben, wirklich wichtige Nachrichten finden den Weg zu ihnen. So berichtet ein Jugendlicher (16 Jahre):

> „Ich schaue schon Nachrichten. Vor allem jetzt während Corona habe ich oft Tagesschau geschaut, aber sonst bekommt man schon alles mit über andere Kanäle. Z. B. über YouTube oder man hört, wenn andere Leute darüber reden, wie Freunde oder Familie" (GD-ID 6).

Sichtbar wird in diesem Zusammenhang, dass den befragten Jugendlichen aller Altersgruppen und Bildungsschichten bewusst ist, welche Merkmale „gute Nachrichtensendungen" auszeichnen. In diesem Zuge werden vor allem Aspekte wie „Sachlichkeit und Seriosität", „Sprachliche Verständlichkeit" und „Nachvollziehbarkeit" genannt. Eine Jugendliche (17 Jahre) stellt hierzu heraus: „Ich finde, es kommt in erster Linie darauf an, dass man auch versteht, wovon geredet wird, weil es bringt mir nichts, wenn die in den übelsten Fachbegriffen reden und ich im Endeffekt trotzdem nicht weiß, worum es geht" (GD-ID 7).

Im Zuge der Beteiligung offenbaren sich beim Thema Information häufig Wissenslücken. Beispielsweise, dass die Rundfunkanstalten rein der Information verpflichtet sind: „Der öffentlich-rechtliche Rundfunk sollte sich auf das konzentrieren, für das er geschaffen wurde, nämlich als unbeeinflusstes, neutrales und zuverlässiges Informationsmedium. Wer Fußball, Volksmusik, Mord und Totschlag sehen will, soll sich den ent-

sprechenden Spartensender abonnieren [...]" (ID 2420). Manchen Teilnehmenden scheint wiederum nicht bewusst zu sein, dass *Bildung* bereits im
Auftrag festgeschrieben ist („Öffentlich-Rechtliche sollten einen Bildungsauftrag haben und nur auf Basis dieser Bildungsmedien unterhalten", ID
29) und nicht in jedem Unterhaltungsformat enthalten sein muss. Letzteres zeigen Sätze wie „Unterhaltung muss an Bildung geknüpft werden,
sonst fehlt der Sinn" (ID 273) und „Ich habe keinen bildungstechnischen
Mehrwert durch eine Helene Fischer Show oder den ZDF Fernsehgarten"
(ID 70) oder Forderungen wie „Unterhaltungssendungen, vor allem in
Form von eingekauften Beiträgen, erfüllen in keiner Form den Bildungsauftrag eines öffentlich-rechtlichen Rundfunks. Diese sind komplett aus
dem Programm zu nehmen" (ID 24). Anderen zufolge widersprechen
Unterhaltungsformate zumindest in der aktuellen Vielzahl dem Bildungsauftrag: „Die Öffentlich-Rechtlichen haben einen Bildungsauftrag! Wo
werden sie diesem gerecht? Diese Menge an Unterhaltung mag eher einen
Vernebelungseffekt haben, als einen wachen, kritischen und selbstständi-
gen Geist zu fördern" (ID 1986).

Unterhaltung und Kultur

Das Thema *Unterhaltung* ist unter den Teilnehmenden der Beteiligung
insgesamt umstritten. Während sich einige des Unterhaltungsauftrags bewusst sind („Die Aufgabe der ÖR ist nicht ‚Basisversorgung', sondern
das Bereitstellen eines breiten Angebots, einschließlich Unterhaltung", ID
776), sehen andere ihn zwar als legitim an, wünschen sich aber dennoch
eine deutliche Reduktion. Es ist also zu differenzieren zwischen Personen,
die nicht um den Unterhaltungsauftrag wissen und Teilnehmer:innen, denen die Unterhaltungsfunktion des öffentlich-rechtlichen Rundfunks zwar
bewusst ist, die diese jedoch nicht mehr für zeitgemäß halten. Denn nicht
immer scheinen Wissenslücken, sondern häufig auch Unzufriedenheit mit
der aktuellen Situation hinter den Kommentaren zu stecken („Zu viele
Quizshows, zu viel Unterhaltung und zu viel Fußball. Und viel zu viele aus
dem kommerziellen Fernsehen kopierte Formate", ID 1873). Auch zeigt
sich, dass der Begriff unterschiedlich aufgefasst wird: „Beim Durchlesen
aller bisherigen Beiträge wird deutlich, wie unterschiedlich die Auslegung
von Unterhaltung ist. Da werden mehr Spielfilme gefordert, mehr Talkshows, mehr Dokumentationen, mehr Kultur etc." (ID 985). So schließt
eine Person „klassische Shows oder Sendungen, die primär der reinen
Unterhaltung, dienen" (ID 354), kategorisch aus.

Eine andere schreibt: „Ich wüsste nicht, wo der Auftrag Unterhaltung definiert" (ID 704). Im Medienstaatsvertrag ist dies jedoch explizit genannt (§ 2 Abs. 2 S. 28 MStV), worauf auch ein Kommentar verweist: „Zum Thema Unterhaltung möchte ich noch hinzufügen, dass der Medienstaatsvertrag da Folgendes auflistet: Kabarett und Comedy, Filme, Serien, Shows, Talk-Shows, Spiele, Musik" (ID 965). Forderungen, die anregen, Unterhaltung aus dem Medienstaatsvertrag zu streichen und Aussagen, dass diese nicht durch Gebühren finanziert werden dürfe, waren oft zu lesen. Auch sehen viele Teilnehmende diesen Bereich (heute) ausschließlich bei den privaten Sendern und nicht als Verantwortung der öffentlich-rechtlichen Rundfunkanstalten: „Der öffentliche Rundfunk benötigt kein Unterhaltungsprogramm. Das wird von privaten Anbietern als lineares Fernsehen oder über Streaming bereits bereitgestellt" (ID 2225). In diesem Zusammenhang wurde ebenso Sport thematisiert. Während einige „Sport gern den Privat-Anbietern überlassen" (ID 144) möchten, weisen andere darauf hin, dass „Sportberichterstattung [...] auch zum Auftrag für ÖR TV" (ID 368) gehört. Zwar ist Letzteres richtig, wird jedoch im Rahmen der Begriffsbestimmung von Information aufgeführt (§ 2 Abs. 2 S. 25 MStV).

Auch aus den Gruppendiskussionen mit den Jugendlichen lassen sich einige Erkenntnisse zum Stellenwert von Unterhaltung generieren: Zu der Ausgewogenheit zwischen Information und Unterhaltung haben sich die befragten Jugendlichen deutlich pro Unterhaltung geäußert, da sie grundsätzlich fernsehen, um sich unterhalten und nicht informieren zu lassen. So hat es eine Jugendliche (16 Jahre) wie folgt zusammengefasst: „Ich finde, Fernsehen sollte mehr Unterhaltung sein, weil ich denke, heutzutage gibt es viel mehr Quellen für Nachrichten und Informationen, und ich schalte nicht den Fernseher ein, um mich darüber zu bilden" (GD-ID 9). Diese Aussage zeigt beispielhaft, dass der Wert der Unterhaltung im Fernsehen – angefangen bei Satire, über Talkshows bis hin zu fiktionalen Inhalten – für die Jugendlichen einen Schwerpunkt ihrer Bewegtbildnutzung ausmacht und sie diesen Teil des ÖR als selbstverständlich betrachten.

Ob Wissenslücken hinsichtlich des Kulturauftrags bestehen, konnte nicht geklärt werden. Auf der Beteiligungsplattform wurde der Wunsch nach (mehr) „Raum für Kunst und Kultur" (ID 611) geäußert, jedoch kein Bezug auf den öffentlich-rechtlichen Auftrag genommen. In den Gruppendiskussionen mit den Jugendlichen kam dieser nicht zur Sprache.

Strukturelle Gegebenheiten

Verbunden mit der Ablehnung von Unterhaltung im öffentlich-rechtlichen Fernsehen, sprachen sich Teilnehmende der Beteiligung vielfach gegen Überschneidungen zwischen Inhalten öffentlich-rechtlicher und privater Sender aus: „Grundsätzlich sollten Inhalte, die von Privaten angeboten werden, nicht in den öffentlichen Rundfunk" (ID 2224). Doch während § 26 des Medienstaatsvertrags (2020) die Öffentlich-Rechtlichen unter anderem mit Aufgaben wie Information, Bildung und Kultur (siehe oben) beauftragt, finden sich ebendiese Stichworte auch in den Programmgrundsätzen aus den besonderen Bestimmungen für den privaten Rundfunk wieder: „Die Rundfunkvollprogramme sollen zur Darstellung der Vielfalt im deutschsprachigen und europäischen Raum mit einem angemessenen Anteil an Information, Kultur und Bildung beitragen" (§ 51 Abs. 2 S. 1 MStV). Wissenslücken auch in Bezug auf zwei andere *strukturelle Gegebenheiten*. Erstens wurden diverse Überlegungen zu Paywalls, der Fusion von ARD und ZDF sowie zur Umstrukturierung formuliert. Eine Auflistung aller öffentlich-rechtlichen Sender bietet § 28 des Medienstaatsvertrags. Dieser legt auch fest, was nicht als Rundfunk gilt: „Kein Rundfunk sind Angebote, die aus Sendungen bestehen, die jeweils gegen Einzelentgelt freigeschaltet werden" (§ 2 Abs. 3 S. 1 MStV), wodurch eine Paywall und weitere der vorgeschlagenen Bezahlmodelle faktisch ausgeschlossen sind. Eine Person schlug vor, „ARD und ZDF in eine öffentlich-rechtliche Anstalt […] umzuwandeln […] und eine Senderaufteilung […]" (ID 2454) in verschiedene thematisch sortierte Untersender vorzunehmen. Abseits rechtlicher Regelungen finden sich auch Veto-Stimmen in der Diskussion selbst. So wird Vorschlägen zur strukturellen Umgestaltung mit Bezugnahme auf den Auftrag beispielsweise entgegengehalten:

> „Und nun hat da eine öffentlich-rechtliche Institution den fast unerfüllbaren Auftrag, uns umfassend, objektiv zu informieren, unsere Bildung/Allgemeinbildung zu fördern, uns anspruchsvoll zu unterhalten … Wie kann das aber eingelöst werden, wenn wir aus dem Angebot des ÖR nur DAS herauspicken, was uns genehm ist?" (ID 821).

Zweitens und damit einhergehend wurde vorgeschlagen, die Dritten Programmen zusammenzufassen („Meine Idee war einen EINZIGEN Sender für ALLE Bundesländer zu machen", ID 2545) oder gar abzuschaffen („Ich halte die regionalen Rundfunksender für völlig überflüssig. Da gibt es reichlich Potential für Sparmaßnahmen im Programmangebot", ID 1774). Mit einem Verweis auf „den gesellschaftlichen Zusammenhalt in Bund und Ländern" besagt der Auftrag der öffentlich-rechtlichen Rundfunkanstalten jedoch, dass diese auch „einen umfassenden Überblick über das [...] regionale Geschehen" geben sollen (§ 26 Abs. 1 S. 2 MStV). Zudem wird in den Begriffsbestimmungen zum Informationsauftrag explizit das Regionale aufgeführt (§ 2 Abs. 2 S. 25 MStV). Darüber hinaus enthält der Medienstaatsvertrag in seiner aktuellen Fassung weitere klare Regelungen zu anderen Themen, wie beispielsweise Werbung im öffentlich-rechtlichen Fernsehen, die an dieser Stelle nicht berücksichtigt, im Verlauf des Beteiligungsverfahrens jedoch ebenfalls diskutiert wurden.

Hinsichtlich der Zugangsformen und der Organisationsfragen der öffentlich-rechtlichen Angebote haben die befragten Jugendlichen in den Gruppendiskussionen deutlich gemacht, dass sie sich eine pragmatischere, nutzerfreundlichere und modernere Angebotspalette wünschen. Sie sehen keine Hürden darin, Inhalte auf unterschiedlichen Plattformen (u. a. YouTube) anzubieten und auch einem Zusammenlegen von Mediatheken oder (Regional-)Sendern stehen sie eher offen gegenüber. Hierbei sind sie sehr nutzerorientiert und zeigen keine rechtlichen Bedenken, die mit dem Medienstaatsvertrag verbunden sind: „Ich finde, das sollte relativ selbstverständlich sein, weil der öffentlich-rechtliche Rundfunk ist ja auch nur im Fernsehen, weil dort die Zielgruppe ist. Und wenn jetzt die Zielgruppe im Internet ist, dann sollte, finde ich, auch der öffentlich-rechtliche Rundfunk im Internet sein und auch auf YouTube" (15 Jahre, männlich, GD-ID 8).

5. Fazit: Das Medienwissen ist ausbaufähig, aber das Fernsehen allein wird diese Lücken nicht füllen können

Vor dem Hintergrund der hier dargestellten Debatte zu Konzepten von Media Literacy und den Medienkompetenzrahmen wurde bezugnehmend auf *television literacy* zunächst deutlich gemacht, dass *media* und *information literacy* nicht separat voneinander zu betrachten sind. Sowohl technische als auch kognitive Skills sind die Voraussetzung dafür, Informationen zu erhalten und einordnen zu können. Diese Fertigkeiten werden auch bei der Fernsehnutzung selbst generiert, wodurch sich das bestehende, individuelle Repertoire an Medienkompetenzen fortlaufend und vor allem nebenbei weiterentwickelt. Somit tragen auch die öffentlich-rechtlichen Sender zur generischen Entwicklung von Medienkompetenzen der Zuschauenden bei, woraus sich eine Verantwortung ergibt. Der Anspruch, Wissen zu den Strukturen, Prozessen und Inhalten des öffentlich-rechtlichen Rundfunks zu vermitteln, korrespondiert mit dem Ziel der Meinungsbildung, dem Leitgedanken des Bildungsauftrags zur Grundsicherung einer Allgemeinbildung. Öffentlich-rechtliche Angebote sollen Bürger:innen befähigen, sich eigene Urteile über das Weltgeschehen zu bilden und, darauf aufbauend, in demokratischen, sozialen und kulturellen Bereichen informiert und kompetent partizipieren zu können. Ob das derzeitige Angebot ausreicht, damit Bürger:innen selbst mehr Medienkompetenzen entwickeln, bleibt damit jedoch unbeantwortet. Im Zentrum dieses Beitrags stand daher die Frage, welche Medienkompetenzen Fernsehzuschauende im Hinblick auf die Nutzung des öffentlich-rechtlichen Rundfunks überhaupt haben.

Um diese Fragestellung zu bearbeiten, wurden Beiträge aus dem Beteiligungsverfahren #meinfernsehen2021 sowie in diesem Zuge durchgeführte Gruppendiskussionen mit Jugendlichen zum Thema Fernsehen analysiert. Bei einigen Teilnehmenden war das Wissen um den öffentlich-rechtlichen Auftrag vorhanden, es waren jedoch auch Forderungen nach einer Reduktion des Auftrags beziehungsweise Priorisierungen einzelner Bestandteile zu entnehmen, bei denen der Kenntnisstand über die im Medienstaatsvertrag formulierten Grundsätze nicht zu entnehmen war. Ein ähnliches Bild zeigte sich auch in den Gruppeninterviews. Jedoch sahen sich die Jugendlichen weniger als Zielgruppe öffentlich-rechtlicher Sendeinhalte und rezipieren vermehrt andere Angebote; sie nannten zugleich dennoch Merkmale „guter" Fernseh- und Nachrichtenangebote, die sich in anderer Formulierung im öffentlich-rechtlichen Auftrag wiederfinden. Im Zuge der Beteiligung konnten vor allem Wissenslücken zum Informations-, Bildungs- und Unterhaltungsauftrag identifiziert werden. Viele betonten den aus ihrer Sicht hohen Stellenwert von Information und Bildung, lehnten Unterhaltung als Teil öffentlich-rechtlicher Inhalte jedoch ganz oder zumindest in der aktuellen Fülle ab. Auch die im Medienstaatsvertrag festgeschriebene Definition des Unterhaltungsangebots scheint einigen Teilnehmenden nicht bekannt. Die Jugendlichen in den Gruppendiskussionen sahen Unterhaltung im Fernsehen hingegen als selbstverständlich an, da diese einen Schwerpunkt ihrer Bewegtbildnutzung darstellt. Hier ein Wissen um einen bestehenden Auftrag des öffentlich-rechtlichen Rundfunks in diesem Kontext zu vermuten, wäre allerdings fahrlässig. Vielmehr scheint es, dass Jugendliche mit einer breiten Angebotspalette der Fernsehnutzung im Elternhaus aufgewachsen sind und diese daher als selbstverständlich einschätzen.

Verbunden mit der Ablehnung von Unterhaltung im öffentlich-rechtlichen Fernsehen, sprachen sich Teilnehmende der Beteiligung vielfach gegen Überschneidungen zwischen Inhalten öffentlich-rechtlicher und privater Sender aus. Ausgehend von Vorschlägen zur Änderung struktureller Gegebenheiten wie die Einführung von Paywalls, eine Umstrukturierung der öffentlich-rechtlichen Programme sowie die Abschaffung regionaler Inhalte, ist auch hier von Wissenslücken auszugehen. Die Jugendlichen zeigten sich einem Zusammenlegen von Mediatheken oder (Regional-)Sendern gegenüber ebenfalls offen und argumentierten nutzungsorientiert mit dem Wunsch nach einer pragmatischeren, nutzerfreundlicheren und moderneren Angebotspalette.

Während die Kenntnis von Strukturen und Funktionen des öffentlich-rechtlichen Rundfunks also bei einem Teil der Diskussionsteilnehmendem vorhanden ist, ist der vorliegende Beitrag jedoch auf ebenso viele Wissenslücken gestoßen. Im Zuge der Nutzung der Angebote des öffentlich-rechtlichen Fernsehens entwickeln Zuschauende zumindest ein gewisses Maß an Medienkunde. Für die Ausbildung eines angemessenen Sets an Medienkompetenzen ist dies allerdings nicht ausreichend und durch das Fernsehprogramm allein vermutlich auch nicht möglich. Vor diesem Hintergrund sollten nicht nur die Programmverantwortlichen der öffentlich-rechtlichen Sender ihre Inhalte, die eigene Struktur und die Prozesse kritisch beleuchten. Zukünftig bedarf es zudem (mehr) gezielter schulischer Bildung wie auch Medienbildung, die sich explizit an Erwachsene richtet. Für einen besseren Blick sind zunächst weitere und vor allem umfassendere Analysen zur Identifikation von Wissenslücken im Hinblick auf das Mediensystem und die damit verbundenen Herausforderungen zentral. Der Fokus sollte dabei noch stärker auf das Zusammenwirken von Fernsehinhalten und den unterschiedlichen Medienkompetenzen gelegt werden. Die diskursive Einbindung der Rezipient:innen, wie sie bei #meinfernsehen2021 realisiert werden konnte, könnte für die weitere Erforschung dieser Zusammenhänge bereichernd sein. Denn mit Blick auf die im Medienstaatsvertrag formulierten öffentlich-rechtlichen Leitgedanken zur Einbindung der Büger:innen kann über eine Beteiligung der Zuschauenden an einer gemeinsamen Ideenentwicklung zur Zukunft des Fernsehens ein ehrlicher und nachhaltiger Austausch gelingen.

Literatur

Aufenanger, Stefan. (2021). Mediensozialisation. In Uwe Sander, Friederike von Gross & Kai-Uwe Hugger (Hrsg.), Handbuch Medienpädagogik (S. 1–8). Wiesbaden, Deutschland: Springer VS.

Baacke, Dieter. (1999). „Medienkompetenz": theoretisch erschließend und praktisch folgenreich. Medien + Erziehung, 43 (1), 7–12.

Brinda, Torsten; Brüggen, Niels; Diethelm, Ira; Knaus, Thomas; Kommer, Sven; Kopf, Christine, Missomelius; Petra, Leschke; Rainer, Tilemann; Friederike & Weich, Andreas. (2019). Frankfurt-Dreieck zur Bildung in der digital vernetzten Welt. Ein interdisziplinäres Modell. medien + erziehung, 4, 1–9.

Brüggen, Niels. (2019). Bildung der Jugend für den digitalen Wandel. Kompetenzanforderungen, Ressourcen, Potenziale. Aus Politik und Zeitgeschichte, 69 (27–28), 30–35.

Carretero, Stephanie Vuorikari, Riina & Punie, Yves. (2017). DigComp 2.1: The Digital Competence Framework for Citizens with Eight Proficiency Levels and Examples of Use. Abgerufen am 10. Februar 2022, von https://publications.jrc.ec.europa.eu/repository/handle/JRC101254.

Hugger, Kai-Uwe. (2008). Medienkompetenz. In: Uwe Sander, Friederike von Gross und Kai-Uwe Hugger (Hrsg.), Handbuch Medienpädagogik (S. 93–99). Wiesbaden, Deutschland: VS Verlag für Sozialwissenschaften.

Kerres, Michael. (2020). Bildung in der digitalen Welt: Über Wirkungsannahmen und die soziale Konstruktion des Digitalen. MedienPädagogik: Zeitschrift für Theorie und Praxis der Medienbildung, 17 (Jahrbuch Medienpädagogik), 1–32.

KMK – Kultusministerkonferenz. (2016). «Bildung in der digitalen Welt», Beschluss vom 8.12.2016. Abgerufen am 04. Dezember 2021, von https://www.kmk.org/fileadmin/Dateien/veroeffentlichungen_beschluesse/2016/2016_12_08-Bildung-in-der-digitalen-Welt.pdf

Knaus, Thomas. (2018). [Me]nsch – Werkzeug – [I]nteraktion. Theoretisch-konzeptionelle Analysen zur Digitalen Bildung und zur Bedeutung der Medienpädagogik in der nächsten Gesellschaft. MedienPädagogik, 31, 1–35.

Mayring, Philipp. (2015). Qualitative Inhaltsanalyse. Grundlagen und Techniken (12. Aufl.) Weinheim, Deutschland: Beltz.

Moser, Heinz. (2008). Medien und Reformpädagogik. In: Uwe Sander, Friederike von Gross und Kai-Uwe Hugger (Hrsg.), Handbuch Medienpädagogik (S. 15–21). Wiesbaden, Deutschland: VS Verlag für Sozialwissenschaften.

MStV. (2020). Abgerufen am 04. Januar 2022, von https://www.die-medienanstalten.de/fileadmin/user_upload/Rechtsgrundlagen/Gesetze_Staatsvertraege/Medienstaatsvertrag_MStV.pdf

Pfiffner, Manfred; Sterel, Saskia & Hassler, Dominic. (2021). 4K und digitale Kompetenzen. Chancen und Herausforderungen. Bern, Schweiz: hep verlag.

Schorb, Bernd. (2017). Medienkompetenz. In: Bernd Schorb, Anja Hartung, Christine Dallmann (Hrsg.), Grundbegriffe Medienpädagogik (S. 254–261). München, Deutschland: kopaed.

Stalder, Felix (2016). Kultur der Digitalität. Berlin, Deutschland: Suhrkamp.

Süss, Daniel. (2007). Mediensozialisation zwischen gesellschaftlicher Entwicklung und Identitätskonstruktion. In: Dagmar Hoffmann & Lothar Mikos (Hrsg.), Mediensozialisationstheorien (S. 109–130). Wiesbaden, Deutschland: VS Verlag für Sozialwissenschaften.

Treumann, Klaus Peter; Baacke, Dieter; Haacke, Kirsten; Hugger, Kai-Uwe; Vollbrecht, Ralf & Kurz, Oliver. (2002). Medienkompetenz im digitalen Zeitalter. Wie die neuen Medien das Leben und Lernen Erwachsener verändern. Wiesbaden, Deutschland: VS Verlag für Sozialwissenschaften.

Tulodziecki, Gerhard. (1998). Entwicklung von Medienkompetenz als Erziehungs- und Bildungsaufgabe. Pädagogische Rundschau, 52 (6), 693–709.

3.3 Junge Erwachsene und öffentlich-rechtliche Nachrichtenangebote online – Nutzung, Vertrauen und Erwartungen an Objektivität und Unparteilichkeit

Anne Schulz

Die öffentlich-rechtlichen Medien gehören allen. Sie müssen daher dafür sorgen, dass alle gesellschaftlichen Gruppen durch die von ihnen bereitgestellten Unterhaltungs-, Bildungs- und Informationsangebote angesprochen und erreicht werden. Nur so können sie glaubhaft zur *öffentlichen* Meinungsbildung beitragen und die demokratischen, sozialen und kulturellen Bedürfnisse *der Gesellschaft* erfüllen (§ 26 Abs. 1 S. 1 MStV). Dies sicherzustellen ist eine nicht zu unterschätzende Herausforderung, insbesondere vor dem Hintergrund sich stark verändernder Mediennutzungsgewohnheiten.

Seit jeher stehen insbesondere junge Generationen hinter diesen Veränderungen und entsprechend gelten sie aus Sicht der Medienbranche und vor allem für traditionelle Rundfunkanstalten und Printmedien als eine besonders schwer zu erreichende Zielgruppe. Nicht-digitale und lineare Verbreitungsangebote verlieren für die Jüngeren zunehmend an Bedeutung, sowohl im Bereich Unterhaltung als auch für Information (Frees et al., 2019). Im Jahr 2021 gaben beispielsweise 70 % der 18- bis 24-Jährigen in Deutschland an, ihre wichtigste Nachrichtenquelle befände sich im Internet. Nur 22 % in der gleichen Gruppe nannten hier das Fernsehen. In der Gesamtbevölkerung lagen diese Werte bei 40 % (online), respektive 44 % (TV) (Newman et al., 2021).

Entsprechend lancierten die Sender in den vergangenen Jahren verschiedene Anstrengungen, um die junge Zielgruppe online besser zu erreichen. Dazu zählt beispielsweise die Gründung des Jugendnetzwerks funk (Sommer, 2016), die Verknüpfung der Mediatheken von ARD und ZDF (Bouhs, 2021), der Ausbau der Mediatheken hin zu eigenständigen Streaming-Diensten (Horizont, 2019) oder die verstärkte Verbreitung von Inhalten und Werbeoffensiven über Soziale Medien, etwa TikTok oder Instagram (EBU, 2021; Theobald, 2020). Diese Maßnahmen sind zum einen darauf angelegt, Inhalte zu produzieren, die auf die Interessen und Erwartungen junger Menschen zugeschnitten sind, zum anderen sollen sie junge Menschen dort auf die Angebote öffentlich-rechtlicher Sender aufmerksam machen, wo diese sich ohnehin aufhalten. Ultimativ geht es im Hinblick auf beide um Reichweitengewinne.

Die junge Zielgruppe war im Beteiligungsprojekt #meinfernsehen2021 unterrepräsentiert, wie der Beitrag von Tim Gensheimer in diesem Band dokumentiert (REF). Um die Perspektive junger Menschen einzufangen, wurde das SINUS-Institut damit beauftragt, Jugendliche zwischen 14 und 17 Jahren gesondert zu befragen. In Ergänzung dazu fokussiert der vorliegende Beitrag auf die jungen Erwachsenen, das heißt, auf die Altersgruppen 18 bis 24 und 25 bis 35 Jahre.

Repräsentative Befragungsdaten des *Reuters Institute Digital News Report* aus den Jahren 2017 bis 2021 (Newman et al., 2017, 2018, 2019, 2020, 2021)[1] sollen dazu dienen, um über die Zeit hinweg nachzuzeichnen, inwiefern und im Hinblick auf welche Sendungen und Parameter die oben beschriebenen Bemühungen im Bereich digitaler Nachrichten unter jungen Erwachsenen bisher erfolgreich waren. Konkret fragt der Beitrag:

1. Wie stark nutzen junge Erwachsene die digitalen Nachrichtenangebote der öffentlich-rechtlichen Sender?
2. Wie sehr vertrauen junge Erwachsene den öffentlich-rechtlichen Hauptnachrichtensendungen?
3. Welche Erwartungen haben junge Erwachsene im Hinblick auf die Unparteilichkeit von Nachrichtenmedien?

Fragen 1) betrachtet die digitale Reichweite der Hauptnachrichtenangebote von ARD (Tagesschau & Tagesthemen) und ZDF (heute & heute-journal), sowie das ohnehin nur online verbreitete Jugendangebot funk gesondert. Digitale Reichweite heißt hier: Der Zugriff auf die Nachrichtenangebote von ARD und ZDF über die jeweiligen Websites, Apps, sozialen Medien oder anderen digitalen Zugriffswege. Frage 2) fragt nach dem Vertrauen in die Marken „ARD Tagesschau" und „ZDF heute". Frage 3) bezieht sich nicht direkt auf öffentlich-rechtliche Nachrichtenangebote, sondern auf Nachrichtenmedien allgemein.

---

1 Zur Methode der Befragung: Es handelt sich um Querschnittsdaten, die jährlich im Januar und frühen Februar erhoben werden. Befragt wird online und quotiert wird nach Alter, Geschlecht, Region und Bildung. Weitere Informationen befinden sich hier: https://reutersinstitute.politics.ox.ac.uk/digital-news-report/2021/methodology – Die Autorin dankt den Kolleg:innen des Reuters Institute for the Study of Journalism an der University of Oxford für die Bereitstellung der Daten.

Ein öffentlich-rechtliches Nachrichtenangebot für alle

Jüngere und mit dem Internet aufgewachsene Menschen haben möglicherweise nie oder nur schwache Bindungen an die traditionellen Rundfunkorganisationen aufgebaut und assoziieren, wie die SINUS-Studie zeigte (REF), ARD und ZDF mit älteren Zielgruppen und weniger mit sich selbst. In der digitalen Nachrichtennutzung greift eine Minderheit der unter 35-Jährigen direkt auf die Angebote von *Tagesschau* und *heute* zu, eine nach wie vor wachsende Gruppe in der jungen Zielgruppe stößt online eher zufällig auf Nachrichten – meist in Sozialen Medien.

Unabhängig von den Zugängen, die junge Menschen zu Nachrichten finden, sind sie in ihrer Nachrichtennutzung verglichen mit älteren Kohorten eher zurückhaltend – ein Trend, der sich im digitalen Zeitalter noch zu verstärken scheint (z. B. Thurman & Fletcher, 2017). Ob dahinter ein grundsätzliches Desinteresse am Weltgeschehen steht oder ob junge Menschen vor dem Hintergrund ihrer jeweiligen Entwicklungsstadien und Lebenswelten an anderen Inhalten einfach stärker interessiert sind und ihre Zeit mit diesen bereits gut ausgefüllt ist, ist eine seit Jahrzehnten geführte und nach wie vor nicht abgeschlossene Debatte (vgl. Autenrieth et al., 2021).

Die diesem Beitrag zugrunde liegenden Daten bestätigen dieses zurückhaltende Nutzungsverhalten unter jungen Erwachsenen auch im Hinblick auf die Reichweite der digitalen Nachrichtenangebote der öffentlich-rechtlichen Medien in Deutschland. Teilnehmende der Online-Befragung wurden darum gebeten, diejenigen Nachrichtenangebote aus einer Liste auszuwählen, die sie in der Woche vor der Befragung verwendet haben, um online auf Nachrichten zuzugreifen. Die Frage schloss explizit verschieden digitale Verbreitungswege mit ein: die markeneigenen Websites und Apps, soziale Medien oder andere Wege im Internet. Zur Auswahl standen dabei auch „Tagesschau.de (bzw. Ard.de, Daserste.de, tagesthemen.de)", „Heute.de (bzw. Zdf.de, heuteplus, heute journal)" und „funk". Die Abbildungen 1 und 2 weisen aus, wie viel Prozent der Befragten in ausgewählten Altersgruppen diese Angebote aus der Liste ausgewählt haben.

Die Reichweite der digitalen Nachrichtenangebote von ARD und ZDF fällt unter den 24- bis 35-Jährigen eher gering aus (Abbildung 1). Nur zwischen 10 % und 15 % der jungen Erwachsenen gaben zwischen 2017 und 2019 an, in der Woche vor der Befragung auf die digitalen Nachrichtenangebote der ARD zugegriffen zu haben und sogar nur 4 % bis 7 % sagten das Gleiche über die Nachrichtenangebote des ZDF. Allerdings unterschieden sich die jüngeren Zielgruppen damit nicht von älteren Befragten. Zu einem Zeitpunkt also, an dem die Internetpenetration in Deutschland bei 96 % lag (Internet World Stats, 2019), erreichte der öffentlich-rechtliche Rundfunk nur 13 % (ARD) beziehungsweise nur 7 % (ZDF) der Bevölkerung mit digitalen Nachrichten.

Abbildung 1: *Prozent in ausgewählten Altersgruppen, die digitale Nachrichtenangebote von ARD (links) und ZDF (rechts) nutzen – 2017 bis 2021*

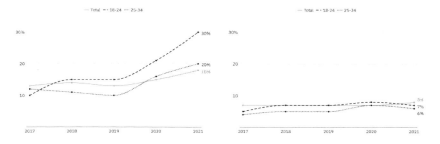

Q5b. Welche der folgenden Kanäle haben Sie innerhalb der letzten Woche verwendet, um <u>online</u> auf Nachrichten zuzugreifen (also Webseiten, Apps, soziale Medien und andere Formen über das Internet)? Wählen Sie bitte alle zutreffenden Antworten aus: Tagesschau.de (bzw. Ard.de, Daserste.de, tagesthemen.de); Heute.de (bzw. Zdf.de, heuteplus, heute journal). *Basis: Total/18–24/25–34: 2017 = 2062/165/294, 2018 = 2038/194/316, 2019 = 2022/161/289, 2020 = 2011/194/295, 2021 = 2011/194/314.*

Im Falle der ARD-Nachrichtenangebote veränderte sich das Bild jedoch ab 2020. Hier stiegen die Reichweiten für die digitalen Nachrichtenangebote in den beiden jungen Zielgruppen und damit auch leicht über alle Befragten hinweg. Für die Interpretation dieses Trends ist es wichtig festzuhalten, dass das Reuters Institut seine Daten für den Digital News Report jährlich im Januar erhebt. Das heißt, der Befragungszeitpunkt 2020 lag vor dem Beginn der Coronapandemie. Der in Abbildung 1 von 2019 auf 2020 verzeichnete Nutzungsanstieg kann also nicht auf das pandemische Geschehen, ein damit verbundenes erhöhtes Informationsbedürfnis oder Lockdowns zurückgeführt werden. Anders sieht dies eventuell mit der Fortsetzung des Anstiegs aus, der sich zwischen 2020 und 2021 insbesondere für die 18- bis 24-Jährigen zeigt: Im Verlauf nur eines einzigen Jahres legten die digitalen Nachrichtenangebote der ARD in der jüngsten hier vertretenen Zielgruppe um ganze 9 Prozentpunkte zu (von 21 % auf 30 %). In der Gruppe der 25–34-Jährigen fällt der Anstieg kleiner aus, ist mit 4 Prozentpunkten (von 16 % auf 20 %) aber klar sichtbar und auch statistisch signifikant.

Interessant ist nun, dass sich für die digitalen Nachrichtenangebote des ZDF kein ähnliches Muster finden lässt. Hier blieb die Reichweite trotz Pandemie und Investitionen in digitale Verbreitung unter dem 10 %-Niveau – in allen abgebildeten Gruppen. Sollte die Pandemie also das Informationsbedürfnis unter jungen Erwachsenen verstärkt haben, dann wandten sie sich an die digitalen Nachrichtenangebote der ARD und nicht an die des ZDF.

Interessant ist ferner, dass sich die Daten oben auf die digitalen Versionen der großen öffentlich-rechtlichen Nachrichtensendungen beziehen, im Grunde also auf Tagesschau, Tagesthemen, heute und heute-journal. Die Reichweite des eigens für die junge Zielgruppe eingerichteten Content-Netzwerks funk ist da also noch nicht enthalten. Funk wurde 2016 von ARD und ZDF gemeinsam gegründet und richtet sich an die 14- bis 29-Jährigen. Diverse funk-Formate produzieren Inhalte in den Bereichen Information, Orientierung und Unterhaltung für Jugendliche und junge Erwachsene. Die Inhalte werden intensiv über verschiedene Soziale Medien verbreitet, darunter YouTube, Instagram, TikTok oder auch über die eigene App. Dieser Ansatz erscheint sinnvoll, nimmt man Befunde einer Studie aus der Schweiz ernst, die aufzeigte, dass junge Menschen oft nicht einmal etwas von den Inhalten wissen, die spezifisch für sie produziert wurden, geschweige denn, wo sie diese finden können (Autenrieth et al., 2021). Im Hinblick auf die konkrete inhaltliche Ausgestaltung will das Angebot dem öffentlich-rechtlichen Auftrag treu bleiben: Alle denkbaren Lebensrealitäten sollen sichtbar sein, junge Menschen sollen vielfältige Identitäten kennenlernen und sich mit ihnen auseinandersetzen (EBU, 2021). Abbildung 2 zeigt, wie erfolgreich das Produkt bisher in den Altersgruppen der 18–24- und 25–35-Jährigen ist, wenn es um dessen Nutzung zu Informationszwecken geht.

Abbildung 2: *Prozent in ausgewählten Altersgruppen, die funk als Nachrichtenquelle nutzen – 2017 bis 2021*

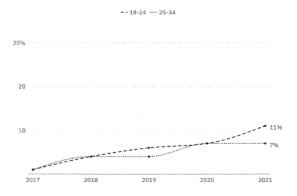

Q5b. Welche der folgenden Kanäle haben Sie innerhalb der letzten Woche verwendet, um <u>online</u> auf Nachrichten zuzugreifen (also Webseiten, Apps, soziale Medien und andere Formen über das Internet)? Wählen Sie bitte alle zutreffenden Antworten aus: funk. *Basis: 18–24/25–34: 2017 = 165/294, 2018 = 194/316, 2019 = 161/289, 2020 = 194/295, 2021 = 194/314.*

In beiden hier repräsentierten Altersgruppen ist ein kontinuierlicher Nutzungsanstieg zu verzeichnen, insbesondere aber wieder unter den 18- bis 24-Jährigen. Und doch gab 2021 nur jede:r Zehnte in dieser Zielgruppe an, das funk-Angebot innerhalb der letzten Woche genutzt zu haben, um online auf Nachrichten zuzugreifen. Zu beachten ist hier, dass die vorliegenden Daten die Jugendlichen außen vorlassen, also die Altersgruppe der 14–17-Jährigen, die auch zur erklärten Kernzielgruppe des Angebots gehört. Ferner geht es hier nur um die Nutzung von funk zu Informationszwecken. Im Bereich Unterhaltung (sofern sich das für diese Marke trennen lässt) ist das Netzwerk eventuell erfolgreicher.

In Verbindung mit den in Abbildung 1 dargestellten Trends kann an dieser Stelle gefragt werden, inwiefern junge Nutzer:innen funk mit den Dachmarken ARD und ZDF assoziieren, das heißt, ob überhaupt und wenn ja, ob möglicherweise eher mit der ARD als mit dem ZDF. Dieser Beitrag kann auf diese Frage keine Antwort geben. Sollte aber Letzteres der Fall sein, stellen sich Fragen beispielsweise im Hinblick auf die Branding-Strategie des Angebots.

Das Vertrauen der jungen Erwachsenen

Die relativ zurückhaltende Nutzung der Nachrichtenangebote von ARD und ZDF durch junge Erwachsene spiegelt sich in den Vertrauenswerten, die die junge Zielgruppe den Angeboten entgegenbringt, nicht wider. Die diesbezüglich vorliegenden Daten reichen von 2018 bis 2021 und beziehen sich auf das Vertrauen in die Marken ARD Tagesschau und ZDF heute (Abbildung 3). Für beide zeigt sich ein ähnliches und über die Zeit relativ stabiles Muster. Vertrauenswerte sind generell hoch. 2021 vertrauten 70 % aller Befragten der ARD Tagesschau und 68 % vertrauten ZDF heute.

Im Falle der ARD Tagesschau und in der Tendenz auch für ZDF heute sprechen die jüngsten hier vertretenen Befragungsteilnehmer:innen den öffentlich-rechtlichen Nachrichtenprogrammen ein etwas höheres Vertrauen aus als alle Befragten insgesamt. Die 25- bis 34-Jährigen liegen im Kontrast dazu tendenziell immer etwas tiefer. Nur 64 % dieser Gruppe vertrauten 2021 der ARD Tagesschau (9 % weniger als in der jüngsten Gruppe). Die Unterschiede fallen im Hinblick auf ZDF heute kleiner aus, das gleiche Muster ist aber auch erkennbar.

Abbildung 3: *Prozent in ausgewählten Zielgruppen, die der ARD Tagesschau (links) und dem ZDF heute (rechts) vertrauen, 2018 bis 2021*

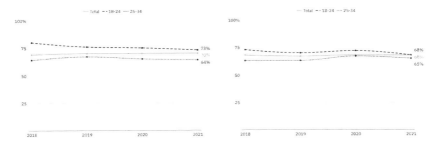

Q6. Wie vertrauenswürdig sind Ihrer Meinung nach die Nachrichten aus den folgenden Quellen? Verwenden Sie bitte die nachfolgende Skala, auf der 0 „überhaupt nicht vertrauenswürdig" und 10 „äußerst vertrauenswürdig" bedeutet. Ausgewiesen sind die Prozent mit Werten von 6–10. *Basis: ARD Tagesschau: Total/18–24/25–34: 2018 = 2018/191/307, 2019 = 1984/152/281, 2020 = 1974/185/283, 2021 = 1977/187/309; ZDF heute: Total/18–24/25–34: 2018 = 2013/191/305, 2019 = 1990/159/276, 2020 = 1966/182/284, 2021 = 1972/184/307.*

Dass Nutzung und Vertrauen unter den jungen Erwachsenen so stark auseinanderklaffen, ist auch in anderen Studien beschrieben worden. So halten Autenrieth et al. in Bezug auf das öffentlich-rechtliche Nachrichtenangebot der Schweizer SRG fest: „Indeed, it creates a sort of paradox insofar as the SRG's news content meets study participants' demands for high-quality news, but our study participants choose not to use the SRG's services" (2021, S. 116). Der in Abbildung 1 festgehaltene Trend für die digitalen Nachrichtenangebote der ARD könnte darauf hinweisen, dass sich das Paradox möglicherweise auflösen lässt mit einer gut durchdachten und nachhaltig verfolgten Marketingstrategie.

Erwartungen an Objektivität & Unparteilichkeit

Dieser Beitrag möchte abschließend auf die im zuletzt wiedergegeben Zitat angesprochenen Ansprüche und Erwartungen junger Nutzer:innen an öffentlich-rechtliche Nachrichtenangebote eingehen und diese mit denen älterer Nutzergruppen kontrastieren. Konkret geht es um die Erwartungen an Unparteilichkeit und Objektivität. Deren Einhaltung durch öffentlich-rechtliche Medien ist in § 26 des Medienstaatsvertrags festgeschrieben und wird insbesondere an den Nachrichtenangeboten der Sender gemessen. Konkret heißt es: „Die öffentlich-rechtlichen Rundfunkanstalten haben bei der Erfüllung ihres Auftrags die Grundsätze der Objektivität und Unparteilichkeit der Berichterstattung, die Meinungsvielfalt sowie die Ausgewogenheit ihrer Angebote zu berücksichtigen" (§ 26 Abs. 2 S. 1 MStV).

Wie die praktische Auslegung dieses Paragrafen auszusehen hat, ist immer wieder Gegenstand der öffentlichen Debatte um die öffentlich-rechtlichen Medien, betrifft aber auch private Nachrichtenorganisationen. Die Positionen vieler Parteien, Politiker:innen und Medienbeobachter:innen können wir entsprechend häufig nachlesen, zuletzt die von Vertretern der CDU-Fraktion im Landesparlament Sachsen-Anhalt. Unter anderem wurde kritisiert, Minderheitenmeinungen würden im öffentlich-rechtlichen Rundfunk stärker vorkommen als die Meinung der Mehrheit, was sich in diesem Fall auf die Berichterstattung über den Klimawandel bezog (Augustin, 2022).

Auch einige Teilnehmende des Beteiligungsprojekts #meinfernsehen2021 kritisierten in den Debatten eine mangelnde politische Ausgewogenheit der Nachrichten und sahen sich von Tagesschau, heute und Co. sogar oft belehrt und bevormundet. In diesem Zusammenhang wurde der Wunsch geäußert, sich mithilfe einer Fülle von Informationen stärker selbst eine Meinung bilden zu können (Gerlach & Eilders, 2021).

Die diesem Kapitel zugrunde liegenden repräsentative Befragungsdaten können erhellen, wie stark der Wunsch nach unparteilicher Berichterstattung in der Bevölkerung insgesamt ausgeprägt ist und wann und für welche Altersgruppen ein klarer Haltungsjournalismus die bessere Alternative darstellt.

Stellt man Befragte beispielsweise vor die Entscheidung, ob Nachrichtenmedien a) versuchen sollten, im Hinblick auf jedes Thema neutral zu sein oder ob es b) Themen gibt, bei denen neutral zu bleiben keinen Sinn ergibt, zeigt sich zunächst über alle Befragten hinweg ein sehr eindeutiges Bild. In Deutschland sagen 68 %, dass Nachrichtenmedien bei jedem Thema versuchen sollten, neutral zu sein. Ein Fünftel aber (22 %) fand, es gäbe Themen, bei denen es für Nachrichtenmedien keinen Sinn ergibt, neutral zu sein. Weitere 11 % fanden eine Antwort auf die Frage schwer (vgl. Newman et al., 2021).

Die Frage zielt auf den Teil der Debatte ab, der sich mit den Grenzen einer *unbedingten* oder *absoluten Unparteilichkeit* auseinandersetzt. Diese sind möglicherweise dann angezeigt, wenn es um wissenschaftliche Themen oder Fragen sozialer Gerechtigkeit geht. Ist es beispielsweise wünschenswert, wenn Nachrichtenmedien im Hinblick auf Themen wie Rassismus, häusliche Gewalt oder Klimawandel absolut neutral bleiben oder sollte in diesen Fällen klar Position bezogen werden, auch wenn das den Ausschluss von Minderheitenmeinungen bedeuten könnte?

Das obere Diagramm in Abbildung 4 zeigt, dass das bereits über alle Befragten hinweg beschriebene Muster auch innerhalb der fünf abgebildeten Altersgruppen erhalten bleibt. Jeweils eine Mehrheit bevorzugt die Idee absoluter Neutralität und erwartet damit einen neutralen Umgang mit egal welchem Thema. Diese Mehrheit wird aber immer kleiner, je jünger die Befragten werden. In der ältesten vertretenen Altersgruppe (55+) sind sich 75 % sicher, dass ein neutraler Umgang mit allen Themen das wünschenswerte Modell ist. In der Gruppe der 18- bis 24-Jährigen denken das nur noch die Hälfte der Befragten (53 %). In Kontrast dazu ist diese jüngste Zielgruppe wesentlich offener für die Überlegung, dass es Themen gibt, bei denen es für Nachrichtenmedien keinen Sinn ergibt, neutral zu bleiben. Ein Drittel der Befragten in dieser Altersgruppe stimmt dieser Aussage zu (34 %). Bei den ältesten ist es nur jede:r Fünfte (19 %). Die Befragung lässt an dieser Stelle leider offen, an welche Themen die Teilnehmenden hier gedacht haben.

Abbildung 4: *Einstellungen zu Unparteilichkeit von Nachrichtenmedien in fünf Altersgruppen*

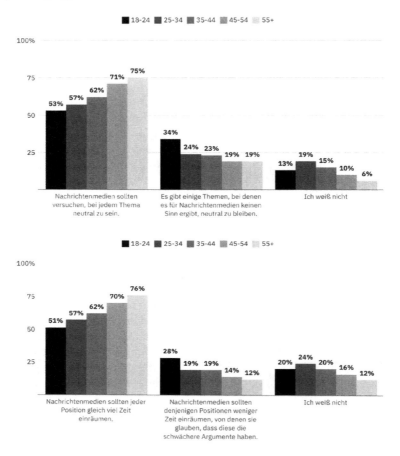

Q_IMPARTIAL2_2021/ Q_IMPARTIAL3_2021. Bitte denken Sie ganz allgemein an Nachrichten in Ihrem Land. Welche der folgenden Antwortmöglichkeiten entspricht am ehesten Ihren Ansichten im Hinblick auf die Berichterstattung von Nachrichtenmedien über gesellschaftliche und politische Themen? *Basis: 18–24/25–34/35–44/45–54/55+ = 194/314/308/379/816.*

Eine zweite Frage bezieht sich auf die Zeit, die unterschiedlichen Positionen im Rahmen von Nachrichten- und Informationssendungen gewidmet werden soll – gleich viel Zeit für alle Positionen oder weniger Zeit für Positionen mit den schwächeren Argumenten? Diese Frage betrifft das False-Balance-Problem, das in den letzten Jahren beispielsweise in Bezug auf die Klima- oder auch im Rahmen der Coronavirus-Debatte beschrieben und diskutiert wurde, etwa, wenn ‚kontroverse Gäste‘ in Talkshows eingeladen wurden oder ‚immer nur die gleichen Expert:innen‘ in der Nachrichtenberichterstattung zu Wort kamen.

Über alle Befragten hinweg sprach sich mit 68 % wieder eine klare Mehrheit für gleichviel Zeit für alle Positionen aus. 16 % fanden, der Position mit den schlechteren Argumenten solle weniger Zeit eingeräumt werden und 17 % konnten die Frage nicht ohne Weiteres beantworten.

Im Hinblick auf die Altersunterschiede zeigt sich ein mit der ersten Frage konsistentes Bild. Je älter, desto größer wird die Mehrheit für „gleich viel Zeit für alle Positionen", je jünger, desto größer wird die Minderheit, die der Auffassung ist, Positionen mit schwächeren Argumenten solle weniger Zeit eingeräumt werden.

Beide Befunde weisen also darauf hin, dass das journalistische Ideal einer objektiven, neutralen und unparteilichen Berichterstattung nach wie vor große Unterstützung erfährt. Allerdings gibt es unter jüngeren Menschen eine signifikante Minderheit, die der Auffassung ist, dass dieses Prinzip in Bezug auf manche Themen und Positionen an seine Grenzen stößt. An dieser Stelle kann nur spekuliert werden, woher diese Auffassung kommt. Möglich ist beispielsweise, dass die jüngere Generation stärker mit Themen aufwächst (und diese wie im Falle des Klimawandels zum Teil sogar selbst bedient), die genau auf dieser Grenze liegen. Denkbar wäre auch, dass jüngere Generationen zumindest zum Teil nicht mehr oder noch nicht nachvollziehen können, warum es für die journalistische Arbeit wichtig ist (bzw. im Falle der öffentlich-rechtlichen Anstalten rechtlich verankert), objektiv zu bleiben. Möglicherweise entsteht dieses Bewusstsein erst im späteren Verlauf der Mediensozialisation. Die Kommunikationswissenschaft ist hier in der Pflicht, mit weiteren Studien, beispielsweise qualitativer Art, für mehr Aufschluss zu sorgen.

Fazit

Es steht gut und schlecht um die Nachrichtenangebote der öffentlich-rechtlichen Medien in Deutschland, folgt man den in diesem Kapitel vorgestellten Befunden. Starke Defizite zeigen sich im Hinblick auf die Reichweite der digitalen Nachrichtenangebote, über alle Altersgruppen hinweg und insbesondere für das ZDF. Doch auch wenn sich für die ARD-Nachrichten ab 2019 ein Aufwärtstrend ergeben hat, gibt nach wie vor nur knapp jede:r Dritte der 18- bis 24-Jährigen an, auf die digitalen Angebote von Tagesschau und Tagesthemen zuzugreifen. Auch Informationsangebote, die extra für die junge Zielgruppe produziert werden, erreichen unter ihnen nur knapp 10 %. Sowohl für den ARD- als auch für den funk-Graphen zeigte sich aber ein Aufwärtstrend, der verspricht, dass die Bemühungen um die jüngeren Nutzer:innen aus den letzten Jahren Früchte tragen. Prognosen sollten aber die besondere Situation berücksichtigen, in der wir uns seit Anfang 2020 befinden. Wie nachhaltig dieser Trend also ist und ob er sich auch über das Ende der Coronapandemie hinaus fortsetzen wird, bleibt abzuwarten.

In diesem Kontext ist es auch wichtig anzumerken, dass Befragungsdaten dafür bekannt sind, die Nutzung insbesondere von Nachrichtenmedien etwas zu überschätzen, da sich Menschen zum einen schlecht erinnern, was sie in der letzten Woche getan haben und da insbesondere im Bereich Nachrichtennutzung mit sozial erwünschtem Antwortverhalten zu rechnen ist. Das heißt, eine seit fünf Jahren stagnierende durchschnittliche Reichweite von circa 7 % über alle digitalen Nachrichtenangebote des ZDF hinweg liegt möglicherweise noch *über* dem realen Wert und lässt einen Anstieg der Nutzung in kommenden Jahren unwahrscheinlich erscheinen.

Auch wenn junge Menschen die öffentlich-rechtlichen Nachrichtenangebote kaum nutzen, wissen sie diese dennoch zu schätzen. Circa 70 % der 18- bis 24-Jährigen sprechen den Hauptnachrichtensendungen von ARD und ZDF ihr Vertrauen aus. Damit liegen sie sogar etwas über den Vertrauenswerten der gesamten Stichprobe. Das Vertrauen der nächstälteren Gruppe, den 25- bis 35-Jährigen, liegt jedoch unter diesem Durchschnitt und es kann an dieser Stelle erneut nur spekuliert werden, warum das so ist. Es wäre nicht unplausibel anzunehmen, dass das hohe Vertrauen der jüngsten Zielgruppe im Rahmen der schulischen und elterlichen Mediensozialisation erlernt wurde – auf eigenen Nutzungserfahrungen kann es im Grunde ja kaum basieren. Möglich wäre dann, dass das positive Image öffentlich-rechtlicher Nachrichtenmedien in der späteren Phase des jungen Erwachsenenalters herausgefordert wird, etwa weil Eltern und Schule ihre Bedeutung als Sozialisationsinstanzen verlieren und andere Einflüsse prägender werden. In jedem Fall genießen die Nachrichtenangebote der öffentlich-rechtlichen Medien in Deutschland aber ein generell hohes Vertrauen, das als gute Grundlage für deren zukünftige Nutzung auch durch junge Erwachsene fungieren kann.

Die hier herausgestellten Unterschiede zwischen Altersgruppen im Hinblick auf die Ansprüche an Unparteilichkeit und Objektivität von Nachrichtenmedien können die diesbezüglich geführte öffentliche Debatte informieren. Grundsätzlich sind dies mehrheitlich anerkannte journalistische Ideale, an denen festzuhalten ist. Allerdings hat eine signifikante Minderheit der jüngeren Generation eine andere Auffassung davon, wie genau diese Unparteilichkeit konkret auszugestalten ist. Nicht jedes Thema kann hier gleichbehandelt werden und schwachen Positionen ist nicht in jedem Fall eine Bühne zu bieten.

Insgesamt sind diese Befunde wichtig für Diskussionen um strukturelle Reformen und inhaltliche Neuausrichtungen der öffentlich-rechtlichen Medienanstalten in Deutschland. Die Idee beispielsweise, das nationale Programm der ARD aufzugeben, sollte reflektiert werden vor dem Hintergrund des Erfolgs, der sich in den letzten Jahren für deren Nachrichtenangebote in den jungen Zielgruppen eingestellt hat. Es ist eine hohe Kunst und harte Arbeit, junge Zielgruppen im digitalen Zeitalter an Informationsmedien zu binden. Öffentlich-rechtliche Medien kämpfen damit in vielen Ländern, auch die BBC in Großbritannien (Schulz et al., 2019). Die hier vorgestellten Daten zeigen deutlich, dass das der ARD besser gelungen ist als dem ZDF.

Im Hinblick auf die inhaltliche Ausgestaltung des Informationsprogramms verweisen die Daten darauf, dass Unparteilichkeit und Objektivität aus Sicht des Publikums nach wie vor einen hohen Stellenwert haben. Im Hinblick auf die junge Zielgruppe erscheint es jedoch so, dass in Bezug auf manche Themen und Positionen eine klare Kante Zuspruch finden könnte. Um welche Themen und welche Positionen es genau geht, muss die Forschung noch beantworten. Entsprechende redaktionelle Entscheidungen verbleiben als ein Balanceakt zu bewerten. Auch ist offen, ob sich ausgerechnet die öffentlich-rechtlichen Programme hier beteiligen sollten oder ob das Feld des Haltungsjournalismus nicht besser allein den privaten Nachrichtenorganisationen überlassen werden sollte.

Literatur

Augustin, Hartmut (2022, Januar 17). Sachsen-Anhalts CDU will „Das Erste" abschalten. Abgerufen am 26.01.2022, von https://www.presseportal.de/print/5123 757-print.html

Autenrieth, Ulla; Künzler, Matthias; & Fehlmann, Fiona (2021). 'Shoulda, Coulda, Woulda': Young Swiss audiences' attitudes, expectations and evaluations of audiovisual news and information content and the implications for public service television. Critical Studies in Television, 16(2), 110–125. https://doi.org/1 0.1177/1749602021998238

Bouhs, Daniel (2021, Juni 21). ARD und ZDF verknüpfen Inhalte ihrer Mediatheken. Abgerufen am 26.01.2022, von https://www.tagesschau.de/inland/ard-zdf-mediathek-101.html

EBU (2021). EBU News Report. What's Next? Public Service Journalism in the Age of Distraction, Opinion & Information Abundance. Abgerufen am 26.01.2022, von https://www.ebu.ch/files/live/sites/ebu/files/Publications/strategic/open/News_report_2021.pdf

Frees, Beate; Kupferschmitt, Thomas; & Müller, Thorsten (2019). ARD/ZDF Massenkommunikation Trends 2019: Non-lineare Mediennutzung nimmt zu. Media Perspektiven, 7–8, 314–333.

Gerlach, Frauke & Eilders, Christiane (2021, 09. April). Gestaltungswille und Wissenslücken – eine Zwischenbilanz zu #meinfernsehen2021. Abgerufen am 26.01.2022, von https://www.meinfernsehen2021.de/onlinebeteiligung/ergebnisse/

Horizont (2019). „Zäsur": Aus der ARD Mediathek soll ein eigenständiger Streaming-Dienst werden. Abgerufen am 26.01.2022, von https://www.horizont.net/medien/nachrichten/zaesur-aus-der-ard-mediathek-soll-ein-eigenstaendiger-streaming-dienst-werden-179328

Internet World Stats. (2019). Internet World Stats. Abgerufen am 26.01.2022, von https://www.internetworldstats.com/stats.htm

Newman, Nic; Fletcher, Richard; Kalogeropoulos, Antonis; Levy, David A. L.; & Nielsen, Rasmus Kleis (2017). Reuters Institute Digital News Report 2017. Reuters Institute for the Study of Journalism, University of Oxford.

Newman, Nic; Fletcher, Richard; Kalogeropoulos, Antonis; Levy, David A. L.; & Nielsen, Rasmus Kleis (2018). Reuters Institute Digital News Report 2018. Reuters Institute for the Study of Journalism, University of Oxford.

Newman, Nic; Fletcher, Richard; Kalogeropoulos, Antonis; & Nielsen, Rasmus Kleis (2019). Reuters Institute Digital News Report 2019. Reuters Institute for the Study of Journalism, University of Oxford.

Newman, Nic; Fletcher, Richard; Schulz, Anne; Andi, Simge; & Nielsen, Rasmus Kleis (2020). Reuters Institute Digital News Report 2020. Reuters Institute for the Study of Journalism, University of Oxford.

Newman, Nic; Fletcher, Richard; Schulz, Anne; Andi, Simge; Robertson, Craig T., & Nielsen, Rasmus Kleis (2021). Reuters Institute Digital News Report 2021. Reuters Institute for the Study of Journalism, University of Oxford.

Schulz, Anne; Levy, David A. L.; & Nielsen, Rasmus Kleis (2019). Old, Educated and Politically Diverse. The Audience of Public Service News. Reuters Institute for the Study of Journalism, University of Oxford.

Sommer, Rupert (2016, September 30). Content-Netzwerk „funk" geht mit 40-Online-Formaten an den Start. Abgerufen am 26.01.2022, von https://kress.de/news/detail/beitrag/136058-jugendangebot-von-ard-und-zdf-content-netzwerk-funk-geht-mit-40-online-formaten-an-den-start.html.

Theobald, Tim (2020, Januar 9). „Jetzt und hier": So will Heimat die junge Zielgruppe für die ARD Mediathek begeistern. Abgerufen am 26.01.2022, von https://www.horizont.net. https://www.horizont.net/agenturen/auftritte-des-tage s/jetzt-und-hier-so-will-heimat-die-junge-zielgruppe-fuer-die-ard-mediathek-begei stern-180001.

Thurman, Neil & Fletcher, Richard (2017). Has Digital Distribution Rejuvenated Readership? Revisiting the age demographics of newspaper consumption. Journalism Studies, 20(4), 542–562. https://doi.org/10.1080/1461670X.2017.1397532

3.4 Exkurs: #meinfernsehen2021 – zur Sicht der Jugendlichen

Tim Gensheimer

Die Diskussion über die Zukunft des öffentlich-rechtlichen Fernsehens wird seit Jahren engagiert geführt, meist jedoch von Expert:innen und Akteur:innen aus Politik und Medien. Mit dem Projekt #meinfernsehen2021 sollte diese „Diskussionsrunde" um die Perspektive der Bürger:innen erweitert werden. Eine Teilnehmerbefragung auf der #meinfernsehen-Plattform im März 2021 gab erste Hinweise, dass die Zukunftsdiskussion nicht den Querschnitt der Bevölkerung erreichte.

Um auch die Perspektive der jüngeren Generation einzufangen, wurde das SINUS-Institut im Frühjahr 2021 beauftragt, drei Online-Fokusgruppen mit Jugendlichen zwischen 14 und 17 Jahren durchzuführen. Die diskutierten Fragestellungen orientierten sich dabei an den Themen, Ideen und Vorschlägen aus den drei Beteiligungsrunden von #meinfernsehen2021: Was bedeutet das „klassische" Fernsehen für die jüngere Generation? Wie wünscht sich die junge Generation das Fernsehen der Zukunft? Wie muss sich das öffentlich-rechtliche Fernsehen zukünftig aufstellen, damit es die (jungen) Zuschauenden in Zukunft weiterhin erreicht?

Hintergrund und Anlage der Studie

Wie sieht das Fernsehen der Zukunft aus? Diese Frage stand im Zentrum der Online-Partizipationsplattform im Projekt #meinfernsehen2021. Die Organisatoren, das Grimme-Institut, die Bundeszentrale für politische Bildung (bpb) und das Düsseldorfer Institut für Internet und Demokratie (DIID) hatten Interessierte eingeladen, zwischen November 2020 und März 2021 an einem dreiphasigen Online-Deliberations-Prozess zur Zukunft des öffentlich-rechtlichen Fernsehens teilzunehmen.

Am Ende dieses Prozesses wurde eine freiwillige standardisierte Evaluationsbefragung durchgeführt, die neben generellen Einstellungen zum öffentlich-rechtlichen Fernsehen und der Bewertung diverser Projekt-Aspekte auch soziodemografische Merkmale wie Geschlecht, Alter und formale Bildung erfasste. Zudem wurde der Sinus-Milieu-Indikator in diese Befragung integriert, damit die Befragungsteilnehmer:innen anhand ihres

Antwortverhaltens bei 29 Einstellungs-Items im Gesellschafts- und Ziel-gruppenmodell der Sinus-Milieus[1] verortet werden konnten. Somit war es möglich, die Milieu-Struktur der Stichprobe auszuweisen.

Die Ergebnisse der Evaluationsbefragung liefern lediglich erste Hinwei-se zur Soziostruktur der Teilnehmer:innen.[2] Verglichen mit der Gesamtbe-völkerung (GIK, 2020) wies die Stichprobe deutliche strukturelle Schwer-punkte hinsichtlich Männern, Teilnehmenden im mittleren Alter und mit hoher formaler Bildung sowie in den bildungsbürgerlichen Sinus-Milieus[3] der Liberal-Intellektuellen und Sozialökologischen und im urban-kreati-ven Sinus-Milieu der Expeditiven auf (vgl. Abb.1).

---

1 Die Sinus-Milieus sind eine Gesellschafts- und Zielgruppentypologie, die Men-schen mit ähnlichen Werten und einer vergleichbaren Lage zu „Gruppen Gleich-gesinnter" zusammenfasst. Die deutsche Gesellschaft besteht demnach aus zehn sozialen Milieus (Flaig / Barth 2018).
2 An der Evaluationsbefragung nahmen 97 Personen teil, eine Vollerhebung aller 637 #meinfernsehen2021-Teilnehmer:innen bzw. aller 1.014 Personen, die sich auf der #meinfernsehen2021-Plattform registriert haben, wurde somit nicht erreicht (Gerlach / Eilders, 2021).
3 Im Oktober 2021 veröffentlichte das SINUS-Institut ein aktualisiertes Milieumo-dell für die erwachsene Wohnbevölkerung in Deutschland (SINUS-Institut, 2021). Die genannten Milieus der Liberal-Intellektuellen und Sozialökologischen wuch-sen zu einem Postmateriellen Milieu zusammen, das Milieu der Expeditiven be-steht weiterhin.

Online-Befragung der Teilnehmer:innen von #meinfernsehen2021

Methode und Stichprobe

 Zielgruppe:

Deutsche Wohnbevölkerung ab 14 Jahre

 Methode:

- Stichprobengröße: n = 97 Fälle
- Standardisierte CAWI-Befragung unter Teilnehmer:innen des Online-Projektes #meinfernsehen2021
- Integration der Sinus-Milieus®

 Erhebung:

Feldzeit: März / April 2021

 Stichprobenstruktur (in %):

Geschlecht	Stichprobe	Deutschland
Weiblich	16	51
Männlich	76	49
Divers / k.A.	8	
Altersgruppen		
14-29 Jahre	7 (mind. 24 J)	21
30-39 Jahre	8	15
40-49 Jahre	13	15
50-59 Jahre	29	19
60-69 Jahre	21	14
70 Jahre und älter	20 (max. 88 J)	17
Bildung		
Niedrig	4	37
Mittel	19	30
Hoch	74	33
Divers / k.A.	3	

Sinus-Milieus®	Stichprobe	Deutschland
Konservativ-Etablierte	6	10
Liberal-Intellektuelle	22	7
Performer	7	8
Expeditive	18	9
Adaptiv-Pragmatische	0	12
Sozialökologische	25	7
Bürgerliche Mitte	3	13
Traditionelle	9	11
Prekäre	6	9
Hedonisten	4	16

Ergebnis:

Schwerpunkt bei Männern, mittelhohes Alter, Akademiker:innen und in den Sinus-Milieus® der Liberal-Intellektuellen, Sozialökologischen und Expeditiven

Abbildung 1: Stichprobenstruktur der Evaluationsbefragung von #meinfernsehen2021.

Um auch die Perspektive der jüngeren Generation zu den Themen und Diskursen von #meinfernsehen2021 einzufangen, wurde das SINUS-Institut im Frühjahr 2021 beauftragt, drei Online-Fokusgruppen mit Jugendlichen durchzuführen.

Im April 2021 wurden drei Online-Fokusgruppen mit insgesamt 19 Jugendlichen im Alter zwischen 14 und 17 Jahren durchgeführt, jeweils für die Dauer von zwei Stunden. Bei der Auswahl der Befragten wurde auf ein ausgewogenes Verhältnis bzgl. Geschlecht, regionaler Herkunft und Stadt-Land-Herkunft geachtet. Um Bildungs- und Alterseffekte zu identifizieren, unterschieden sich die Fokusgruppen hinsichtlich Alter und (angestrebtem) formalem Bildungsniveau (niedrig vs. hoch)[4]:

- Gruppe 1: vier Frauen, drei Männer, 14–15 Jahre, Abitur anstrebend
- Gruppe 2: zwei Frauen, drei Männer, 14–17 Jahre, Hauptschule oder vergleichbarer Abschluss (bereits erreicht oder anstrebend)
- Gruppe 3: vier Frauen, drei Männer, 16–17 Jahre, Abitur anstrebend

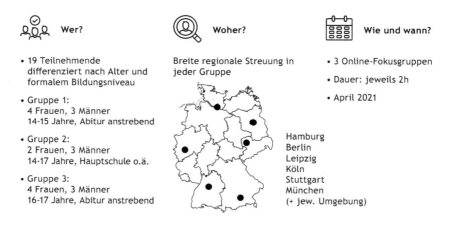

Jugendforschung zu #meinfernsehen2021
Methode und Stichprobe

Wer?
- 19 Teilnehmende differenziert nach Alter und formalem Bildungsniveau
- Gruppe 1:
  4 Frauen, 3 Männer
  14-15 Jahre, Abitur anstrebend
- Gruppe 2:
  2 Frauen, 3 Männer
  14-17 Jahre, Hauptschule o.ä.
- Gruppe 3:
  4 Frauen, 3 Männer
  16-17 Jahre, Abitur anstrebend

Woher?
Breite regionale Streuung in jeder Gruppe

Hamburg
Berlin
Leipzig
Köln
Stuttgart
München
(+ jew. Umgebung)

Wie und wann?
- 3 Online-Fokusgruppen
- Dauer: jeweils 2h
- April 2021

Abbildung 2: Methode und Stichprobe der Jugendforschung zu #meinfernsehen2021.

Damit die qualitative Forschung mit Jugendlichen das Projekt #meinfernsehen2021 möglichst gut ergänzt, orientieren sich die zentralen Forschungsfragen stark an den Themen, Ideen und Vorschlägen aus den drei Beteiligungsrunden von #meinfernsehen2021:

1. Was bedeutet das „klassische" Fernsehen für die jüngere Generation?
2. Wie wünscht sich die junge Generation das Fernsehen der Zukunft?

---

4 Bei der Interpretation der folgenden Ergebnisdarstellung (insbes. bei Häufigkeiten) ist zu berücksichtigen, dass mehr Aussagen – und somit differenziertere Befunde – von bildungsnahen Jugendlichen (2 Fokusgruppen mit 14 Teilnehmer:innen) vorliegen als von bildungsfernen Jugendlichen (1 Fokusgruppe mit 5 Teilnehmer:innen).

3. Wie muss sich das öffentlich-rechtliche Fernsehen zukünftig aufstellen, damit es die (jungen) Zuschauenden in Zukunft weiterhin erreicht?

Während mit der ersten Frage die Bedeutung und Nutzung des (öffentlich-rechtlichen) Fernsehens im Alltag der Jugendlichen im Allgemeinen erfasst wird, widmen sich die anderen beiden Fragen stärker dem Projekt #meinfernsehen2021, indem sie den Blick in die Zukunft des Fernsehens richten: Zum einen werden die Themen Unterhaltung und Information sowie Zugang und Nutzung von Fernsehen aufgegriffen (vgl. Beteiligungsrunde 1 und 2). Zum anderen wurden acht ausgewählte Thesen zum Fernsehen der Zukunft (vgl. Beteiligungsrunde 3) diskutiert. Die Forschungsfragen wurden von den Autoren dieses Beitrags in enger Abstimmung mit den #meinfernsehen2021-Verantwortlichen in einem jugendgerechten Themenkatalog operationalisiert. Dieser Themenkatalog lieferte einen Gesprächs-Leitfaden für die Online-Fokusgruppen, spontane Äußerungen der Teilnehmer:innen hatten jedoch Vorrang. Die Fokusgruppen wurden vom Autor dieses Beitrags geleitet.

Alle Teilnehmer:innen wurden mit Unterstützung langjähriger Feld-Partner des SINUS-Instituts rekrutiert und erhielten für ihre Teilnahme eine Aufwandsentschädigung. Die Fokusgruppen wurden auf der Online-Konferenzplattform „SINUS Digital-Salon" durchgeführt, die europäische Datenschutzstandards einhält. Sowohl für die Teilnahme an den Online-Fokusgruppen als auch für die Weitergabe der Videoaufzeichnungen und Transkripte an die Projektverantwortlichen von #meinfernsehen2021 wurde die Einverständniserklärung der jugendlichen Teilnehmer:innen als auch ihrer Erziehungsberechtigten eingeholt.

Die Ergebnisse der qualitativen Jugendforschung wurde den Auftraggebern als Bericht aufbereitet und Überschneidungen bzw. Unterschiede zwischen bildungsfernen und bildungsnahen Gruppen aufgezeigt. Dafür wurden die Transkripte aller Fokusgruppen inhaltsanalytisch ausgewertet. Die Äußerungen der Teilnehmer:innen sind in sinnzusammenhängenden Kategorien bzw. Überbegriffen zusammengefasst.

Dieser Beitrag fasst die Antworten auf die Forschungsfragen zusammen. Dabei werden typische Zitate der Befragten anonymisiert zur Illustration ausgewiesen.

Tim Gensheimer

Fernsehen im Alltag von Jugendlichen – Fernseh-Verhalten, „gutes" und
„schlechtes" Fernsehen, öffentlich-rechtliches vs. privates Fernsehen

Fernseh-Verhalten

Die befragten Jugendlichen sind keine „TV-Junkies". Antworten auf die
Frage, „Wie häufig schaut ihr Fernsehen?", verdeutlicht, dass zwar alle Befragten lineares TV schauen. Allerdings konkurriert das lineare Fernsehen
mit analogen Freizeitaktivitäten rund um Freunde, Familie und Schule
und hinsichtlich Bewegtbild-Content mit Streaming-Diensten und Social
Media um die Aufmerksamkeit und Zeit(-Souveränität) der Jugendlichen
– und verliert meistens. Bildungsferne Befragte nutzen klassisches Fernsehen noch etwas häufiger und regelmäßiger als die bildungsnahen Befragten.

Den bildungsnahen Jugendlichen sind mehr TV-Genres geläufig als
den bildungsfernen Jugendlichen. Von den Bildungsnahen werden die
seriösen Genres bzw. die klassischen Informationsgenres (Nachrichten &
Information, Reportagen & Dokus, Satire) häufiger genannt als von den
Bildungsfernen. Die bildungsfernen Jugendlichen hingegen haben eine
stärkere Affinität zu den Genres Doku-Soaps und Action & Abenteuer.

Basierend auf den proaktiven Nennungen der Befragten gibt es nur
wenige Sendungen, die gleichermaßen von bildungsnahen und bildungsfernen Jugendlichen (zumindest hin und wieder) geschaut werden. Dazu
gehören Germany's Next Topmodel, Tagesschau, heute, Verstehen Sie
Spaß? und Gute Zeiten, Schlechte Zeiten. Typische Sendungen, die in den
bildungsnahen Gruppen genannt wurden, stammen v.a. aus dem Genre
Reality/Scripted Reality (z. B. Love Island, Ich bin ein Star – Holt mich
hier raus, Beauty and the Nerd) oder Quiz/Wissen/Edutainment (Wer weiß
denn sowas? Frag doch mal die Maus, Galileo). Typische Sendungen, die in
der bildungsfernen Gruppe genannt wurden, stammen aus dem Genre der
Doku-Soaps (z. B. Mein Kind, Dein Kind, 112: Feuerwehr im Einsatz, A2 /
A8 – Abenteuer Autobahn).

Doch warum schauen Jugendliche Fernsehen? Zentrale Motive sind bil-
dungsunabhängige Unterhaltung/Entertainment und Information/Wissen
(vgl. Abb. 2).

178

Warum wird TV geschaut?

Zusammenführung aus mehreren Fragestellungen

Abbildung 3: Warum wird TV geschaut? Anlässe bzw. Benefits des TV-Schauens, Ergebniszusammenführung aus mehreren Fragestellungen.

Die bildungsnahen Befragten führen ein breiteres Spektrum an Motiven an, weshalb sie TV schauen. Sie betonen neben Aspekten rund um Entertainment und Wissenstransfer zudem Eskapismus, soziale Aspekte (Vergemeinschaftung/Gemeinschaftsgefühl mit Familie und Freunden) und die Entwicklung der eigenen Persönlichkeit.

Typische Zitate aus den Online-Fokusgruppen zur Illustration

„Ich gucke die meiste Zeit Fernsehen, um meine Zeit zu verschwenden, aber währenddessen könnte ich auch rausgehen und Basketball spielen oder Playstation spielen." (M, 14 Jahre, Land, bildungsfern).

„Auch bei DSDS [Deutschland sucht den Superstar], da kann man sich auch ein bisschen drüber lustig machen, wenn die so …, auch wenn es gemein klingt, aber wenn die sich …, wenn die so gar nicht singen können oder totalen Quatsch da machen" (W, 14 Jahre, Stadt, bildungsnah).

„Wenn ich mit meiner Familie einen Film gucke, der im Interesse von allen ist, dann ist es ein Ort, wo man zusammenkommt, Zeit miteinander verbringt" (W, 17 Jahre, Stadt, bildungsnah).

„Bei mir sind es meistens Nachrichten, weil da meistens alles gut zusammengefasst wird. Da Bilder noch dabei sind, was besser ist, als es im Radio zu hören" (M, 16 Jahre, Stadt, bildungsnah).

„Ich möchte auch unbedingt mal ins Ausland, am besten mal nach Amerika, deswegen gucke ich mir sowas auch immer gerne an" (W, 17 Jahre, Stadt, bildungsnah).

„Gutes" und „schlechtes" Fernsehen

Wie ist gutes Fernsehen? Wie ist schlechtes Fernsehen?

Kaum Bildungsunterschiede in den genannten Dimensionen

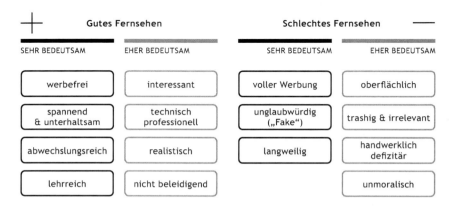

Abbildung 4: Merkmale von gutem und schlechtem Fernsehen.

Gefragt nach den Merkmalen von „gutem" Fernsehen und „schlechtem Fernsehen" gibt es kaum Bildungsunterschiede in den genannten Dimensionen (siehe Abb. 3). „Gutes" Fernsehen bedeutet vor allem Spannung, Unterhaltung und Abwechslung, keine Werbung sowie Vermittlung von Wissen. Das Fernsehen ist in beiden Bildungsgruppen für die Vermittlung seriöser Informationen relevant. Nachgelagert spielen auch Aspekte wie handwerkliche bzw. technische Professionalität, realistische Darstellungen und wertschätzender Umgang mit bzw. unter Protagonist:innen eine Rolle.

Typische Zitate aus den Online-Fokusgruppen zur Illustration

„Für mich ist gutes Fernsehen, wenn es mir die Zeit vertreibt und ich mich nicht langweile währenddessen." (W, 14 Jahre, Stadt, bildungsfern).

„Das Programm muss sehr abwechslungsreich sein, und es muss einen am Bildschirm halten. Da finde ich es noch nicht mal wichtig, dass es einen bildet, sondern man muss einen Grund sehen, warum man sich das anschaut. Das kann eine Doku auf arte sein, aber auch „Promis unter Palmen". Ich denke, den Ausgleich braucht es, weil das in uns viele verschiedene Dinge anspricht und wenn nur eine Seite angesprochen wird, dann glaube ich, ist das auf Dauer langweilig." (M, 16 Jahre, Land, bildungsnah).

„Schlechtes Fernsehen" bedeutet entsprechend die Umkehr von „gutem Fernsehen": Häufig genannt werden Merkmale wie viel Werbung, unglaubwürdig/fake, langweilig, aber auch oberflächliche oder irrelevante Information.

Typische Zitate aus den Online-Fokusgruppen zur Illustration

„In erster Linie ist es wirklich dieses Werbungding, weil es macht keinen Spaß, Fernsehen zu schauen, wenn alle fünf oder zehn Minuten Werbungen laufen" (W, 17, Stadt, bildungsnah).
„Trash TV sind auch nicht die Sachen, die einen groß bilden, 10–15 Uhr RTL Programm mit Frauentausch usw., was ja teilweise auch gescriptet ist. Von daher zweifelt man an der Glaubwürdigkeit und es gibt deutlich bessere Sachen, die man gucken kann" (W, 17, Stadt, bildungsnah).
„[In TV-Talkshows], also deswegen höre ich z. B. lieber Podcasts oder so, wird oft nicht genug Raum gegeben für Meinungen und es werden nur kurze Statements genannt und diese werden nicht richtig begründet. Generell, wenn man Sachen Raum gibt im Fernsehen, ohne sie auszuführen, finde ich das schwierig" (W, 15, Stadt, bildungsnah).

Öffentlich-rechtliches vs. privates Fernsehen

Die Begriffe „Öffentlich-rechtliches TV" und „Privates TV" sind den meisten Jugendlichen spontan bekannt. Eine Diskussion zu den Unterschieden nimmt aber erst nach Vorstellung von Definitionen und Senderbeispielen Fahrt auf.
   Aus Sicht der befragten Jugendlichen liegt der Fokus bei den Öffentlich-Rechtlichen Sendern auf Information (z. B. mehr seriöse Nachrichten, mehr Dokus und Regionales). Die Bedeutsamkeit und der Mehrwert des öffentlich-rechtlichen Fernsehens für die gesamte Bevölkerung – und damit im Grunde der Bildungsauftrag – werden erkannt. Das öffentlich-

rechtliche TV hat aus Sicht der Befragten eine seriösere und ruhigere Anmutung. Bei fiktionaler Unterhaltung werden Schwerpunkte in eigenen
bzw. deutschen Produktionen erkannt. Es wird weniger Werbung wahrgenommen, wovon eine geringere Profit-Orientierung abgeleitet wird. Als
Zielgruppe der Öffentlich-Rechtlichen werden primär Ältere und formal
Hochgebildete gesehen.

Bei Privat-Sendern steht für die Befragten hingegen Unterhaltung (z. B.
Blockbuster, Serien, Trash TV, Infotainment) im Vordergrund. Die Jugendliche nehmen eine buntere, auffälligere und kommerzielle Anmutung
wahr, was sie darauf zurückführen, dass die Menschen dadurch besser
zum Einschalten „geködert" werden können. Als weitere Merkmale privat-
wirtschaftlichen Fernsehens sehen die Befragten mehr Gewinnspiele und
Eigenwerbung sowie einen höheren Anteil an gescripteten Formaten. Des
Weiteren nehmen die Jugendlichen wahr, dass fiktionale Unterhaltung
meist aus dem Ausland (v.a. aus den USA) stammt. Sie gilt als ähnlich
interessant wie der Content von Streaming-Anbietern. Die Werbung bei
privaten TV-Sendern wird als sehr störend wahrgenommen. Als Zielgruppe der Privaten wird primär die jüngere Generation gesehen.

Typische Zitate aus den Online-Fokusgruppen zur Illustration

„Im öffentlich-rechtlichen Fernsehen könnte es sich auch um Corona
handeln vielleicht, weil die ganze Menschheit davon erfahren sollte.
Und privates Fernsehen ist eher so zum Chillen gedacht" (M, 14,
Land, bildungsfern).

„Mir fallen schon Unterschiede in den Nachrichten auf. Öffentliche
haben oft allgemeine Nachrichten drin. Auf Privaten werden auch
Infos gebracht, die vielleicht über C-Promis sind. Dinge, die nicht als
die wichtigsten Punkte gelten. Die Nachrichten-Richtung ist einfach
noch ein bisschen anders, obwohl sie auch die wichtigsten Sachen
abdeckt" (W, 17 Jahre, Stadt, bildungsnah).

„Auf ZDF, wenn ich da mal aus Versehen drauf switche, dass da
eigentlich immer Dokumentation oder so was ist, und wenn ich [...]
bei ProSieben oder so vorbeigehe, dann sehe ich da immer Galileo
oder irgendwas, was vielleicht einem nicht so viel beibringt wie Dokumentation" (M, 14 Jahre, Stadt, bildungsnah).

„Ich würde sagen [bei privaten Sendern], so ein bisschen auffälliger,
vielleicht bunter, oder dass so ein bisschen mehr los ist, auch von
der Bearbeitung her. Und weniger professionell wirkt das vielleicht
manchmal auf den ersten Blick, z. B. wenn man Galileo mit anderen
Wissenssendungen vom ZDF oder so vergleicht. Und mehr so, als

würde man versuchen, den Zuschauern [die Sendung] zu verkaufen vielleicht" (W, 15, Stadt, bildungsnah).

„Ich denke auch die Zielgruppe ist altersmäßig ziemlich verschieden, und die Öffentlichen wollen mehr bilden, weil sie ja schon viele Bildungsserien haben, mehr als ProSieben oder RTL" (M, 16, Stadt, bildungsnah).

Projekt #meinfernsehen2021 – Unterhaltung, Information, künftiger Zugang und Nutzung von Fernsehen

Bei der Frage „Sollte TV eher informieren oder unterhalten?" geben alle Befragten eine klare Antwort – Fernsehen soll informieren und unterhalten. Die bildungsnahen Jugendlichen befürworten dabei etwas eher ein unterhaltungsorientiertes Fernsehen und die bildungsfernen Jugendlichen ein informationsorientiertes Fernsehen.

Dieser Anspruch steht im Gegensatz zu dem tatsächlichen Fernsehverhalten, da bildungsnahe Jugendliche sowohl Informations- als auch Unterhaltungssendungen konsumieren und bildungsferne Jugendliche eher Unterhaltungssendungen. Daraus ableiten ließe sich, dass Bildungsferne sich durchaus im Fernsehen informieren möchten, aber bisher kein geeignetes Format gefunden haben. Zu beachten ist, dass das Verständnis von „Information" von bildungsfernen Jugendlichen vermutlich breiter und alltagsbezogener ausfällt (Doku-Soaps, Edutainment, Infotainment) als das Informations-Verständnis von bildungsnahen Jugendlichen (Nachrichten, Dokus).

Unterhaltung

Unter „guter" Unterhaltung verstehen sowohl die bildungsnahen als auch die bildungsfernen Befragten Inhalte, die Zuschauer:innen emotional ins Geschehen hineinziehen und binden (Spannungsbogen aufbauen und halten). Wichtig ist dabei auch, dass es keine Werbeunterbrechungen gibt.

Darüber hinaus schätzen bildungsnahe Jugendliche auch künstlerisch-intellektuelle Stimulation und Satire und fühlen sich von „sozialvoyeuristischen" bzw. Guilty Pleasure-Formaten gut unterhalten. Bildungsferne Jugendliche flüchten mittels Unterhaltungs-TV aus der Alltags-Langeweile. Als „gute" Unterhaltung gelten in dieser Gruppe zudem niedrigschwellige

Informationsformate mit ausgeprägtem Realitätsbezug („Echtheit", Real-Life Drama, „Geschichtchen statt Geschichte").

Typische Zitate aus den Online-Fokusgruppen zur Illustration

„Auch Drama, dass man mitfiebern kann, oder auch, dass man in einem Film sich richtig fühlt, als sei man dabei, oder sich vielleicht auch erschreckt bei einem Horrorfilm oder so. Ja, dass man einfach total im Film oder in der Serie drin ist" (W, 14 Jahre, Stadt, bildungsnah).

„Bei der Werbung ist die Frage, wie lange sie ist, aber auch wenn sie in kurzen Abständen, weniger als zehn Minuten kommt, da lohnt es sich nicht, das im Fernsehen zu gucken, vor allem wenn ich es dann auch auf Netflix oder anderen Streaming-Portalen gucken kann. Die Abstände müssen größer sein, damit es überhaupt Spaß macht, sich das anzugucken" (W, 17 Jahre, Land, bildungsnah).

„Mich unterhält meistens etwas, wenn es spannend ist oder wenn ich mir Gedanken über etwas machen kann. Zum Beispiel auch wenn es Drama gibt in Filmen oder Serien. Genau, oder auch bei der Unterhaltung, wenn ich mich auch über etwas informieren kann oder so mitfiebern kann, weil z. B. auch Sport. [...] Wenn man mit überlegen kann und ich gleichzeitig etwas lerne bei Unterhaltung, finde ich, ist es immer gut" (W, 14 Jahre, Stadt, bildungsnah).

„Bei Sendungen wie „GNTM" [Germany's next Topmodel] habe ich vor allem die letzten Jahre immer gesagt, dass ich es nur aus Ironie gucke, um mich darüber lustig zu machen, bis mir irgendwann aufgefallen [ist], dass es mich tatsächlich ganz gut unterhält, und ich glaube, das ist bei „Hilf mir" auch ein bisschen so" (W, 17 Jahre, Stadt, bildungsnah).

„Ich gucke gerne „Mein Kind, Dein Kind im Vergleich", das ist eine eigene Sendung, die läuft täglich. Ich gucke gerne zu, wie der Unterschied verschiedener Erziehungsmethoden der Eltern ist" (W, 14 Jahre, Stadt, bildungsfern).

„Es gibt Dokus, die sind zu sehr Doku, da geht es mehr so Bam, Bam, Bam wie im Gesichtsunterricht. Andere sind locker. Oder bei A8 Autobahn, wo noch ein Unfall passiert und dies und das noch. Das ist Unterhaltung, finde ich" (M, 14 Jahre, Stadt, bildungsfern).

„Gute" Unterhaltung finden beide Gruppen bei den großen öffentlich-rechtlichen und privaten Sendern oder Streaming-Diensten. Während bildungsnahe Jugendliche „gute" Unterhaltung zudem in einem breiten Mix aus öffentlich-rechtlichen (Sparten-)Sendern und auch vereinzelt privaten

(Sparten-) Kanälen finden, liegt der Fokus von „guter" Unterhaltung bei bildungsfernen Jugendlichen bei privaten Sendern.

Die Frage, ob es ausreichend Jugendangebote im Fernsehen gibt, ist kaum relevant für Jugendliche. Sowohl bildungsnahe als auch bildungsferne Jugendliche konsumieren als explizit „jugendlich" bezeichnete Inhalte ohnehin online und unabhängig von festen Sendezeiten, v.a. bei großen Streaming-Anbietern. Bildungsnahe Jugendliche regen an, dass Jugend-Angebote online stärker ausgebaut werden sollten, z. B. von funk. Bildungsferne Jugendliche sind darüber hinaus der Meinung, dass es gut ist, dass im Fernsehen Kinder- und Jugendsendungen von früher wiederholt werden. Einige Jugendliche regen an, dass solche Returns häufiger gezeigt werden sollten.

Im Großen und Ganzen werden von den Jugendlichen keine wesentlichen Defizite in der Unterhaltungs-Landschaft im Fernsehen identifiziert. Für bildungsnahe Jugendliche betreffen Potenziale v.a. individuell relevante Partikularinteressen oder Hobbys (z. B. Trend-Sportarten, die selbst betrieben werden; Mental Health/(alltags-)psychologische Hilfestellung).

Information

Der Nachrichtenkonsum und die Informationsbeschaffung verlaufen bei allen befragten Jugendlichen, unabhängig vom Bildungsniveau, vorrangig „nebenbei" über Familie, Freunde oder Schule. Teilweise konsumieren bildungsnahe Jugendliche gezielt Nachrichten zu persönlich relevanten Themen oder sie suchen proaktiv Informationen dazu, bspw. im TV, online oder über Podcasts. Unter den befragten bildungsfernen Jugendlichen werden Nachrichten kaum gezielt rezipiert. Sie sind in dieser Gruppe bestenfalls Lückenfüller oder werden sporadisch mit den Eltern „mitgeschaut".

Eine „gute" Nachrichtensendung zeichnet sich für alle Befragten vor allem dadurch aus, dass Inhalte sachlich, seriös und kompakt dargestellt werden und einfach zu verstehen sind. Weitere Erwartungen zielen auf Themenvielfalt, gute Recherche, Berichterstattung über regionale und internationale Ereignisse, Kontextualisierung und Hintergründe von Ereignissen, angemessene Ausführlichkeit in der Berichterstattung und eine professionelle Aufmachung ab.

Typische Zitate aus den Online-Fokusgruppen zur Illustration

„Ich denke, eine gute Nachrichtensendung umfasst viele Themen und behandelt sie auch sachlich. Dass das, was passiert ist, sachlich dargestellt wird und nicht irgendwie übertrieben wird und dass das ganz groß dargestellt wird, obwohl es vielleicht gar nicht so schlimm ist. Oder ob ein Problem verkleinert wird, das eigentlich viel wichtiger wäre" (W, 15 Jahre, Stadt, bildungsnah).

„Dass man das [die Nachrichten] schnell kurz zusammenfassend rüberbringt. [...] Deswegen sind gute Nachrichten, wenn sie kurz sind, und dann ist gut. Bei den schlechten fällt mir nur ein, dass sie alles in die Länge ziehen" (M, 14 Jahre, Stadt, bildungsfern).

„Ich finde, es kommt in erster Linie darauf an, dass man auch versteht, wovon geredet wird, weil es bringt mir nichts, wenn die in den übelsten Fachbegriffen reden und ich im Endeffekt trotzdem nicht weiß, worum es geht" (W, 17 Jahre, Stadt, bildungsnah).

„Ich muss sagen, dass ich z. B. der Tagesschau schon sehr vertraue, einfach, weil die immer sehr gut recherchiert sind. Und das ist einfach die größte Nachrichtensendung, die es in Deutschland gibt. Und deshalb, ja, schaue ich gar keine anderen Sendungen, wo ich mir Gedanken machen würde. Aber sonst, denke ich, merkt man relativ schnell an der Art und Weise, wie das aufgemacht ist, auch wie es produziert ist und so, wie hochwertig das ist, wie gut dann auch die Nachrichten sind" (W, 15 Jahre, Stadt, bildungsnah).

„Ich finde es auch gut, wenn es Nachrichten aus der ganzen Welt gibt. Der Hauptfokus sollte auf meiner Region und meinem Land liegen, aber ich finde es auch interessant, mitzubekommen, was in anderen Ländern auf anderen Kontinenten passiert, und was da so Wichtiges abgeht" (W, 17 Jahre, Stadt, bildungsnah).

„Ich schaue manchmal Nachrichten, aber ich finde es im Internet praktischer, weil ich da genau nach dem Punkt suchen kann, der mich interessiert. Wenn ich Tagesschau gucke, muss ich alles gucken bis zu meinem Punkt, der mich interessiert. Im Internet kann ich genau das finden, ohne noch anderes hören zu müssen, das ist einfach einfacher. Manchmal schaue ich mir dann kurze Videos an oder auch kurze Texte, oft auch von der Seite der Tagesschau, aber das ist einfach kompakter und simpel, um sich kurz zu informieren" (W, 17, Stadt).

Talkshows sind für Jugendliche tendenziell weniger relevant, selten werden diese nebenher mit den Eltern mitgeschaut. Ausnahmen werden bei persönlich relevanten Themen gemacht. Auch öffentlich-rechtliches Regionalfernsehen ist weniger interessant. Die Befragten gehen davon aus, dass sie regionale Informationen über andere Kanäle mitbekommen, v.a. über das soziale Nahumfeld (Freunde, Familie oder Schule). Bei einer Nachricht interessiert vorrangig das Thema, der regionale Bezug ist weniger wichtig. Grundsätzlich erkennen Jugendliche jedoch den Nutzen bzw. die Notwendigkeit von Talkshows und Regionalfernsehen für andere Teile der Bevölkerung an.

Typische Zitate aus den Online-Fokusgruppen zur Illustration

„Ich finde Talkshows eher langweilig. Wie die über Themen reden, die mich meistens sowieso nicht interessieren. Wenn sie dann mal über [interessante] Themen reden, dann kann man auch nicht mitdiskutieren, und das ist langweilig" (M, 14 Jahre, Land, bildungsfern).

„Ich schaue keine Talkshows. Das Äquivalent zu Talkshows sind für mich Podcasts, deswegen höre ich mir die lieber an, weil ich mir da nicht noch zwingend ein Bild anschauen muss. Weil im Bild passiert ja nicht unbedingt was bei Talkshows. Deswegen, finde ich, kann man da auf das Bild verzichten und sich vielleicht lieber ein Podcast mit dem gleichen Thema suchen und sich das nebenbei anhören, während man was anderes macht. Weil, wenn man Fernsehen schaut, dann ist man immer so an den Bildschirm gefesselt. Und guckt sich dann an, wie die Menschen reden, aber es passiert nichts" (W, 17 Jahre, Stadt, bildungsnah).

„[Regionalfernsehen] ist jetzt nicht so interessant. Das bekommt man eigentlich immer anderweitig mit, vor allen Dingen auch in der Großstadt. Das ist eigentlich […] nicht wirklich so nötig, wie ich finde" (M, 15 Jahre, Land, bildungsnah).

Künftiger Zugang und Nutzung

Auch wenn die Affinität zu klassischem, linearem Fernsehen unter Jugendlichen eher schwach ausfällt, möchte es niemand „abschaffen". Es bleibt besonders als „Lagerfeuer-Aktivität" mit Familie und Freunden bedeutsam. Gemeinsame TV-Erlebnisse schaffen Nähe und Verbundenheit (Gruppenerlebnis, -dynamik, gemeinsame *taste culture*) und inspirieren zum Austausch (intellektuelle Stimulation). Das Genre der Sendung spielt teilweise eine Rolle: Lustige Unterhaltungssendungen werden mit anderen geschaut (v.a. mit Freunden), spannende Sendungen und Informationssendungen werden hingegen bevorzugt alleine geschaut (keine Ablenkung/Spoiler durch andere, eigene Interessen können verfolgt werden).

Tendenziell machen bildungsnahe Befragte die Entscheidung zwischen „Alleine schauen" vs. „Gemeinsam schauen" vom Genre des Contents abhängig, während bildungsferne Befragte hier weniger differenzieren und generell das gemeinsame Beisammensein mit Freunden und Familie stärker schätzen.

Daneben soll aus Jugendsicht klassisches TV auf verschiedenen Online-Plattformen oder als App verfügbar sein. Online-Plattformen/Streaming-Dienste werden genutzt, um Content alleine (Vereinzelungsaktivität) oder flexibel (Unabhängigkeit von Nutzungsort und -zeit) konsumieren zu können. Essentiell hierbei ist eine einfache Nutzerführung (Convenience).

Typische Zitate aus den Online-Fokusgruppen zur Illustration

> „Für mich ist es natürlich immer cool, wenn ich irgendwas mit Freunden gucke, weil z. B. wenn da irgendwas Witziges passiert, können wir auch immer darüber Witze machen, und das ist auch immer cool. Dadurch steht man sich auch immer näher, wenn man gegenseitig immer Insider hat, und dadurch versteht man sich auch, finde ich, immer besser. [...] Dann langweilt man sich auch vielleicht nicht so stark, wenn es einen nicht so sehr interessiert" (M, 14 Jahre, Stadt, bildungsnah).

> „Ich hätte auch kein Problem damit, wenn meine Geschwister dieselbe Sendung gucken wie ich. Ich finde es sogar besser, wenn meine Geschwister und meine Freunde dasselbe gucken wie ich, weil, wenn wir uns dann wieder treffen, könnten wir auch darüber reden" (M, 14 Jahre, Land, bildungsfern).

Die Mediatheken der öffentlichen-rechtlichen Sender sind den befragten Jugendlichen bekannt, werden aber nur vereinzelt genutzt – die großen Streaming-Anbieter werden für non-linearen Konsum präferiert. Bildungsnahe Jugendliche nutzen die Mediatheken gezielt für den zeit-souveränen Konsum von Serien oder Informationsangeboten. Generell wird das Mediathek-Angebot als Angebot für Ältere bzw. wenig zeitgeistig erkannt. Bildungsferne Befragte äußern den Wunsch nach einer senderübergreifenden Online-Plattform (alternativ: YouTube).

Typische Zitate aus den Online-Fokusgruppen zur Illustration

> „Ich muss sagen, dass ich sie [die Mediathek] relativ oft benutze, mehr wie so einen Streamingdienst, weil viele Serien auch, gibt es dort. Ich muss sagen, dass ich gerade bei Serien jetzt nicht so ein Mensch wäre, der dann jede Woche zu der bestimmten Zeit den Fernseher anschal-

tet, sondern dann schaue ich eher in der Mediathek, wenn es mir gerade passt, die Serie. Und sonst schaue ich mir auch gerne Sendungen an, die eher abends oder nachts laufen, […] in der Schulzeit, ja, weil ich in der Zeit dann einfach schlafe" (W, 15, Stadt, bildungsnah).

„Ich finde, es kommt generell auf die Themen und auf die Auswahl an. Ich glaube, die [Mediatheken] haben auch nicht so viel, was Leute in unserem Alter so interessieren könnte und Netflix bietet viel mehr an, glaube ich. Ich bin nicht so oft auf den Mediatheken, deswegen weiß ich gar nicht so genau, was da ist, aber ich denke, ich und meine Freunde schauen eher auf Netflix und dann redet man auch drüber und zu mir hat noch nie jemand gesagt: „Du musst Dir die Serie auf ARD angucken". Es sind keine Trends" (W, 16 Jahre, Land, bildungsnah).

„Immer, wenn ich die [Mediathek] geöffnet habe, werden irgendwelche belanglosen Themen, die mich gar nicht interessieren, angezeigt. Rote Rosen Folge 1.015 oder so. Deshalb geht man wirklich nur gezielt, wenn man was sucht, in diese Mediatheken rein und guckt nicht einfach mal so was einem gefällt, wenn das Erste, was kommt, eher das TV ist, was sich ältere Leute anschauen" (M, 16, Land, bildungsnah).

„Ich persönlich fände es auch besser, wenn alles auf einer App wäre und nicht auf fünf verschiedenen. Das wäre […] angenehmer, als jedes Mal zwischen den Apps zu wechseln" (W, 14 Jahre, Stadt, bildungsfern).

Thesen-Diskussion: Fernsehen der Zukunft

In der dritten Beteiligungsrunde wurden auf der #meinfernsehen2021-Plattform 22 Thesen zur Zukunft des Fernsehens zur Abstimmung und Diskussion eingestellt, die die Ergebnisse der vorangegangenen Projektphasen zusammenfassten. Acht dieser Thesen wurden auch in den Online-Fokusgruppen diskutiert.

Aus zeitlichen Gründen wurden in jeder Fokusgruppe vier ausgewählte Thesen erörtert, woraus folgt, dass einige Aussagen in allen drei Fokusgruppen besprochen wurden und andere Thesen in zwei oder einer Gruppe vorgestellt wurden.

Im Folgenden sind die Thesen bzw. ihre Diskussion nach absteigender Zustimmung zusammengefasst.

These: Für die Talkshows braucht es frische Ideen für Formate,
neue Moderierende und regelmäßige Innovationen

Der These, dass Talkshows frische Ideen für Formate, neue Moderierende und regelmäßige Innovationen bräuchten, stimmen die befragten älteren, bildungsnahen Jugendlichen stark zu. Die Gästeauswahl müsse besser sein, es brauche mehr Zuschauerbeteiligung, mehr Kontroversen und Meinungsvielfalt, aber gleichzeitig auch eine fairere und offenere Diskussionskultur. Ablehnung wurde damit begründet, dass Moderierende das Markenzeichen einer Sendung sind.

These: Dokumentationen sollen diverser gestaltet werden, sodass nicht immer ähnliche Themen im Fokus stehen.

Dokumentationen sollen diverser gestaltet werden, sodass nicht immer ähnliche Themen im Fokus stehen – dieser These stimmen die befragten älteren, bildungsnahen Jugendlichen zu. Schließlich kann über das Medium Fernsehen ein breiteres und „anderes" Publikum erreicht werden, was für manche (Noch-Nischen-)Themen notwendig wäre. Außerdem gebe es viele langweilige Dokus. Dem wurde entgegnet, dass Dokumentationen durchaus schon vielfältig genug seien.

These: Der öffentlich-rechtliche Rundfunk soll grundsätzlich auf YouTube präsent sein.

Der öffentlich-rechtliche Rundfunk soll grundsätzlich auf YouTube präsent sein – dieser These stimmen die befragten bildungsfernen und jüngeren, bildungsnahen Jugendlichen stark zu. Diese Zustimmung wird v.a. damit begründet, dass YouTube es Zuschauer:innen erlaubt, Inhalte und den Zeitpunkt des Konsums selbst zu bestimmen. Weiterhin sei YouTube ein fester Bestandteil im Medienalltag der Jugendlichen, einfach zu bedienen und dadurch reichweitenstark. Die Apps der Öffentlich-Rechtlichen werden von vielen nicht genutzt. Kritische Meinungen betonen, dass die Offline-Funktion bei YouTube nicht kostenlos sei und es ausreichen würde, nur ausgewählte Sendungen bzw. Sendungsausschnitte auf YouTube zur Verfügung zu stellen. Die These wird mit der Begründung abgelehnt, dass die Webseiten der Öffentlich-Rechtlichen bereits ausreichen würden und dass öffentlich-rechtlicher Content auf YouTube fälschlicherweise als Werbung identifiziert und dadurch nicht konsumiert werden könnte.

These: Der Programmanteil an Satire-Formaten soll erhöht und neue Formate sollen kontinuierlich entwickelt werden.

Der in der Befragung vorgelegten These, „Der Programmanteil an Satire-Formaten soll erhöht werden und neue Formate kontinuierlich entwickelt werden", wird von den Befragten in allen drei Gruppen überwiegend zugestimmt. Da Satire unterhaltsam sei, blieben Informationen bei den Jugendlichen besser hängen. Weiterhin mache Satire die Welt bzw. soziale Probleme erträglicher (Comic Relief/Galgenhumor). Kritisch wurde gesehen, dass sich Inhalte in Satire-Formaten womöglich wiederholen könnten und Satire oft ein Vorwissen voraussetze. Ablehnende Meinungen fußten darauf, dass Humor auch an Grenzen stoßen oder diese sogar Grenzen überschreiten kann oder bewirke, dass Probleme auf die leichte Schulter genommen würden. Für einzelne bildungsferne Jugendliche waren Satire-Formate generell nicht interessant.

These: Serien/Filme sollen stärker auf aktuelle Debatten eingehen und auf Probleme der Gesellschaft aufmerksam machen.

Dass Serien/Filme stärker auf aktuelle Debatten eingehen und auf Probleme der Gesellschaft aufmerksam machen sollen, ist eine These, die von den Jugendlichen überwiegend bejaht wird. Sie wurde in der bildungsfernen und der jüngeren, bildungsnahen Gruppe diskutiert. Die Zustimmung wurde mehrfach damit begründet, dass fiktionale Formate auf bestimmte Themen aufmerksam machten und diese anhand von Personen oder Geschichten illustrierten. Damit würden die (jugendlichen) Zuschauer:innen zum Nachdenken angeregt. Dem wurde entgegnet, dass Nachrichten bereits ausreichend über aktuelle Debatten informierten. Grundsätzlich sei die Platzierung aktueller Debatten in Fiction abhängig vom Genre bzw. der Zielsetzung des Formats und somit von der Erwartungshaltung des Publikums. Die These wurde mit der Begründung abgelehnt, dass man als Zuschauer:in von fiktionalen Formaten Entspannung und Ablenkung erwarte und das Eintauchen in eine andere Welt suche (Eskapismus). Weiterhin seien aktuelle Debatten durchaus im Zeitgeist verhaftet und könnten an Aktualität verlieren, was sich negativ auf das Seherlebnis dieser Serien / Filmen in der Zukunft auswirke.

These: In den Nachrichten soll mehr über „vergessene" oder „vernachlässigte" Themen berichtet werden.

Die These, dass in den Nachrichten mehr über „vergessene" oder „vernachlässigte" Themen berichtet werden solle, trifft bei den Jugendlichen in den befragten bildungsfernen und jüngeren, bildungsnahen Gruppen auf ein ausgewogenes bis leicht ablehnendes Meinungsbild. Die Befragten stimmen zwar zu, dass mittel- und langfristige Zeitgeistthemen in den Nachrichten dominieren und manche Themen unterschlagen werden. Andererseits werden „vergessene" Themen nicht als grundlegendes Problem in den Nachrichten bezeichnet, aber es wird angemerkt, dass viele Storys nicht zu Ende erzählt werden. Eine ablehnende Meinung wird damit begründet, dass manche Themen einfach nicht wichtig (genug) für Nachrichten seien, dass einige Medien bereits sehr ausführlich berichten und es wird anerkannt, dass die Themenvielfalt bzw. Ausführlichkeit der Berichterstattung durch die Sendezeit begrenzt wird.

These: Der Anteil an Unterhaltung soll zugunsten dokumentarischer und nachrichtlicher Formate verringert werden.

Die These, dass der Anteil an Unterhaltung zugunsten dokumentarischer und nachrichtlicher Formate verringert werden sollte, wurde in der älteren, bildungsnahen Gruppe diskutiert und eher abgelehnt. Die Jugendlichen begründen dies damit, dass das Verhältnis ausgewogen sein müsse und Infotainment & Satire-Formate einen guten Kompromiss darstellten. Vereinzelt wurde jedoch die Meinung geäußert, dass der Fokus von Fernsehen stärker auf Unterhaltung liegen sollte.

These: Öffentlich-rechtliche Angebote sollen stärker auf unterschiedliche Alters- und Zielgruppen zugeschnitten werden.

In der älteren, bildungsnahen Gruppe wurde die These diskutiert, ob öffentlich-rechtliche Angebote stärker auf unterschiedliche Alters- und Zielgruppen zugeschnitten werden sollten. Es zeigte sich ein ausgewogenes

Stimmungsbild. Der These wurde zugestimmt, da das öffentlich-rechtliche Fernsehen auf ein älteres Publikum ausgerichtet sei. Dem wurde entgegnet, dass Öffentlich-Rechtliche bereits viel für das junge Publikum machten, entsprechend verdiene das Angebot von funk mehr Aufmerksamkeit. Der These wurde nicht zugestimmt, da die Zielgruppen-Differenzierung im Fernsehen generell bereits ausreichend sei.

Zusammenfassung und Einordnung

Im Folgenden werden die wichtigsten Ergebnisse der Studie zusammengefasst und durch Einordnungen des Autors ergänzt.

Im Wettkampf um die Aufmerksamkeit und Zeit von Jugendlichen ist das Fernsehen ein Angebot von vielen. Die Konkurrenten sind Audio- und Video-Streaming-Dienste, Social Media, analoge Freizeitaktivitäten mit Freunden, Familie und Schule. Das Fernsehen verliert oftmals gegen diese Konkurrenten und wird abseits von Blockbuster-Sendungen vorrangig als Lückenfüller/Zeitvertreib benutzt, denn die Grundbedürfnisse nach Unterhaltung oder Information werden auch (besser) von den Konkurrenten bedient. Aus Jugendlichen (oder später jungen Erwachsenen) werden künftig wohl kaum Stammzuschauer:innen von linearem TV-Programm werden.

Fernsehen wird bisweilen gemeinsam mit der Familie geschaut, vereinzelt gibt es noch das „Familien-Lagerfeuer-Fernsehen" (z. B. Unterhaltungsshows, Nachrichten oder Leuchtturm-Serien/-Filme). Diese Sendungen haben das Potenzial, die Präsenz von öffentlich-rechtlichen Angeboten bzw. die Marke von öffentlich-rechtlichen Sendern im Mindset der Jugendlichen dauerhaft zu festigen.

Nicht überraschend ist, dass ein öffentlich-rechtliches Angebot Jugendliche vor allem inhaltlich ansprechen muss. Jugendliche schätzen Fernsehen, das abwechslungsreich, spannend und unterhaltsam ist, und nicht zuletzt persönliche Interessen aufgreift. TV sollte nicht als Nebenbei-Berieselung stattfinden, sondern muss die Aufmerksamkeit der Jugendlichen immer wieder binden.

Jugendliche sind stark genervt von Werbung im Fernsehen oder kostenpflichtigen Medienangeboten, insbesondere bei Lieblingssendungen. Werbefreie bzw. kostenlose Sendungen alleine werden jedoch keinen Jugendlichen von (öffentlich-rechtlichem) Fernsehen überzeugen.

Für Jugendliche soll das Fernsehen Unterhaltungs- und Informations-/Lernbedürfnisse befriedigen, wobei Unterhaltung etwas stärker gewichtet wird, v.a. in der Gruppe der bildungsfernen Befragten. Unterhaltung ist, wenn die Befragten mitfiebern können oder etwas lustig ist. Jugendliche sind offen dafür, in solch einem Setting etwas zu lernen oder Neues zu erfahren. Ein Kompromiss aus beidem sind Infotainment-Formate, z. B. Wissenssendungen, Rätsel-/Game-Shows oder Satire-Formate.

Fernsehen wird genutzt, um „über den Tellerrand" zu blicken und mit neuen Perspektiven und Ideen konfrontiert zu werden. Gerade bei den großen Zukunftsfragen (persönliche Zukunft, gesellschaftliche Zukunft) besteht erhöhter Bedarf nach Orientierung und Vorbildern.

Dokumentationen werden von Jugendlichen generell geschätzt, das Interesse an einer konkreten Dokumentation ist – wenig überraschend – stark themenabhängig. Gerade den öffentlich-rechtlichen Sendern wird aufgrund ihrer großen Reichweite große Verantwortung zugeschrieben, mittels Dokumentationen „junge" Themen bzw. etablierte Themen mit „junger Perspektive" ins Bewusstsein eines breiteren Publikums zu bringen (insbes. Zukunftsorientierung soziale Gerechtigkeit, Klimawandel/Nachhaltigkeit, Diversity/Rassismus/Sexismus).

Wenn das Angebot überzeugt, dann finden sich aus der Sicht der Befragten auch jugendliche Zuschauer:innen. Es müsse den Jugendlichen aber die Wahl gelassen werden, wo dieses Angebot genutzt wird (linear oder non-linear). In der Zukunft möchten Jugendliche gerne weiterhin auf dem klassischen TV-Gerät fernsehen, um auch mit anderen (Familie, Freunde) schauen zu können (Gemeinschafts-Aktivität). Als Vereinzelungsaktivität werden Angebote gerne online bzw. via Apps geschaut. Welcher Absender ein interessantes Angebot bereitstellt, ist kaum relevant.

Für explizit junge Angebote wechseln Jugendliche ins Internet oder zu Streaming-Services. Als positives Beispiel wird funk erwähnt und es werden die Strategie dahinter und der Content gelobt. Allerdings kennen auch viele Befragte funk gar nicht.

Für die befragten Jugendlichen ist es selbstverständlich, Bewegtbild-Content auf YouTube oder Streaming-Services zu schauen. Dabei haben sich die befragten Jugendlichen an bestimmte Features gewöhnt, etwa Sendungen ohne Ablaufdatum, große Auswahl an Sendungen, einfache Suchfunktion, Download von Sendungen möglich (Offline-Nutzung, nicht lokales Speichern).

Jugendliche sind der Meinung, dass sich das Fernsehen stärker an seinen Zuschauer:innen ausrichten muss. Idealerweise werden die Zuschauer:innen nicht als Rezipient:innen begriffen, sondern als Community, die mit den Redaktionen/Fernsehmacher:innen im regelmäßigen Austausch steht.

Literatur

#meinfernsehen (2021). Ziel und Hintergrund. Abgerufen am 27.12.2021, von https://www.meinfernsehen2021.de/onlinebeteiligung/ziel-und-hintergrund/

Flaig, Berthold Bodo / Barth, Bertram (2018). Hoher Nutzwert und vielfältige Anwendung: Entstehung und Entfaltung des Informationssystems Sinus-Milieus®. In: Barth, Bertram / Flaig, Berthold Bodo / Schäuble, Norbert / Tautscher, Manfred (Hrsg.): Praxis der Sinus-Milieus®. Wiesbaden: Springer VS, S. 3–21.

Gerlach, Frauke / Eilders, Christiane (2021, 09. April). Gestaltungswille und Wissenslücken – eine Zwischenbilanz zu #meinfernsehen2021. Abgerufen am 27.12.2021, von https://www.meinfernsehen2021.de/onlinebeteiligung/ergebnisse/.

Gesellschaft für integrierte Kommunikationsforschung mbH + Co. KG (GIK) (2020). best4planning *2020 III*. München.

SINUS-Institut (2021, 01. Oktober). Deutschland im Umbruch. SINUS-Institut stellt aktuelles Gesellschaftsmodell vor: Die Sinus-Milieus® 2021. Abgerufen am 23.12.2021, von https://www.sinus-institut.de/media-center/presse/sinus-milieus-2021.

III. Verfahrensanalyse

1. Zusammenhänge zwischen deliberativer Qualität und Verfahrensregeln

1.1 I like Deliberation? Zusammenhänge zwischen der deliberativen Qualität von Nutzerbeiträgen und ihrer Bewertung mittels Likes und Dislikes durch andere Nutzer:innen

Marc Ziegele und Christiane Eilders

1. Einleitung

Partizipationsverfahren sollen im Idealfall durch den diskursiven Austausch von verschiedenen Sichtweisen zur Lösung eines Problems beitragen. Aus deliberationstheoretischer Sicht ist es wichtig, dass die Diskussionsbeiträge der Teilnehmer:innen eine hohe Qualität aufweisen. Sie sollten etwa themenbezogen sein, Standpunkte begründen, Lösungsvorschläge entwickeln, sich auf die Beiträge von anderen Teilnehmer:innen und auf deren Sichtweisen beziehen sowie respektvoll sein.

Allerdings ist unklar, ob das Schreiben deliberativ hochwertiger Beiträge durch Leser:innen dieser Beiträge anerkannt wird. In der Online-Partizipation, wie wir sie mit der Untersuchung der Diskussion um #meinfernsehen2021 in den Blick nehmen, ist es üblich, dass jeder einzelne Nutzerbeitrag per Klick mit einem Rating versehen werden kann, und zwar entweder einem positiven Rating (im Folgenden: Like) oder einem negativen Rating (im Folgenden: Dislike; vgl. auch Porten-Cheé et al., 2018). Die Bewertungen von Beiträgen durch die Teilnehmenden über Ratings sind allerdings nicht an bestimmte Kriterien gebunden. Vielmehr lassen die Ratings offen, ob sie sich auf die deliberative Qualität beziehen oder z. B. ein Resultat vorangegangener Likes bzw. ein Ausdruck von Zustimmung oder Widerspruch zu besonders pointierten Positionen sind. Auch können Ratings als Ausdruck von Konformitätsverhalten (Eilders/Porten-Cheé, 2016), als Form von Anschlusskommunikation (Ziegele, 2016) oder auch als Meinungen gedeutet werden.

Bekannt ist, dass nicht alle Beiträge in Online-Diskussionen gleiche Aufmerksamkeit und Reaktionen in Form von Ratings erhalten (Ziegele et al., 2014; Ziegele, 2016). Ob ein Beitrag viele Likes oder Dislikes erhält, ist im Falle von #meinfernsehen2021 relevant, weil sich oft bewertete Beiträge von anderen Beiträgen abheben und somit die Meinungsbildung von Nutzenden besonders stark beeinflussen könnten. Für Moderator:innen könnten Beiträge mit vielen Likes oder Dislikes besondere Moderationswürdigkeit oder einen vermeintlichen Mehrheitswillen des Publikums anzeigen (vgl. auch den Beitrag von Heinbach und Wilms in diesem Band).

Trotz der Vielzahl möglicher Motive für eine positive oder negative Bewertung beschränken wir uns im vorliegenden Beitrag auf den Einfluss der deliberativen Qualität der Nutzerkommentare auf die Zahl der Likes und Dislikes, die sie erhalten. Schließlich war #meinfernsehen2021 ein Versuch, durch Moderation, Themenauswahl und Leitfragen eine hochwertige Diskussion über die Zukunft des öffentlich-rechtlichen Rundfunks zu initiieren. Wenn wir davon ausgehen, dass die Teilnehmenden mittels Likes und Dislikes zumindest auch die Beitragsqualität bewerten, stellt sich die Frage, ob sie als Qualitätsmaßstäbe die Kriterien eines deliberativen Diskurses oder zumindest ähnliche Kriterien ansetzen. Dafür spricht, dass die Teilnehmenden gelernt haben könnten, dass man Gründe für seine Meinung anbieten, den anderen zuhören und sie mit Respekt behandeln sollte, oder sogar, dass Argumente und persönliche Geschichten eine Diskussion interessanter und greifbarer machen. Ebenso könnten sie gelernt haben, dass bestimmte Formen respektloser und herabwürdigender Kommunikation, z. B. Sarkasmus oder Beleidigungen, eher negativ sanktioniert werden sollten.

Um Zusammenhänge zwischen deliberativer Qualität von Beiträgen zur #meinfernsehen2021-Diskussion und der Zahl der erhaltenen Ratings zu untersuchen, erklären wir zunächst, auf welche Aspekte deliberativer Qualität wir uns konzentrieren und welche Einflüsse dieser Qualitätskriterien wir auf die Zahl der Likes oder Dislikes annehmen. Anhand einer manuellen Inhaltsanalyse von #meinfernsehen2021-Beiträgen überprüfen wir die aufgestellten Hypothesen empirisch. Schließlich diskutieren wir die Ergebnisse und zeigen mögliche Implikationen für das Design von Online-Beteiligungsverfahren auf.

2. *Deliberation als normativer Rahmen für die Qualität von Diskussionsbeiträgen bei #meinfernsehen*

Deliberation bezeichnet einen anspruchsvollen öffentlichen Kommunikationsprozess, der durch argumentative Abwägung, wechselseitige Bezugnahme und respektvollen Umgang gleichberechtigter Teilnehmender gekennzeichnet ist (Esau et al., 2019). Habermas (1981) hat hervorgehoben, dass in dieser idealisierten Form des rationalen Diskurses der zwanglose Zwang des besseren Arguments für die allgemeine Akzeptanz von Entscheidungen sorgt. Zu den anspruchsvollen normativen Anforderungen, die das Konzept der Deliberation umfasst, sind zahlreiche Arbeiten vorgelegt worden, die je etwas unterschiedliche Akzente gesetzt haben. Entsprechend gibt es eine Fülle von Vorschlägen für die Messung deliberativer Qualität (z. B. Graham & Witschge, 2003; Steenbergen et al., 2003; Stromer-Galley, 2007).

Gleichzeitig ist nach wie vor umstritten, was genau Deliberation in einer empirischen Perspektive ausmacht (Frieß & Eilders, 2015) und ob ausschließlich die an Rationalität orientierten Kriterien dafür sorgen, dass sich die besten Ideen in Rede und Gegenrede durchsetzen. So wird die idealisierte Form des rationalen Diskurses als unrealistisch angesehen und als ausgrenzend und restriktiv diskutiert (z. B. Young, 2000; Mouffe, 1999). Auch andere demokratieförderliche Formen politischer Online-Kommunikation seien denkbar. Ein inklusiveres Konzept von Deliberation, das auch Menschen als wichtige Diskussionspartner:innen anerkennt, die nicht mit Gründen und Hintergrundwissen aufwarten, umfasst etwa Narration, Emotionsäußerungen und Humor (z. B. Bickford, 2011; Dryzek, 2000; Young, 2000; vgl. auch Nienhaus und Mütschele in diesem Band). Diese neuen Kriterien wurden teilweise als Ersatz, teilweise auch als Erweiterung des klassischen Konzepts vorgeschlagen und in Abgrenzung zur klassischen, auf Rationalität fokussierten Deliberation als Typ-II-Deliberation bezeichnet (Bächtiger et al., 2010).

Inspiriert von diesen Forderungen nach einem inklusiven Deliberationskonzept zeigen erste empirische Studien, dass einzelne Formen der Kommunikation, wie Narrationen, Emotionsäußerungen und Humor, mit einzelnen klassischen Merkmalen der Deliberation einhergehen können (z. B. Graham, 2010; Jaramillo & Steiner, 2014; Steiner, et al., 2017). Es handelt sich also nicht um einander ausschließende Diskussionsweisen.

In Bezug auf die Beteiligungsplattform #meinfernsehen2021 ist zu fragen, inwiefern hier eine hohe oder niedrige deliberative Qualität erwartet werden kann und ob diese eher von den Merkmalen der restriktiven, auf einen rationalen Diskurs ausgelegten Deliberationsperspektive (Typ-I-Deliberation) oder von der inklusiven Deliberationsperspektive (Typ-II-Deliberation) getragen wird. Im Gegensatz zur Online-Anschlusskommunikation, z. B. in den Kommentarbereichen von Sozialen Netzwerkdiensten oder Nachrichtenwebsites (Ziegele, 2016), sind viele Beteiligungsplattformen explizit für eine gelingende Deliberation entwickelt worden. Wir gehen davon aus, dass diese Idee sich tatsächlich auch in der Qualität des Diskurses niederschlägt, weil hier durch Fragen und Hintergrundinformation sowie durch Moderation eine hohe Qualität erreicht werden kann. Teilweise werden auch Trolle durch einen gewissen Registrierungsaufwand von der Teilnahme abgehalten, sodass das vergleichsweise formalisierte Verfahren in der Regel für höhere Qualität sorgt. Gleichzeitig sollten an einem für alle Gesellschaftsbereiche relevanten Thema wie der Zukunft des öffentlich-rechtlichen Fernsehens auch Stimmen von Menschen gehört werden können, die sich nicht entsprechend der strengen Kriterien der Typ-I-Deliberation ausdrücken können oder wollen. Für den vorliegenden Beitrag untersuchen wir deshalb eine Mischung aus Qualitätskriterien der Typ-I- und Typ-II-Deliberation:

- Das Ausmaß an **Rationalität** in Diskussionsbeiträgen ist ein typisches Qualitätskriterium von Typ-I-Deliberation (z. B. Frieß & Eilders, 2015; Ziegele et al., 2020) und wurde in der vorliegenden Untersuchung anhand der Existenz von *Begründungen*, *Zusatzwissen* und *Fakten* bzw. *Tatsachenbehauptungen* bestimmt.
- **Konstruktivität** wurde in der vorliegenden Untersuchung über den Grad an *Themenbezogenheit* von Diskussionsbeiträgen sowie über die Existenz von *Lösungsvorschlägen* oder *Wissens- bzw. Rückfragen* gemessen. Das Kriterium entstammt wie Rationalität eher der Forschung zu Typ-I-Deliberation (Ziegele et al., 2020).
- Die Artikulation von positiven oder negativen **Emotionen** in Diskussionsbeiträgen ist ein typisches Merkmal der inklusiven Typ-II-Deliberation (z. B. Esau et al., 2019) und wurde in der vorliegenden Untersuchung ebenfalls berücksichtigt.
- Auch **Narrationen** im Sinne von *Geschichten* oder *persönlichen Erfahrungen* wurden in der vorliegenden Untersuchung als typisches Merkmal von Typ-II-Deliberation einbezogen.
- Sowohl Typ-I- als auch Typ-II-Deliberation sehen ein Mindestmaß an **Zivilität** und gegenseitigem Respekt in Diskussionsbeiträgen als wünschenswertes Kriterium (Frieß & Eilders, 2015; Esau et al., 2019). In der vorliegenden Untersuchung wurde die Abwesenheit von Zivilität bzw. das Ausmaß an Inzivilität in Diskussionsbeiträgen erfasst, und zwar

über das Vorhandensein von *Geringschätzungen, vulgären Ausdrücken* und *Beleidigungen, Sarkasmus* und *Zynismus* sowie von *Lügenvorwürfen*.[1]

3. *Zusammenhänge zwischen der deliberativen Qualität von Diskussionsbeiträgen und ihrer Bewertung durch andere Nutzer:innen*

Mehrere Studien kommen zu dem Schluss, dass Nutzende sich an On-line-Diskussionen nicht beteiligen, weil sie zu unsachlich, zu emotional sowie zu respekt- und kompromisslos geführt werden (Springer et al. 2015; Stroud et al., 2016). Gleichzeitig finden mehrere Studien Hinweise darauf, dass Nutzende für die Bewertung von Online-Diskussionen Kriterien ansetzen, die den Qualitätsmerkmalen von Deliberation ähneln (Engelke, 2020; Ziegele, 2016) und dass diese Nutzenden sich eher beteiligen, wenn die Diskussionen ein Mindestmaß an Qualitätsstandards erfüllen.

Da sich diese Befunde eher auf das von Nutzenden beobachtete Gesamt-niveau von Online-Diskussionen beziehen, bleibt unklar, ob auch einzelne Nutzerkommentare nach bestimmten Qualitätsstandards beurteilt werden. Vor allem bleibt die Frage offen, auf welche Arten einzelner Diskussions-beiträge Nutzende verstärkt in Form von positiven oder negativen Bewer-tungen reagieren: Welche Merkmale von Nutzerkommentaren führen also zu Likes oder Dislikes? Ziegele (2016) hält diesbezüglich fest, dass die Bereitschaft von Nutzenden, sich weiter aktiv in der Diskussion zu enga-gieren, über kognitive und affektive Betroffenheit sowie über die wahrge-nommene Selbstwirksamkeit vermittelt wird. Demnach reagieren Nutzen-de mit weiterer Aktivität primär auf Diskussionsbeiträge, 1) die sich mit ihrem Vorwissen, ihren Erwartungen oder etablierten Einstellungen in Verbindung bringen lassen, 2) die subjektiv bedeutsame Aspekte des indi-viduellen Selbstkonzepts oder der sozialen Identität tangieren, 3) die eine starke positive oder negative emotionale Aktivierung verursachen und 4) bei denen Nutzende das Gefühl haben, etwas bewirken *zu können* oder *zu müssen*. Obgleich diese Mechanismen für das Engagement in Form von weiteren Nutzerkommentaren identifiziert wurden, ist es hoch plausibel,

---

1 Zusätzlich wird häufig Reziprozität als Bezugnahme von Kommentierenden auf die Aussagen oder Ideen von anderen Teilnehmer:innen operationalisiert (z. B. Esau et al., 2019). In der vorliegenden Stichprobe werden aber sowohl Initial- als auch Antwortbeiträge untersucht, und gegenseitige Bezugnahmen kommen nahezu ausschließlich in Antwortkommentaren vor. Um Verzerrungen in den Modellberechnungen zu vermeiden, wurde daher im vorliegenden Beitrag auf die Operationalisierung von Reziprozität verzichtet.

die gleiche Wirkweise auf Liken und Disliken zu übertragen, sind es doch ähnliche meinungsnahe Aktivitäten, bei denen das Engagement allerdings mangels sprachlicher Artikulation deutlich niederschwelliger ist. Auch erste Studien legen nahe, dass sich der Mechanismus grundlegend auf das Bewerten von Beiträgen übertragen lässt, wenngleich hier die benötigten Fähigkeiten und das nötige Involvement der Reagierenden im Vergleich mit dem Verfassen von Kommentaren etwas niedriger sind (Jost et al., 2020).

Überträgt man die beschriebenen Reaktionsmechanismen auf deliberative Kriterien in Nutzerbeiträgen, können folgende Annahmen formuliert werden:

Rationalität in Beiträgen entspricht – vor allem in Form einer begründeten Argumentation – zum einen den Erwartungen vieler Nutzer:innen an problem- und sachzentrierte politische Debatten (Engelke, 2020). Dies sollte für Partizipationsverfahren wie #meinfernsehen2021 noch stärker gelten als für Diskussionen in Kommentarbereichen (Ziegele, 2016). Zum anderen bieten Beiträge mit Argumenten, Fakten oder Zusatzinformationen Nutzer:innen mehr kognitive und affektive Anknüpfungspunkte für die Artikulation von Zustimmung oder Widerspruch als Meinungsäußerungen ohne rationale Elemente. Schließlich ist anzunehmen, dass Menschen rationale Kommentare wegen ihres hohen Informationsgehalts und Potenzials für eine fundierte Meinungsbildung schätzen. Empirische Studien, die die Facebook-Beiträge von Politiker:innen (Heiss et al., 2018) oder Nutzenden (Ziegele et al., 2014) inhaltsanalytisch untersuchen, zeigen zudem einen positiven Zusammenhang zwischen dem Einbringen von Argumenten und Zusatzwissen in Beiträgen und der Zahl an erhaltenen Reaktionen. Vor dem Hintergrund der stärkeren Konformität von rationalen Nutzerbeiträgen mit den Idealen der Deliberation nehmen wir an, dass Rationalität in Diskussionsbeiträgen zu #meinfernsehen2021 insbesondere positive Bewertungen stimuliert:

H1: Je höher die Rationalität von Diskussionsbeiträgen ist, desto mehr positive Bewertungen erhalten sie.

Vorschläge für die Lösung eines Problems sind ein Kernelement von **Konstruktivität**. Lösungsvorschläge erscheinen im Kontext von #meinfernsehen2021 besonders relevant, geht es doch um die zentrale Frage, wie das Fernsehen der Zukunft aussehen soll. Lösungsvorschläge beinhalten Neuigkeitswert und Überraschungspotenzial, denn sie eröffnen den Nutzenden Perspektiven, an die sie möglicherweise noch nicht gedacht haben. Sowohl Neuigkeit als auch Überraschung wurden als aufmerksamkeitssteigernde Faktoren in Botschaften identifiziert (Eilders, 1997) und sollten somit auch ein gesteigertes Interesse an konstruktiven Nutzerbeiträgen erklären. Weiterhin bieten Lösungsvorschläge Anknüpfungspunkte an individuelles Vorwissen der Nutzenden und können darüber kognitive Betroffenheit stimulieren; dies jedoch nur innerhalb eines abgesteckten Relevanzschemas: Nur, wenn Beiträge ein Mindestmaß an Themenbezogenheit – ein weiterer Indikator für Konstruktivität – aufweisen, werden sie von Nutzenden als konstruktiver Diskursbeitrag wahrgenommen (Ziegele, 2016). Tatsächlich zeigte eine experimentelle Studie, dass konstruktive Elemente in Nutzerbeiträgen die Bereitschaft zur Diskussion mit den Beiträgen sowie die Zivilität der Antwortkommentare erhöhen (Ziegele et al., 2018). Allerdings ist unbekannt, ob diese Befunde auf Bewertungen übertragen werden können. Vor dem Hintergrund des deliberativen Ideals von konstruktiven Diskussionen und des im Vergleich zum Beantworten von Kommentaren geringeren Aufwands des Bewertens nehmen wir an, dass konstruktive Elemente in Nutzerbeiträgen von Lesenden aufmerksamer wahrgenommen und vor allem über positive Bewertungen anerkannt werden:

H2: Je höher die Konstruktivität von Diskussionsbeiträgen ist, desto mehr positive Bewertungen erhalten sie.

Artikulieren Nutzer:innen in ihren Beiträgen positive oder negative Gefühle, ist dies ein starker Indikator für **Emotionalität**. Im Hinblick auf die Wirkungen dieser Gefühlsäußerungen auf Likes und Dislikes könnte zunächst vermutet werden, dass ein zu hoher Grad an Emotionalität, gerade in formalisierten Partizipationsverfahren, von den Teilnehmenden als unangemessen und einem sach- und problemzentrierten Diskurs entgegenstehend wahrgenommen wird (Ziegele, 2016). Beiträge, die Gefühlsäußerungen beinhalten, könnten dann eher negativ bewertet werden. Gleichzeitig zeigen Esau et al. (2019), dass Emotionen – zumindest positive – selbst in starken Öffentlichkeiten in Nutzerbeiträgen regelmäßig artikuliert werden, woraus sich eine gewisse Normkonformität dieses Kommunikationsverhaltens ableiten lässt. Dennoch ist fraglich, ob Gefühlsäußerungen mit einer gesteigerten Menge an positiven oder negativen Bewertungen einhergehen. Zwar konstatiert Eilders (1997), dass Emotionen Informationsverarbeitungs- und Identifikationsprozesse von Lesenden vereinfachen können. Eine gesteigerte Aufmerksamkeit für emotionale Beiträge lässt sich daher plausibel annehmen. Gleichzeitig schreiben nur wenige Nutzer:innen diesen Beiträgen eine über die persönliche Befindlichkeit des Verfassenden hinausgehende Relevanz, Bedeutsamkeit und Diskussionswürdigkeit zu (Ziegele, 2016). Eine Folge könnte sein, dass Emotionalität sogar mit einer allgemein verringerten Reaktionsbereitschaft einhergeht. Davon ausgenommen sein könnten negative Gefühlsäußerungen, die auf Partizipationsplattformen eher unüblich sind (Esau et al., 2019) und daher – ähnlich wie der Mangel an Zivilität (siehe unten) – einen Sanktionsbedarf anzeigen könnten, der sich in einer gesteigerten Zahl negativer Bewertungen niederschlägt. Insgesamt lässt sich über die Wirkungen von Emotionalität auf positive und negative Reaktionen keine eindeutige Aussage ableiten, weshalb wir eine Forschungsfrage aufstellen:

FF1: Wie wirken sich positive und negative Emotionen in Diskussionsbeiträgen auf die Zahl der positiven und negativen Bewertungen aus?

Narrationen umfassen das Schildern von persönlich erlebten Erfahrungen oder das Berichten der Erfahrungen anderer in Form von Erzählungen (Esau et al., 2019). Im Sinne der Fallbeispielforschung (Peter & Brosius, 2010) verbildlichen Nutzer:innen durch Narrationen abstrakte Probleme und Prozesse auf einer lebensweltlichen Ebene. Dies erleichtert Lesenden – ähnlich wie im Fall von Emotionalität – auf einer ersten Stufe, die rezipierte Information zu verarbeiten und sich mit dem Geschilderten zu identifizieren. Esau und Kolleg:innen (2019) haben zudem gezeigt, dass das Schildern von persönlichen Erfahrungen und Geschichten häufig mit Begründungen und Argumenten einhergeht. Dies gilt vermutlich auch im Kontext der Diskussion um #meinfernsehen2021, denn es ist anzunehmen, dass die meisten Diskutierenden eigene Erfahrungen mit dem öffentlich-rechtlichen Rundfunk gemacht haben, auf die sie in ihren Beiträgen zurückgreifen können. Der vergleichsweise hohe Anteil von Narration im Modul Zugang und Nutzung zeigt, dass Teilnehmende gerade bei Leitfragen, die auf eigene Erfahrung und Praxis abzielen, narrative Elemente einbauen (Nienhaus und Mütschele in diesem Band). Lesende könnten Narrationen daher auch als Element von Rationalität (im Sinne der Begründung einer bestimmten Nutzungsweise) wahrnehmen, wodurch die entsprechenden Beiträge ein stärkeres Involvement generieren und zu mehr positiven Bewertungen führen könnten. Tatsächlich berichten mehrere Studien, dass das Einbringen von persönlichen Erfahrungen in Nutzerbeiträge den Lesenden Anknüpfungspunkte für weitere Interaktion bietet (Engelke, 2020; Ziegele et al., 2014). Wir nehmen daher an:

H3: Narrationen in Diskussionsbeiträgen steigern die Zahl der positiven Bewertungen.

Inzivilität in Form von respektlosen und herabwürdigenden Beiträgen ist zwar aus Deliberationsperspektive qualitätsmindernd, gleichzeitig generieren diese Beiträge jedoch häufig starke Aufmerksamkeit und Betroffenheit. Dies kann evolutions- und sozialpsychologisch erklärt werden: Evolutionspsychologisch schenken wir negativen Informationen nahezu automatisch mehr Aufmerksamkeit als positiven, da sie potenziell eine Gefahr für Leib und Leben oder zumindest für die persönliche oder soziale Identität sein können (Eilders, 1997; Ziegele, 2016). Sozialpsychologisch verletzen übermäßig respektlose und herabwürdigende Beiträge gesellschaftliche Normen der Höflichkeit und des Anstands. Sie stimulieren daher häufig negative Gefühle und das Bedürfnis nach Sanktionierung (Borah, 2014; Bormann et al., 2021; Ziegele et al., 2018). Tatsächlich zeigen empirische Studien, dass inzivile Beiträge Reaktionen stimulieren, v. a. in Form von negativen standardisierten Bewertungen (Chen & Lu, 2017) oder sanktionierenden und oftmals ebenfalls inzivilen Antwortkommentaren (Gervais, 2015; Ziegele et al., 2018). Im Kontext der #meinfernsehen2021-Diskussionen ist deshalb anzunehmen, dass Inzivilität in Nutzerbeiträgen zwar Aufmerksamkeit stimuliert, sodann aber als Verstoß gegen etablierte soziale und Kommunikationsnormen wahrgenommen und vor allem mit negativen Bewertungen sanktioniert wird:

H4: Je höher die Inzivilität von Diskussionsbeiträgen ist, desto mehr negative Bewertungen erhalten sie.

4. Methode und Operationalisierung der zentralen Variablen

Um die Hypothesen zu testen und die Forschungsfragen zu beantworten, wurde aus dem Gesamtdatensatz eine geschichtete Zufallsstichprobe von *n* = 1.451 Nutzerbeiträgen gezogen. Nutzende des #meinfernsehen2021-Portals konnten jeden Diskussionsbeitrag über zwei Buttons positiv oder negativ bewerten. Die Gesamtzahl der positiven und negativen Bewertungen, die ein Diskussionsbeitrag erhalten hatte, wurde für jeden Beitrag gespeichert. Zusätzlich enthielt jeder Beitrag die Information, ob es sich um einen eigenständigen Beitrag eines Nutzenden (800 Beiträge) oder um eine Antwort auf einen vorherigen Beitrag (669 Beiträge) handelte. Letztere wurden auf der Partizipationsplattform eingerückt dargestellt.

Um die deliberative Qualität der Beiträge zu bestimmen, wurden sie einer manuellen quantitativen Inhaltsanalyse unterzogen (siehe Methodenanhang). Für die vorliegende Analyse wurden die Konstrukte *Rationalität*, *Konstruktivität*, *Emotionalität*, *Narration* und *Inzivilität* operationalisiert (siehe Abschnitt 2 für die einzelnen Indikatoren; Reziprozität wurde nicht berücksichtigt, da sie im Gegensatz zu den anderen Konstrukten fast ausschließlich für die Antwortkommentare vorlag). Dies geschah in Anlehnung an frühere Codebücher und Auswertungen (Ziegele et al., 2020; Frieß et al., 2021), indem die einzelnen Indikatoren für die Konstrukte (jeweils codiert von 0 ,eindeutig nicht vorhanden‘ bis 4 ,eindeutig vorhanden‘) in Mittelwert-Indizes zusammengefasst wurden. Je eindeutiger Diskussionsbeiträge die jeweiligen Kriterien erfüllen, desto höher ist die Ausprägung des zugehörigen Indizes.

5. Ergebnisse

5.1 Zahl der vergebenen Bewertungen

Zur Einordnung der folgenden Ergebnisse lohnt zunächst ein Blick darauf, wie viele positive und negative Bewertungen die Nutzer:innen der #meinfernsehen2021-Plattform für wie viele Diskussionsbeiträge vergeben haben. Abbildung 1 zeigt diese Informationen für die Gesamtdaten mit N = 3.817 Diskussionsbeiträgen. Die Verteilung in der später ausgewerteten Stichprobe von n = 1.469 manuell codierten Diskussionsbeiträgen unterscheidet sich davon nicht wesentlich. Ein großer Anteil an Diskussionsbeiträgen – 38 Prozent – hat überhaupt keine positiven oder negativen Bewertungen erhalten. Weitere 49 Prozent wurden zwischen ein- und fünfmal bewertet, nur vier Prozent haben mehr als zehn Bewertungen erhalten. Unterteilt man die Bewertungen weiter in positive und negative Bewertungen, wird deutlich, dass insbesondere negative Bewertungen noch deutlich seltener vergeben wurden; knapp 80 Prozent der Diskussionsbeiträge wurden nicht negativ bewertet, die restlichen 20 Prozent haben zwischen einer und fünf negativen Bewertungen erhalten. Wie der Beitrag von Eilders und Esau im vorliegenden Band zeigt, wurden die meisten Bewertungen zudem von nur sehr wenigen Nutzer:innen abgegeben. Die folgenden Analysen stehen somit unter dem Vorbehalt, dass das Bewertungsverhalten einer speziellen Nutzergruppe untersucht wird, die nicht auf die Gesamtzahl der Teilnehmenden verallgemeinert werden kann, aber eben das für alle sichtbare Verhalten verantwortet und damit deutlich mehr Einfluss auf das Ergebnis ausüben dürfte als die Mehrheit der passiven Teilnehmenden.

Abbildung 1: Übersicht über vergebene Bewertungen für die Diskussionsbeiträge

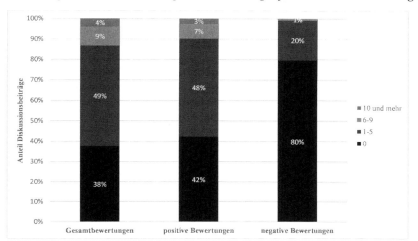

5.2 Zusammenhänge zwischen der deliberativen Qualität von Diskussionsbeiträgen und der Zahl ihrer Bewertungen

Um zu untersuchen, ob die hier untersuchten Indikatoren für deliberative Qualität – Rationalität, Konstruktivität, Emotionalität, Narration und Abwesenheit von Inzivilität – das Bewertungsverhalten der Nutzenden erklären können, wurde die manuell codierte Stichprobe aus $n = 1.469$ Diskussionsbeiträgen mit Mehrebenenmodellen ausgewertet. Die Anwendung dieser Modelle ist insofern sinnvoll, als die Daten in einer geschachtelten Struktur vorliegen; jeder Diskussionsbeitrag ist sowohl einem Thema als auch einer von drei Phasen zugeordnet. Mehrebenenmodelle berücksichtigen dies und verhindern eine Über- oder Unterschätzung des Einflusses von Randbedingungen auf die interessierenden Variablen – hier das Bewertungsverhalten. Aufgrund der oben beschriebenen Verteilung der vergebenen Bewertungen wurden Modelle mit negativ-binomialer Verteilung der abhängigen Variablen-Zahl der Bewertungen (Modell 1), Zahl der positiven Bewertungen (Modell 2) und Zahl der negativen Bewertungen (Modell 3) berechnet. Als feste Effekte wurden die vierstufig skalierten Indizes *Rationalität, Konstruktivität, Emotionalität, Narration* und *Inzivilität* in die Modelle eingegeben. Zusätzlich wurde die *Länge des Diskussionsbeitrags* sowie die Information, ob es sich bei dem Beitrag um eine *Antwort* auf einen anderen Diskussionsbeitrag handelte oder nicht, als Kontrollvariablen berücksichtigt. Als zufällige Effekte wurden das übergeordnete Thema eines Diskussionsbeitrags sowie die Phase von #meinfernsehen2021, in der er gepostet wurde, berücksichtigt.

Tabelle 1 zeigt eine vereinfachte Übersicht über die Befunde. Zunehmende Rationalität von Diskussionsbeiträgen, zum Beispiel in Form von Begründungen und Zusatzwissen, geht nicht mit mehr positiven Bewertungen einher (H1 abgelehnt), stattdessen nehmen mit steigender Rationalität die negativen Bewertungen zu – mögliche Gründe hierfür werden in der Diskussion thematisiert. Erwartungskonform erhöht Konstruktivität in Diskussionsbeiträgen – z. B. in Form von Lösungsvorschlägen und themenbezogenen Äußerungen – die Zahl der positiven Bewertungen (H2 bestätigt). Die Artikulation von Emotionen verringert sowohl die Zahl der positiven als auch die negativen Bewertungen, die ein Beitrag erhält (FF1). Entgegen der Annahme von H3 erhöhen Narrationen nicht die Zahl der positiven Bewertungen, allerdings gehen sie mit einer verringerten Zahl an negativen Bewertungen einher. Schließlich erhöht sich mit steigender Inzivilität von Diskussionsbeiträgen auch die Zahl der negativen Bewertungen, die sie erhalten (H4 bestätigt). Im Hinblick auf die untersuchten Kontrollvariablen ist interessant, dass Antworten auf eigenständige Diskussionsbeiträge signifikant weniger positive und negative Reaktionen generieren. Lesende scheinen somit vor allem auf Beiträge zu reagieren, die sich nicht in der Form eines Antwortkommentars an einzelne Nutzer:innen richten.

Tabelle 1: Zusammenhänge zwischen der deliberativen Qualität von Diskussionsbeiträgen und der Zahl ihrer positiven/negativen Bewertungen

	Modell 1 Positive Bewertungen		Modell 2 Negative Bewertungen	
	B	Exp(B)	B	Exp(B)
Deliberative Qualität				
Rationalität	-0.04	0.96	**0.13****	1.14
Konstruktivität	**0.10*****	1.10	-0.05	0.95
Emotionen	**-0.09***	0.92	**-0.13***	0.88
Narration	0.04	1.03	**-0.28*****	0.76
Inzivilität	0.10	1.10	**0.39***	1.48
Kontrollvariablen				
Länge	-0.01	0.99	-0.03	0.97
Antwort (1 = nein)	**1.68*****	2.00	**0.63*****	1.76

Anmerkungen: n = 1.451 Diskussionsbeiträge, geschachtelt in *43 Themen* und *3 Phasen;* * *p <.05,* ** *p <.01,* *** *p <.001;* Verallgemeinerte gemischte Modelle; negativ-binomiale Verteilung der abhängigen Variablen; robuste Schätzer verwendet. Zufällige Effekte des übergeordneten *Themas* eines Diskussionsbeitrags und der *Phase*, in der der Beitrag gepostet wurde, wurden kontrolliert.

6. Diskussion

Ausgangspunkt des Beitrags war die Frage, ob Teilnehmende an formellen Online-Partizipationsverfahren wie #meinfernsehen2021 eine im Sinne von deliberativer Qualität hochwertige Diskussion zu schätzen wissen und dies durch positive Bewertungen der einzelnen Kommentare zum Ausdruck bringen. Durch eine derartige öffentliche Unterstützung könnten die bewerteten Nutzenden dazu motiviert werden, weiterhin Kommentare auf einem hohen Niveau zu verfassen. Auch Beobachter:innen, die sehen, dass qualitativ hochwertige Beiträge wertgeschätzt werden, könnten stärker gewillt sein, ihre eigenen Kommentare entsprechend zu verfassen. Umgekehrt könnte die Beobachtung, dass inzivile Kommentare häufig negative Beurteilungen erhalten, dazu führen, den Ton der eigenen Kommentare an die auf der Plattform geltende Norm von Zivilität anzupassen.

Um einen solchen Erziehungseffekt in der Zukunft zu identifizieren, haben wir im vorliegenden Beitrag zunächst geprüft, ob Teilnehmende überhaupt positiv auf hochwertige Beiträge und negativ auf inzivile Beiträge reagieren.

Unsere Vermutung war, dass – vermittelt über Involvement – bestimmte Merkmale deliberativer Qualität, etwa Rationalität oder Konstruktivität, besonders intensiv verarbeitet und deshalb auch häufiger positiv bewertet werden, weil sie z. B. die eigene Meinungsbildung unterstützen und zum Nachdenken angeregt haben, weil sie es ermöglichen, sich in die Diskussionspartner:innen hineinzuversetzen oder weil sie schlichtweg zum eigenen Wohlbefinden beitragen. Tatsächlich zeigen die Befunde, dass Konstruktivität in Diskussionsbeiträgen mit mehr Likes einhergeht. Offenbar honorieren Teilnehmende, wenn Lösungen für die diskutierten Probleme vorgeschlagen und themenbezogen diskutiert werden. Anders sieht es in Bezug auf die Rationalität aus. Das Einbringen von Begründungen und Argumenten führte nicht zu positiven Bewertungen, sondern löste im Gegenteil mehr negative Bewertungen aus. Dies könnte bedeuten, dass Argumente nur dann zu positiven Qualitätsurteilen führen, wenn sie die eigene Sichtweise stützen – ein bekanntes Phänomen in der psychologischen Forschung u.a. zum Phänomen des „motivated reasoning" (z. B. Slothuus & de Vreese, 2010). Die Kommentarqualität wird dann nicht auf Basis neutraler Kriterien beurteilt, sondern nach subjektiver Nützlichkeit: Wenn meine eigene Sichtweise gestützt wird, vergebe ich ein Like. Schließlich ist ein Like nicht festgelegt auf eine bestimmte Dimension von „Gefallen". Unsere Befunde verdeutlichen, dass zukünftige Forschung stärker differenzieren muss zwischen den möglichen Bedeutungen von Likes als „gefällt mir, weil es meine Meinung bestätigt" und „gefällt mir, weil es gut geschrieben ist". Für Plattformanbieter könnte sich hier die Einführung eines neutralen „Respekt-Buttons" anbieten (vgl. auch Stroud et al., 2017), der die Anerkennung von gut formulierten Beiträgen unabhängig von ihrer (politischen) Positionierung ermöglicht.

Typ-II-Deliberation in Form von Emotionalität und Narrationen hatte in der #meinfernsehen2021-Diskussion einen eher unerwarteten Einfluss auf die Zahl der Bewertungen. Emotionalität führte zu signifikant weniger positiven und negativen Bewertungen von Diskussionsbeiträgen, das Einbringen von Geschichten und Erzählungen verringerte die Zahl der negativen Bewertungen. Obwohl die Lebendigkeit von Diskussionen und die Identifikationsmöglichkeiten mit einzelnen Beiträgen durch das Einbringen von Elementen der Typ-II-Deliberation gesteigert wird (Esau et al., 2019), wirken sich diese Involvement steigernden Aspekte möglicherweise weniger auf Likes und Dislikes als auf die Bereitschaft von Nutzenden aus,

Antwortbeiträge zu verfassen, in denen die artikulierten Emotionen aufgegriffen und bewertet werden oder in denen mit eigenen Narrationen an das Berichtete angeknüpft wird (Ziegele, 2016). Für eine positive Bewertung via Likes bieten die entsprechenden Beiträge Nutzer:innen dagegen möglicherweise zu wenig Anknüpfungspunkte in dem Sinne, dass eine Emotion etwas sehr Persönliches ist, das man nicht standardisiert mit „gut" oder „schlecht" bewerten möchte oder kann. Alternativ ist denkbar, dass die Artikulation von Emotionen nicht immer mit einer klaren Meinung einhergeht, sodass Teilnehmende entsprechende Beiträge nur schwer danach bewerten konnten, ob sie ihre eigene Meinung unterstützt haben. In Bezug auf die Narration waren die Beiträge aufgrund der persönlichen Dimension des Geschilderten jedenfalls nicht derart sanktionswürdig, dass man sie mit Dislikes bewerten müsste.

In Bezug auf die Zivilität von Beiträgen konnte erwartungsgemäß gezeigt werden, dass respektlose und unhöfliche Kommentare mehr Dislikes auslösten. Dieser Befund deutet auf eine funktionierende selbstregulierende Community hin – gegen normverletzende Beiträge setzen Nutzende ein deutlich negatives Zeichen, das auch allen anderen signalisiert, dass die Grenzüberschreitung wahrgenommen und sanktioniert wurde. In den Dislikes auf inzivile Kommentare könnte sich also anders als im Falle der Dislikes auf rationale Beiträge nicht primär die Konformität des Beitrags mit der eigenen Meinung, sondern die Verletzung von eher übergeordneten Kommunikationsnormen widerspiegeln. Wichtig ist daneben, dass wir eine weitere denkbare Reaktion auf Inzivilität – nämlich den Ausstieg aus der Diskussion (vgl. Junggeburth in diesem Band) – nicht erfassen konnten. Mit dieser Reaktion wäre spätestens dann zu rechnen, wenn sich Beiträge häufen, deren Ton Teilnehmende als unangemessen und normverletzend wahrnehmen. Möglicherweise lässt sich die insgesamt geringe Zahl an Dislikes auch durch solche Ausstiege erklären.

Die vorliegende Analyse einer Online-Diskussion weist zwei Besonderheiten auf: zum Ersten untersucht sie die Reaktionen von einer relativ seltenen Spezies von Menschen, nämlich den wenigen, die sich aktiv an Online-Partizipationsverfahren beteiligen – und sei es durch simple Bewertungen. Es ist daher zu erwarten, dass sich die Kriterien und Prozesse des Bewertens und Reagierens auf Beiträge in anderen Diskussionsräumen und in anderen Communities von den hier beobachteten Kriterien und Prozessen unterscheiden (Esau et al., 2019; Ziegele, 2016). Unsere Befunde sind dennoch vor dem Hintergrund wichtig, dass Teilnehmende, die Bewertungen vornehmen, den weiteren Verlauf der Diskussion beeinflussen können, weil Nachfolgende die Bewertungen als Hinweise auf das Meinungsklima auf der Plattform lesen werden und weil mit den Bewertungen Erwartungen anderer Nutzer:innen sichtbar werden, die sich als Normen verfestigen können.

Die zweite Besonderheit betrifft die Tatsache, dass wir – von einer kleinen Ex-post-Umfrage unter knapp 100 Teilnehmenden abgesehen, in der eine hohe Zufriedenheit mit der Diskussion dokumentiert ist – keine Informationen zur Beurteilung der Gesamtqualität der Diskussion haben. So bleibt offen, ob das Aggregat der Likes (bzw. das Verhältnis zwischen Likes und Dislikes) die Gesamtbewertung der Qualität widerspiegelt, oder die Gesamtbewertung noch andere Dimensionen berücksichtigt. Dafür kommen mehrere Dimensionen infrage, etwa ob es am Ende eine Lösung oder einen Konsens gegeben hat, ob dieses Ergebnis von Betroffenen oder Expert:innen als hochwertig anerkannt wurde, und ob die Vielfalt verschiedener Standpunkte und Argumente repräsentiert war. All diese Qualitätskriterien können nicht an einzelnen Beiträgen festgemacht werden. Um die Zusammenhänge zwischen diesen Einschätzungen zur Gesamtqualität und den Bewertungen einzelner Beiträge zu verstehen, sollten alle Teilnehmenden nach ihrer Gesamtbewertung gefragt werden, sobald sie die Plattform verlassen. Eine Ex-post-Umfrage der Teilnehmenden erreicht erfahrungsgemäß zu wenige und diese wenigen sind vermutlich keine aussagekräftige Stichprobe aller Teilnehmenden.

Mit Blick auf die Zukunft der Forschung zu standardisierten Ratings regen unsere Befunde zu einer differenzierteren Betrachtung der Funktionen dieser Ratings an. Im Gegensatz zu früheren Untersuchungen, die lediglich Likes betrachtet haben (z. B. Jost & Ziegele, 2020), haben wir bereits zwischen positiven und negativen Bewertungen differenziert – auf was sich diese genau beziehen, konnten wir aber nicht abschließend klären. Auch, ob das kontroverse Thema Zukunft des öffentlich-rechtlichen Rundfunks oder die Machart der Plattform mit Leitfragen und Moderation mitverantwortlich für die zum Teil unerwarteten Ergebnisse sind, lässt sich nicht mit Bestimmtheit sagen. Um die Abweichungen von den bisherigen Befunden in der Forschungstradition zu erklären, sind zusätzliche Analysen mit anderen Themen nötig. Für die Zukunft der Deliberationsforschung zeigt der Fall #meinfernsehen2021, dass die Typ-II-Merkmale noch deutlich mehr Aufmerksamkeit verdienen. Zukünftige Forschung sollte, auch unter Einbezug einer psychologischen Perspektive, genauer untersuchen, inwieweit diese Merkmale das Involvement von Teilnehmenden beeinflussen, inwieweit sie ihre Erwartungen an den Inhalt von Partizipationsverfahren erfüllen und welche Reaktionen sie unter welchen Umständen stimulieren.

Für den inhaltlichen Ertrag der Debatte schließlich bedeuten die Befunde, dass auch bei der individuellen Meinungsbildung zur Zukunft des öffentlich-rechtlichen Fernsehens Nutzerbeiträge geschätzt wurden, die Vorschläge unterbreitet und sich konstruktiv mit dem Thema auseinandergesetzt haben. In Bezug auf viele der Qualitätsmerkmale haben die Nutzenden also Beiträge durchaus positiv bewertet, wenn sie den anspruchsvollen Qualitätsmerkmalen der Deliberationstheorie entsprochen haben. Beim Dialog mit dem Publikum können die Anbieter öffentlich-rechtlicher Angebote somit darauf vertrauen, dass Lösungsorientierung belohnt und Inzivilität sanktioniert wird. Gleichzeitig könnte die Moderation solcher Verfahren noch stärker als bislang betonen, dass Teilnehmende auch rationale Argumente würdigen sollten, die nicht genau ihrer Meinung entsprechen – denn Partizipation und Diskurs leben letztendlich auch vom Austausch unterschiedlicher Perspektiven.

Literatur

Bächtiger, André; Niemeyer, Simon; Neblo, Michael, Steenbergen, Marco R.; & Steiner, Jürg (2010). Disentangling Diversity in Deliberative Democracy: Competing Theories, Their Blind Spots and Complementarities. Journal of Political Philosophy, 18(1), 32–63.

Bickford, Susan (2011). Emotion Talk and Political Judgment. The Journal of Politics, 73(4), 1025–1037.

Borah, Porismita (2014). Does it matter where you read the news story? Interaction of incivility and news frames in the political blogosphere. Communication Research, 41(6), 809–827.

Bormann, Marike; Heinbach, Dominique; & Ziegele, Marc (2021). „Can we please stop yelling at each other just because it's the Internet?" Comparing incivility perceptions of community managers, users, and activists in online comment sections. In: Proceedings of the Weizenbaum Conference 2021 (S. 1–5). Berlin: Weizenbaum Institute for the Networked Society – The German Internet Institute.

Masullo Chen, Gina; & Lu, Shuning (2017). Online Political Discourse: Exploring Differences in Effects of Civil and Uncivil Disagreement in News Website Comments. Journal of Broadcasting & Electronic Media, 61(1), 108–125.

Dryzek, John S. (2000). Deliberative democracy and beyond. Liberals, Critics, Contestations. Oxford: Oxford University Press.

Eilders, Christiane (1997). Nachrichtenfaktoren und Rezeption. Eine empirische Analyse zur Auswahl und Verarbeitung politischer Information. Opladen: Westdeutscher Verlag.

Eilders, Christiane; & Porten-Cheé, Pablo. (2016). The Spiral of Silence Revisited. In: Gerhard Vowe & Philipp Henn (Hrsg.), Political Communication in the Online World. Theoretical Approaches and Research Designs (S. 88–102). New York: Routledge.

Engelke, Katherine M. (2020). Enriching the conversation: Audience perspectives on the deliberative nature and potential of user comments for news media. Digital Journalism, 8(4), 447–466.

Esau, Katharina; Frieß, Dennis; & Eilders, Christiane (2019). Online-Partizipation jenseits klassischer Deliberation: Eine Analyse zum Verhältnis unterschiedlicher Deliberationskonzepte in Nutzerkommentaren auf Facebook-Nachrichtenseiten und Beteiligungsplattformen. In: Ines Engelmann; Marie Legrand; & Hanna Marzinkowski (Hrsg.), Politische Partizipation im Medienwandel (S. 221–245). Digital Communication Research, 6.

Frieß, Dennis; Ziegele, Marc; & Heinbach, Dominique (2021). Collective Civic Moderation for Deliberation? Exploring the Links between Citizens' Organized Engagement in Comment Sections and the Deliberative Quality of Online Discussions. Political Communication, 38(5), 624–646.

Frieß, Dennis; & Eilders, Christiane (2015). A systematic review of online deliberation research. Policy & Internet, 7(3), 319–339.

Gervais, Bryan T. (2015). Incivility Online: Affective and Behavioral Reactions to Uncivil Political Posts in a Web-based Experiment. Journal of Information Technology & Politics, 12(2), 167–185.

Graham, Todd S. (2010). The Use of Expressives in Online Political Talk: Impeding or Facilitating the Normative Goals of Deliberation? In: Efthimios Tambouris; Ann Macintosh & Olivier Glassey (Hrsg.), Electronic participation. Second IFIP WG 8.5 international conference, ePart 2010, Lausanne, Switzerland, August 29 – September 2, 2010; proceedings (S. 26–41). Berlin: Springer.

Graham, Todd; & Witschge, Tamara (2003). In search of online deliberation: Towards a new method for examining the quality of online discussions. Communications, 28(2), 173–204.

Habermas, Jürgen. (1981). Theorie des kommunikativen Handelns: Handlungsrationalität und gesellschaftliche Rationalisierung. Frankfurt am Main: Suhrkamp.

Heiss, Raffael; Schmuck, Desiree & Matthes, Jörg (2018). What drives interaction in political actors' Facebook posts? Profile and content predictors of user engagement and political actors' reactions. Information, Communication & Society, 22(11), 1497–1513. https://doi.org/10.1080/1369118X.2018.1445273

Jaramillo, Maria C.; & Steiner, Jürg (2014). Deliberative Transformative Moments: A New Concept as Amendment to the Discourse Quality Index. Journal of Public Deliberation, 10(2), 1–22.

Jost, Pablo; & Ziegele, Marc (2020). How to get on Top. Wie Rationalität, (Un-)Höflichkeit und (In-)Zivilität in Facebook-Kommentaren auf deren Sichtbarkeit wirken. Vortrag auf der Jahrestagung der Fachgruppe Rezeptions- und Wirkungsforschung in der DGPuK vom 23.-25. Januar in Würzburg.

Jost, Pablo; Ziegele, Marc & Naab, Teresa (2020). Klicken oder tippen? Eine Analyse verschiedener Interventionsstrategien in unzivilen Online-Diskussionen auf Facebook. Zeitschrift für Politikwissenschaft, 30, 193–217.

Mouffe, Chantal (1999). Deliberative Democracy or Agonistic Pluralism. Political Science Series, 66(3), 745–758.

Peter, Christina; Brosius, Hans-Bernd (2010). Grenzen der Wirksamkeit von Fallbeispielen?. Publizistik, 55(3), 275–288.

Porten-Cheé, Pablo; Haßler, Jörg; Jost, Pablo; Eilders, Christiane; & Maurer, Marcus (2018). Popularity cues in online media: Theoretical and methodological perspectives. Studies in Communication and Media, 7(2), 208–230.

Slothuus, Rune; & De Vreese, Claes H. (2010). Political parties, motivated reasoning, and issue framing effects. The Journal of Politics, 72(3), 630–645.

Springer, Nina; Engelmann, Ines; & Pfaffinger, Christian (2015). User comments: Motives and inhibitors to write and read. Information, Communication & Society, 18(7), 798–815.

Steenbergen, Marco R.; Bächtiger, André; Spörndli, Markus; & Steiner, Jürg (2003). Measuring political deliberation: A discourse quality index. Comparative European Politics, 1, 21–48.

Steiner, Jürg; Jaramillo, Maria C.; Maia, Rousiley C. M.; & Mameli, Simona (2017). Deliberation across Deeply Divided Societies: Transformative Moments. Cambridge: Cambridge University Press.

Stromer-Galley, Jennifer (2007). Measuring Deliberation's Content: A Coding Scheme. Journal of Public Deliberation, 3(1), 1–35.

Stroud, Natalie J.; Van Duyn, Emily; & Peacock, Cynthia (2016) News commenters and news comment readers. Abrufbar unter: https://engagingnewsproject.org/wp-content/uploads/2016/03/ENP-News-Commenters-and-Comment-Readers1.pdf

Stroud, Natalie J.; Muddiman, Ashley; & Scacco, Joshua (2017). Like, recommend, or respect? Altering political behavior in news comment sections. New Media & Society, 19(11), 1727–1743.

Young, Iris M. (2000). Inclusion and democracy. Oxford: Oxford University Press.

Ziegele, Marc; Breiner, Timo; & Quiring, Oliver (2014). What Creates Interactivity in Online News Discussions? An Exploratory Analysis of Discussion Factors in User Comments on News Items. Journal of Communication, 64(6), 1111–1138.

Ziegele, Marc (2016). Nutzerkommentare als Anschlusskommunikation. Theorie und qualitative Analyse des Diskussionswerts von Online-Nachrichten. Wiesbaden: Springer VS.

Ziegele, Marc; Weber, Mathias; Quiring, Oliver & Breiner, Timo (2018). The dynamics of online news discussions: effects of news articles and reader comments on users' involvement, willingness to participate, and the civility of their contributions. Information, Communication & Society, 21(10), 1419–1435.

Ziegele, Marc; Quiring, Oliver; Esau, Katharina & Frieß, Dennis (2020). Linking news value theory with online deliberation: How news factors and illustration factors in news articles affect the deliberative quality of user discussions in SNS'comment sections. Communication Research, 47(6), 860–890.

1.2 Der Einsatz von Moderation bei #meinfernsehen2021

Dominique Heinbach und Lena Wilms

1. Einleitung

Bürger:innenbeteiligungsverfahren werden als Schlüsselinstrument zur Konstituierung, Anhörung und Einbindung einer informierten Bürger:innenschaft angesehen (Newton, 2012; Frieß & Porten-Cheé, 2018). Herzstück solcher Beteiligungsverfahren im digitalen Raum sind dabei häufig Online-Diskussionen, in deren Rahmen Teilnehmende sich respektvoll und gleichberechtigt über Fragestellungen austauschen, Argumente abwägen und gemeinsam Lösungsansätze entwickeln sollen. Moderation wird dabei als adäquates Mittel gesehen, um solche qualitativ hochwertigen Debatten zu stimulieren (Blumler & Coleman, 2001; Wright & Street, 2007). Sie ist geeignet, um die deliberative Qualität der Debatte zu fördern, etwa indem sie Diskussionen zum Ausgangsthema zurückführt, rationalen Austausch anregt und Redeanteile verschiedener Interessengruppen ausbalanciert (Edwards, 2002; Epstein & Leshed, 2016; Wright, 2006; Smith, 2009). Gleichzeitig kann Moderation auch inziviles Verhalten, wie Beleidigungen oder Diskriminierungen, wirkungsvoll eindämmen, z. B. durch Löschen oder öffentliches Sanktionieren der entsprechenden Inhalte. So soll Moderation dazu beitragen, dass Teilnehmende einen geschützten Diskussionsrahmen für konstruktiven, offenen und niedrigschwelligen gegenseitigen Austausch vorfinden (Grimmelmann, 2015).

Auch bei #meinfernsehen2021 handelt es sich um ein diskursives Online-Beteiligungsverfahren, in dessen Rahmen Moderation zur Förderung der Diskussionsqualität eingesetzt wurde. Ein Team aus insgesamt sechs Moderator:innen bediente sich dabei einer breiten Palette an Moderationshandlungen, die über das Formulieren eigener Kommentare bis hin zur Löschung inadäquater Diskussionsinhalte reichte. Der vorliegende Beitrag widmet sich der systematischen Analyse dieser Moderation und nimmt sie gleichzeitig zum Anlass, eine extensive Systematik zur Beschreibung von Moderation in Beteiligungsverfahren vorzustellen. Die Analyse ist dabei entlang der Bestimmung sowohl der (1) Auswahlkriterien der moderierten Kommentare als auch (2) der zum Einsatz gekommenen Moderationsformen und -stile strukturiert. Wir knüpfen damit an kommunikationswissenschaftliche Studien zur Identifikation von Moderationsfaktoren (Paasch-Colberg & Strippel, 2021) sowie zur Differenzierung verschiedener Formen und Stile von interaktiver und nicht-interaktiver Moderation (Wright, 2006; Ziegele et al., 2018) an. Mit dem Beitrag legen wir zudem die erste systematische Analyse von Moderation im Rahmen von diskursiven Online-Beteiligungsverfahren in Deutschland vor.

2. Moderation von Online-Diskussionen

Unter professioneller Moderation verstehen wir *Handlungen zur Strukturierung und Steuerung von Debatten zwecks Herbeiführung einer gewünschten Diskursatmosphäre durch die Diskursanbieter:innen* (in Anlehnung an Wright, 2006; Ziegele & Jost, 2020). Im Verständnis von Deliberationstheoretiker:innen ist eine gewünschte Diskursatmosphäre in der Regel eng mit der Vorstellung einer demokratischen Debatte verknüpft (Edwards, 2002; Wright, 2006). Entsprechend sollen die Strukturierung und Steuerung des Kommunikationsprozesses und dessen Inhalten auf das Ziel gerichtet sein, zu einem rationalen, reziproken und respektvollen Diskurs möglichst vieler unterschiedlicher Teilnehmer:innen anzuregen und inzivile Beiträge einzudämmen (Stroud et al., 2015; Wright, 2006; Ziegele & Jost, 2020). Moderator:innen werden dabei gängigerweise als Prozessbegleiter:innen (*engl.* facilitator; Grimmelmann, 2015) sowie als demokratische Intermediäre (Edwards, 2002) charakterisiert, die im Rahmen ihrer Tätigkeit unterschiedliche Funktionen erfüllen: In ihrer *strategischen Funktion* definieren sie den Diskursrahmen mit Blick auf das Ziel der Diskursanbieter:innen, indem sie etwa Ziele und Themen der Debatte festlegen und die Ergebnisse der Diskussion an die Anbieter:innen rückbinden. Im Rahmen der *Bereitstellungsfunktion* (*engl.* conditioning function) stellen sie zusätzliche Informationen bereit und stimulieren Partizipation der Teilnehmenden im Vorfeld der Diskussion. Alle Tätigkeiten zur Betreuung der laufenden Diskussion, etwa durch Formulieren von Diskussionsregeln und deren Durchsetzung, werden als *Prozessfunktion* bezeichnet (Edwards, 2002).

Moderation wird in der Praxis vornehmlich im Sinne der Prozessfunktion verstanden. In diesem Kontext dient Moderation als Sammelbegriff für eine Vielzahl von Systemen und Techniken, die von Anbieter:innen in Online-Foren zur Anwendung gebracht werden können. Demgegenüber steht ein überschaubarer Forschungsstand, der sich mit der empirischen Abbildung dieser vielfältigen Moderationstechniken im Kontext von deliberativen Online-Beteiligungsverfahren beschäftigt. Hier wird Moderation gängigerweise als Designmerkmal der Diskussionsplattform erfasst (Frieß

& Eilders, 2015). Die Analyse von Moderation beschränkt sich dabei meist auf ihr Vorhandensein bzw. die Differenzierung verschiedener Moderationsformen (z. B. interaktiv vs. nicht-interaktiv, s. u.; Epstein & Leshed, 2016; Frieß, 2016; Wright, 2006). Eine Systematisierung zur Analyse verschiedener Moderationsstrategien jenseits dieser Differenzierung fehlt allerdings weitestgehend. Das vorliegende Forschungsvorhaben zielt darauf ab, die Analyse von Moderation systematisch zu erweitern. Wir schlagen vor, Moderation als zweistufigen Prozess zu verstehen, der (1) aus der systematischen Auswahl der zu moderierenden Kommentare sowie (2) aus der Wahl der geeigneten moderativen Handlung besteht (siehe hierfür auch Einwiller & Kim, 2020; Paasch-Colberg & Strippel, 2021). Eine systematische Beschreibung von Moderation soll entsprechend entlang dieser beiden Stufen erfolgen.

2.1. *Stufe 1: Auswahlkriterien für Moderation*

Die Auswahl der zu moderierenden Kommentare ist als erste Stufe der Moderation zu begreifen. Fraglich ist, nach welchen Kriterien die Auswahl moderierter Kommentare erfolgt und ob diese Auswahl konsistent und exhaustiv angewandt wird. Die Erforschung solcher Auswahlkriterien für Moderation ist aktuell noch recht jung und beschränkt sich ausschließlich auf die Moderation von inzivilen Kommentaren. In einer Inhaltsanalyse der Kommentarspalten von Online-Nachrichtenseiten von Ziegele et al. (2018) erhöhte die Inzivilität in Initialkommentaren die Wahrscheinlichkeit, dass unter den Antwortkommentaren mindestens ein Moderationskommentar war.[1] Das galt jedoch nur für „public level incivility", die negative Stereotype, Lügenvorwürfe und Gewaltandrohungen enthielt. „Personal level incivility" in Form von vulgärer Sprache, Beleidigungen, Sarkasmus und „Schreien" hatte keinen Einfluss auf die Moderationsentscheidung. Stroud und Muddiman (2017) konzentrieren sich auf die Analyse von gelöschten Kommentaren im Online-Diskurs der *New York Times*. Im Zentrum steht die Fragestellung, welche Kommentarmerkmale die Moderationswahrscheinlichkeit erhöhen. Dort konnte nachgewiesen werden, dass ein signifikanter Zusammenhang zwischen dem Vorkommen bestimmter Schimpfworte und der Löschung von Kommentaren besteht. Boberg et al. (2018) können einen solchen Zusammenhang im Rahmen

---

1 Initial- und Antwortkommentar können synonym zu den Begrifflichkeiten Top-Level Kommentar und Sub-Level Kommentar verwendet werden.

einer Analyse der Kommentare des deutschsprachigen Online-Diskurses von *Spiegel Online* nicht nachweisen, finden jedoch Hinweise darauf, dass Moderation von Inzivilität deutlich restriktiver entlang spezifischer Themen (Flüchtlingskrise, Fake News und Rechtspopulismus) eingesetzt wird. In beiden Studien wird eine mangelnde Konsistenz in der Anwendung von Moderation konstatiert, die (teilweise) auch in der Studie von Ziegele et al. (2018) deutlich wird (Boberg et al., 2018; Stroud & Muddiman, 2017). Mögliche Gründe für diese inkonsistenten Moderationshandlungen liefern Paasch-Colberg und Strippel (2021). Diese führen Erkenntnisse aus 23 qualitativen Expert:inneninterviews mit Community-Manager:innen verschiedener journalistischer Online-Angebote zusammen und identifizieren auf diesem Wege Faktoren, die den Auswahlprozess der zu moderierenden Kommentare beeinflussen können. Neben erlernten Regeln entlang professioneller Standards und Routinen sowie rechtlichen Rahmenbedingungen schlagen sich auch individuelle Faktoren, wie z. B. Persönlichkeitsmerkmale und Organisationsrichtlinien, in der Kommentarauswahl nieder. Einwiller und Kim (2020) weisen darauf hin, dass sich Organisationsrichtlinien (Netiquetten) zur Löschung von Hate Speech häufig auf die Aufzählung von unzulässigen Kommunikationsformen (z. B. Beleidigungen, Vulgarität, Gewaltandrohungen) beschränken. Die Identifikation dieser Merkmale in Kommentaren liegt jedoch im Ermessen der Moderator:innen.

Auch im Rahmen des #meinfernsehen 2021 Projektes soll untersucht werden, welche Kommentare moderiert wurden. Es soll ermittelt werden, ob sich moderierte Kommentare systematisch von nicht moderierten Kommentaren unterscheiden, um so Rückschlüsse auf Systematik und Konsistenz der Moderation anstellen zu können. Im Gegensatz zum Forschungsstand beschränken wir uns dabei jedoch nicht nur auf Hasskommentare, sondern beziehen ausdrücklich alle Kommentare mit ein, die eine Moderation erhalten haben. So können auch Kriterien jenseits von Inzivilität identifiziert werden, die einen Einfluss auf die Moderationswahrscheinlichkeit ausgeübt haben.

FF1: *Inwiefern unterscheiden sich Kommentare, die moderiert wurden, von nicht moderierten Kommentaren?*

2.2. Stufe 2: Formen und Stile von Moderation

Moderationsformen und -stile beschreiben, wie eine moderative Handlung konkret ausgestaltet ist. In Anlehnung an Wright (2006) können dabei folgende Moderationsformen unterschieden werden: Bei *nicht-interaktiver*

Moderation handelt es sich um eine unsichtbare Moderationsform, bei der unzulässige Beiträge, die bspw. gegen die Netiquette verstoßen, teilweise oder gänzlich entfernt werden (Wright, 2006). Dies trifft üblicherweise auf Kommentare mit inzivilen, also beispielsweise beleidigenden oder diskriminierenden, Inhalten zu. Nicht-interaktive Moderation verzichtet auf die aktive Teilnahme an Diskussionen. Bei *interaktiver Moderation* beteiligen sich die Moderierenden hingegen aktiv mit eigenen Beiträgen an der Diskussion (Stroud et al., 2015; Ziegele & Jost, 2020).

Den Moderator:innen steht dabei eine breite Palette an Interaktionen zur Verfügung, die je nach Moderationsanlass und -ziel variieren können. Im Rahmen der interaktiven Moderation können zwei übergeordnete Stile unterschieden werden: *Regulierende Moderation* verfolgt das Ziel, die Einhaltung der Netiquette durchzusetzen und gegenseitige Normen des Respekts zu etablieren. Im Rahmen der Kommentare wird dabei öffentlich auf eine Verletzung der Netiquette hingewiesen. Ferner kann die *regulierende Moderation* auch Diskussionen zum Ausgangsthema zurückführen und auf Kritik und Fragen an die Redaktion reagieren (Ziegele & Jost, 2020). Bei der *unterstützenden Moderation* wird der Fokus zusätzlich auf deliberative Kommentare, d.h. rationale und respektvolle Bezugnahmen (Gutmann & Thompson, 1996), gelegt. Moderator:innen nehmen hier aktiv an Debatten teil, indem sie etwa Fragen der Nutzer:innen beantworten, Zusatzinformationen in den Diskurs einbringen, deliberative Kommentare lobend hervorheben und mit Anschlussfragen eine sachliche Debatte vorantreiben (Stroud et al., 2015; Wright, 2006; Ziegele & Jost, 2020). Sowohl unterstützende als auch regulierende Moderation bezeichnen Ziegele et al. (2018) dann als deliberativ, wenn moderative Handlungen auf die Einhaltung deliberativer Standards gerichtet sind (z. B. Eindämmung von Inzivilität) oder sich die Einhaltung von Rationalitäts-, Reziprozitäts- und Zivilitätsnormen im eigenen Kommentierverhalten widerspiegelt.

Kommunikationswissenschaftliche Studien weisen darauf hin, dass die Wirkung von Moderation auf das Kommentierverhalten der Nutzer:innen auch vom Moderationsstil abhängt. So zeigt die inhaltsanalytische Studie von Ziegele et al. (2018; 2019), dass ein unterstützender Moderationsstil, welcher sich durch das Einbringen von zusätzlichen Informationen, inhaltlichen Argumenten und Fragen auszeichnet, besonders für die Steigerung von Rationalität in der Diskussion geeignet war. Hiervon abzugrenzen ist informelle Moderation mit Smalltalk, Humor und Lob („sociable"), die von den Autor:innen als nicht-deliberativ bezeichnet wird und keinen Effekt auf die Rationalität der Folgediskussion hatte. Regulierende oder sogar konfrontative Moderation, die auf die Bloßstellung von Teilnehmenden abzielt, könne indes zu einer Steigerung von Inzivilität in den Folgekommentaren führen (Ziegele et al., 2018; Ziegele et al., 2019). Die Anwendung verschiedener Moderationsstile hatte zudem einen Effekt auf Wahrnehmungen und Einstellungen der Nutzer:innen: Experimentalstudien zeigten, dass sich faktenorientierte und empathische Moderation positiv auf das subjektive Gruppenzugehörigkeitsgefühl zur Community und die Bewertung des Diskursanbieters auswirken kann, während sarkastische Moderation negative Wirkungen auf die genannten Wahrnehmungen entfaltete (Masullo et al., 2021; Ziegele & Jost, 2020).

In der systematischen Analyse sollen die moderativen Handlungen im Rahmen des #meinfernsehen2021-Projektes inhaltlich untersucht werden und, wenn möglich, in bestehende Systematiken zu Moderationsformen und -stilen eingeordnet werden.

FF2: Welche Formen und Stile von interaktiver Moderation kamen bei #meinfernsehen2021 zur Anwendung?

3. Untersuchungsgegenstand: Moderation bei #meinfernsehen2021

Im Rahmen des #meinfernsehen2021-Projektes wurde sowohl interaktiv als auch nicht-interaktiv moderiert. Für die vorliegende Studie sind dabei diejenigen moderativen Handlungen von Interesse, die unmittelbar zur Betreuung der laufenden Debatte durchgeführt wurden (Prozessfunktion, Edwards, 2002). Im Verfahrenszeitraum waren insgesamt sechs professionelle Moderator:innen beschäftigt, dabei maximal vier zeitgleich. Die Betreuung der Plattform erfolgte wochentags von 8 bis 20 Uhr durchgängig, am Wochenende bei Bedarf. Die Moderator:innen wurden dabei via E-Mail über neu eingehende Kommentare informiert. Zusätzlich stand dem Moderationsteam ein gemeinsamer Chat-Kanal zur Verfügung, um sich teamintern zu koordinieren und auszutauschen.

Die Moderation erfolgte dabei entlang vorab formulierter Leitlinien. Diese definierten folgende Ziele: (1) Die Initiierung von Diskussionen und Motivation der Diskutierenden sowie (2) die Einhaltung der für die Plattform gültigen Diskussionsregeln (Netiquette) und der rechtlichen Bestimmungen. Ersteres sollte über einen respektvollen, wertschätzenden und konstruktiven Kommunikationsstil erreicht werden. Bei Letzterem galt es, kontroverse Standpunkte im Sinne des freien Meinungsaustausches zuzulassen, solange sie nicht gegen die AGB der Plattform oder die Netiquette verstoßen und es sich nicht um strafrechtlich relevante Inhalte (Beleidigung, verfassungswidrige Kennzeichen, Volksverhetzung) handelte. Auswahlkriterien zur Identifikation von moderationswürdigen Kommentaren sind nicht explizit definiert. Implizit wird aber das Löschen von strafrechtlich relevanten Inhalten sowie das Sanktionieren diskriminierender und beleidigender Kommentare vorgeschrieben.

4. Methode

Insgesamt wurden im Partizipationsverfahren 3.817 Kommentare verfasst. 384 Nutzer:innenkommentare wurden moderiert (9.5 %). Dabei wurde in 23 Fällen (0.6 %) nicht-interaktive Moderation eingesetzt, indem die Kommentare von der Moderation gelöscht wurden. 361 Kommentare wurden interaktiv moderiert, indem die Moderator:innen mit einem oder mehreren eigenen Kommentaren auf den jeweiligen Teilnehmer:innenkommentar reagierten. Insgesamt lagen 373 Moderationskommentare vor. Das entspricht einem Anteil von 9.8 Prozent an der Gesamtdiskussion.

Um FF1 zu beantworten, wurde eine quantitative Inhaltsanalyse von moderierten und nicht moderierten Kommentaren durchgeführt. Dafür wurden zusätzlich zu der geschichteten Zufallsstichprobe (siehe Methodenkapitel in diesem Sammelband) alle Kommentare, die moderiert wurden, in die Stichprobe aufgenommen. Bedauerlicherweise wurden gelöschte Kommentare nicht archiviert, sodass nicht-interaktiv moderierte Kommentare nicht inhaltsanalytisch untersucht werden konnten. Deshalb wurden in der quantitativen Inhaltsanalyse nur interaktiv moderierte Kommentare berücksichtigt. Dieses Vorgehen resultierte in einer Gesamtstichprobe von 1.682 Kommentaren. Für die inferenzstatistischen Analysen wurden die zentralen Kategorien aus dem Codebuch (siehe Methodenkapitel in diesem Sammelband) zu Mittelwert-Indizes zusammengefasst, die die unterschiedlichen Dimensionen von deliberativer Qualität sowie Inzivilität abbilden sollen (Coe et al., 2014; Esau et al., 2019; Frieß & Eilders, 2015; Ziegele et al., 2020): *Rationalität* (Themenbezug; Tatsachenbehauptung; Begründung; Lösungsvorschlag; Zusatzwissen; Frage; M = 1.9, SD = 0.5), *Reziprozität* (Bezugnahme Nutzer:in/Community; Bezugnahme Inhalt; M = 2.0, SD = 1.3), *expliziter Respekt* (höfliche Anrede; Respektsbekundungen; M = 1.2, SD = 0.4), *Persönliche Erfahrungen/Storytelling* (Einzelkategorie, kein Index; M = 1.1, SD = 0.5), *Emotionen* (positive und negative Emotionen; M = 1.4, SD = 0.6) und *Inzivilität* (Geringschätzung; Schreien;

Vulgarität; Beleidigungen; Sarkasmus/Zynismus/Spott; Lügenvorwürfe; M = 1.2, SD = 0.4).[2]

Um FF2 zu beantworten, wurden alle Moderationskommentare (n = 373), die im Laufe des Partizipationsverfahrens geschrieben wurden, mit einer inhaltlich-strukturierenden qualitativen Inhaltsanalyse (Kuckartz, 2018) ausgewertet. Das Material wurde computergestützt mit dem Programm „MaxQDA" codiert. Dabei wurden zunächst Kategorien deduktiv aus den theoretischen Überlegungen, dem Forschungsstand und den Forschungsfragen abgeleitet (z. B. regulierende und unterstützende Moderation, Fragen, Zusatzwissen, Lob). Diese wurden anschließend induktiv am Datenmaterial weiterentwickelt, ausdifferenziert und um weitere Kategorien ergänzt.

5. Ergebnisse

5.1. Auswahl der moderierten Kommentare

Um zu untersuchen, ob und inwiefern sich interaktiv moderierte Kommentare hinsichtlich ihrer deliberativen Qualität und Inzivilität von nicht moderierten Kommentaren unterscheiden, wurde eine logistische Regressionsanalyse mit den Qualitätsdimensionen als unabhängige Variablen und der Moderationsentscheidung (moderiert/nicht moderiert) als abhängige Variable durchgeführt. Wie bereits erwähnt gingen nur interaktiv moderierte Kommentare in die Analyse ein. In Tabelle 1 ist zu sehen, dass Inzivilität der stärkste Prädiktor für Moderation war ($b = 0.61$, Odds = 1.85, $p < .001$). Außerdem zeigte sich ein positiver Effekt von Rationalität auf die Moderationsentscheidung ($b = 0.43$, Odds = 1.53, $p < .001$). Letztere entsprechen damit eher deliberativen Qualitätsanforderungen mit Blick auf eine rationale Diskussion. Reziprozität, expliziter Respekt, Emotionen und Storytelling hatten keinen Einfluss auf die Moderationsentscheidung.

---

2 Die Erfassung der einzelnen Merkmale erfolgte auf einer Skala von 1 = „Merkmal ist eindeutig nicht vorhanden" bis 4 = „Merkmal ist eindeutig vorhanden" (vgl. Methodenkapitel in diesem Sammelband).

Tabelle 1. *Logistische Regression von Qualität und Inzivilität der Kommentare auf die Moderationsentscheidung*

Abhängige Variable: Kommentar wurde moderiert	b	95% CI für Odds Ratio		
		Unterer Wert	Odds	Oberer Wert
Konstante	-3.38 ***			
	[-4.14, -2.66]			
Rationalität	**0.43 *****	1.21	1.53	1.94
	[0.20, 0.68]			
Reziprozität	0.07	0.97	1.07	1.18
	[-0.04, 0.17]			
Expliziter Respekt	0.17	0.90	1.19	1.59
	[-0.17, 0.45]			
Emotionen	-0.06	0.76	0.94	1.17
	[-0.29, 0.14]			
Storytelling	0.20	0.96	1.22	1.54
	[-0.06, 0.42]			
Inzivilität	**0.61 *****	1.35	1.85	2.54
	[0.30, 0.92]			
n		1663		

$R^2 = .02$ *(Cox & Snell).03 (Nagelkerke). Model $\chi^2 = 35.93$, p <.001. * p < 0.05; ** p < 0.01; *** p < 0.001.*
Die Inhalte der gelöschten Kommentare standen bedauerlicherweise nicht für die Inhaltsanalyse zur Verfügung, die Gründe für die Löschung lassen sich aber zum Großteil auf Basis der qualitativen Inhaltsanalyse der Moderationskommentare rekonstruieren, da die Moderator:innen die Löschungen in fast allen Fällen in der Diskussion transparent machten. Nur in einem Fall war die Moderationsentscheidung nicht nachvollziehbar, da auch der Moderationskommentar gelöscht wurde. Der häufigste Grund für eine Löschung war Spamming, also das wiederholte Posten inhaltlich identischer Kommentare. Das ist auch eine mögliche Erklärung dafür, warum 18 der 23 gelöschten Kommentare von einem Account stammten: Die betreffende Person scheint aufgrund eines Missverständnisses denselben Text 21-mal gepostet zu haben. Lediglich ein Kommentar wurde wegen Beleidigungen gelöscht. Dieser Kommentar liegt auch als Screenshot vor, der von den Moderator:innen archiviert wurde.[3] Der betreffende Nutzer hatte eine andere Person als „dumme Nuss" bezeichnet. Zudem wurde in zwei Fällen ein Kommentar durch die Moderation bearbeitet. In einem Fall wurde ein laut Netiquette nicht zulässiger Link entfernt (fehlendes Impressum), im anderen ein Buchcover aufgrund möglicher Urheberrechte.

---

3 Die Moderator:innen hatten in ihrem gemeinsamen Chat-Kanal über den Umgang mit diesem Kommentar diskutiert.

Die Ergebnisse zeigen, dass nicht nur inzivile Kommentare, die gegen die Netiquette verstoßen hatten, moderiert wurden, sondern auch Kommentare, die eine vergleichsweise hohe Rationalität und damit eine zentrale Dimension deliberativer Qualität aufwiesen. Wie diese Moderation konkret aussah, sollen die Ergebnisse der qualitativen Inhaltsanalyse der Moderationskommentare zeigen.

5.2. Formen und Stile interaktiver Moderation

Zur Beantwortung der zweiten Forschungsfrage wurden alle 373 Moderationskommentare qualitativ untersucht. Eines der am häufigsten auftretenden Moderationsmerkmale waren *Fragen*, die in 182 Moderationskommentaren vorkamen (48.8 %). Dabei stellten die Moderator:innen vor allem *Nachfragen nach Belegen, Beispielen, Konkretisierungen oder Begründungen* (67 Fälle bzw. 18 %, „Was genau meinen Sie mit ‚schlechter Nutzbarkeit'? Können Sie dies konkretisieren?", MK 1545[4]). In 43 Fällen (11.5 %) fragten sie die Teilnehmer:innen aber auch nach ihren *persönlichen Meinungen oder Wünschen* („Wie oft pro Woche sollten diese Dokus Ihrer Meinung nach ausgestrahlt werden?", MK 1744). Zudem baten sie in 24 Moderationskommentaren (6.4 %) um *(Lösungs-) Vorschläge* („Wie könnte eine Reform in Deutschland aussehen? Was wären für Sie die wichtigsten Punkte?", MK 1301). In einigen Fällen wurden Fragen auch genutzt, um die Aussagen oder Standpunkte der Nutzer:innen zu *konkretisieren oder zusammenzufassen* ("[...] dass [sic!] heißt, Sie sprechen sich gegen kostenpflichtige Funktionen – wie Werbung – aber nicht gegen die kostenfreie Nutzung von Online-Plattformen aus?", MK 2103). Sehr selten wurden *Verständnisfragen* gestellt (acht Fälle bzw. 2.1 %, „Verstehe ich Sie richtig, dass Sie die Inhalte der Mediatheken bevorzugt auf dem Handy konsumieren?", MK 1164) und nach persönlichen Erfahrungen gefragt (drei Fälle bzw. 0.8 %, „Nutzen Sie neben Videotext auch andere Zusatzinformationen, die die Sender über das Fernsehgerät anbieten – etwa HbbTV?", MK 1423). Insgesamt entstand der Eindruck, als ob die Fragen vor allem das Ziel verfolgten, die Diskussion voranzubringen und beispielsweise zusätzliche Argumente, Meinungen, Informationen und Vorschläge zu fördern. In einigen Fällen erfüllten Fragen aber auch eine *rhetorische Funktion*, mit der unterschwelli-

---

4 Die Belege in der qualitativen Analyse setzen sich aus einem Kürzel für die Art des Kommentars (MK = Moderationskommentar, TK = Teilnehmer:innenkommentar) und der eindeutigen Kommentar-ID zusammen.

ge Kritik geäußert und subtile Gegenrede betrieben wurde, ohne zu offensiv „dagegenzuhalten" („Was genau meinen Sie mit ‚trivialem Dummfunk'?", MK 1596).

112 Moderationskommentare (30 %) enthielten *Zusatzinformationen*. Es wurden z. B. *Studien oder Artikel zu den Diskussionsthemen verlinkt* („Für alle, die den Beitrag gern nachlesen möchten, füge ich den Link ein: [...]", MK 1914), *zusätzliche Fakten geliefert* ([...] der öffentlich-rechtliche Rundfunk ist bislang staatsvertraglich verpflichtet, Unterhaltungsprogramme anzubieten", MK 2234) und *Fragen der Teilnehmer:innen beantwortet* („Hallo [Nutzer:in], beim Sprechen wird wie beim Gendersternchen eine kleine Pause zwischen Wortstamm und Endung gelassen", MK 1772). Zudem wurde in 17 Fällen (4.6 %) *auf andere Threads verwiesen*, um die Diskussionen zu strukturieren („Zum Thema Vertonung und Hörprobleme gibt es hier eine Diskussion, [Link], die für Sie vielleicht auch interessant wäre", MK 1272).

Transparenz zum Partizipationsverfahren und der Moderation spielte in 37 Moderationskommentaren (9.9 %) eine Rolle. Es wurde beispielsweise erläutert, wer das Verfahren ausrichtet und wann und wo die Ergebnisse vorgestellt werden. („Diese Diskussionsplattform wird nicht von den öffentlich-rechtlichen Sendern betrieben, sondern ist ein Projekt des Grimme-Instituts in Kooperation mit der Bundeszentrale für politische Bildung und dem Düsseldorfer Institut für Internet und Demokratie [...]", MK 1808). Zudem wurde in einigen Fällen *auf Kritik eingegangen* („Ich habe Ihre Kritik entsprechend weitergeleitet, wir melden uns schnellstmöglich!", MK 2964) und *Moderationsentscheidungen begründet* („Ich habe den Link aufgrund der Netiquette [...] entfernt, weil nicht klar ist, ob es sich um ein legales Angebot handelt und das Impressum unvollständig ist", MK 1384).

29 Moderationskommentare (7.8 %) verfolgten erkennbar die Intention, *Falschinformationen oder verzerrte Informationen zu korrigieren, richtigzustellen oder ins Verhältnis zu setzen.* („Hallo [Nutzer:in], wir hegen Zweifel an Ihrer Aussage, dass in den öffentlich-rechtlichen [sic!] Nachrichten von ‚nur' 86 Cent gesprochen wird bzw. wurde. Haben Sie eventuell eine Quelle, die Ihre Aussage bestätigen würde?", MK 1594). Dabei wurde den Teilnehmer:innen aber in der Regel nicht vorgeworfen, absichtlich Desinformation zu betreiben, sondern in der Formulierung davon ausgegangen, dass es sich um nicht intendierte Fehler oder Verzerrungen handelte oder dass die Person sich ungenau ausgedrückt hat. („Nur zur Klarstellung: Der öffentlich-rechtliche Rundfunk [...] wird (mit Ausnahme der Deutschen Welle) nicht über Steuern finanziert, sondern über einen Rundfunkbeitrag", MK 442).

Die meisten Moderationskommentare waren sehr höflich und wertschätzend formuliert. In 196 Fällen (52.6 %) *bedankten* sich die Moderator:innen bei den Teilnehmer:innen für ihre Beiträge („danke für Ihre Beiträge auf dieser Plattform!", MK 952). 232 Moderationskommentare (62.2 %) enthielten *Begrüßungen, Verabschiedungen oder Höflichkeitsfloskeln* („Wünsche einen schönen Tag und eine gewinnbringende Diskussion", MK 1071). Außerdem wurden in 261 Fällen (70 %) die betreffende Person *direkt mit dem Nutzer:innennamen angesproche*n („Hallo [NutzerIn], haben Sie vielen Dank für Ihren Beitrag!", MK 1247). 50 Moderationskommentare (13.4 %) enthielten *Lob* ([...] danke für Ihren wertvollen Beitrag!", MK 956; „Ihr Vergleich zu einer Art ‚Escape-Room' klingt sehr interessant!", MK 1247). *Explizite Zustimmung* kam allerdings sehr selten vor (acht Fälle bzw. 2.1 %, „Sie haben absolut recht: Auch auf dieser Diskussionsplattform ist deutlich zu erkennen, dass die Teilnehmer*innen sehr dankbar für die Möglichkeit sind, sich untereinander auszutauschen, Ideen einzubringen und somit ‚gehört' zu werden", MK 2568), ebenso wie *Empathie* (drei Fälle bzw. 0.8 %, „Dass man die Fragestellungen, so wie sie [sic!] diese dargelegt haben, missverständlich auffassen könnte, verstehen wir", MK 1734).

In 40 Moderationskommentaren (10.7 %) wurde nicht nur auf eine einzelne Person eingegangen, sondern versucht, *weitere Teilnehmer:innen anzusprechen* und in die Diskussion einzubeziehen. Die Ansprache mehrerer Teilnehmer:innen wurde häufig genutzt, um mehrere Kommentare gebündelt zu moderieren („Liebe Diskussionsteilnehmer*innen, haben Sie vielen Dank für den regen Austausch. Ich möchte Sie darum bitten, auf einen respektvollen und wertschätzenden Ton zu achten [...]" [MK 3085]. Zudem wurde in einigen Moderationskommentaren das „*Gemeinwohl*" angesprochen und Vorteile von Informationen und Verhaltensweisen für die gesamte #meinfernsehen2021-Community herausgestellt („[...] belegen Sie Behauptungen möglichst mit Argumenten und Fakten. Ziehen Sie Quellen heran. So entsteht eine produktivere Diskussion. Davon profitieren alle", MK 1072; „hier noch der Link zum neuen Vorschlag von Ihnen, damit alle diesen finden", MK 830; „[...] gibt es einen Link dazu? Das könnte sicherlich für viele Diskussionsteilnehmer:innen interessant sein nachzulesen", MK 3231). Vereinzelt wurde auch versucht, *weitere Teilnehmer:innen aktiv zur Beteiligung zu motivieren* („Wir sind gespannt auf weitere Meinungen zu diesem Thema!", MK 1177).

67 Moderationskommentare (18 %) enthielten *Hinweise auf Verstöße gegen geltende Diskursnormen*. Darunter fielen vor allem *Reaktionen auf unhöfliches Verhalten* wie Beleidigungen, ein respektloser Ton und mangelnde Wertschätzung (26 Fälle bzw. 7 %, „Ich möchte Sie bitten, auf einen freundlichen und wertschätzenden Ton zu achten", MK 2656), und *Themenabwei-*

chungen (24 Fälle bzw. 6.4 %, „Ihr Beitrag führt leider an der Fragestellung
vorbei", MK 2947). In 10 Fällen (2.7 %) wurde auf unsachliche und polemische Aussagen, fehlende Argumente und Belege hingewiesen ([...] bitte
achten Sie auf einen sachlichen, wertschätzenden Ton und erläutern Sie
Ihre Argumente nachvollziehbar", MK 1710). Seltener enthielten Moderationskommentare Hinweise auf *Spamming* (sechs Fälle bzw. 1.6 %, „Dennoch muss ich Sie darauf hinweisen, dass ‚Copy+Paste' in einem Diskussionsforum oftmals wenig zielführend ist", MK 2659), und *Falschinformationen* (vier Fälle bzw. 1.1 %, „Dort steht, dass Gottschalk in den 80ern festan-
gestellt war. Von ‚ein paar Monaten', wie Sie sagen, ist dort nichts zu lesen", MK 2959). In zwei Fällen (0.5 %) gab es auch Hinweise auf *Holocaust-
Relativierungen und Nazi-Vergleiche* („Ihre Aussage, dass die ‚Nachrichtensendungen Tagesschau, heute und so weiter [...] zuviel Propaganda' bringen ‚wie eben Nazipropaganda', ist höchst missverständlich und wie ich
finde eine unzulässige Gleichsetzung", MK 641). Insbesondere auf Verstöße gegen Höflichkeitsnormen und Holocaust-Relativierungen reagierten
die Moderator:innen häufig mit *regulierender Moderation* (46 Fälle bzw.
12.3 %) wie beispielsweise *Ermahnungen* („Bitte achten Sie auch einen sachlichen Diskussionsstil und vermeiden Sie Beleidigungen (‚Spinner')", MK
1072) und deutlicher inhaltlicher *Gegenrede* (‚Die Gleichsetzung der ver-
brecherischen NS-Ideologie, die zu einem Völkermord an sechs Mio. Menschen geführt hat, mit einer geschlechtergerechten Sprache halte ich für
eine gefährliche Verharmlosung", MK 247). In elf Fällen (3 %) wurde *auf
die Netiquette und die geltenden Diskursregeln verwiesen* („Hallo [Nutzer:in],
beachten Sie bitte die Netiquette [Link] und verzichten Sie auf Schimpf-
wörter – danke", MK 1378). Lediglich in einem Fall wurden Sanktionen
angedroht („[...] bitte achten Sie hier auf faire Umgangsformen und verzichten Sie auf pauschale Urteile zu anderen Diskussionsteilnehmer:innen
[...]. Sonst werden solche Beiträge entsprechend der Netiquette gelöscht
[Link]", MK 3484). 70 Prozent der überwiegend regulierenden Moderationskommentare enthielten allerdings trotzdem *unterstützende Elemente* wie
Danksagungen, Höflichkeitsfloskeln oder die Bestärkung unterstützens-
werter Aspekte (32 Fälle, „Nachfragen sind immer willkommen und tragen ja zu einer guten Diskussion bei. Dafür ist es aber nicht erforderliche,
die Meinung anderer in unsachlicher Weise zu benennen. Vielen Dank
und weiterhin gute Diskussionen!", MK 1176). Es ist allerdings anzumer-

ken, dass Inzivilität insgesamt nur selten vorkam.[5] Insgesamt entstand der Eindruck, dass die Moderation bei Normverstößen sehr streng war und auch bei vergleichsweise milden Verstößen oder „Grenzfällen" schnell eingriff. Einige Nutzer:innen äußerten auch die Kritik, dass sie die Moderation teilweise nicht nachvollziehen konnten oder ungerechtfertigt fanden („[...] der werte [Nutzer] hat somit nur Formulierungen aufgegriffen, welche im OT bereits benutzt – und bis dato nicht moniert worden sind [sic!] – Bitte machen Sie also mit aller Höflichkeit [sic!] und Respekt Ihren Moderatorenjob vernünftig ...", TK 1936).

6. Diskussion

Insgesamt war die Moderation im Partizipationsverfahren #meinfernsehen2021 mit einem Anteil von fast zehn Prozent sehr präsent und aktiv. Bezüglich der Auswahl der moderierten Kommentare (FF1) zeigen die Ergebnisse der quantitativen Inhaltsanalyse, dass sowohl inzivile Kommentare moderiert wurden als auch Kommentare, die eine vergleichsweise hohe Rationalität aufwiesen und damit eine zentrale Voraussetzung für einen deliberativen Diskurs erfüllten (Frieß & Eilders, 2015). Dementsprechend ist das Ergebnis der qualitativen Analyse, dass überwiegend in einem unterstützenden Stil moderiert wurde (FF2), vor dem Hintergrund des insgesamt geringen Inzivilitätsanteils in den Diskussionen wenig überraschend. Es wurden überwiegend Formen von Moderation eingesetzt, die Ziegele et al. (2018) als „deliberativ" einordnen: Nach der Taxonomie der Autor:innen wurde hauptsächlich „diskursive" und „regulative" Moderation eingesetzt. „Konfrontative" (z. B. sarkastische) Moderation kam überhaupt nicht zum Einsatz. Aspekte einer „sociable" Moderation waren nur in Form von Lob und einem höflichen Umgangston zu erkennen. Die Autor:innen ordnen diese Form der Moderation als „nicht-deliberativ" ein, da sie nicht auf Rationalität abzielt. Ein höflicher Umgangston, Lob und Wertschätzungen können allerdings einen respektvollen Umgang der Teilnehmer:innen untereinander fördern, was wiederum als Voraussetzung für Deliberation gilt (Habermas, 1983; Steiner, 2012; Ziegele et al., 2020).

Wir argumentieren, dass unterschiedliche Aspekte von Moderation das Potenzial haben, unterschiedliche Dimensionen von deliberativer Qualität

---

5 18.7 % der Kommentare enthielten Geringschätzungen („Merkmal ist eindeutig vorhanden" und „Merkmal ist eher vorhanden"), 5.3 % Schreien, 1.9 % vulgäre Sprache, 2.3 % Beleidigungen und 14.2 % Sarkasmus, Zynismus oder Spott.

zu fördern. Die meisten Moderationskommentare im Verfahren zielten auf die Förderung von *Rationalität* ab: Es wurde z. B. nach Argumenten, Quellen und Beispielen gefragt, Zusatzinformationen geliefert, zusätzliche Aspekte in die Diskussion eingebracht und falsche, verzerrte oder unvollständige Informationen korrigiert. Außerdem wurde darauf geachtet, dass die Diskussionen beim Thema des jeweiligen Posts blieben. Das geschah überwiegend in einem unterstützenden Ton. Nur vereinzelt wurden Teilnehmer:innen ermahnt, beim Thema zu bleiben oder ihre Aussagen mit Argumenten zu belegen. Zudem zielten Moderationskommentare darauf ab, *Inzivilität* einzudämmen. Das geschah häufig in einem regulierenden Ton, z. B. durch Ermahnungen oder deutliche Gegenrede. Nur in einem Fall wurde ein Kommentar wegen Inzivilität gelöscht. Allerdings enthielten selbst überwiegend regulierende Moderationskommentare oft unterstützende Aspekte wie Fragen und wertschätzende Aussagen. Insgesamt entstand der Eindruck, als ob die Moderation keine Konfrontation herbeiführen wollte, sondern die Teilnehmer:innen auch bei Normverstößen dazu motivieren wollte, sich weiterhin zu beteiligen. Diese Aspekte entsprechen auch den teaminternen Zielen der Moderation, in einem respektvollen und wertschätzenden Ton Diskussionen anzuregen und die Teilnehmer:innen zu motivieren sowie auf die Einhaltung der Diskussionsregeln zu achten.

Ebenfalls eine zentrale Rolle spielten höfliche Umgangsformen, Danksagungen und Lob. Diese Komponenten zielten wahrscheinlich vor allem darauf ab, einen *respektvollen Umgangston* zu fördern. In einigen Fällen nahmen die Moderator:innen Bezug auf mehr als eine Person und sprachen weitere Diskussionsteilnehmer:innen an. Das könnte der *Reziprozität* zuträglich sein. Allerdings wurden Gespräche der Diskussionsteilnehmer:innen untereinander nur selten gefördert. Daher ist davon auszugehen, dass durch Bezugnahmen und Fragen der Moderation vor allem die Reziprozität zwischen Moderator:innen und Teilnehmer:innen gefördert wurde und nicht die Reziprozität zwischen Teilnehmer:innen untereinander. Der Versuch, weitere Teilnehmer:innen zu motivieren, ihre Meinung zu einem bestimmten Aspekt zu äußern, könnte außerdem die Meinungsvielfalt und damit die *Inklusivität* innerhalb der Diskussion fördern. Allerdings wurde diese Moderationskomponente nur vereinzelt eingesetzt. Qualitätskriterien jenseits klassischer Deliberation wie Storytelling, Emotionen und Humor wurden kaum gefördert. Diese Aspekte kamen in den Diskussionen aber ohnehin insgesamt selten vor. Mit Blick auf die Ergebnisse der Inhaltsanalyse zeigt sich hier allerdings auch, dass das Vorkommen von Qualitätsmerkmalen jenseits der Rationalität nicht durch das Erhalten von Moderationskommentaren honoriert wurde.

Insgesamt ist die Moderationsstrategie von #meinfernsehen2021 als förderlich für einen deliberativen Diskurs zu bewerten. Dabei zielte der Einsatz von Moderation insbesondere auf die Förderung von Rationalität sowie die Eindämmung von Inzivilität ab. Dies geschah hinsichtlich der Auswahl über alle Kommentare hinweg konsistent und spiegelt sich auch in den Moderationskommentaren wider. Allerdings hätte durch eine gezieltere Auswahl der moderationswürdigen Kommentare jenseits des klassisch rationalen Ideals eine höhere Sensibilität für die Erwünschtheit von anderen Dimensionen deliberativer Qualität, wie z. B. Reziprozität, expliziter Respekt und persönliche Erfahrungen, erreicht werden können. Mit Blick auf Inzivilität kann man von einer sehr konsequent zur Anwendung gebrachten Regulierung sprechen, es entsteht allerdings auch der Eindruck, dass die Moderation insgesamt sehr streng war und bereits bei milderen Verstößen regulierend eingriff, was laut Kritiker:innen der „klassischen" Deliberation weniger inklusiv ist (Bächtiger & Wyss, 2013; Papacharissi, 2004; Young, 2000). Das könnte von Teilnehmer:innen auch als „over-moderation" empfunden werden und kann im schlimmsten Fall einen offenen Diskurs behindern. Vereinzelt wurden Moderationsentscheidungen auch in der Diskussion kritisiert. Insgesamt wurde die Moderation von den Teilnehmer:innen der Evaluation jedoch überwiegend positiv bewertet und der Einsatz von Moderation mehrheitlich befürwortet (siehe Methodenteil in diesem Sammelband).

Die Studie leistet somit eine umfassende und systematische Bestandsaufnahme der Moderationsstrategie bei #meinfernsehen2021 und kann den Moderator:innen eine konsistente und weitgehend ihren Leitlinien entsprechende Umsetzung bescheinigen. Sie hat jedoch nicht die Untersuchung ihrer Wirkungen zum Gegenstand. Inwiefern Moderation demnach die Qualität von Diskussionsbeiträgen in diskursiven Online-Beteiligungsverfahren gezielt steigern kann, muss in einem weiteren Schritt untersucht werden. Einen ersten Anhaltspunkt bieten die Ergebnisse der Evaluation des Verfahrens durch die Teilnehmer:innen (siehe Methodenkapitel in diesem Sammelband): Hier zeige sich ein positiver Zusammenhang zwischen der Zufriedenheit mit der Moderation (Mittelwertindex, α =.96, M = 4.36, SD = 1.45) und der Zufriedenheit mit der Qualität der Diskussionen, $r(95)$ =.25, p =.02 sowie der Diskussionskultur, $r(95)$ =.33, p <.001. Künftige Studien sollten daher unterschiedliche Moderationsstrategien in verschiedenen Verfahren auf allen Stufen des Moderationsprozesses, a) der Auswahl des Moderationsobjekts und b) der moderativen Handlung vergleichen, um ein umfassenderes Bild zu Einsatz und Wirkungen von Moderation in diskursiven Online-Partizipationsverfahren zu bekommen.

Literatur

Bächtiger, André; & Wyss, Dominik (2013). Empirische Deliberationsforschung – eine systematische Übersicht. Zeitschrift Für Vergleichende Politikwissenschaft, 7(2), 155–181. https://doi.org/10.1007/s12286-013-0153-x

Blumler, Jay G.; & Coleman, Stephen (2001). Realising democracy online: A civic commons in cyberspace (Bd.. 2). London: IPPR.

Boberg, Svenja; Schatto-Eckrodt, Tim; Frischlich, Lena; & Quandt, Thorsten (2018). The moral gatekeeper? Moderation and deletion of user-generated content in a leading news forum. Media and Communication, 6(4), 58–69.

Coe, Kevin; Kenski, Kate; & Rains, Stephen A. (2014). Online and uncivil? Patterns and determinants of incivility in newspaper website comments. Journal of Communication, 64, 658–679. https://doi.org/10.1111/jcom.12104

Edwards, Arthur R. (2002). The moderator as an emerging democratic intermediary: The role of the moderator in Internet discussions about public issues. Information Polity, 7(1), 3–20.

Einwiller, Sabine A.; & Kim, Sora (2020). How Online Content Providers Moderate User-Generated Content to Prevent Harmful Online Communication: An Analysis of Policies and Their Implementation. Policy & Internet, 12(2), 184–206.

Epstein, Dmitry; & Leshed, Gilly (2016). The magic sauce: Practices of facilitation in online policy deliberation. Journal of Deliberative Democracy, 12(1). https://doi.org/10.16997/jdd.244

Esau, Katharina; Frieß, Dennis; & Eilders, Christiane (2019). Online-Partizipation jenseits klassischer Deliberation: Eine Analyse zum Verhältnis unterschiedlicher Deliberationskonzepte in Nutzerkommentaren auf Facebook-Nachrichtenseiten und Beteiligungsplattformen. In: Ines Engelmann, Marie Legrand; & Hanna Marzinkowski (Hrg.), Digital Communication Research: Bd. 6. Politische Partizipation im Medienwandel (S. 221–245).

Frieß, Dennis; & Eilders, Christiane (2015). A systematic review of online deliberation research. Policy & Internet, 7(3), 319–339. https://doi.org/10.1002/poi3.95

Frieß, Dennis (2016). Online-Kommunikation im Lichte deliberativer Theorie: ein forschungsleitendes Modell zur Analyse von Online-Diskussionen. In: Philipp Henn; & Dennis Frieß (Hrsg.), Politische Online-Kommunikation: Voraussetzungen und Folgen des strukturellen Wandels der politischen Kommunikation (S. 143–169). Berlin https://doi.org/10.17174/dcr.v3.7

Frieß, Dennis; & Porten-Cheé, Pablo (2018). What Do Participants Take Away from Local eParticipation? Analyse & Kritik, 40(1), 1–29.

Grimmelmann, James (2015). The virtues of moderation. Yale Journal of Law & Technology, 17(1), 42–109.

Gutmann, Amy; & Thompson, Dennis F. (1996). Democracy and Disagreement. Cambridge, Mass.: Belknap Press.

Habermas, Jürgen (1983). Moralbewusstsein und kommunikatives Handeln. Suhrkamp.

Kuckartz, Udo (2018). Qualitative Inhaltsanalyse. Methoden, Praxis, Computerunterstützung (4. Aufl.). Grundlagentexte Methoden. Beltz.

Masullo, Gina M.; Riedl, Martin J.; & Huang, Q. Elyse (2020). Engagement moderation: What journalists should say to improve online discussions. Journalism Practice, 1–17. https://doi.org/10.1080/17512786.2020.1808858

Muddiman, Ashley; & Stroud, Natalie J. (2017). News values, cognitive biases, and partisan incivility in comment sections. Journal of communication, 67(4), 586–609.

Newton, Kenneth (2012). Curing the Democratic Malaise with Democratic Innovations. In: Brigitte Geissel & Kenneth Newton (Hrsg.), Evaluating Democratic Innovations. Curing the Democratic Malaise? (S. 3–20), Routledge: New York.

Paasch-Colberg, Sünje; & Strippel, Christian (2021). „The Boundaries are Blurry …“: How Comment Moderators in Germany See and Respond to Hate Comments. Journalism Studies. Vorab-Onlinepublikation. https://doi.org/10.1080/14 61670X.2021.2017793

Papacharissi, Zizi (2004). Democracy online: civility, politeness, and the democratic potential of online political discussion groups. New Media & Society, 6(2), 259–283. https://doi.org/10.1177/1461444804041444

Smith, Graham (2009). Democratic innovations: Designing institutions for citizen participation. Cambridge University Press.

Steiner, Jürg (2012). The Foundations of Deliberative Democracy. Cambridge University Press. https://doi.org/10.1017/CBO9781139057486

Stroud, Natalie J.; Scacco, Joshua M.; Muddiman, Ashley; & Curry, Alexander L. (2015). Changing deliberative norms on news organizations' Facebook sites. Journal of Computer-Mediated Communication, 20(2), 188–203.

Wright, S. (2006). Government-run Online Discussion Fora: Moderation, Censorship and the Shadow of Control. The British Journal of Politics and International Relations, 8(4), 550–568. https://doi.org/10.1111/j.1467-856X.2006.00247.

Wright, Scott; & Street, John (2007). Democracy, deliberation and design: the case of online discussion forums. New media & society, 9(5), 849–869.

Young, Iris M. (2002). Inclusion and Democracy. Oxford University Press.

Ziegele, Marc; & Jost, Pablo B. (2020). Not funny? The effects of factual versus sarcastic journalistic responses to uncivil user comments. Communication research, 47(6), 891–920.

Ziegele, Marc; Jost, Pablo; Bormann, Marike; & Heinbach, Dominique (2018). Journalistic counter-voices in comment sections: Patterns, determinants, and potential consequences of interactive moderation of uncivil user comments. Studies in Communication and Media, 7(4), 525–554. https://doi.org/10.5771/21 92-4007-2018-4-525

Ziegele, Marc; Jost, Pablo; Frieß, Dennis; & Naab, Teresa K. (2019). Aufräumen im Trollhaus: zum Einfluss von Community-Managern und Aktionsgruppen in Kommentarspalten. Düsseldorf Institute for Internet and Democracy. Abrufbar unter: https://diid.hhu.de/wp-content/uploads/2019/04/DIID-Precis_Ziegele_V3. pdf; zuletzt abgerufen am 04.02.2022.

Ziegele, Marc; Quiring, Oliver; Esau, Katharina & Frieß, Dennis (2020). Linking News Value Theory With Online Deliberation: How News Factors and Illustration Factors in News Articles Affect the Deliberative Quality of User Discussions in SNS' Comment Sections. Communication Research, 47(6), 860–890. https://doi.org/10.1177/0093650218797884

1.3 Argumentation und Narration als zentrale Bestandteile deliberativer Diskurse

Sarah-Michelle Nienhaus und Henri Mütschele

Unter Deliberation wird ein kommunikativer Interaktionsmodus verstanden, der sich – im Wortsinn – durch eine Konsultation in Form eines inklusiven und reflektierten Austauschs auszeichnet (Goodin, 2000). Besondere Bekanntheit hat die regelbasierte und insofern höchst anspruchsvolle Konzeption eines deliberativen Diskurses von Jürgen Habermas (1984a, 1996) erlangt, der Deliberation mit demokratischen Entscheidungsprozessen verknüpft. Demnach können eine erhöhte Legitimation für politische Lösungen und die Akzeptanz für das demokratische System insgesamt erreicht werden. Eine konfliktive Situation ist folglich Voraussetzung für einen deliberativen Diskurs. Die Zukunft des öffentlich-rechtlichen Rundfunks stellt ein kontroverses Thema dar, das bereits seit einigen Jahren öffentlich diskutiert wird und gleichzeitig jedes Gesellschaftsmitglied betrifft, da sich alle Haushalte an der Finanzierung beteiligen. Das Beteiligungsprojekt #meinfernsehen2021 hatte zum Ziel, Interessierten einen Austausch über den Auftrag des öffentlich-rechtlichen Rundfunks zu ermöglichen und bot so die Möglichkeit, die ideal-theoretischen Annahmen eines deliberativen Diskurses möglichst in der Realität umzusetzen.

Die empirische Untersuchung der deliberativen Qualität einer Diskussion, gerade auch in Online-Verfahren, ist in den letzten Jahren zu einem zentralen Gegenstand der Kommunikationswissenschaft avanciert (Esau et al., 2021). Die Frage, welche Kommunikationsformen die deliberative Qualität einer Interaktion erhöhen, ist in der Forschung viel diskutiert. In diesem Beitrag wird konkret die Bedeutung von Argumentation und Narration im Kontext von Deliberation in den Blick genommen. Darauf aufbauend wurde mithilfe einer quantitativen Inhaltsanalyse untersucht, in welchen Phasen und Themenmodulen von #meinfernsehen2021 die Teilnehmenden eher argumentative oder narrative Elemente benutzt haben. Auf diese Weise können Erkenntnisse zur deliberativen Qualität des Beteiligungsverfahrens insgesamt gewonnen werden.

1. Zum deliberativen Potenzial von Argumentation und Narration

1.1. Argumentation als Kerndimension von Deliberation

Dem deliberativen Verständnis Habermas' zufolge, soll ein allgemein akzeptiertes Einverständnis über einen strittigen soziopolitischen Sachverhalt erreicht werden, indem öffentlich vorgebrachte Aussagen auf Basis des „zwanglosen Zwangs des besseren Arguments" (Habermas, 1996, S. 305) kritisch reflektiert und so in einen möglichst konsensualen Standpunkt überführt werden. Wenn eine Aussage als überzeugend gelten soll, müssen die übrigen Diskursteilnehmenden diese auf Basis der vorgebrachten Gründe akzeptieren. Dieses Prinzip wird als *kommunikative Rationalität* bezeichnet (Habermas, 1996, S. 107f.). Neben dem bereits genannten Kriterium der Öffentlichkeit ist dabei auch die Idee von Autonomie zentral für das Verständnis von Deliberation. Die Diskursteilnehmenden werden als autonome Individuen charakterisiert, die das Recht haben, eine Aussage zu akzeptieren, auf eine bestimmte Art und Weise zu interpretieren und auch ganz oder teilweise zurückzuweisen. Zentral für die Deliberation ist die aktive und anspruchsvolle Rolle für die Individuen, die nicht nur an öffentlichen Diskursen partizipieren, sondern auch eigene Gedanken einbringen und gleichzeitig offen für andere Meinungen sein sollen (Bohman & Rehg, 2014). Ein kommunikatives Einverständnis als idealer Endpunkt eines deliberativen Prozesses wird folglich nicht auf Basis externer Kriterien festgelegt, sondern soll allein durch den Austausch von Gründen durch die Diskursteilnehmenden selbst erreicht werden.

Wenn Individuen Akzeptanz für in ihren Aussagen enthaltene Ansprüche finden möchten, müssen sie in der Lage sein, diese zu rechtfertigen. Habermas geht davon aus, dass Sprache grundsätzlich einem bestimmten Handlungszweck dient. Vorgebrachte Sprechakte, also etwa Aussagen, Meinungen oder Forderungen, enthalten unweigerlich Festlegungen. Diese sogenannten Geltungsansprüche sollen im Diskurs auf ihre Validität hin überprüft werden. Habermas (1984a, S. 18ff.) unterscheidet dabei zwischen drei Formen von Geltungsansprüchen: der *Wahrheit*, womit die faktische Richtigkeit einer Aussage gemeint ist, der normativen *Richtigkeit*, also der Übereinstimmung getroffener Aussagen mit gesellschaftlich akzeptierten moralischen Normen und Werten, sowie der *Wahrhaftigkeit*, worunter die Übereinstimmung mit der tatsächlich zugrunde liegenden Intention des Sprechenden zu verstehen ist. Die Einstellung eines Individuums entspricht folglich dem deliberativen Standard, wenn durch einen Sprechakt in Interaktion mit den Diskursteilnehmenden ein „rational motiviertes Einverständnis" (Habermas, 1984b, S. 576) erreicht werden soll. Damit wird deutlich, dass Habermas der Sprache die Zielorientierungen der Handlungskoordination und der Verständigung in der Lebenswelt attestiert. Eine Interaktion, in der Einverständnis herrscht, bezeichnet Habermas als *kommunikatives Handeln*. Wird eine Aussage jedoch bewusst instrumentalisiert, um einen bestimmten Zweck zu verwirklichen, etwa indem für den eigenen Vorteil Einfluss oder Druck auf andere ausgeübt wird, spricht Habermas von *strategischem Handeln* (1984a, S. 289). Sollte ein strategisch ausgerichteter Sprechakt von der Zuhörerschaft dennoch akzeptiert werden, genügt dies nicht der deliberativen Bedingung einer reziproken Zwanglosigkeit.

Habermas unterscheidet außerdem zwischen unterschiedlichen Formen des Diskurses, je nachdem, welcher Geltungsanspruch hinterfragt wird. In theoretischen Diskursen werden Wahrheitsansprüche an der Natur, also an real existierenden Sachverhalten überprüft, während in praktischen Diskursen normative Aussagen eher an der Kultur, also auch an geltenden Richtigkeitsansprüchen wie ethischen und rechtlichen Prinzipien überprüft werden. Hier kommen zudem persönliche Erfahrungen ins Spiel. Habermas geht dabei grundsätzlich davon aus, dass auch normative Aussagen in ihrer Richtigkeit analog zu faktischen Aussagen überprüft werden können (Lafont, 2009). Er hält diese beiden Geltungsansprüche für diskursiv überprüfbar. Demgegenüber kann die Wahrhaftigkeit nur durch Interaktionserfahrungen mit der Person, also etwa durch ein konsistentes Verhalten, nachgewiesen werden (Habermas, 1984b, S. 597). Durch die Analyse der angeführten Argumente in einer Diskussion können somit vor allem Rückschlüsse auf die Überprüfung der Geltungsansprüche der Wahrheit und Richtigkeit im zu untersuchenden Diskussionsverlauf gezogen werden.

Das Anführen von Gründen ist somit zentraler Bestandteil und Voraussetzung für den deliberativen Diskurs, in dem problematisierte Geltungsansprüche thematisiert und Stützungen oder Zweifel daran durch Argumente rechtfertigt werden müssen. Habermas (1973, S. 241) versteht unter Argumenten grundsätzlich eine Kette von Sprechakten, da der diskursive Prozess für ihn die Überprüfung formaler Argumentationsschemata darstellt. Im Anschluss an den Philosophen Toulmin (2003) erfordert ein substanzielles Argument eine Behauptung bzw. eine These auf Basis von Informationen, die durch eine schlüssige Regel übermittelt wird, welche auf unabhängigen Hintergrundinformationen beruht. Ein gutes Argument wird also durch die Akzeptanz der Schlussregel anerkannt, die eine kontextspezifische Begründung der gezogenen Schlussfolgerung liefert (Habermas, 1973, S. 242f.). Argumente stellen Gründe dar, wonach entsprechende Aussagen aus rationalen Motiven als gültig zu akzeptieren sind. Es kann folglich davon ausgegangen werden, dass sich die deliberative Qualität einer Diskussion durch Argumentation erhöht. Die persuasive Kraft eines Arguments hängt dabei von der Zustimmung zum Sprechakt durch die Zuhörerschaft auf Basis der hier skizzierten Diskursregeln ab.

1.2. Narration als Erweiterung von Deliberation

Das deliberative Modell von Jürgen Habermas wurde vielfach hinterfragt. Dabei bezieht sich die Kritik meist auf die hohen Ansprüche, die es an Teilnehmende stellt. Daneben wird unter anderem kritisiert, dass es eventuell soziale Einflüsse bei der Meinungsbildung außer Acht lasse, dass Deliberation in dieser Form nur schwierig empirisch überprüfbar sei oder dass deliberative Entscheidungsfindung grundsätzlich die politische Realität des Aushandelns zwischen konkurrierenden Personen ignoriere (Bächtiger et al., 2010, S. 39). In diesem Beitrag soll jedoch die Kritik an der Betonung des Kriteriums der Argumentativität im Vordergrund stehen.

Für den amerikanischen Kontext wurde unter anderem durch Sanders (1997) und Fraser (1990) argumentiert, dass durch den Anspruch rationaler Begründungen und der Ausklammerung des Privatlebens der Teilnehmenden eine Benachteiligung von Personen stattfindet, die weniger gut in der Lage sind, sich rein argumentativ auszudrücken und dass diese Personen eher zu den Teilgruppen in der Gesellschaft gehören, die ohnehin einen erschwerten Zugang zu politischen Prozessen haben. Diese Ungleichheit führe dazu, dass durch deliberative Entscheidungsfindungsprozesse eventuell sogar eine Schwächung der Demokratie stattfindet, anstelle der durch das klassische Modell intendierten Steigerung der Gleichheit aller Teilnehmenden (vgl. Sanders, 1997, S. 348f.; Fraser, 1990, S. 64). Durch unterschiedlich stark ausgeprägte Argumentationserfahrung der Teilnehmenden entsteht außerdem die Gefahr der gezielten Manipulation durch Personen, die aus vorherigen Diskussionen wissen, welche Argumente für ihre eigene Position besonders überzeugend sind (Sanders, 1997, S. 349).

Vor dem Hintergrund kritischer Betrachtungen klassischer Konzeptualisierungen von Deliberation hat sich ein stärker an der empirischen Realität orientierter Ansatz deliberativer Demokratietheorien herausgebildet, welcher weniger strenge Erwartungen an Deliberation stellt (Bächtiger et al., 2010, S. 42f.). Neben Aspekten wie der Ergänzung eines Kompromisses als legitimes Resultat deliberativer Verfahren zum zuvor angestrebten Konsens (Landwehr, 2012, S. 358ff.) wird auch die Einbeziehung weiterer Gesprächsformen über die klassische Argumentation hinaus in den deliberativen Kommunikationsprozess befürwortet. Das Hauptaugenmerk liegt in diesen Modellen weiterhin auf der Qualität des Endergebnisses des Deliberationsprozesses, jedoch weniger auf dem sprachlichen, deliberativen Prozess an sich. Somit wurde in der Forschung zunehmend eine Abkehr von der Anforderung ausschließlich rational motivierter argumentativer Kommunikation vollzogen. Deliberation könne so unter anderem Gesprächsformen wie Rhetorik, Narrationen, Humor und Emotionen beinhalten (Landwehr, 2012, S. 361ff.; Bächtiger et al., 2010, S. 33; 43; Sanders, 1997, S. 370).

Neben der rationalen Argumentation soll das Teilen von Narrationen bzw. Storytelling im Vordergrund des Beitrags stehen. Narrationen sind im Kontext wissenschaftlicher Arbeiten zum deliberativen Diskurs nicht einheitlich definiert. Grundsätzlich beschreibt der Begriff eine annähernd chronologisch gestaltete Erzählung vergangener Erlebnisse. Oft geht damit auch eine (moralische) Bewertung des Erlebten einher (Black, 2008a, S. 3; Polletta & Lee, 2006, S. 702). Sanders hebt die wichtige Funktion des Teilens persönlicher Geschichten in deliberativen Prozessen hervor, besonders vonseiten der Personen, die aufgrund bestehender sozialer Strukturen andere Voraussetzungen für eine Teilnahme am deliberativen Diskurs haben, beispielsweise bedingt durch ein unterschiedliches Bildungsniveau. Er betont jedoch, dass dadurch keine Ablösung rationaler Argumentation, sondern vielmehr eine Ergänzung dieser stattfinden solle (Sanders, 1997, S. 370 f.). Bisherige Forschungsarbeiten haben gezeigt, dass das Teilen persönlicher Geschichten in Deliberationsprozessen dazu führt, dass Personen, die ihren Standpunkt rein argumentativ nur erschwert äußern können, durch Narrationen Eingang in den Kommunikationsprozess finden können. Außerdem wurde bestätigt, dass Teilnehmende sich besser mit den Sichtweisen anderer identifizieren und die für diese ursächlichen Moralvorstellungen besser nachvollziehen können, auch wenn sie sich in Bezug auf das diskutierte Thema in einem inhaltlichen Konflikt zueinander befinden (Polletta & Lee, 2006; Ryfe, 2006; Black, 2008b; Black, 2008a). Narrationen können so die Inklusivität von Deliberationsprozessen stärken, weil sie keine besonderen Anforderungen an die Teilnehmenden stellen. Alle Personen sind in der Lage, Geschichten aus ihrem Leben zu teilen und so können auch Mitglieder benachteiligter Gruppen Gehör für ihre Situation und ihre Moralvorstellungen finden (Polletta & Lee, 2006, S. 702).

2. Annahmen zur Häufigkeit von Argumentation und Narration im Kontext von Deliberation

Eine systematische Untersuchung zur Beziehung zwischen argumentativen und narrativen Strukturen im deliberativen Kontext, also etwa die Fragen betreffend, ob diese in Kombination auftreten oder sich eher gegenseitig ersetzen, wurde bislang kaum durchgeführt (Holdo et al., 2019, S. 544). In diesem Beitrag wird die Häufigkeit von argumentativen und narrativen Elementen miteinander verglichen, um so Erkenntnisse zum Kommunikationsverhalten der Teilnehmenden des Partizipationsprojekts #meinfernsehen2021 abhängig von der Plattformgestaltung und den diskutierten Inhalten zu gewinnen.

Bei #meinfernsehen2021 handelt es sich um eine offene, für alle registrierten Nutzenden zugängliche Diskussionsplattform. Somit ist ein hoher Grad an Inklusivität anzunehmen, weil die Hürden zur Teilnahme vergleichsweise gering sind. Dennoch gibt es Schwächen bei der Repräsentativität, da nur bestimmte Gruppierungen dazu neigen, an politischen Online-Diskussionen teilzunehmen und Argumente zur Erreichung eines kollektiven Ziels vorzubringen (Maia et al., 2020, S. 116). Bei #meinfernsehen2021 handelt es sich um eine strukturierte, regelbasierte und moderierte Plattform. Studien haben gezeigt, dass Individuen auf derartigen Plattformen eher dazu neigen, ihre Aussagen auch zu begründen (Esau et al., 2021, S. 97; 104). Auch das Kriterium der Textlänge spielt eine entscheidende Rolle hinsichtlich der Häufigkeit von Argumenten. Da Teilnehmende im Beteiligungsprojekt die Möglichkeit haben, längere Beiträge zu verfassen, steigt mutmaßlich auch die Chance, dass Gründe und Belege für getroffene Aussagen angeführt wurden (Oz et al., 2018, S. 3414). Insofern kann angenommen werden, dass in den Diskussionen auf der Beteiligungsplattform grundsätzlich ein hoher Grad an Argumentativität festzustellen sein wird.

Im Projekt #meinfernsehen2021 wurden die Teilnehmenden bewusst dazu aufgefordert, eigene Nutzungserfahrungen und Ansichten über die Zukunft des öffentlich-rechtlichen Rundfunks zu teilen. Somit ist durchaus erwartbar, dass die Teilnehmenden persönliche Geschichten zur medialen Nutzung sowie zu den Funktionen, die sie dem Rundfunk zuschreiben, erzählen. Auch die Äußerung von Wünschen, die sie etwa in Bezug auf die Programmgestaltung haben, ist in Form von Narration als wahrscheinlich anzunehmen. Folglich ist davon auszugehen, dass in den Diskussionen neben Argumenten auch persönliche Narrative vorgefunden werden können.

3. Methodisches Vorgehen

Für die Analyse deliberativer Qualität wurde eine quantitative Inhaltsanalyse durchgeführt, bei der verschiedene Kriterien deliberativer Dimensionen erfasst wurden. Das Codebuch ist im Anhang des Bandes zu finden. Für diesen Beitrag stehen die Variablen „Begründung" und „Storytelling" im Vordergrund. Dabei konnten die Variablen Ausprägungen von 1 bis 4 annehmen, wobei der Wert 1 die geringste und der Wert 4 die stärkste Ausprägung pro Kommentar darstellt. Mit der Variable Begründung wurde gemessen, ob eine in einem Kommentar getroffene Aussage argumentativ gestützt worden ist. Dies bedeutet konkret, dass eine These und mindestens eine Begründung, die dazu in einem logischen Zusammenhang steht, in einem Kommentar vorkommen müssen. Begründungen, die nicht in einer thematischen Kohärenz mit einer zuvor getroffenen Aussage stehen, wurden in dieser Kategorie demnach nicht berücksichtigt. Durch diese enge Definition kann sichergestellt werden, dass nur diejenigen Gründe berücksichtigt werden, die so explizit gemacht wurden, dass die Teilnehmenden in der Lage sind, diese kritisch zu reflektieren und eigene Urteile zu fällen. Mit der Variable Storytelling wird gemessen, ob in einem Kommentar eine persönliche Erfahrung, Geschichte oder ein Vorhaben für die Zukunft, etwa in Form einer Erzählung, geschildert wird. Erzählungen gehen dabei über reine Zustandsbeschreibungen hinaus, die keinen zeitlichen Ablauf beinhalten.

Bei der Analyse steht die Beantwortung von drei Fragen im Vordergrund: (1) Wie entwickelt sich die Häufigkeit von Argumenten und Narrativen im Zeitverlauf des Projekts? Dabei wird untersucht, ob und inwiefern Unterschiede in den einzelnen Phasen des Beteiligungsprojekts auftreten. Diese Frage ist relevant, um herauszufinden, ob Lerneffekte bei den Teilnehmenden durch die aktive Teilnahme an strukturierten und moderierten Diskussionen eintreten. (2) In welchen Themenmodulen wurden besonders viele argumentative und narrative Elemente verwendet? Auf diese Weise möchten wir verstehen, bei welchen diskutierten Themen zur Zukunft des öffentlich-rechtlichen Fernsehens die Teilnehmenden eher auf rationale oder emotionale Art und Weise kommunizieren. Daraus können Rückschlüsse gezogen werden, inwiefern die deliberative Qualität dieser beiden Kommunikationsformen in Abhängigkeit vom thematischen Kontext zu bewerten ist. (3) Unterscheidet sich die Verwendung von Argumentation und Narration in den Kommentartypen? Dabei wurde zwischen Top-Level-Kommentaren und Sub-Level-Kommentaren unterschieden. Letztere stellen Antworten auf die Posts einzelner Teilnehmender dar.

4. Ergebnisse der Analyse

Zunächst wird deutlich, dass Begründungen (n = 429) in den Debatten deutlich häufiger vorgekommen sind als Storytelling (n = 49) (siehe Tabelle im Anhang). Um nachvollziehen zu können, in welchen Situationen Teilnehmende Argumente und Narrationen verwenden, werden im nächsten Schritt die Mittelwerte der Ausprägungen der Verteilung der Variablen Begründung und Storytelling zwischen verschiedenen Abschnitten der Diskussion verglichen. Diese Werte sind in Tabelle 1 abgetragen.

Zunächst wird das Vorkommen der Gesprächsmerkmale zwischen den verschiedenen Phasen der Diskussion vergleichen. Für Argumentationen zeigt sich, dass diese in der zweiten Diskussionsphase ($M = 2,2$, $SE = 1,36$) öfter vorgekommen sind als in Phase 1 ($M = 1,86$, $SE = 1,28$) und deutlich häufiger als in Phase 3 ($M = 1,65$, $SE = 1,13$). Entsprechend zeigt auch die einfaktorielle Varianzanalyse (ANOVA) eine Signifikanz der Häufigkeitsunterschiede zwischen den Phasen ($F(1, 1449) = 7,05$, $p < 0,01$). Vergleicht man die Mittelwerte zwischen den einzelnen Phasen untereinander im Zuge von Post-hoc-Tests, zeigt sich, dass die Unterschiede für alle möglichen Kombinationen signifikant sind.

Bei der Variable Storytelling zeigen sich zwischen den Phasen weniger starke Abweichungen in der Häufigkeit. Am häufigsten kommen Narrationen in Phase 1 vor ($M = 1,17$, $SE = 0,57$). Zwischen Phase 2 ($M = 1,08$, $SE = 0,3$) und Phase 3 ($M = 1,05$, $SE = 0,27$) liegt ein geringer Häufigkeitsunterschied vor. Auch für die Variable Storytelling zeigt die ANOVA eine Signifikanz der Mittelwertunterschiede ($F(1, 1448) = 25,43$, $p < 0,001$). Um die Signifikanz der Unterschiede zwischen den einzelnen Phasen zu ermitteln, wurden erneut Post-hoc-Tests durchgeführt. Die Ergebnisse zeigen, dass nur die Divergenzen zwischen Phase 1 und 2 sowie zwischen Phase 1 und 3 signifikant sind, nicht jedoch die zwischen Phase 2 und Phase 3.

Da innerhalb der drei Phasen jeweils mehrere Themenmodule mit verschiedenen Fragestellungen diskutiert wurden, sollen auch diese im Folgenden im Hinblick auf das Vorkommen von Narration und Argumentation untersucht werden (für die Mittelwerte siehe ebenfalls Tabelle 1). Auch hier zeigen die Ergebnisse der einfaktoriellen Varianzanalyse, dass sowohl bei der Variablen Begründung ($F(9, 423) = 5,49$, $p < 0,001$) als auch bei der Variablen Storytelling ($F(9, 443) = 4,26$, $p < 0,001$) signifikante Mittelwertunterschiede zwischen den Modulen vorliegen. Post-hoc-Tests für die Unterschiede zwischen den einzelnen Gruppen machen jedoch deutlich, dass es nicht zwischen allen Modulen signifikante Unterschiede gibt.

Bei den Begründungen zeigt sich, dass vor allem zwischen den Modulen *Wie wird Fernsehen mitgestaltet?* und *Wie geht Fernsehen für alle?* und den übrigen Modulen signifikante Unterschiede vorliegen (jedoch nicht zwischen den beiden Modulen). Bei der Betrachtung der Mittelwerte (siehe Tabelle 1) wird deutlich, dass in Diskussionen zu diesen beiden Modulen häufiger argumentiert wird als in Diskussionen zu den anderen Themen. Beim Modul *Wie wird Fernsehen mitgestaltet?* sind lediglich die Unterschiede zu *Was läuft im Fernsehen?* und *Zugang und Nutzung* nicht signifikant. Beim Modul *Wie geht Fernsehen für alle?* sind hingegen nur die Unterschiede zu den Modulen signifikant, welche die wenigsten Argumente in den Kommentaren aufweisen (*Information*, *Informationsangebote* und *Unterhaltungsangebote*).

Beim Storytelling wird bei Betrachtung der Häufigkeit deutlich, dass dieses im Modul *Zugang Nutzung* häufiger vorkommt als bei den anderen Modulen. Entsprechend zeigt auch der Post-hoc-Test, dass die Mittelwertunterschiede zu *Zugang und Nutzung* nur bei drei Modulen nicht signifikant sind (*Unterhaltung*, *Was läuft im Fernsehen?* Und *Wie wird Fernsehen mitgestaltet?*).

Tabelle 1: Mittelwerte der Variablen Begründung und Storytelling in den einzelnen Phasen und Modulen

Phase	Mittelwert Phase		Modul	Mittelwert Modul	
	Begründung	Storytelling		Begründung	Storytelling
Phase 1	1,86 *(1,28)*	1,17 *(0,57)*	Information	1,66 *(1,18)*	1,07 *(0,37)*
			Unterhaltung	1,9 *(1,27)*	1,21 *(0,6)*
			Zugang Nutzung	2,01 *(1,35)*	1,23 *(0,68)*
Phase 2	2,2 *(1,36)*	1,08 *(0,3)*	Was läuft im Fernsehen	1,89 *(1,28)*	1,11 *(0,32)*
			Wie geht Fernsehen für alle	2,2 *(1,38)*	1,07 *(0,29)*
			Wie wird Fernsehen mitgestaltet	2,54 *(1,33)*	1,07 *(0,32)*
Phase 3	1,65 *(1,13)*	1,05 *(0,27)*	Informations-angebote	1,64 *(1,13)*	1,07 *(0,34)*
			Programm	1,7 *(1,14)*	1,03 *(0,17)*
			Struktur	1,74 *(1,19)*	1,03 *(0,18)*
			Unterhal-tungs-angebote	1,59 *(1,11)*	1,03 *(0,21)*

Standardabweichung in Klammern

Neben den Modulen und Phasen hat sich des Weiteren der Kommentartyp auf die Häufigkeit von Argumenten, nicht hingegen auf die Häufigkeit von Narrationen ausgewirkt (siehe Tabelle 2). In Top-Level-Kommentaren kamen häufiger Argumente vor als in Sub-Level-Kommentaren. Ein *t*-Test zeigt, dass es sich hierbei um einen signifikanten Unterschied handelt ($t(1449) = -3,15, p < 0,01$).

Tabelle 2: Mittelwerte der Variablen Begründung und Storytelling in Top- und Sub-Level-Kommentaren

Kommentartyp	Begründung	Storytelling
Top-Level	1,94 *(1,29)*	1,11 *(0,44)*
Sub-Level	1,73 *(1,21)*	1,11 *(0,45)*

Standardabweichung in Klammern

5. Diskussion der Ergebnisse

Im Vordergrund des Beitrags standen zwei Gesprächsformen – Argumentation und Narration. Argumentation ist ein zentraler Bestandteil von Habermas' Idealvorstellung deliberativer Aushandlungsprozesse, während Narrationen erst im Zuge kritischer Auseinandersetzungen mit der deliberativen Demokratietheorie als Bestandteil dieser Kommunikationsprozesse angesehen wurden. Um die Verwendung der Gesprächsformen besser verstehen zu können, wurde eine quantitative Inhaltsanalyse der Kommentare auf der Beteiligungsplattform von #meinfernsehen2021 durchgeführt. In der Gesamtbetrachtung lässt sich festhalten, dass hinsichtlich der Häufigkeit und Struktur von Argumentation und Narration signifikante Unterschiede je nach Phase und diskutiertem Thema festzustellen sind.

Argumente kamen insgesamt deutlich häufiger vor als Narrationen. Dabei wurden Argumente vor allem in Diskussionen häufiger vorgefunden, in denen es um die kontinuierliche Einbindung des Publikums bei der Gestaltung des öffentlich-rechtlichen Rundfunks ging und Vorschläge für ein ausgewogenes Programm gemacht werden konnten. Narrationen sind hingegen vor allem im Modul *Zugang und Nutzung* aufgetreten, in dem die Teilnehmenden auch explizit dazu aufgefordert wurden, ihre persönlichen Erfahrungen und Nutzungsmuster zu beschreiben. Es lässt sich festhalten, dass die Häufigkeit von Argumenten von Phase 1 zu Phase 2 deutlich zugenommen hat. Hier kann durchaus angenommen werden, dass die Teilnehmenden ihre Positionen durch den Austausch im Zeitverlauf stärker begründen. Eine Erklärung für die abnehmende argumentative Qualität zwischen Phase 2 und Phase 3 könnte in dem veränderten Diskussionsverfahren liegen, weil letztere als Abstimmungsphase deklariert wurde.

Narrationen sind hingegen am häufigsten in Phase 1 zu finden. Zuletzt hat der Vergleich zwischen Top- und Sub-Level-Kommentaren gezeigt, dass Argumente häufiger in Top-Level-Kommentaren vorkommen, während für Narrationen kein Unterschied vorliegt.

Eine wichtige Limitation der Aussagekraft der Ergebnisse stellt die Zusammensetzung der Teilnehmenden dar, welche als nicht repräsentativ für die Bevölkerung gelten kann. Es ist außerdem anzumerken, dass für eine umfassendere Betrachtung von Deliberation die Einbeziehung weiterer Variablen notwendig gewesen wäre. Insgesamt lässt sich festhalten, dass die argumentative Qualität für eine Online-Diskussion recht hoch ist, was vermutlich auf das regelbasierte Plattformdesign zurückzuführen ist. Narrationen kamen im Vergleich dazu nur sehr selten vor, was im Hinblick auf die potenzielle Betroffenheit der Teilnehmenden beim Thema Zukunft des öffentlich-rechtlichen Rundfunks und die explizite Aufforderung, persönliche Geschichten zur Mediennutzung zu erzählen, überraschend ist. Anhand des durchgeführten Analyseverfahrens zur deliberativen Diskursqualität der Diskussion im Beteiligungsprojekt #meinfernsehen2021 lässt sich exemplarisch aufzeigen, dass die fokussierte Betrachtung von argumentativen und narrativen Elementen ein zukunftsweisendes Forschungsfeld der Deliberationsforschung ist.

Literatur

Bächtiger, Andre; Niemeyer, Simon; Neblo, Michael; Steenbergen, Marco R.; & Steiner, Jürg. (2010). Disentangling Diversity in Deliberative Democracy: Competing Theories, Their Blind Spots and Complementarities. Journal of Political Philosophy, 18(1), 32–63.

Black, Laura W. (2008a). Listening to the City: Difference, Identity, and Storytelling in Online Deliberative Groups. Journal of Deliberative Democracy, 5(1), Article 4.

Black, Laura W. (2008b). Deliberation, Storytelling, and Dialogic Moments: Deliberation, Storytelling, and Dialogic Moments. Communication Theory, 18(1), 93–116.

Bohman, James; & Rehg, William (2014). Jürgen Habermas. In: Edward N. Zalta (Hrsg.), The Stanford Encyclopedia of Philosophy. Abgerufen von: https://plato.stanford.edu/entries/habermas/

Esau, Katharina; Fleuß, Dannica; & Nienhaus, Sarah-Michelle. (2021). Different arenas, different deliberative quality? Using a systemic framework to evaluate online deliberation on immigration policy in Germany. Policy & Internet, 13(1), 86–112.

Fraser, Nancy. (1990). Rethinking the Public Sphere: A Contribution to the Critique of Actually Existing Democracy. Social Text, 25/26, 56–80.

Goodin, Robert E. (2000). Democratic deliberation within. Philosophy & Public Affairs, 29(1), 81–109.

Habermas, Jürgen. (1996). Between Facts and Norms. Contributions to a Discourse Theory of Law and Democracy. Cambridge (MA), USA: The MIT Press.

Habermas, Jürgen. (1984a). The Theory of Communicative Action. Volume 1: Reason and the Rationalization of Society. Boston (MA), USA: Beacon Press.

Habermas, Jürgen. (1984b). Vorstudien und Ergänzungen zur Theorie des kommunikativen Handelns. Frankfurt a.M., Deutschland: Suhrkamp.

Habermas, Jürgen. (1973). Wahrheitstheorien. In: Helmut Fahrenbach (Hrsg.), Wirklichkeit und Reflexion. Walter Schulz zum 60. Geburtstag (S. 211–265). Pfullingen, Deutschland: Neske.

Holdo, Marcus, Öberg, PerOla, & Magnusson, Simon. (2019). Do citizens use storytelling or rational argumentation to lobby politicians? Policy & Politics, 47(4), 543–559.

Lafont, Cristina. (2009). Communicative rationality. In: Hauke Brunkhorst; Regina Kreide; & Cristina Lafont (Hrsg.), The Habermas Handbook (S. 288–305). New York (NJ), USA: Columbia University Press.

Landwehr, Claudia (2012). Demokratische Legitimation durch rationale Kommunikation. In: Oliver W. Lembcke; Claudia Ritzi; & Gary S. Schaal (Hrsg.), Zeitgenössische Demokratietheorie: Bd. 1 Normative Demokratietheorien (S. 355–385). Wiesbaden, Deutschland: VS Verlag für Sozialwissenschaften.

Maia, Rousiley C. M.; Cal, Danila; Bargas, Janine; & Crepalde, Neylson J. B. (2020). Which types of reason-giving and storytelling are good for deliberation? Assessing the discussion dynamics in legislative and citizen forums. European Political Science Review, 12(2), 113–132.

Oz, Mustafa; Zheng, Pei; & Chen, Gina M. (2018). Twitter versus Facebook: Comparing incivility, impoliteness, and deliberative attributes. New Media & Society, 20(9), 3400–3419.

Polletta, Francesca; & Lee, John. (2006). Is Telling Stories Good for Democracy? Rhetoric in Public Deliberation after 9/11. American Sociological Review, 71(5), 699–723.

Ryfe, David M. (2006). Narrative and Deliberation in Small Group Forums. Journal of Applied Communication Research, 34(1), 72–93.

Sanders, Lynn M. (1997). Against Deliberation. Political Theory, 25(3), 347–376.

Toulmin, Stephen E. (2003). The Uses of Argument. Cambridge, United Kingdom: Cambridge University Press.

1.4 Partizipation, Deliberation und Hochaktive – eine vergleichende Analyse der Beteiligungsquantität und -qualität unterschiedlicher Nutzergruppen

Christiane Eilders und Katharina Esau

1. Einleitung

Es ist bekannt, dass ein Großteil des Diskurses im Internet von einigen wenigen getragen wird. Es ist allerdings nicht nur im Internet, sondern auch in Klassenzimmern, in Vereinen oder in politischen Versammlungen so, dass unterschiedliche Individuen und Gruppen unterschiedlich stark sichtbar sind. Meist meldet sich nur eine Minderheit aktiv zu Wort, während die Mehrheit schweigt und beobachtet. Im Internet fällt die ungleiche Verteilung von Redezeit besonders auf, weil zumindest in der Frühphase interaktiver Medien angenommen wurde, dass die relativ niedrigen Zugangsschwellen zu einer Demokratisierung öffentlicher Kommunikation führen würden. Es wurde erwartet, dass durch die Aktivität von Nutzer:innen auch solche Menschen Aufmerksamkeit erhalten, die den journalistischen Auswahlkriterien nicht entsprechen und daher in den etablierten Massenmedien unsichtbar bleiben. Das betrifft etwa zivilgesellschaftliche Gruppen oder einzelne Bürger:innen, die keine organisierten Interessen vertreten. Es wurde weiter erwartet, dass sich diese bislang schlecht in den Massenmedien vertretenen Menschen nun selbst partizipieren, also nicht nur Gegenstand der Aufmerksamkeit anderer Nutzer:innen werden, sondern sich selbst zu Wort melden, sich also aktiv am gesellschaftlichen Diskurs beteiligen. Im Internet muss dafür keine journalistische Aufmerksamkeitsschwelle überwunden werden, es besteht ein direkter Zugang zur Öffentlichkeit.

Warum sollte die Repräsentation in diesem leicht zugänglichen Forum also ungleich sein? Dass auch Partizipation im Internet an viele Bedingungen geknüpft ist (vgl. zur Beteiligung allgemein z. B. Verba et al., 1995), ist erst nach der ersten Euphorie über die Öffnung des bis dahin massenmedial beschränkten Zugangs zur Öffentlichkeit in den Blick geraten. Mit dem Digital-Divide (z. B. Zillien, 2006) und Arbeiten zur Online-Partizipation (z. B. Albrecht, 2006; Jers, 2012; Soßdorf, 2017) sowie mit Untersuchungen zu Interaktivität und Anschlusskommunikation in Nutzerkommentaren

(z. B. Esau & Friess, 2022; Sommer, 2013; Ziegele, 2016) wurde immer deutlicher, dass Menschen sich sehr ungleich im Internet beteiligen, auch wenn rein formal die Chancen, sich öffentlich zu artikulieren, gut waren. Was sind nun die Hindernisse, diese Chance wahrzunehmen? Mit Klarnamen Inhalte online zu veröffentlichen, ist mit einem Redebeitrag auf einer Versammlung vergleichbar, allerdings ist zu berücksichtigen, dass die Schriftlichkeit der Online-Kommunikation viel haltbarer ist und ein potenziell unbegrenztes und schwer kalkulierbares Publikum erreicht. Andererseits ermöglicht die Asynchronität ein längeres Nachdenken und sorgfältigeres Formulieren.

Über den tatsächlichen Umfang von Beteiligung an Diskussionen offline und online liegen nur verstreut Daten aus Umfragen vor (z. B. Emmer et al., 2011). Häufig wurde die Beteiligung an Online-Diskussionen durch Inhaltsanalysen von Nutzerkommentaren auf Social-Media-Plattformen (Eilders & Niederelz, 2021; Esau et al., 2017; 2019) untersucht, Personenvariablen liegen dabei in der Regel nicht vor. Über den Umfang und die Verteilung von Beteiligung auf Beteiligungsplattformen wie #meinfernsehen2021 ist bisher wenig bekannt. Man ist hier auf Fallstudien angewiesen, in diesem Fall auf Analysen bestimmter Beteiligungsverfahren (z. B. Albrecht, 2006, 2010; Esau, 2022).

Dass ein Großteil des Diskurses von wenigen getragen wird, fällt besonders auf, wenn die Teilnehmenden nicht nur punktuell zu einem sehr begrenzten Thema Stellung nehmen, etwa indem sie aktuelle Nachrichten kommentieren, sondern über einen längeren Zeitraum auf einer Plattform sind und sich immer wieder mit neuen Stellungnahmen und Fragen auseinandersetzen. Typischerweise ist das der Fall in spezifisch für umfassende Diskussionen über einen längeren Zeitraum eingerichteten Plattformen wie #meinfernsehen2021. Der vorliegende Beitrag untersucht die ungleiche Beteiligung der Teilnehmenden auf #meinfernsehen2021 und identifiziert Muster von Aktivität unter den Hochaktiven. Das dient dem vertieften Verständnis der Nutzer:innen von Beteiligungsplattformen.

Die vorliegende Analyse nimmt vor allem diejenigen Nutzer:innen der Plattform in den Blick, die in der englischsprachigen Literatur als Power-User oder Superparticipants (Bright et al., 2020; Graham & Wright, 2014) bezeichnet werden. Wir nennen diese Nutzergruppe Hochaktive. Je nach Aktivitätsniveau und Diskussionsstil der besonders aktiven Nutzer:innen können Muster festgestellt und schließlich Typen von Aktiven und von weniger Aktiven identifiziert werden. So ist zu fragen, welche Artikulationsform Aktive verschiedener Niveaus überwiegend wählen, wie stark sie sich untereinander unterscheiden sowie wie sie sich von den weniger

Aktiven im Hinblick auf Quantität und Qualität ihrer Beteiligung unterscheiden.

Im Folgenden wird die Frage nach der Gleichheit der Beteiligung im Rahmen der bisherigen Forschung zur Online-Partizipation verortet. Aus dem Stand der Forschung werden drei zentrale Forschungsfragen generiert, die im dritten Abschnitt im Ergebnisteil beantwortet werden. Im Fazit werden die Implikationen für Untersuchungen von Online-Diskussionen und speziell mit Blick auf Beteiligungsverfahren diskutiert.

2. *Stand der Forschung und Forschungsfragen*

Online-Diskussionen zeichnen sich in der Regel nicht durch diskursive Gleichheit der Teilnehmenden aus, obwohl dies normativ wünschenswert wäre (Beauvais & Bächtiger, 2016; Knight & Johnson, 1997). Empirische Studien zu politischen Online-Diskussionen haben gezeigt, dass eine Minderheit der Nutzer:innen den Diskurs dominiert (u.a. Albrecht, 2006; Kies, 2010; Rojo & Ragsdale, 1997). In der englischsprachigen Literatur wird diese sehr aktive Minderheit auch als „superparticipants" (Graham & Wright, 2014) oder „power users" (Bright et al., 2020) bezeichnet, in Anlehnung an den Begriff der „power-viewer". Wir bevorzugen den neutraleren Begriff der *Hochaktiven*. Besonders relevant wird die Dominanz der Hochaktiven, wenn wir noch mal hervorheben, dass *öffentliche Meinung* insbesondere in Online-Umgebungen als für die Teilnehmenden *sichtbare Meinung* verstanden werden kann. Wenn nun Kommunikationsprozesse in sogenannten starken Online-Öffentlichkeiten kollektiv bindende Entscheidungen beeinflussen, dann wird einer kleinen Minderheit hoch motivierter und aktiver Teilnehmender eine nicht zu unterschätzende Rolle im demokratischen Prozess zuteil. Sie verschaffen sich durch ihre rege Beteiligung mehr Gehör und können potenziell Entscheidungen in Richtung ihrer eigenen Interessen beeinflussen.

Auf der anderen Seite des Aktivitätsspektrums stehen die sogenannten *Lurker*, die im Gegensatz zu den Hochaktiven zum einen – wie der Name andeutet – in der Regel keine eigenen Beiträge verfassen und zum anderen den Großteil der Internet-Nutzer:innen ausmachen (Goriunova, 2017; Nonnecke & Preece, 2000; Stegbauer & Rausch, 2001; Sun et al., 2014). Allgemein werden Lurker als diejenigen beschrieben, die zwar mitlesen, aber wenn überhaupt dann nur selten selbst etwas zum öffentlichen Diskurs beitragen (Nonnecke & Preece, 2003). Lurken findet in interaktiven Umgebungen statt: Fernsehen wird nicht als Lurken bezeichnet, aber wer Beiträge in einem Online-Forum liest, ohne jemals zu antworten, zu posten oder ein eigenes Thema zu eröffnen, ist ein Lurker (Goriunova, 2017). Die Definition spiegelt eine eher negative Sicht auf Lurker als „free-rider" (Kollock & Smith, 1996), denen kein Mehrwert in Bezug auf die Online-Community zugesprochen wird. Empirische Studien deuten darauf hin, dass die Mehrheit der Nutzer:innen von Online-Diskussionen Lurker sind bzw. zumindest phasenweise diese Rolle einnehmen (Crawford, 2011). Obwohl ihr tatsächlicher Einfluss bisher kaum erforscht ist, wurden sowohl Hochaktive als auch Lurker eher negativ im Hinblick auf ihre Rolle für Online-Communities und auch ihre gesellschaftliche Rolle insgesamt bewertet.

Es ist alles andere als trivial zu bestimmen, wie viele der Nutzer:innen einer Plattform zu den Hochaktiven gehören. Hohe Aktivität ist eine relative Größe, die mindestens von der Anzahl der Nutzer:innen und Beiträge insgesamt abhängt, was von Plattform zu Plattform sehr stark schwankt. Beide Größen können auch durch den Beteiligungszeitraum beeinflusst werden. Mit anderen Worten: Während auf einer Plattform 50 Beiträge pro Nutzer:in bereits viel sind (Albrecht, 2006), wird auf anderen Plattformen erst ab 5000 Beiträgen von vergleichsweise hoher Aktivität ausgegangen (Kies, 2010). Graham & Wright (2014) wagen den Versuch einer allgemeinen Definition für superparticipants und schreiben „at the most basic level, to describe something as ‚super, implies going above and beyond the norm" (S. 627). Die Norm kann je nach Plattform sehr unterschiedlich aussehen. Dadurch wird die Vergleichbarkeit von Studien erschwert und sollte nur unter Kenntnis der oben erwähnten Grundparameter einer Online-Diskussion erfolgen (Anzahl aller registrierten Nutzer:innen, Anzahl aktiver Nutzer:innen, Anzahl der Beiträge).

Es gibt bisher wenige empirische Studien, die die besonders aktiven Nutzer:innen politischer Diskussionsforen und Partizipationsplattformen gezielt untersucht haben. Bright et al. (2020) untersuchten die französisch-belgische Petitionsplattform lapetition.be und definierten, dass power user diejenigen sind, die mehr als 100 Petitionen unterzeichnet haben (0,1 % aller Nutzer:innen). Ein anderer Ansatz konzentriert sich auf eine überschaubare Anzahl Hochaktiver, z. B. die 10 aktivsten Nutzer:innen (Albrecht, 2006; Kies, 2010; Wright, 2006). Wright (2006) untersuchte das Diskussionsforum der englischen Downing Street Website und fand dort, dass die 10 aktivsten Nutzer:innen (0,2 %) für 9 Prozent der Forumsbeiträge verantwortlich waren. Der aktivste Nutzer allein verfasste 1.450 Beiträge (1 %). Kies (2010) untersuchte ein politisches Forum der Radicali Italiani und fand dort, dass 7.647 Beiträge und damit ein Viertel aller Beiträge (26 %) auf die zehn aktivsten Nutzer:innen zurückzuführen ist. Albrecht (2006) analysierte die Online-Diskussionen im Rahmen des Partizipationsverfahrens zur Entwicklung eines Leitbilds für die Stadt Hamburg und fand, dass die 10 aktivsten Nutzer:innen (2 %) dort sogar 35 Prozent aller Beiträge verfasst haben. Der aktivste Nutzer verfasste 168 Beiträge (4 %). Diesen hohen Anteil ordnete Albrecht als bedenklich für die diskursive Gleichheit auf der Plattform ein. Er gab jedoch auch zu bedenken, dass für eine abschließende Bewertung mehr über diese Nutzergruppe bekannt sein müsse, etwa ihre Beteiligungsmotivation oder Qualität ihrer Beiträge. Die Ergebnisse der empirischen Studien verdeutlichen, dass Hochaktive einer Plattform nur begrenzt mit denen einer anderen Plattform verglichen werden können. Vor diesem Hintergrund interessiert uns zunächst für die vorliegende Beteiligungsplattform, welcher Anteil der Teilnehmenden als Hochaktive bezeichnet werden kann und wie Hochaktive sich von allen anderen in der *Quantität ihrer Beiträge* unterscheiden:

FF1: *Wie aktiv sind Hochaktive im Vergleich zu allen anderen Nutzer:innen?*

Das Problem der Vergleichbarkeit von Hochaktiven hängt auch damit zusammen, dass es unterschiedliche Typen unter diesen Nutzer:innen geben kann. Graham und Wright (2014) konnten zeigen, dass es bei der Teilnahme an Diskussionsforen in der Regel zwei Hauptformen der Beitragsaktivität gibt: Die Nutzer:innen können neue Themen/Threads/Vorschläge eröffnen oder in bestehenden Kommentare posten. Auf diese Weise lassen sich zwei Arten von Hochaktiven unterscheiden: die „Agenda-Setter" und die „Super-Poster". Eine dritte Kategorie, die „Moderatoren", bezieht sich auf diejenigen, die noch mal eine besondere Rolle einnehmen und alltägliche Aktivitäten im Forum verwalten. Für Online-Partizipationsplattformen stellt sich die Frage, ob die zwei Hauptaktivitäten Kommentieren und Bewerten von Beiträgen sich zu unterschiedlichen Typen von hochaktiven Nutzer:innen zusammenführen lassen, also etwa ob Viel-Kommentierende gleichzeitig auch Viel-Bewertende sind:

FF2: *Wie hängen die Aktivitäten Kommentieren und Bewerten miteinander zusammen?*

Die Existenz von Hochaktiven kann abgesehen von eher stabilen individuellen Merkmalen (z. B. Alter), auch durch selbstverstärkende Effekte im Kommunikationsprozess erklärt werden: Z. B. können diejenigen, die zu Beginn der Diskussion sehr aktiv sind, auch im Verlauf der Diskussion aktiv bleiben (Albrecht, 2010). Albrecht erklärt dies damit, dass es möglicherweise als eine Art Vergütungsmechanismus empfunden wird, in dem Sinne, dass „aktive Teilnehmer durch ihre Teilnahme belohnt und so zu einer Fortsetzung ihrer Aktivität bewegt werden" (Albrecht, 2010, S. 162). Albrecht hat Diskussionsverläufe im Rahmen mehrerer Online-Partizipationsverfahren untersucht und konnte geringfügige Schwankungen in der Beteiligung mit dem Vergütungsmechanismus erklären (Albrecht, 2010,

S. 163). Arguello et al. (2006) haben gezeigt, dass die Aktivität der Sprecher:innen zu früheren Zeitpunkten die Wahrscheinlichkeit beeinflusst, dass sie im weiteren Kommunikationsverlauf Reziprozität von anderen erfahren. Himelboim (2008) fand einen starken Zusammenhang zwischen der Zahl der Beiträge, die Nutzer:innen verfasst haben, und der Anzahl der Antworten, die sie erhalten haben. Mit anderen Worten: wer der Gruppe viel gibt, erhält auch viel zurück.

Bisher ist nur wenig bekannt über den Einfluss der Hochaktiven auf die Diskussionen, die sie dominieren. Aus theoretisch-normativer Perspektive könnten diese besonders Aktiven die diskursive Gleichheit gefährden und andere von der Teilnahme abhalten. Es ist, wie bereits erwähnt, denkbar, dass sie den Diskurs in Richtung ihrer Interessen lenken und anderen Nutzer:innen die Aufmerksamkeit entziehen. Aber auch das Gegenteil ist möglich, dass Hochaktive als Repräsentant:innen anderer auftreten und auch deren Interessen voranbringen. Graham und Wright (2014) konnten anhand einer Fallstudie und Stichprobe hochaktiver Nutzer:innen ihre positiven Funktionen für Online-Communities aufzeigen: die Hochaktiven in der Stichprobe boten anderen Hilfe und Antworten auf ihre Fragen an und fassten unterschiedliche Themen und längere Diskussionsstränge zusammen. Damit übernahmen die Hochaktiven Moderationsaufgaben und trugen zur Komplexitätsreduktion der Diskussionen bei. Vor dem Hintergrund, dass sie eine den Diskurs dominierende Minderheit sind, ist es interessant, inwiefern Hochaktive zur deliberativen Qualität von Online-Diskussionen beitragen. Hierzu fanden Graham und Wright (2014) für ihre Stichprobe und Online-Community, dass Hochaktive als besonders deliberativ auffallen: Sie zeigten einen hohen Grad an Reziprozität, Rationalität durch faktenbasierte Argumentation und persönliche Erfahrungen sowie kritische Nachfragen und Richtigstellungen von Desinformationen. Es wäre jedoch verfrüht, aus dieser einen Stichprobe Annahmen über die Verteilung deliberativer Qualität auf unterschiedliche Nutzergruppen von Online-Partizipationsverfahren abzuleiten. Daher fragen wir für die hier untersuchte Plattform:

FF3: *Wie deliberativ sind Hochaktive im Vergleich zu allen anderen NutzerInnen? Wie reziprok, rational und kritisch sind ihre Kommentare?*

3. Empirische Befunde

In dem über mehrere Wochen laufenden Verfahren #meinfernsehen2021 haben sich insgesamt 1.014 Nutzer:innen registriert. Davon haben sich 637 Nutzer:innen (63 %) aktiv beteiligt, entweder durch Verfassen eines Bei-

trags in Form eines Kommentars oder Themenvorschlags oder durch Bewertung der Beiträge. Insgesamt wurden auf der Plattform 3.924 Beiträge
veröffentlicht, davon 3.817 Kommentare und 107 Themenvorschläge. Außerdem konnten auf der Plattform Beiträge bewertet werden mit einem
„Like" oder „Dislike", insgesamt wurden 9.793 registriert. Das Beteiligungsverfahren teilte sich in drei Phasen: In den ersten beiden Phasen
fand eine Sammlung und Verdichtung von Kritik und Vorschlägen statt,
während es in der dritten Phase in erster Linie um das Bewerten von kontroversen Positionen ging. Die vorliegende Analyse beschränkt sich auf die
ersten beiden Phasen, da dort die Bedingungen weitgehend einheitlich waren. Da wir uns hier auf die Nutzer:innen selbst konzentrieren, werden im
Weiteren sowohl die Beiträge der Moderation als auch die Themenvorschläge des Forschungs-Teams selbst nicht berücksichtigt. Dieser reduzier-
te Datensatz umfasst 2.354 Kommentare und 5.775 Bewertungen, davon
4.766 Likes und 1.009 Dislikes. Mehr als 70 Prozent der Aktivitäten der
Teilnehmenden in Phase 1 und 2 waren also Bewertungen. Von den Bewertungen waren 83 Prozent Likes und 17 Prozent Dislikes. Zu jeder Aktivität liegt die Urheberschaft in Form eines selbstgewählten Nutzernamens
vor, dadurch lässt sich ermitteln, welche Nutzer:innen wie aktiv beteiligt
waren. Insgesamt haben sich in den ersten beiden Phasen 308 Nutzer:in-
nen aktiv durch Verfassen eines Kommentars oder durch Bewerten beteiligt. Die 2.354 Kommentare stammen von 248 Nutzer:innen. Die 5.775 Bewertungen gehen auf 227 Nutzer:innen zurück, wobei die 4.766 Likes von
217 und die 1.009 Dislikes von 146 Personen stammen.

Im Hinblick auf die Beteiligungsquantität (*FF1*) zeigen die Daten eine
typische Longtail-Verteilung (Abb. 1 und 2), bei der eine starke Konzentration der Kommentare und Bewertungen auf wenige besonders aktive Nut-
zer:innen vorliegt. Um die Gruppe der Hochaktiven zu identifizieren, wurde berechnet, auf welche Nutzer:innen 25 Prozent Kommentare bzw. Bewertungen zurückzuführen sind. Darüber wurden die 10 aktivsten Nut-
zer:innen ermittelt (im Weiteren: Hochaktive). 138 der Kommentare gehen auf den:die aktivste Nutzer:in zurück. Des Weiteren zeigen die Ergebnisse, dass 25 Prozent der Kommentare von den 8 aktivsten Nutzer:innen
(3 %) verfasst wurden (Abb. 2). In Bezug auf Bewertungen sticht der:die
aktivste Nutzer:in mit 311 Bewertungen heraus. Es überrascht, dass die vergleichsweise niedrigschwellige Beteiligung durch Bewertungen sich sogar
noch stärker auf wenige Nutzer:innen konzentriert. Hier sind die aktivsten
6 Personen (2 %) für mehr als 25 Prozent der Bewertungen verantwortlich
(Abb. 2). Bei den Dislikes sind es wegen der insgesamt geringeren Anzahl
noch weniger, nämlich 3 Personen, die für ein 25 Prozent-Aufkommen
verantwortlich sind. Die anderen 97 Prozent der Nutzer:innen, die insge-

samt weniger als die Hochaktiven kommentiert haben bzw. die anderen 98 Prozent der Nutzer:innen, die insgesamt weniger Bewertungen abgegeben haben, sind weniger stark im Gesamtdiskurs sichtbar, weil sie sich seltener via Kommentar in die Diskussion eingebracht bzw. seltener ihre Zustimmung oder Ablehnung via Bewertung zum Ausdruck gebracht haben.

Abbildung 1: Verteilung Anzahl Kommentare pro Nutzer:in

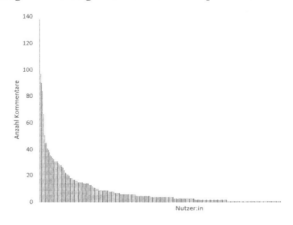

Abbildung 2: Verteilung Anzahl Bewertungen pro Nutzer:in

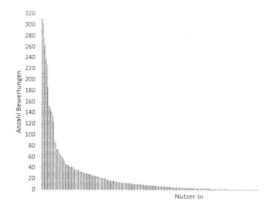

Des Weiteren soll betrachtet werden, ob sich unterschiedliche Typen von Hochaktiven im Hinblick auf die Art der Aktivität feststellen lassen (*FF2*). In beiden Aktivitäten, Kommentieren und Bewerten, waren die Nutzer:innen Helga, Karl, Ulli und Dagmar besonders aktiv. Dazu lieferten Egon, Omar und Henk viele Kommentare, aber nur eine moderate Anzahl von Bewertungen. Umgekehrt waren Gina und Toto im Hinblick auf Bewertungen besonders aktiv, aber weniger im Hinblick auf das Kommentieren. Hier zeichnen sich also durchaus unterschiedliche Typen von Hochaktiven ab. Gleichzeitig dominiert jedoch kein ausgeprägtes Muster von Überwiegend-Kommentierenden oder Überwiegend-Bewertenden, beide Aktivitäten sind bei den Hochaktiven beliebt. Die Hochaktiven lassen sich daher als Generalist:innen in Bezug auf die Art der Aktivität bezeichnen. Das Disliken von Kommentaren als gesonderte Aktivität spielte wie oben bereits gezeigt eine insgesamt weniger wichtige Rolle. Hier hat sich Ulli mit besonders vielen Dislikes (122) hervorgetan. Ansonsten zeigt sich keine klare Fokussierung der Teilnehmenden auf entweder nur Likes oder nur Dislikes. Die Generalist:innen-Orientierung gilt also nicht nur für Kommentare vs. Bewertungen, sondern auch für Likes vs. Dislikes.

Da wir abgesehen von einigen wenigen Teilnehmenden, die an der Evaluationsstudie teilgenommen haben, keinen Zugriff auf Personendaten haben, können die Hochaktiven nur in Bezug auf Merkmale auf der inhaltlichen Ebene der Diskussion beschrieben werden. Diese inhaltlichen Merkmale sind durch die Konzentration der Aktivität auf wenige Teilnehmende in der Diskussion überrepräsentiert und prägen dementsprechend die Wahrnehmung der Gesamtdiskussion und ggf. das Ergebnis des Verfahrens. Das kann sowohl Präferenzen im Hinblick auf Themen und Meinungen betreffen, aber auch den Diskussionsstil. Da in Bezug auf Themenpräferenzen zwischen den Gruppen keine aussagekräftigen Unterschiede vorliegen, fokussieren wir im Folgenden auf Unterschiede im Hinblick auf den Diskussionsstil. Dafür werden die Daten einer standardisierten Inhaltsanalyse einer Zufallsstichprobe von 1.469 Kommentaren (etwa 50 % aller Kommentare) herangezogen. Die Kommentare wurden dabei im Hinblick auf Merkmale deliberativer Qualität untersucht. Die deliberative Qualität wurde anhand von 22 Indikatoren codiert (vgl. Codebuch im Anhang). Die Stichprobe umfasst 800 Top-level-Kommentare und 669 Second-level bzw. Antwortkommentare. Die Kommentare der Moderator:innen sowie Kommentare der Rubrik „Was noch?" wurden in dieser Stichprobe nicht berücksichtigt. Um die Daten auf die Befunde zur Konzentration des Materials auf Hochaktive beziehen zu können, wurden aus dieser Stichprobe nur die Kommentare der ersten beiden Phasen betrachtet. Die Stichprobe umfasst für die für uns relevanten Phasen 1 und 2 insgesamt 932 Kommentare. Die 8 Hochaktiven sind hier mit insgesamt 214 Kommentaren vertreten, das entspricht etwa 20 Prozent des Gesamtkommentaraufkommens in der Stichprobe. Damit sind die Hochaktiven in der Stichprobe etwas schlechter repräsentiert als im Gesamtdiskurs, wo sie für 25 Prozent der Kommentare verantwortlich waren.

Mit den Daten der Stichprobe ist eine vergleichende Analyse der Beitragsqualität der identifizierten Hochaktiven im Vergleich zur Beitragsqualität aller anderen Nutzer:innen möglich. Ausgangspunkt war die Frage, ob die Tatsache, dass wenige Viel-Kommentierende große Teile der Diskussionen in dem Beteiligungsverfahren #meinfernsehen2021 tragen, sich in Bezug auf die deliberative Qualität des Diskurses fortsetzt (*FF3*): Tragen die wenigen Hochaktiven nicht nur die Quantität, sondern auch die Qualität des Diskurses?

Ob die Hochaktiven zur deliberativen Qualität des Diskurses beitragen, kann überprüft werden, indem die Qualität der Kommentare der 8 Hochaktiven mit der Qualität der Kommentare aller anderen Teilnehmenden verglichen wird (Tabelle 1). Um die Auswertung aussagekräftig und prägnant zu gestalten, werden jeweils nur die im T-Test signifikanten Unterschiede (1 %-Niveau) genannt. Der Vergleich der beiden Gruppen zeigt, dass die Hochaktiven in ihren Kommentaren geringere Werte für Themenbezug, Begründung und Lösungsvorschlag aufweisen. In 3 von 6 Indikatoren für Rationalität stehen sie also für eine etwas geringere Diskussionsqualität. Auch in Bezug auf die Typ-II-Deliberation ergeben sich Unterschiede. Hochaktive weisen etwas geringe Werte für Storytelling und argumentatives Storytelling auf als alle anderen Nutzer:innen. Auch hier kann man von einer etwas geringeren Qualität der Kommentare der Hochaktiven ausgehen. Ein anderes Bild zeigt sich im Hinblick auf das Qualitätsmerkmal Reziprozität. Hier weisen die Kommentare der Hochaktiven auf allen 3 Indikatoren für Reziprozität höhere Werte als die der anderen auf. Damit beziehen sich Hochaktive häufiger auf andere Nutzer:innen sowohl allgemein, als auch kritisch. Während also die Hochaktiven sich nicht durch eine besonders ausgeprägte Argumentation auszeichnen (auch nicht in Bezug auf Storytelling), sind sie deutlich stärker im Dialog mit den anderen Nutzer:innen als die Vergleichsgruppe. Ihre hohe Aktivität kann also auf das hohe Maß an Bezügen auf vorangegangene Kommentare zurückgeführt werden. Sie tragen gewissermaßen die Verständigungsorientierung im Diskurs. Das ist ein wichtiger Teil der deliberativen Qualität, allerdings wird dieser Aspekt durch die geringere Rationalität wieder kompensiert. Insgesamt kann man also nicht sagen, dass die deliberative Qualität im Diskurs besonders auf die Hochaktiven zurückgeht, sondern von allen Nutzer:innen gleichermaßen getragen wird.

Tabelle 1: Vergleich Hochaktive mit anderen Nutzer:innen

	Hochaktive		Andere Nutzer:innen		t-Tests		
	M	SD	M	SD	t	df	p
Rationalität							
Themenbezug	3.20	1.04	3.40	0.93	2.50	320.07	.013
Begründung	1.60	1.12	2.06	1.34	5.00	413.57	<.001
Lösungsvorschlag	1.64	0.94	1.98	1.05	4.30	930	<.001
Reziprozität							
Bezugnahme Nutzer:in/ Community	2.55	1.45	2.01	1.34	-4.83	328.35	<.001
Bezugnahme auf den Inhalt anderer Kommentare	2.63	1.41	2.08	1.34	-5.08	335.96	<.001
Kritische Bezugnahme	1.80	1.15	1.42	0.93	-4.43	299.71	<.001
Typ II-Deliberation							
Storytelling	1.07	0.36	1.17	0.55	3.19	531.28	.002
Argumentatives Storytelling	1.03	0.20	1.10	0.41	3.15	722.95	.002

Anmerkungen: $n_{\text{Hochaktive}} = 214$, $n_{\text{Andere}} = 718$, *abweichend Themenbezug* $n_{\text{Andere}} = 716$

4. Diskussion

Die Analyse der vorliegenden Diskussionen zeigt durch den Blickwinkel der diskursiven Gleichheit der Nutzer:innen sowohl Chancen als auch Probleme von Online-Beteiligungsverfahren auf. Die Nutzer:innen der Plattform zeigen Unterschiede im Hinblick auf ihre Aktivität innerhalb der Online-Diskussionen und im Hinblick auf die Qualität ihrer Beiträge. Die 10 aktivsten Nutzer:innen (3 %), die wir als Hochaktive bezeichnen, sind für 25 Prozent der Kommentare und Bewertungen verantwortlich.

Die Ergebnisse haben gezeigt, dass nicht alle Hochaktiven gleich stark kommentieren und bewerten, hier zeichnen sich unterschiedliche Typen von besonders aktiven Nutzer:innen ab (z. B Viel-Kommentierende- und Viel-Bewertende, Mittel-Kommentierende-und-Viel-Bewertende, usw.). Dahinter stehen möglicherweise unterschiedliche Beteiligungsmotive, die jedoch bisher im Hinblick auf unterschiedliche Nutzergruppen nur wenig empirisch beleuchtet wurden. Gleichzeitig konnte kein dominantes Muster identifiziert werden, bei dem eine Gruppe der Nutzer:innen überwiegend nur kommentiert oder überwiegend nur bewertet hat. Letzteres könnte darauf hindeuten, dass Nutzer:innen von Online-Partizipationsverfahren beide Funktionen Kommentieren und Bewerten wahrnehmen und mit diesen nicht zuletzt auch durch Social-Media-Plattformen gut vertraut sind. In Zukunft sollten empirische Studien betrachten, inwiefern das Zusammenspiel von Bewertungsmechanismen (z. B. Liken und Disliken) und Diskussionsqualität (z. B. Rationalität, Reziprozität, Konstruktivität) auf den Verlauf und das Ergebnis der Kommunikation einwirkt. Dabei sollten Fragen im Vordergrund stehen wie etwa: Was hat mehr Einfluss für die kollektive Meinungsbildung, ein aus deliberativer Sicht besonders hochwertiger Kommentar oder ein Kommentar mit vielen Likes?

Für eine zufällige Stichprobe der Kommentare wurde geprüft, ob die Hochaktiven mehr zur deliberativen Qualität der Online-Diskussionen beitragen. Dafür wurde die Qualität der Kommentare der Hochaktiven mit der Qualität der Kommentare aller anderen NutzerInnen verglichen. Der Vergleich der beiden Gruppen hat gezeigt, dass die Hochaktiven in ihren Kommentaren geringere Werte für Themenbezug, Begründung und Lösungsvorschlag aufweisen. Des Weiteren zeigte sich für die Hochaktiven im Vergleich zum Rest ein geringeres Niveau an Storytelling. Damit weisen die Hochaktiven sowohl in der Rationalitätsdimension geringere Werte für klassische deliberative Qualität auf, als auch auf inklusive Deliberationsmerkmale (bzw. Typ-II Deliberation). In Bezug auf Reziprozität zeigten sich höhere Werte für die Hochaktiven im Vergleich zu allen anderen. Hochaktive beziehen sich häufiger auf den Inhalt und die Person anderer und sind dabei häufiger kritisch in ihren Bezugnahmen auf andere. Die hohe Aktivität kann also auf das hohe Maß an Bezügen auf vorangegangene Kommentare zurückgeführt werden. Inwiefern die Hochaktiven dabei auch zur Verständigungsorientierung im Diskurs beitragen, bleibt mit Blick auf die ansonsten niedrigeren Werte auf der Rationalitätsdimension (Themenbezug, Begründung, argumentatives Storytelling) offen.

Mit der hohen Konzentration der Aktivitäten auf wenige Personen kann davon ausgegangen werden, dass unter Umständen auch die Interessen, Meinungen und Ideen der wenigen besonders Aktiven im Diskurs überrepräsentiert waren. Da die Kommentare im Hinblick auf diese Aspekte nicht inhaltsanalytisch untersucht wurden, können wir dazu keine Angaben machen. Daraus ergibt sich eine weitere Lücke, die in der zukünftigen empirischen Forschung geschlossen werden sollte.

Insgesamt lässt sich für das hier untersuchte Partizipationsverfahren nicht sagen, dass die deliberative Qualität im Diskurs v. a. durch die Hochaktiven getragen wird. Man kann also Online-Diskussionen auf einschlägigen Plattformen nicht an besonders Aktive delegieren mit der Hoffnung, dass die Qualität dann ohnehin besser wird. Vielmehr bedarf es Anstrengungen, möglichst viele Teilnehmenden zu eigenen Beiträgen zu mobilisieren, um auf diese Weise mehr Personen im Diskurs repräsentiert zu haben.

In Anbetracht der Tatsache, dass ein großer Teil der Teilnehmenden als Lurker bezeichnet werden kann, sind tiefere Einblicke in die eher stillen Prozesse des Online-Zuhörens eine wichtige Aufgabe für die zukünftige Forschung (Goriunova, 2017). Dabei ist zu bedenken, dass die aufmerksame Rezeption von Online-Diskussionen eine wichtige Voraussetzung dafür ist, sich ggf. später zu einem Punkt zu Wort zu melden. Das könnte v. a. dann wahrscheinlich sein, wenn ein:eine Lurker:in sich durch die Diskussionsbeiträge nicht repräsentiert fühlt. Wenn das aber der Fall ist, reicht quasi eine Art Monitoring der Diskussion, in dem nur überprüft wird, ob Intervention nötig ist und nur dann entsprechendes Handeln eingeleitet wird. Dieses Prinzip erinnert an das Konzept des „monitorial citizen" (Schudson, 1998). In dieser Perspektive beschränken sich in modernen Demokratien Bürger:innen häufig auf die Beobachtung von Politik und beteiligen sich zunächst nicht aktiv, obgleich sie politisch interessiert sind. Vielmehr bleiben sie passiv und meinen, auch damit ihre demokratische Pflicht zu erfüllen (Schudson, 1998).

Zumindest für größere und unübersichtlichere Online-Diskussionen wurden die positiven Funktionen von Hochaktiven betont. Sie helfen anderen Nutzer:innen, gehen auf ihre Fragen ein und fassen längere Diskussionsstränge zusammen (Graham & Wright, 2014). Inwiefern die Hochaktiven des hier untersuchten Verfahrens ähnliche Aufgaben übernehmen, bleibt offen und konnte im Rahmen dieser ersten Datenauswertung nicht festgestellt werden. Dafür wären weitere qualitative Einblicke in die Kommentare der Hochaktiven nötig sowie die Untersuchung weiterer Variablen durch anschließende quantitative Inhaltsanalysen möglich.

Literatur

Albrecht, Steffen (2006). Whose voice is heard in online deliberation? A study of participation and representation in political debates on the internet. Information, Communication & Society, 9(1), 62–82. https://doi.org/10.1080/1369118050 0519548

Albrecht, Steffen (2010). Reflexionsspiele: Deliberative Demokratie und die Wirklichkeit politischer Diskurse im Internet. Bielefeld: transcript.

Arguello, Jaime; Butler, Brian S.; Joyce, Elisabeth; Kraut, Robert; Ling, Kimberly S.; & Wang, Xiaoqing (2006). Talk to me: Foundations for Successful Individual-Group Interactions in Online Communities. In: Gary Olson & Robin Jeffries (Vorsitz), Proceedings of the SIGCHI Conference on Human Factors.

Beauvais, Edana; & Bächtiger, André (2016). Taking the Goals of Deliberation Seriously: A Differentiated View on Equality and Equity in Deliberative Designs and Processes. Journal of Public Deliberation, 12(2), 1–18. https://doi.org/10.169 97/jdd.254

Bright, Jonathan; Bermudez, Sandra; Pilet, Jean-Benoit; & Soubiran, Thomas (2020) Power users in online democracy: their origins and impact. Information, Communication & Society, 23(13), 1838–1853. https://doi.org/10.1080/1369118 X.2019.1621920

Crawford, Kate (2011). Listening, not Lurking: The Neglected Form of Participation. In: Hajo Greif; Larissa Hjorth; Amparo Lasén; Claire Lobet-Maris. Cultures of Participation. Peter Lang.

Jers, Cornelia (2012). Konsumieren, Partizipieren und Produzieren im Web 2.0. Ein sozial-kognitives Modell zur Erklärung der Nutzungsaktivität. Köln: Halem

Eilders, Christiane; & Niederelz, Christopher (2021). Online-Diskurse im Rahmen politischer Partizipation. In: Frank Bätge; Klaus Effing; Katrin Möltgen-Sicking; & Thorben Winter (Hrsg.), Politische Partizipation (S. 373–392). Springer VS. https://doi.org/10.1007/978-3-658-33985-2_20

Emmer, Martin; Vowe, Gerhard; & Wolling, Jens (2011). Bürger Online: Die Entwicklung der politischen Online-Kommunikation in Deutschland. Konstanz: UVK.

Esau, Katharina; Frieß, Dennis; & Eilders, Christiane (2017). Design Matters! An Empirical Analysis of Online Deliberation on Different News Platforms. Policy & Internet, 9(3), 321–342.

Esau, Katharina (2020). Kommunikationsformen und Deliberationsdynamiken. Eine relationale Inhaltsanalyse von Argumenten, Narrationen, Emotionen und Humor und ihrer Wirkung im Verlauf von Online-Diskussionen. Dissertationsschrift. Eingereicht August 2020, Heinrich-Heine-Universität Düsseldorf.

Esau, Katharina; & Frieß, Dennis (2022, online first). What Creates Listening Online? Exploring Reciprocity in Online Political Discussions with Relational Content Analysis. Journal of Deliberative Democracy.

Esau, Katharina; Frieß, Dennis; & Eilders, Christiane (2019). Online-Partizipation jenseits klassischer Deliberation: Eine Analyse zum Verhältnis unterschiedlicher Deliberationskonzepte in Nutzerkommentaren auf Facebook-Nachrichtenseiten und Beteiligungsplattformen. In: Ines Engelmann; Marie Legrand; & Hanna Marzinkowski (Hrsg.), Politische Partizipation im Medienwandel (S. 221–245). Digital Communication Research, 6.

Himelboim, Itai (2008). Reply Distribution in Online Discussions: A Comparative Network Analysis of Political and Health Newsgroups. Journal of Computer-Mediated Communication, 14(1), 156–177. https://doi.org/10.1111/j.1083-6101.2008.01435.x.

Goriunova, Olga (2017). The Lurker and the Politics of Knowledge in Data Culture. International Journal of Communication, 11, 3917–3933.

Graham, Todd; & Wright, Scott (2014). Discursive Equality and Everyday Talk Online: The Impact of „Superparticipants". Journal of Computer-Mediated Communication, 19(3), 625–642. https://doi.org/10.1111/jcc4.12016

Kies, Raphaël (2010). Promises and limits of Web-deliberation. London: Palgrave Macmillan.

Knight, Jack; & Johnson, Jeffrey (1997). What sort of equality does deliberative democracy require? In: James Bohman; & William Rehg (Hrsg.), Deliberative Democracy. Essays on Reason and Politics (S. 279–319). Cambridge: MIT Press.

Kollock, Peter; & Smith, Marc (1996). Managing the Virtual Commons: Cooperation and Conflict in Computer Communities. In: Susan C. Herring (Hrsg.), Computer-Mediated Communication: Linguistic, social, and cross-cultural perspectives (S. 109–128). Pragmatics and Beyond New Series, 39.

Nonnecke, Blair; & Preece, Jenny (2000). Lurker Demographics: Counting the Silent. Conference on Human Factors in Computing Systems, Proceedings of the SIGCHI conference on Human Factors in Computing Systems.

Rojo, Alejandro; & Ragsdale, Ronald G. (1997). Participation in electronic forums: Implications for the design and implementation of collaborative distributed multimedia. Telematics and Informatics, 14(1), 83–96. https://doi.org/10.1016/S0736-5853(96)00020-2

Schudson, Michael (1998). The Good Citizen: A History of American Civic Life. Cambridge: Harvard University Press.

Sommer, Denise (2013). Nachrichten im Gespräch: Wesen und Wirkung von Anschlusskommunikation über Fernsehnachrichten. Baden-Baden: Nomos.

Soßdorf, Anna (2016): Zwischen Like-Button und Parteibuch. Die Rolle des Internets in der politischen Partizipation Jugendlicher. Wiesbaden: VS Verlag für Sozialwissenschaften.

Stegbauer, Christian; & Rausch, Alexander (2001). Die schweigende Mehrheit – „Lurker" in internetbasierten Diskussionsforen. Zeitschrift für Soziologie, 30(1), 48–64. https://doi.org/10.1515/zfsoz-2001-0103

Sun, Na; Rau, Pei-Luen.; & Ma, Liang (2014). Understanding lurkers in online communities: A literature review. Computers in Human Behavior, 38, 110–117.

https://doi.org/10.1016/j.chb.2014.05.022

Verba, Sidney; Schlozman, Kay; & Brady, Henry (1995). Voice and Equality: Civic Voluntarism in American Politics. Cambridge: Harvard University Press.

Wright, Scott (2006). Government-run Online Discussion Fora: Moderation, Censorship and the Shadow of Control. The British Journal of Politics and International Relations, 8(4), 550–568. https://doi.org/10.1111/j.1467-856x.2006.00247.x

Ziegele, Marc (2016). Nutzerkommentare als Anschlusskommunikation: Theorie und qualitative Analyse des Diskussionswerts von Online-Nachrichten. Springer VS.

Zillien, Nicole (2006). Digitale Ungleichheit. Neue Technologien und alte Ungleichheiten in der Informations- und Wissensgesellschaft. Springer VS.

2. Repräsentativität, Diversität und der Ausstieg von Teilnehmenden

2.1 Repräsentativität oder Diversität? Eine Evaluation der Teilnehmendenschaft des Online-Beteiligungsverfahrens #meinfernsehen2021

Jonathan Seim[1]

1. Einleitung

Mit der unmittelbaren Integration von Bürgerinnen und Bürgern soll seit den Anfängen der partizipativen Demokratietheorie der 1970er-Jahre wahrgenommenen Mängel klassischer Diskussions- und Entscheidungsverfahren politischer Eliten begegnet werden (Pateman 1970; Macpherson 1977; Bachrach und Botwinick 1992). Dahingehend wurden von Beginn an besondere Hoffnungen in das Potenzial neuer Technologien und insbesondere des Internets gesetzt, die Inklusion vormals nicht oder nur unzureichend berücksichtigter Gruppen fördern zu können (Coleman und Blumler 2009; Coleman 2017). Diese Hoffnungen wurden oftmals als allzu utopisch kritisiert. So würden klassische Muster ungleicher politischer Partizipation bei Online-Beteiligungsverfahren reproduziert (Margolis und Resnick 2000; Norris 2012). Zudem verschärfe dies sogar die politische Ungleichheit, da die ohnehin schon aktiven und einflussreichen Bevölkerungsgruppen durch solche Verfahren zusätzliche Einflussmöglichkeiten erhielten (Gutmann 1980, S. 196; Hochschild 1984, S. 102). Die Qualität von Beteiligungsverfahren wird somit auch mit Blick auf die Zusammensetzung der Teilnehmendenschaft bemessen. Bei Mängeln lässt sich sowohl die Qualität des Verfahrens im Allgemeinen als auch die Verwendbarkeit der Ergebnisse im Besonderen infrage stellen. Somit ist eine Betrachtung der Zusammensetzung der Teilnehmendenschaft notwendiger Bestandteil einer Evaluation von Beteiligungsverfahren.

---

1 Dieser Beitrag ist ein Ergebnis der Tätigkeit im Forschungsprojekt Digitale Ethik am Center for Advanced Internet Studies (CAIS), welches aus Projektmitteln der Stiftung Mercator finanziert wird.

Das Online-Beteiligungsprojekt #meinfernsehen2021 reiht sich in jene partizipativen Bemühungen ein, insofern Bürgerinnen und Bürgern die Möglichkeit gegeben wurde, sich mit eigenen Ideen aktiv am Diskurs über die Zukunft des öffentlich-rechtlichen Fernsehens zu beteiligen. Der vorliegende Beitrag setzt sich mit der Zusammensetzung der Teilnehmendenschaft auseinander und trägt somit zur Evaluation des Beteiligungsverfahrens bei. Im Mittelpunkt stehen dabei primär drei Forschungsfragen: Sollten Repräsentativität oder Diversität als Maßstab der Evaluation dienen? Wie ist es um die Repräsentativität bzw. Diversität des Verfahrens bestellt? Was folgt aus imperfekter Repräsentativität oder Diversität für die Bewertung des Verfahrens und den Umgang mit den Ergebnissen? Zur Beantwortung dieser Fragen wird der vorliegende Beitrag zunächst die Konzepte der Repräsentativität und Diversität erläutern, gegeneinander abgrenzen und dabei Widersprüche für das Design und die Evaluation von Beteiligungsverfahren herausarbeiten. Vor diesem Hintergrund und einer Auseinandersetzung mit den Zielsetzungen des Verfahrens wird im dritten Abschnitt geklärt, ob Repräsentativität oder Diversität der relevante Maßstab zur kritischen Beurteilung des Verfahrens sein sollte. Der vierte Abschnitt widmet sich der empirischen Analyse der Zusammensetzung der Teilnehmendenschaft. Schließlich wird auf die Qualität des Verfahrens und insbesondere den Umgang mit den Ergebnissen vor dem Hintergrund der ausgewiesenen Mängel in der Zusammensetzung der Teilnehmendenschaft eingegangen.

2. Repräsentativität & Diversität von Beteiligung

Repräsentativität bezeichnet in der Regel eine Relation zwischen einer Teilmenge und einer Grundgesamtheit.[2] Entsprechend kann Repräsentativität nur dann ein relevantes Konzept sein, wenn eine Differenzierung zwischen Grundgesamtheit und Teilmenge möglich bzw. nötig ist. Die Relation zwischen Teilmenge und Grundgesamtheit, welche das Repräsentativitätskonzept bezeichnet, besteht in der identischen proportionalen Verteilung bestimmter Merkmale sowohl in der Teilmenge als auch der Grund-

---

2 In der Literatur finden sich mitunter weitere, allerdings weniger verbreitete und oftmals konfundierende Verwendungsweisen des Begriffs (Pitkin, 1967, S. 75). So meinen beispielsweise Eulau et al. (1959, S. 743), dass einem Organ dann Repräsentativität zugeschrieben werde, wenn dieses aus einer demokratischen Wahl hervorgegangen ist oder – im Fall berufener Organe – gewählt worden wäre, hätte es zur Wahl gestanden.

gesamtheit.[3] In der Regel stellen Argumentationen für den Wert politischer Repräsentativität maßgeblich auf die Annahme ab, dass die identische Verteilung bestimmter Merkmale Rückschlüsse von der Teilmenge auf die Grundgesamtheit erlaubt (Dahl, 1989, S. 340; Fishkin, 2011, S. 114; Pitkin, 1967, S. 84; Steel et al., 2020). Diese Argumentationen sehen darin die Lösung für ein grundlegendes demokratietheoretisches Problem: Da sich in der Praxis nur eine Teilmenge an politischen Entscheidungs- und Diskussionsprozessen beteiligt, lässt sich stets die Frage stellen, ob die jeweiligen Ergebnisse nur im Sinne der Teilmenge oder tatsächlich im Sinne der Grundgesamtheit sind. Ist nun die Verteilung relevanter Merkmale in der Teilmenge und der Grundgesamtheit identisch, könne, laut dieser Argumentation, die Teilmenge als exakte Miniatur der Grundgesamtheit angesehen werden. Aus diesem Grund würde die Diskussion der Teilmenge zu gleichen Ergebnissen kommen wie eine Diskussion der Grundgesamtheit. Somit soll die Repräsentativität der Teilmenge die Generalisierung der Ergebnisse ermöglichen und so die Distanz zwischen Teilmenge und Grundgesamtheit zumindest inhaltlich überbrücken.[4]

Neben der Repräsentativität wird in der einschlägigen Literatur die Diversität der Teilnehmenden als relevantes Qualitätsmerkmal von Beteiligungsverfahren genannt (James, 2008; Steel et al., 2020). Im Gegensatz zum Konzept der Repräsentativität spielen im Konzept der Diversität proportionale Aspekte der Verteilung bestimmter Merkmale in Grundgesamtheit und Teilmenge keine Rolle (Dryzek & Niemeyer, 2008, S. 482). Man nehme an, dass im Hinblick auf einen Gegenstand N relevante Perspektiven existieren. Während vom Standpunkt der Diversität zunächst nur ge-

---

3   Die Frage, in welchen Merkmalen Repräsentativität hergestellt werden sollte, wird an späterer Stelle aufgegriffen (Abschnitt 3). Zur Veranschaulichung wird im Weiteren beispielhaft von ‚Perspektiven‘ gesprochen, ohne dass der vorliegende Beitrag damit annimmt, dass Perspektiven notwendigerweise die relevanten Merkmale sind.

4   Selbst wenn dies zutrifft, lässt sich natürlich fragen, ob die Beteiligung einer Teilmenge die Beteiligung der Grundgesamtheit tatsächlich in jeglicher Hinsicht ersetzen kann. So bleiben beispielsweise die edukativen Effekte politischer Partizipation (Pateman, 1970) der beteiligten Teilmenge vorbehalten. Zudem entspricht das Ergebnis der Beteiligung nicht mit der Notwendigkeit der faktischen Präferenzlage der Grundgesamtheit, was möglicherweise gegen eine direkte Umsetzung der Ergebnisse spricht. Denn durch den Prozess diskursiver Beteiligung können bzw. sollen sich gerade die Präferenzen der Teilnehmenden verändern, weshalb sich nach dem diskursiven Austausch die Präferenzlage der beteiligten Teilmenge mitunter von der Präferenzlage der nicht beteiligten Grundgesamtheit unterscheidet (Lafont, 2020).

fordert ist, dass alle Perspektiven im Verfahren vorkommen, muss ausgehend vom Konzept der Repräsentativität zusätzlich ihre proportionale Verteilung in der Grundgesamtheit innerhalb der Teilmenge abgebildet werden. Der besondere Wert von Diversität wird in der Regel durch ihren epistemischen Nutzen begründet. Unter anderem werde durch die Inklusion von möglichst diversen Perspektiven der Verfahrensgegenstand aus möglichst unterschiedlichen Blickwinkeln betrachtet und diskutiert. Dies führe letztlich dazu, dass die Ergebnisse eines diversen Verfahrens tendenziell und ceteris paribus besser seien als die Ergebnisse eines weniger diversen Verfahrens (Bohman, 2006; Landemore, 2013).

Es mag zunächst den Anschein haben, dass Repräsentativität notwendigerweise Diversität impliziere und bloß insofern über Diversität hinausgehe, als dass zusätzlich die proportionale Verteilung berücksichtigt werde. Und in der Tat kann mit einer Steigerung der Diversität eine Steigerung der Repräsentativität einhergehen und vice versa. Wird etwa eine zuvor nicht (ausreichend) berücksichtigte Perspektive integriert, steigert diese Inklusion sowohl die Repräsentativität als auch die Diversität des Verfahrens. Aus diesem Grund wird oftmals auch nicht ausreichend zwischen beiden Konzepten unterschieden. Trotz solcher Momente kann in der Praxis und gerade beim Design von Beteiligungsverfahren die Repräsentativität eines Verfahrens auf Kosten der Diversität gehen und vice versa.

Erstens müsste eine repräsentative Teilmenge in der Regel sehr groß sein, damit alle relevanten Perspektiven vorkommen. Man nehme an, dass 90 % der Grundgesamtheit drei der zehn relevanten Perspektiven einnehmen und der Kreis der Teilnehmenden auf vierzig Personen beschränkt ist. In diesem Fall bleiben nur vier Plätze für die restlichen sieben relevanten Perspektiven, sodass drei Perspektiven nicht Teil des Verfahrens sind (Steel et al., 2020, S. 49). Die Inklusion und somit die Überrepräsentation der drei Perspektiven, die nicht Teil einer repräsentativen Teilmenge wären, kann vom Standpunkt der Diversität sinnvoll sein, da ein Austausch von zehn relevanten Perspektiven ceteris paribus bessere Ergebnisse zeitige als ein Austausch von nur sieben Perspektiven (Bächtiger et al., 2014, S. 230; Brown, 2006, S. 220; Steel et al., 2020, S. 49). In Fällen kleiner Teilmengen geht somit in der Regel Repräsentativität auf Kosten von Diversität und vice versa. Dieser Konflikt ist nicht prinzipieller Natur, sondern entsteht erst durch die zusätzliche Anforderung, den Kreis der Teilnehmenden stark zu begrenzen, um etwa die relativ hohen Ansprüche an die gemeinsame Diskussion verwirklichen oder die Kosten niedrig halten zu können (Dryzek & Niemeyer, 2008, S. 486).

Zweitens kann eine Überrepräsentation aus Gründen der Diversität geboten sein, selbst wenn der Kreis der Teilnehmenden auf hundert Personen erhöht wird und somit die Teilmenge repräsentativ ist und gleichzeitig alle relevanten Perspektiven durch mindestens eine Person vertreten sind. Es sei daran erinnert, dass der Wert einer diversen Teilnehmendenschaft primär in ihrem Beitrag zu einem diversen Diskurs und letztlich zur Qualität der Ergebnisse begründet ist. Dass nun alle relevanten Perspektiven durch mindestens eine Person im Verfahren vertreten sind, mag allerdings mitunter nicht ausreichen, um eine tatsächlich diverse Diskussion verwirklichen und zur Qualität der Ergebnisse beitragen zu können: „Being present is not enough; those voices also need to be heard, recognized, and effective" (Parkinson, 2006, S. 79). Und so argumentiert beispielsweise James (2008, S. 122; siehe auch Mansbridge, 1999, S. 636), dass die jeweilige Perspektive durch eine ausreichende Menge von Personen repräsentiert werden müsse. Nur so könne etwa die interne Pluralität der jeweiligen Perspektiven abgebildet werden. Auch brächten oftmals Personen erst dann das nötige Selbstvertrauen auf, die eigene Perspektive effektiv in den Diskurs einzubringen, wenn diese von anderen Teilnehmenden geteilt wird. Zudem würden die Schilderungen einer einzelnen Person häufig erst dann von anderen Teilnehmenden anerkannt, wenn diese von weiteren Personen bestätigt werden. Zuletzt könne nur so gewährleistet werden, dass die jeweilige Perspektive auch an jeder Stelle im Verfahren, zum Beispiel in verschiedenen Arbeitsgruppen oder Arbeitsphasen, präsent ist. Deshalb kann schlussendlich, ausgehend vom Standpunkt der Diversität, eine Überrepräsentation nur wenig vertretener Perspektiven auch bei größeren Teilmengen sinnvoll sein.

Ab welcher Personenanzahl nun eine Perspektive ‚ausreichend' vertreten ist, lässt sich nur in Anschauung des konkreten Falls beurteilen. Allerdings kann aus den vorstehenden Überlegungen, da sie zum Teil das relative Gewicht verschiedener Perspektiven zueinander als relevanten Faktor für eine effektive Diskursteilnahme herausstellen, abgeleitet werden, dass diese Frage relativ zur Gesamtzahl aller Teilnehmenden ist und mit dieser skaliert. Während zum Bespiel bei einem Verfahren mit fünfzig Personen die Repräsentation einer Perspektive durch fünf Personen aus den soeben genannten Gründen ausreichend sein mag, ist dies bei einem Verfahren mit 5.000 Personen wiederum eher unwahrscheinlich.

3. Repräsentativität oder Diversität?

Die bisherigen Ausführungen haben gezeigt, dass unterschiedliche Gründe für den Wert von Repräsentativität und Diversität angenommen werden und dass beide Konzepte teils widersprüchliche Anforderungen an die Zusammensetzung der Teilnehmendenschaft stellen. Deshalb gilt es nun die zweite Forschungsfrage zu klären: Sollte Repräsentativität oder Diversität als Maßstab der Evaluation dienen?

Die Antwort auf diese Frage hängt insbesondere vom Kontext und der Zielsetzung des Verfahrens ab (Brown, 2006; James, 2008; Mansbridge, 1999; Steel et al., 2020). Im Kontext entscheidungsvorbereitender und tatsächlicher Entscheidungsverfahren reicht die Frage, ob nun Diversität oder Repräsentativität anzustreben ist, an die Wurzeln der Demokratietheorie und wirft die grundsätzlichere Frage auf, worin die Legitimität demokratischer Verfahren begründet ist. Sollen die Ergebnisse demokratischer Verfahren in erster Linie möglichst reflektiert und begründet oder möglichst nah an dem Willen des Volkes sein (Lafont, 2020).

Da #meinfernsehen2021 weder einer tatsächlichen Entscheidungsfindung noch der konkreten Entscheidungsvorbereitung diente, muss diese demokratietheoretische Frage für die Evaluation nicht beantwortet werden. Denn aufgrund des Umstands, dass die Beteiligung über keine rechtliche und kaum eine politische Bindungswirkung für entscheidungsbefugte Akteure verfügte, war das Verfahren von der Erfüllung strenger Legitimitätsstandards entbunden. Deshalb lässt sich die Frage nach Repräsentativität oder Diversität der Teilnehmendenschaft weitestgehend mit Blick auf die selbstgesetzte Zielsetzung des Verfahrens beantworten.

Das primäre Ziel des Verfahrens bestand darin, solche Sichtweisen, Argumente, Gründe und Vorschläge hinsichtlich der Gestaltung des öffentlich-rechtlichen Fernsehens und dessen Auftrag zu gewinnen, die im öffentlichen Diskurs bisher kaum oder nur unzureichend vorkamen. Hintergrund waren zum einen die Beobachtung, dass die Diskussion zur Zukunft des öffentlich-rechtlichen Fernsehens primär von Fachleuten aus Politik, Wirtschaft, Zivilgesellschaft und Wissenschaft geführt wird, und zum anderen das Bedürfnis, die gesamte Öffentlichkeit und insbesondere die ‚normalen' Bürger:innen an dieser Diskussion zu beteiligen (Gerlach, 2018). Dabei sollten die gewonnenen Ergebnisse weder eine abschließende Entscheidungsgrundlage darstellen, noch sollte das Verfahren den öffentlichen Diskurs zwischen Expert:innen und Repräsentant:innen aus Politik und Zivilgesellschaft ersetzen, sondern diesen vielmehr ergänzen und bereichern. Weitere Ziele waren unter anderem die Abfrage der Erwartungen des Publikums, die inhaltliche Aufklärung der Beteiligten zu Themen des öffentlich-rechtlichen Fernsehens und die Aneignung diskursiver und demokratischer Kompetenzen. Diese formulierten Zielsetzungen können im Hinblick auf die Frage, ob nun Repräsentativität oder Diversität anzustreben ist, durchaus miteinander in Konflikt kommen. Die weiteren Ausführungen beruhen jedoch auf der Annahme, dass das Ziel, neue Vorschläge zu generieren, Priorität hatte und somit andere Zielsetzungen im Konfliktfall übertrumpft.[5]

Mit Blick auf das primäre Ziel wird schnell deutlich, dass Diversität und nicht Repräsentativität anzustreben war (Steel et al., 2020, S. 53). Ein Stimmungsbild zu erheben oder eine kontrafaktisch angenommene Diskussion der Grundgesamtheit abzubilden, war gerade kein Ziel des Verfahrens. Dies hätte in der Tat Repräsentativität erfordert, da nur so entsprechende Rückschlüsse möglich gewesen wären. Die Zielsetzung, neue Ideen o. Ä. zur zukünftigen Gestaltung des öffentlich-rechtlichen Fernsehens zu sammeln, impliziert wiederum nicht die Notwendigkeit solcher Rückschlüsse. Stattdessen ist anzunehmen, dass sich die Diversität der Teilnehmenden positiv auf die Anzahl und Vielfalt der eingebrachten Ideen auswirkt. Da dies das primäre Ziel des Verfahrens war, sollte auch Diversität der Maßstab der Beurteilung sein. Trotz dessen ist es auch sinnvoll, die Repräsentativität des Verfahrens festzustellen und zu prüfen, welche Rückschlüsse von den Ergebnissen des Verfahrens auf die Grundgesamtheit gezogen werden können. Dies würde insbesondere dem sekundären Ziel des Verfahrens, die Erwartungen und Präferenzen des Publikums zu eruieren, zugutekommen.

Neben einer Festlegung des Maßstabs muss sich auch mit der Frage auseinandergesetzt werden, in Bezug auf welche Merkmale die Teilnehmendenschaft divers oder repräsentativ[6] sein soll. Im Fall von Repräsentativität wären solche Merkmale relevant, welche zur Akkuratheit von Rückschlüssen von der Teilmenge auf die Grundgesamtheit beitragen. Im Fall von Diversität wären wiederum solche Merkmale relevant, welche der Qualität der Ergebnisse zuträglich wären. Die Frage nach den relevanten Merkmalen stellt sich auf zwei Ebenen. Zum einen muss geklärt werden, welche Kategorie die relevante ist. Alternativ zu soziodemographischen Merkmalen, nach denen oftmals Repräsentativität und Diversität beurteilt werden,

---

5 Damit ist nicht ausgeschlossen, dass im Kontext eines anderen Beteiligungsverfahrens, welches unterschiedlichen, aber zugleich relativ gleichwertigen Zielsetzungen dient, beide Konzepte eine Rolle spielen und gegeneinander ausbalanciert werden sollten (Steel et al., 2020, S. 53).

6 Im Fall vollkommener Zufallsstichproben, würde sich die Frage nach den relevanten Merkmalen nicht stellen. Denn in diesem Fall sollte die Teilmenge, solange sie groß genug ist, in jeder denkbaren Hinsicht vollkommen repräsentativ für die jeweilige Grundgesamtheit sein. In der Praxis ist dies allerdings nie der Fall (Bächtiger et al., 2014, S. 230; Fishkin, 2011, S. 117; Steel et al., 2020, S. 48), weshalb oftmals auf geschichtete Zufallsstichproben zurückgegriffen wird, um in bestimmten als relevant festgelegten Kategorien Repräsentativität durch gezielte Steuerung des Auswahlprozesses herzustellen.

werden in der Literatur Kategorien wie etwa Einstellungen (Fishkin, 2011, S. 119), Meinung (Bächtiger et al., 2014, S. 231), soziale Perspektiven (Brown, 2006, S. 218), Diskurse (Dryzek & Niemeyer, 2008) und geteilte Erfahrung (Mansbridge, 1999) vorgeschlagen. Zum anderen muss geklärt werden, welche Ausprägungen der jeweils gewählten Kategorie relevant sind. Beispielsweise kritisiert James (2008) die Entscheidung, im Zuge eines Beteiligungsverfahrens zur Reform eines Wahlsystems in den soziodemographischen Merkmalen Geschlecht, Alter und Wohnort Repräsentativität anzustreben. Während zusätzlich die Ethnie hätte berücksichtigt werden müssen, weil verschiedene Wahlsysteme einen jeweils verschiedenen Einfluss auf die Repräsentation von ethnischen Minderheiten hätten, sei das Alter nicht allzu relevant gewesen, da die niedrige Wahlbeteiligung jüngerer Altersgruppen, welche als Grund für die Inklusion angeführt wurde, eine Gemeinsamkeit verschiedener Wahlsysteme sei. Ob James in diesem konkreten Fall nun zuzustimmen ist oder nicht: Seine kritische Auseinandersetzung mit der Wahl der Inklusionskriterien zeigt, dass die Relevanz bestimmter Merkmale stets umstritten und abhängig vom Verfahrensgegenstand, den Zielsetzungen und dem Kontext des Verfahrens ist (Pitkin, 1967, S. 87).[7]

Die Definition relevanter Merkmale läuft stets Gefahr, eigentlich relevante Merkmale zu übersehen (Landemore, 2013; Parkinson, 2006, S. 76). Dies gilt auch und insbesondere für das Beteiligungsprojekt #meinfernsehen2021, da sowohl der Verfahrensgegenstand – die Zukunft des öffentlich-rechtlichen Fernsehens – als auch das Verfahren sehr offen und komplex gestaltet waren. So wurden in der ersten Beteiligungsphase durch das Projektteam zwar Themen zur Diskussion vorgeschlagen, doch gleichzeitig hatten die Beteiligten die Möglichkeit, eigene Themen und Vorschläge einzubringen. Da somit einerseits die Relevanz von Merkmalen in einem engen Zusammenhang mit dem jeweiligen Diskussionsgegenstand steht und andererseits offen ist, was in Bezug auf die Zukunft des öffentlich-rechtlichen Fernsehens alles Gegenstand einer Diskussion sein kann, fällt die Deklarierung von Merkmalen als irrelevant schwer. Eine ausführliche Definition und Begründung aller relevanten Merkmale ist zudem für diesen Fall

---

7 Noch komplexer wird das Bild, wenn man die Forschung zu Intersektionalität und deren Beobachtung berücksichtigt, dass sich verschiedene Diskriminierungskategorien auf eine Weise überschneiden können, dass eine bloße Kombination von isolierten Betrachtungen der jeweils einzelnen Kategorien dem Phänomen nicht angemessen ist (Crenshaw, 1991; Steel et al., 2020, S. 49). So lassen sich beispielsweise die Erfahrungen einer schwarzen Frau mitunter nicht durch die Erfahrung einer weißen Frau und eines schwarzen Mannes adäquat in ein Verfahren einbringen.

müßig, da die Datenbasis auf die Merkmale Geschlecht, Alter und Bildung beschränkt ist und sich somit die Teilnehmendenschaft nur in diesen Hinsichten evaluieren lässt. Bezüglich dieser Merkmale lässt sich allerdings festhalten, dass sie für den Verfahrensgegenstand zweifelsfrei relevant sind.

4. Zusammensetzung der Teilnehmendenschaft

Wie es um die Diversität und die Repräsentativität der Teilnehmendenschaft von #meinfernsehen2021 bestellt ist, soll im Weiteren geklärt werden. Dazu wird auf Befragungsdaten der Teilnehmenden zurückgegriffen. Nach Ende des Beteiligungszeitraums wurden diese eingeladen, über einen Online-Fragebogen das Beteiligungsprojekt zu evaluieren. Unter anderem wurde die Zufriedenheit mit dem öffentlich-rechtlichen Fernsehen, der Moderation und der Diskussion des Verfahrens abgefragt. Der folgenden Analyse liegen hingegen, wie bereits angekündigt, die abgefragten soziodemographischen Merkmale Alter, Geschlecht und Bildung zugrunde. Von den rund 1.100 angeschrieben Personen haben 97 Personen an der Evaluation teilgenommen. Nicht alle der ca. 1.100 Personen haben den zweistufigen Registrierungsprozess abgeschlossen, weshalb bloß ca. 700 Personen Zugang zur Diskussion hatten. Von den 97 Personen, die an der Evaluation teilgenommen haben, hatte allerdings maximal eine Person keinen Zugang zur Diskussion. Im Weiteren ist die bereits benannte Limitation der Daten zu berücksichtigen, welche impliziert, dass relevante Merkmale, wie etwa kulturelle Hintergründe, nicht abgefragt wurden. Entsprechend kann die folgende Analyse nicht vollständig sein.

Zudem ist die weitere Auseinandersetzung mit dem Beteiligungsprojekt im Kern auf die Zusammensetzung der Teilnehmendenschaft beschränkt. Ob sich eine Diversität bzw. Repräsentativität der Teilnehmendenschaft in diesem Fall auch tatsächlich in eine effektiv diverse bzw. repräsentative Diskussion und entsprechende Ergebnisse übersetzt hat, ist somit nicht Teil des vorliegenden Beitrags. Dies liegt vor allem darin begründet, dass die Diversität bzw. Repräsentativität des Diskurses auch an zahlreichen anderen Faktoren, die an dieser Stelle nicht berücksichtigt werden können, scheitern kann.

Jede interessierte Person konnte sich während des gesamten Projektzeitraums nach erfolgreicher Registrierung auf der entsprechenden Online-Plattform an der Diskussion beteiligen. Beworben wurde das Verfahren in erster Linie über verschiedene Pressemitteilungen und Mailverteiler der Projektpartner. Zum einen zeigt sich bezüglich der Repräsentativität des Verfahrens, dass die Teilnehmendenschaft nicht vollkommen repräsentativ für die deutsche Gesamtbevölkerung war.[8] So waren im Verfahren älterer Alterskohorten, höhere Bildungsabschlüsse sowie Männer deutlich überrepräsentiert. Damit wurden in der Beteiligung des Projekts klassische Muster ungleicher Online-Partizipation reproduziert, weshalb die zuvor angedeutete Kritik an allzu großen Hoffnungen in die Inklusivität von digitalen Beteiligungsverfahren in diesem Fall zuzutreffen scheint.[9] Vor diesem Hintergrund wäre es offenkundig ein schwerer Fehler, anzunehmen, dass sich die Ergebnisse des Verfahrens generalisieren ließen und diese den Präferenzen der Grundgesamtheit entsprechen würden.

---

8 Ohne dies an dieser Stelle weiter zu vertiefen, sei angemerkt, dass die Wahl der deutschen Bevölkerung als der geeigneten Grundgesamtheit bzw. als geeigneter Maßstab zur Überprüfung der Repräsentativität nicht gerade selbstverständlich ist. Beispielsweise ließe sich von ähnlichen Diskursen in anderen Ländern und von der Perspektive insbesondere solcher Menschen(gruppen) im Ausland, die im Programm des öffentlich-rechtlichen Fernsehens mitunter unkorrekt dargestellt werden, viel lernen.
9 Gleichzeitig ist dieser grundlegenden Kritik entgegenzuhalten, dass sich sowohl Repräsentativität als auch Diversität durch eine gezielte Selektion und eine Begrenzung des Zugangs in einem hohen Maße realisieren lassen. Deshalb ist dies keineswegs ein inhärentes Problem von Beteiligungsprozessen, sondern letztlich eine Frage des Designs. Ob ein entsprechend exklusives Design auch in diesem Fall einem inklusiven Design vorzuziehen ist, wird an späterer Stelle diskutiert (Abschnitt 5).

Abbildung 1: Vergleich der Zusammensetzung der Befragten und der deutschen Bevölkerung (in Prozent)

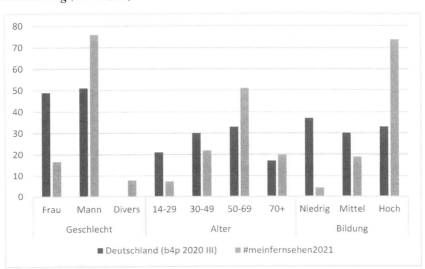

Zum anderen zeigt sich bezüglich der Diversität des Verfahrens, dass nahezu alle Ausprägungen der in der Evaluation abgefragten Merkmale jeweils durch mindestens eine Person vertreten waren. Relevante Ausnahme bildete diesbezüglich allein die fehlende Präsenz von Personen unter 18 Jahren.[10] Gleichzeitig stellt sich vor dem Hintergrund der zuvor angestellten Überlegungen die Frage, ob jedes Merkmal auch durch eine ausreichende Anzahl von Personen vertreten war, um aus den oben genannten Gründen (vgl. Abschnitt 2) eine effektive Teilhabe aller Perspektiven und eine Verbesserung der Ergebnisse zu ermöglichen. So gaben etwa in der Evaluation nur sieben von 97 Personen an, bis zu 29 Jahre alt zu sein, und nur vier Personen gaben an, als höchsten Bildungsabschluss über einen Haupt- oder Volksschulabschluss zu verfügen. Dass diese Personen auf der Plattform registriert waren, bedeutet zudem nicht, dass sie sich auch tatsächlich in allen Phasen zu allen Fragestellungen beteiligt haben. So haben von den ca. 700 vollständig registrierten Personen bloß 280 Personen eigene Textbeiträge verfasst. Von den 97 in der Evaluation befragten Personen

---

10 Das Projekt begegnete diesem Umstand zumindest insofern, als dass neben dem Online-Beteiligungsverfahren eine flankierende Sinus-Studie zur Sicht der Jugendlichen (siehe Tim Gensheimer in diesem Band) durchgeführt wurde.

formulierten wiederum in der ersten Phase fünf, in der zweiten Phase elf und in der dritten Phase siebzehn Personen keine eigenen Textbeiträge. Von den vier Personen, die maximal über einen Haupt- oder Volksschulabschluss verfügten, beteiligte sich in den ersten beiden Phasen sogar nur die Hälfte mit eigenen Textbeiträgen an der Diskussion. Eine der sieben Personen, die bis zu 29 Jahre alt waren, beteiligte sich nicht in der ersten Phase. In den beiden weiteren Phasen traf dies jeweils auf zwei Personen dieser Gruppe zu. Ob und inwiefern sich darüber hinaus die befragten Personen auch innerhalb der Phasen an allen Diskussionssträngen in den insgesamt über 40 Threads beteiligt haben, lässt sich auf Basis der zur Verfügung stehenden Daten nicht nachvollziehen. Für die nur wenig repräsentierten Bevölkerungsgruppen ist dies allerdings unwahrscheinlich.

Selbst wenn man nun berücksichtigt, dass die jeweiligen Merkmale im eigentlichen Verfahren sehr wahrscheinlich durch mehr Personen vertreten waren, ist es gleichermaßen wahrscheinlich, dass eine höhere Repräsentation der entsprechenden Bevölkerungsgruppen der Diversität des Diskurses zuträglich gewesen wäre. Gleiches lässt sich mit hoher Wahrscheinlichkeit auch über andere Merkmale, die wie etwa kulturelle Hintergründe nicht abgefragt wurden, aussagen. Schlussendlich wäre es somit ein Fehler, anzunehmen, man hätte durch das Verfahren alle relevanten Perspektiven ausreichend berücksichtigt und das Ergebnis ließe sich durch die Berücksichtigung weiterer Perspektiven nicht weiter verbessern.

5. Implikationen imperfekter Diversität

Vor dem Hintergrund der festgestellten Defizite in Bezug auf die Diversität der Teilnehmendenschaft von #meinfernsehen2021 stellt sich nun die dritte Forschungsfrage, was aus diesem Umstand zum einen für die Bewertung des Verfahrens und zum anderen für den Umgang mit den Ergebnissen folgt.

5.1. Ergänzende Instrumente und alternative Verfahrensdesigns

Die erste Teilfrage wiederum provoziert die Frage, ob ein anderes Verfahrensdesign oder andere bzw. weitere Instrumente der Diversität zuträglicher gewesen wären. Vor dem Hintergrund, dass sich bestimmte Bevölkerungsgruppen weniger online beteiligen als andere (Hargittai & Jennrich, 2016; Norris, 2012) und dass die Bewerbung des Beteiligungsverfahrens über Pressemitteilungen und die Mailverteiler der Projektpartner nicht alle Bevölkerungsgruppen (gleichermaßen) erreichte, hätten die daraus resultierenden Verzerrungen mit einer zielgruppenspezifischen und aufsuchenden Bewerbung, gezielter Hilfestellung oder sogar mit Anreizsystemen begegnet werden können (Fung, 2003, S. 342). Beispielsweise hätten mit Blick auf die wenig überraschenden Befunde zur Diversität von #meinfernsehen2021 jüngere und weniger gebildete Bevölkerungsgruppen und Frauen gezielt angesprochen werden können, um deren Präsenz im Verfahren zu erhöhen.

Zudem könnte man einwenden, dass eine Begrenzung des Zugangs und eine gezielte Selektion der Teilnehmenden anhand von Diversitätskriterien zur Qualität der Ergebnisse beigetragen hätte. Erstens kann, wie bereits ausgeführt wurde, eine einigermaßen ausgewogene Repräsentation relevanter Perspektiven notwendig sein, um deren effektive Teilhabe in einem gemeinsamen Diskurs zu ermöglichen (vgl. Abschnitt 2). Zweitens erleichtert eine begrenzte Anzahl von Teilnehmenden die gemeinsame Diskussion (Fishkin, 2011). Zusammengefasst ließe sich argumentieren, dass ein Verfahrensdesign mit begrenztem Zugang und gezielter Selektion dazu beigetragen hätte, dass eine größere Anzahl an neuen Ideen aus der gemeinsamen Diskussion hervorgegangen wäre und dass die Qualität der Ideen durch die gemeinsame Diskussion verbessert worden wäre.

Letzteres sind zutreffende Beobachtungen, doch ob sie zwingend die Wahl eines solchen Verfahrensdesigns begründen können, ist fraglich. So geht nämlich mit einer Begrenzung des Zugangs stets die Gefahr einher, dass relevante Ideen im Verfahren nicht vorkommen. Eine gezielte Selektion der Teilnehmenden anhand zuvor als relevant definierter Merkmale birgt zusätzlich die Gefahr, eigentlich relevante, aber unerkannte Perspektiven vom Verfahren auszuschließen und somit letztlich die Diversität des Verfahrens zu unterminieren. Diese Gefahr war, wie bereits ausgeführt (vgl. Abschnitt 3), aufgrund der Offenheit des Verfahrens und der Komplexität und des Umfangs des Verfahrensgegenstandes im Kontext von #meinfernsehen2021 besonders groß. So machten die Teilnehmenden verschiedene Vorschläge technischer Natur, welche vom Projektteam in der Form nicht vorhergesehen worden. Hätte man zuvor relevante Merkmale ohne Berücksichtigung der technischen Dimension des Themas definiert und anhand derer die Teilnehmendenschaft gezielt selektiert, hätten diese Vorschläge unter Umständen nicht Eingang in das Verfahren gefunden.

Schlussendlich haben verschiedene Designs und insbesondere inklusive und exklusive Verfahren je eigene Vor- und Nachteile[11] und die Entscheidung für das eine oder das andere Design bedarf einer Abwägung verschiedener Güter. Zwei Aspekte sprechen dafür, dass die Wahl eines inklusiven Designs im Fall von #meinfernsehen2021 begründet, wenn vielleicht auch nicht zwingend war: Zum einen bestand, wie bereits ausgeführt wurde, das primäre Ziel des Verfahrens in einer Sammlung neuer Ideen. Es ist davon auszugehen, dass diesbezüglich die Nachteile einer exklusiven Diskussion deren Vorteile deutlich überwiegen. Dass die Qualität der eingebrachten Ideen bei einem exklusiven Verfahren höher gewesen wäre, ist zudem kein allzu kritischer Punkt, da die Ideen an anderer Stelle vom öffentlichen Diskurs aufgegriffen und weiterentwickelt werden sollten. Zum anderen ist auch die Forderung nach einem einigermaßen ausgewogenen Verhältnis zwischen den relevanten Perspektiven aus Sorge vor der Dominanz bestimmter Perspektiven in diesem Fall nicht allzu gewichtig. Denn zum einen war der Druck, sich gegen andere Perspektiven durchsetzen zu müssen, geringer als bei manch einem anderen Beteiligungsverfahren, da weder eine gemeinsame Entscheidung geschweige denn ein konsensuales Ergebnis Ziel der Beteiligung war. Eine Sammlung verschiedener Vorschläge ermöglichte es hingegen, dass mitunter auch gegensätzliche und widersprüchliche Vorschläge ohne Weiteres nebeneinanderstehend ins Ergebnis eingehen konnten. Zum anderen wurde jeder einzelne Beitrag, ob dieser nun im Diskurs von den Beteiligten weiterverfolgt wurde oder nicht, vom Projektteam ausgewertet und festgehalten.

Zuletzt ist für das Verhältnis von Repräsentativität und Diversität somit festzuhalten, dass ein frei zugängliches Verfahren einerseits die Diversität und die Anzahl der eingebrachten Vorschläge maximiert, andererseits die Repräsentativität aufgrund von Selbstselektionseffekten notwendigerweise unterminiert. Auch deshalb war somit neben den zuvor angeführten Gründen zumindest in diesem Fall eine gleichzeitige und gleiche Verwirklichung von Repräsentativität und Diversität nicht möglich.

---

11 Dies dürfte auch der Grund für die Kombination beider Designs im ARD Zukunftsdialog 2021 gewesen sein, bei welchem sowohl eine relativ kleine Gruppe ausgewählter Personen intensiv im Rahmen virtueller Workshops miteinander diskutierte als auch alle interessierten Personen die Möglichkeit hatten, ihre Ideen und Anmerkungen über eine Online-Plattform in den Prozess einzuspeisen. Weitere Einblicke in den ARD Zukunftsdialog 2021 bietet der Beitrag von Matthias Trénel in diesem Band.

5.2. Umgang mit imperfekten Beteiligungsergebnissen

Was folgt nun aus dem Umstand, dass die Diversität des Verfahrens in mancherlei Hinsicht verbesserungswürdig ist, für den Umgang mit den Ergebnissen? Ohne die kausalen Verbindungen zwischen der Zusammensetzung der Teilnehmendenschaft einerseits und der Qualität der Ergebnisse andererseits ausführlicher betrachten zu können, lässt sich prima facie annehmen, dass sich Mängel in der Diversität der Teilnehmendenschaft in eine mangelnde Diversität der Ergebnisse übersetzt hat. Entsprechend wäre es ein Fehler, anzunehmen, man hätte durch das Verfahren alle relevanten Perspektiven ausreichend berücksichtigt und das Ergebnis ließe sich durch die Berücksichtigung weiterer Perspektiven nicht weiter verbessern. Über diese Anmerkung hinaus, sollte diese Frage nach dem Umgang mit den Ergebnissen ausgehend von einem sowohl graduellen als auch systemischen Verständnis von Beteiligungsverfahren beantwortet werden.

Zum einen wäre es ein überzogener Anspruch, würde man meinen, dass die Ergebnisse von Beteiligungsverfahren nur dann brauchbar wären, wenn diese maximal divers sind. Letzteres scheint in der Praxis insbesondere vor dem Hintergrund, dass oftmals nicht einmal bekannt ist, welche Merkmale tatsächlich relevant sind, ohnehin nicht erreichbar zu sein. Nahezu jeder Fall politischer Partizipation müsste entsprechend an einem solchen Maximalanspruch scheitern. Auch wenn Unzulänglichkeiten in der Diversität des Verfahrens bei dem Umgang mit den Ergebnissen beachtet werden müssen, sprechen diese somit nicht per se gegen eine Berücksichtigung der Ergebnisse.

In Bezug auf das vorgeschlagene systemische Verständnis lässt sich an dieser Stelle auf einige Annahmen zurückgreifen, welche dem Ansatz deliberativer[12] Systeme zugrunde liegen (Parkinson & Mansbridge, 2012). Dieser geht von der Beobachtung aus, dass sich der deliberative Austausch der Gesellschaft nicht an einem Ort vollzieht. Stattdessen wird ein System gesamtgesellschaftlicher Deliberation angenommen, welches sich aus verschiedenen deliberativen Teilen bzw. Verfahren zusammensetzt. Dabei seien die einzelnen Verfahren nur vor dem Hintergrund des Gesamtsystems vollumfänglich verständlich und evaluierbar. So könnten verschiedene Verfahren unter anderem in komplementärer Beziehung zueinanderstehen

---

12 Deliberation bezeichnet eine Diskussion, die bestimmten Regeln folgt. Einer solchen kommt im Verständnis deliberativer Demokratietheorien eine legitimitätsstiftende Funktion zu, weshalb solche Theorien den kommunikativen Austausch der Bürger:innen ins Zentrum der Betrachtung von Gesellschaft und Demokratie rücken (Cohen, 1989; Habermas, 1992).

und Unzulänglichkeiten der einzelnen Verfahren durch ihr Zusammenspiel ausgleichen, sodass das einzelne Verfahren trotz interner Schwächen einen wertvollen Beitrag zum gesamtgesellschaftlichen Diskurs beitragen könne (Felicetti et al., 2016, S. 443; Mansbridge et al., 2012, S. 3). Selbst ein Verfahren, welches die Normen politischer Deliberation nicht einmal ansatzweise erfüllt, könne so nichtdestotrotz positive Konsequenzen für die deliberative Qualität des Gesamtsystems zeitigen (Stevenson & Dryzek, 2013, S. 33). Das strukturelle Moment dieser Annahmen lässt sich auch unabhängig der deliberativen Demokratietheorie denken (Owen & Smith, 2015) und für die Evaluation von #meinfernsehen2021 fruchtbar machen.

So lässt sich zwar die Diversität des Verfahrens, wie geschehen, allein mit Blick auf #meinfernsehen2021 feststellen. Doch von welchem Nutzen bzw. Wert diese ist, lässt sich aus dieser Perspektive nicht abschließend beurteilen. Dies liegt vor allem in der unverbindlichen Natur und dem Ziel des Beteiligungsprojekts begründet, welches das Verfahren explizit in einen größeren Zusammenhang einbettete: Weder sollte im Rahmen des Verfahrens eine allgemeinverbindliche Entscheidung getroffen werden, noch sollten bestehende Diskurse ersetzt werden. Stattdessen sollte #meinfernsehen2021 durch die Sammlung von Ideen und Vorschlägen letztere um neue Perspektiven ergänzen und so zumindest indirekt die gesamtgesellschaftliche Willensbildung und Entscheidungsfindung bereichern. Die eigentliche Frage an dieser Stelle lautet also weniger, inwiefern das Verfahrens für sich genommen divers war, sondern inwiefern dieses zur Diversität gesamtgesellschaftlicher Willensbildung und Entscheidungsfindung beitragen könnte.[13]

Dies lässt sich allerdings nur durch einen differenzierten Vergleich mit den relevanten Prozessen gesamtgesellschaftlicher Willensbildung und Entscheidungsfindung feststellen. Dabei geht es nicht (nur) um die Anzahl der vertretenen Perspektiven, sondern (auch) und mitunter vor allem um die vertretenen Perspektiven selbst. Sofern das einzelne Verfahren Perspektiven in den gesamtgesellschaftlichen Diskurs einbringt, die in letzterem nicht (ausreichend) repräsentiert sind, hat es schon einen Beitrag zur Diversität des Gesamtdiskurses geleistet.[14] Gleichzeitig hat das einzelne Betei-

---

13 Ob allerdings die Ergebnisse des Verfahrens tatsächlich aufgegriffen werden und tatsächlich zur Diversität des gesellschaftlichen Gesamtdiskurses beitragen, ist wiederum eine andere Frage, welche die Kopplung verschiedener kommunikativer Räume betrifft (Hendriks, 2016; Mansbridge et al., 2012).

14 Dabei ist es nicht notwendigerweise ausgemacht, dass ein diverseres Verfahren dies eher und besser leisten kann als ein weniger diverses Verfahren. Beispielsweise kann eine Konsultation zum Thema häuslicher Gewalt, die nur Frauen

ligungsverfahren, da es Teil des Gesamtsystems ist, auch das Potenzial, dessen Diversität zu unterminieren. Dementsprechend kann ein Verfahren der Diversität des gesamtgesellschaftlichen Diskurses gleichzeitig sowohl zu- als auch abträglich sein und somit gleichzeitig sowohl Lob als auch Kritik auf sich ziehen.

Ohne an dieser Stelle einen systematischen Vergleich anstellen zu können, lässt sich mit Blick auf #meinfernsehen2021 Folgendes festhalten: Einerseits perpetuiert die unzureichende Repräsentation beispielsweise von jungen und weniger gebildeten Personen klassische Verzerrungen im Prozess der gesellschaftlichen Willensbildung und Entscheidungsfindung. Andererseits können die Ergebnisse des Verfahrens zugleich die Diversität jener Prozesse fördern, da entsprechend der Zielsetzung des Verfahrens primär ‚normale‘ Bürger:innen zu Wort kamen. Diese finden in den öffentlichen Debatten zur Zukunft des öffentlich-rechtlichen Fernsehens zwischen Politik, Expertise und Zivilgesellschaft nur selten ausreichend Möglichkeit und Raum zur Beteiligung, weshalb ihre Perspektive nur unzureichend repräsentiert ist und berücksichtigt wird. Entsprechend muss das Beteiligungsprojekt #meinfernsehen2021 sowohl für die partizipative Inklusion ‚normaler‘ Bürger:innen gelobt als auch für die beschriebenen Mängel in der Diversität der Teilnehmendenschaft kritisiert werden. Und auch wenn somit die Ergebnisse von #meinfernsehen2021 unter den Maßstäben der Diversität von Wert und Nutzen sein können, müssen die identifizierten Mängel in der Diversität, aber auch der Repräsentativität beim Umgang mit den Ergebnissen berücksichtigt werden: Es darf weder davon ausgegangen werden, dass im Zuge des Beteiligungsprojekts alle relevanten Perspektiven ausreichend zu Wort kamen, noch angenommen werden, dass das Ergebnis die Präferenzlage der Gesamtbevölkerung akkurat widerspiegeln würde.

6. Fazit

Der vorliegende Beitrag hat zunächst die Konzepte der Repräsentativität und Diversität erläutert, voneinander abgegrenzt und die Widersprüche der Konzepte herausgearbeitet (2). Vor diesem konzeptionellen Hinter-

---

mit entsprechenden Erfahrungen offensteht und somit recht exklusiv und wenig divers ist, einen größeren Beitrag zur Diversität des gesamtgesellschaftlichen Diskurses beitragen, da gerade aufgrund der exklusiven Form der Konsultation die Perspektive betroffener Frauen erstmalig ausreichend in die gesellschaftliche Debatte eingebracht werden kann.

grund und dem Umstand, dass das primäre Ziel des Beteiligungsprojekts die Sammlung neuer Ideen war, wurde daraufhin begründet, dass Diversität der relevante Maßstab zur Beurteilung der Zusammensetzung der Teilnehmendenschaft von #meinfernsehen2021 sein sollte (3). Im Anschluss wurde gezeigt, dass sowohl die Diversität als auch die Repräsentativität des Verfahrens in verschiedener Hinsicht Mängel aufwiesen (4). Zuletzt wurde zum einen ausgeführt, dass einerseits eine aufsuchende Rekrutierung unterrepräsentierter Bevölkerungsgruppen die Diversität des Verfahrens hätte steigern können, dass sich aber andererseits das inklusive Design von #meinfernsehen2021 gut begründen lässt und eine Begrenzung des Zugangs und eine gezielte Selektion gemessen an der Zielsetzung des Verfahrens nicht zwangsläufig zu besseren Ergebnissen geführt hätte. Zum anderen wurde argumentiert, dass das Beteiligungsprojekt trotz der zuvor herausgearbeiteten Mängel aufgrund der Inklusion der sonst nur unzureichend berücksichtigen Perspektive der ‚normalen' Bürger:innen einen Beitrag zur Diversität des gesamtgesellschaftlichen Diskurses leisten kann (5). Einschränkend muss festgehalten werden, dass der Beitrag allein die Zusammensetzung der Teilnehmendenschaft und somit weder deren tatsächliche Wirkung auf die Diskussion und die Ergebnisse des Verfahrens noch den tatsächlichen Beitrag des Verfahrens zur gesamtgesellschaftlichen Willensbildung und Entscheidungsfindung evaluiert hat.

Die in diesem Beitrag am Fallbeispiel des Beteiligungsprojektes #meinfernsehen2021 vorgenommene kritische Evaluation der Zusammensetzung der Teilnehmendenschaft offenbart ihre hochgradige Kontextabhängigkeit und die Notwendigkeit einer differenzierten Analyse. Dies bezieht sich zum einen auf die Frage, ob Repräsentativität oder Diversität als kritischer Maßstab heranzuziehen ist. Zum anderen lässt sich weder der Wert der Repräsentativität noch der der Diversität des einzelnen Verfahrens ohne eine Analyse der Repräsentativität bzw. Diversität des jeweiligen Kontextes abschließend beurteilen. Aufgabe für weitere Forschung bleibt somit eine differenzierte normative Analyse verschiedener Kontexte und Arten von Beteiligungsverfahren, welche verschiedene Bewertungsmaßstäbe und Designkriterien erfordern.

Literatur

Bächtiger, André; Setälä, Maija; & Grönlund, Kimmo (2014). Towards a New Era of Deliberative Mini-Public. In: Grönlund, Kimmo; Bächtiger, André; & Setälä, Maija (Hrsg.), Deliberative Mini-Publics: Involving Citizens in the Democratic Process (S. 225–241). Colchester, UK: ECPR Press.

Bohman, James (2006). Deliberative democracy and the epistemic benefits of diversity. Episteme, 3(3), 175–191.

Brown, Mark B. (2006). Survey Article: Citizen Panels and the Concept of Representation. Journal of Political Philosophy, 14(2), 203–225.

Cohen, Joshua (1989). Deliberation and Democratic Legitimacy. In: Hamlin, Alan; & Pettit, Philip (Hrsg.), The good polity: normative analysis of the state (S. 17–34). New York, USA: Blackwell.

Crenshaw, Kimberle (1991). Mapping the Margins: Intersectionality, Identity Politics, and Violence against Women of Color. Stanford Law Review, 43(6), 1241–1299.

Dahl, Robert A. (1989). Democracy and its Critics. New Haven, USA: Yale University Press.

Dryzek, John S.; & Niemeyer, Simon (2008). Discursive Representation. American Political Science Review, 102(4), 481–493.

Eulau, Heinz; Wahlke, John C.; Buchanan, William; & Ferguson, Leroy C. (1959). The Role of the Representative: Some Empirical Observations on the Theory of Edmund Burke. American Political Science Review, 53(3), 742–756.

Felicetti, Andrea; Niemeyer, Simon; & Curato, Nicole (2016). Improving Deliberative Participation: Connecting Mini-Publics to Deliberative Systems. European Political Science Review, 8(3), 427–448.

Fishkin, James S. (2011). When the People Speak: Deliberative Democracy and Public Consultation. Oxford, UK: Oxford University Press.

Fung, Archon (2003). Survey Article: Recipes for Public Spheres: Eight Institutional Design Choices and Their Consequences. Journal of Political Philosophy, 11(3), 338–367.

Gerlach, Frauke (2018, 1. Mai). Welchen Rundfunk will die Gesellschaft? Süddeutsche Zeitung. Abgerufen am 24.01.2022, von https://www.sueddeutsche.de/med ien/oeffentlich-rechtlicher-rundfunk-welchen-rundfunk-will-die-gesellschaft-1.39 61577-0.

Habermas, Jürgen (1992). Faktizität und Geltung: Beiträge zur Diskurstheorie des Rechts und des demokratischen Rechtsstaats. Frankfurt am Main, Deutschland: Suhrkamp.

Hargittai, Eszter; & Jennrich, Kaitlin (2016). The Online Participation Divide. In: Lloyd, Mark; & Friedland, Lewis A. (Hrsg.). The communication crisis in America, and how to fix it. New York, USA: Palgrave Macmillan.

Hendriks, Carolyn M. (2016). Coupling citizens and elites in deliberative systems: The role of institutional design. European Journal of Political Research, 55(1), 43–60.

James, Michael R. (2008). Descriptive representation in the British Columbia Citizens'. In: Pearse, Hilary; & Warren, Mark E. (Hrsg.), Theories of institutional design. Designing deliberative democracy: The British Columbia Citizens' Assembly (S. 106–126). Cambridge, UK: Cambridge University Press.

Lafont, Cristina (2020). Democracy without Shortcuts: A Participatory Conception of Deliberative Democracy. Oxford, UK: Oxford University Press.

Landemore, Helene (2013). Deliberation, cognitive diversity, and democratic inclusiveness: an epistemic argument for the random selection of representatives. Synthese, 190(7), 1209–1231.

Mansbridge, Jane (1999). Should Blacks Represent Blacks and Women Represent Women? A Contingent "Yes". The Journal of Politics, 61(3), 628–657.

Mansbridge, Jane; Bohman, James; Chambers, Simone; Christiano, Thomas; Fung, Archon; Parkinson, John; Thompson, Dennis F.; & Warren, Mark E. (2012). A Systemic Approach to Deliberative Democracy. In: Parkinson, John; & Mansbridge, Jane (Hrsg.), Deliberative Systems: Deliberative Democracy at the Large Scale (S. 1–26). New York, USA: Cambridge University Press.

Norris, Pippa (2012). Digital Divide. Cambridge, UK: Cambridge University Press.

Owen, David; & Smith, Graham (2015). Survey Article: Deliberation, Democracy, and the Systemic Turn. Journal of Political Philosophy, 23(2), 213–234.

Parkinson, John (2006). Deliberating in the Real World: Problems of Legitimacy in Deliberative Democracy. Oxford, UK: Oxford University Press.

Parkinson, John; & Mansbridge, Jane (Hrsg.). (2012). Deliberative Systems: Deliberative Democracy at the Large Scale. New York, USA: Cambridge University Press.

Pateman, Carole (1970). Participation and Democratic Theory. Cambridge, UK: Cambridge University Press.

Pitkin, Hanna F. (1967). The Concept of Representation. Berkeley, USA: University of California Press.

Steel, Daniel; Jenei, Kristina; Burgess, Michael; & Bolduc, Naseeb (2020). Rethinking Representation and Diversity in Deliberative Minipublics. Journal of Deliberative Democracy, 16(1), 46–57.

Stevenson, Hayley & Dryzek, John S. (2013). Democratizing Global Climate Governance. Cambridge, UK: Cambridge University Press.

2.2 Exit-Option: Untersuchung des Ausstiegs aus Online-Diskussionen

Julian Junggeburth

1. Die Bedeutung des Ausstiegs für die kollektive politische Meinungsbildung

Für die kollektive politische Meinungsbildung sind Online-Diskussionen zunehmend von Bedeutung. Kollektive Meinungsbildung kann hier ebenfalls „als ein diskursiver Austausch zwischen formal Gleichen verstanden werden, der der (temporären) Entscheidungsfindung zu einem konkreten politischen Problem oder einer Fragestellung dient" (Kolleck, 2017, S. 16). Dabei bilden sich Online-Diskussionen aus einzelnen Kommentaren von Nutzenden (Top- und Sub-Level-Kommentare). Diese werden oft gar als die populärste Form von Online-Partizipation angesehen (vgl. Ziegele, Breiner & Quiring, 2014, S. 1111). Zwar haben solche Online-Diskussionen – als schwache Öffentlichkeiten (hierzu bspw. Esau, Frieß & Eilders, 2019) – in der Regel nur wenig Entscheidungsfähigkeit, aufgrund der Kombination von User-Generated-Content und ihrer großen Reichweite (vgl. Hölig, Hasebrink, Merten & Schmidt, 2017, S. 361) sind sie dennoch zu einem bedeutenden und mächtigen Teil kollektiver politischer Meinungsbildung geworden. Die Forschung zu Online-Nutzerkommentaren ist in den letzten Jahren entsprechend breit. So liegen u.a. bereits Befunde für das Lesen und Schreiben von Online-Nutzerkommentaren vor (bspw. Junggeburth, 2020; Springer, 2014; Springer, Engelmann & Pfaffinger, 2015; Ziegele et al., 2013, 2014). Der Prozess des Ausstiegs aus Online-Diskussionen wurde hingegen bislang noch nicht systematisch untersucht. Hier setzt die vorliegende Untersuchung an und möchte diese Frage nun explorativ beantworten.

Unter dem Ausstieg von Diskussionsteilnehmenden aus Online-Diskussionen wird im Folgenden die Beendigung einer aktiven Beteiligung verstanden. Eine aktive Beteiligung geht über das bloße Lesen fremder Kommentare (passive Beteiligung) hinaus und umfasst das eigenständige Verfassen von Kommentaren (für einen Einblick in die Debatte bspw. Goriunova, 2017, S. 3918; Springer et al., 2015, S. 799–800; Yang, Li & Sam Huang, 2017, S. 154).

Der (frühe) Ausstieg einzelner Teilnehmender aus Online-Diskussionen ist deshalb von Bedeutung, da mit den Teilnehmenden auch ihre Meinungen bzw. Positionen die Diskussion verlassen. Dies beeinflusst den weiteren Diskussionsverlauf und schließlich das Diskussionsergebnis. Dieses kann – als sichtbares Endprodukt einer Diskussion – durch Rezeption schließlich wiederum auf andere Nutzende wirken.

Für die Beurteilung möglicher Wirkungen, die von der Rezeption von einzelnen Online-Kommentaren und ganzen -Diskussionen auf die kollektive politische Meinungsbildung ausgehen, ist entscheidend, wessen Meinung sich am Ende durchsetzt und wieso bzw. wie das Ergebnis zustande kommt. Ziel der vorliegenden Untersuchung ist es daher, einen ersten explorativen Zugang zu dem Thema zu bieten. Dazu wird im Folgenden den Fragen nach allgemeinen Phänomenen des Ausstiegs sowie nach Gründen und Motiven für das Aussteigen im Speziellen nachgegangen.

2. Untersuchungsdesign und Vorgehen

Zur Beantwortung der Forschungsfragen erfolgte eine Analyse von vier Diskussionen (D1 bis D4) aus dem Projekt #meinfernsehen2021[1]. Bei der Auswahl der Diskussionen wurde darauf geachtet, dass diese 1) jeweils zwei verschiedene Themenbereiche (eher politisch/eher unterhaltend) abdecken, 2) möglichst anregende bzw. kontroverse Themen betreffen und 3) insgesamt möglichst lang sind. Außerdem wurde darauf geachtet, dass 4) jeweils zwei von ihnen etwas kürzer und etwas weniger kontrovers sind, um Unterschiede zu erkennen. In die Analyse flossen sowohl Top- als auch Sub-Level-Kommentare ein. Insgesamt liegt der Fokus der Analyse auf den letzten Kommentaren der einzelnen Teilnehmenden in den Diskussionen. Die Gründe und Motive konnten hierbei lediglich inhaltsanalytisch erschlossen werden, mittels qualitativer (strukturierender) Inhaltsanalyse nach Mayring und Fenzl (2014). Die Analyse wurde in einem deduktiv-induktiven Vorgehen mittels Kodierleitfaden umgesetzt.

Das Untersuchungsmaterial weist in unterschiedlicher Hinsicht Besonderheiten im Vergleich zu Diskussionen auf klassischen Social-Media-Plattformen wie bspw. Facebook auf. So wurde die Plattform, auf der die

---

1 D1: Wie gut und ausgewogen informieren Fernsehnachrichten? D2: Welche Themen, Geschichten und Figuren vermissen Sie in Filmen und Serien? D3: Informativ oder nur Gerede? Politische Talkshows D4: Wie sollte die Sportberichterstattung der Zukunft aussehen?

Online-Diskussionen geführt wurden, speziell für den Zeitraum vom 24.11.2020 bis zum 14.03.2021 erstellt. Zudem hatten die Diskussionen öffentlich-rechtlichen Rundfunk als übergeordnetes Thema. Darüber hinaus erfolgte eine Moderation der Diskussionen (für Näheres hierzu siehe Heinbach und Wilms in diesem Band), wodurch diese vorstrukturiert wurden.

3. Ergebnisse

Im Folgenden werden die Befunde jeweils mit Bezug auf bereits vorliegende Ergebnisse diskutiert, da es keinen Forschungsstand im engeren Sinne gibt. Aufgrund bestehender Zusammenhänge und Verflechtungen zwischen Phänomenen und Motiven werden diese zudem zusammen betrachtet.

Motiv: Heterogene Meinungsverteilung

Ein Motiv für den Ausstieg aus Online-Diskussionen sind unterschiedliche Meinungen, die zu Konflikt oder Streit führen. Ähnliches Verhalten beschreiben bereits Hussy, Schreier und Echterhoff im Kontext von Gruppendiskussionen als sozialwissenschaftlichem Erhebungsinstrument. Sie weisen darauf hin, dass „[i]n sehr heterogenen Gruppen [...] die Gefahr [besteht], dass die Meinungen so weit auseinander gehen, dass die Diskussion in einen Streit ausartet" (2010, S. 224). Der entstandene Streit bzw. Meinungskonflikt führt wiederum zum Austritt. Beispielhaft illustrieren lässt sich dies an einem verkürzten Ausschnitt aus Diskussion 3, bei dem einem Teilnehmer von zwei anderen widersprochen wurde. Dieser postete zunächst eine Anmerkung und schloss diese mit folgenden Fragen ab:

> „Warum wird die AfD als größte Oppositionspartei [sic!] gemieden? Hat man angst [sic!]?" (T14, 25.11.2020, 14:57, D3.)

Daraufhin erhielt er folgende Reaktion:

> „Also AfD-Redner werden regelmäßig in den Nachrichten gezeigt. Was wollen Sie noch?" (T126, 27.11.2020, 18:12, D3).

Der Teilnehmer T14 gab daraufhin eine Erklärung ab und führte seinen Gedanken weiter aus. Darauf erhielt er schließlich eine weitere Antwort:

> „[I]ch kann auch nicht erkennen, daß [sic!] die AfD gemieden wird. Wenn sie eingeladen wird, ist das Ergebnis immer erhellend und es bleibt mir

zunehmen [sic!] unverständlich, wie sie größte Oppositionspartei werden konnten."(T79, 25.12.2020, 15:38, D3).

Insgesamt führte in diesem Fall die Gegenrede zwar zu keinem offen ausgetragenen Streit zwischen den Teilnehmenden, allerdings scheint diese Unstimmigkeit bereits Anlass genug für den Teilnehmer T14 zu sein, die Diskussion zu verlassen. Auf den letzten Kommentar reagierte er schließlich nicht mehr.

Motiv: Homogene Meinungsverteilung

Ebenso zeigt sich ein gegenteiliges Verhalten. Teilweise erfolgt ein Ausstieg auch bei zu viel Zustimmung, also bei sehr homogener Meinungsverteilung innerhalb der Diskussionsteilnehmenden. Hussy et al. beschreiben dieses Verhalten ebenfalls bereits im Kontext von Gruppendiskussionen als sozialwissenschaftliche Erhebungsmethode. Demnach kann „[i]n einer allzu homogenen Gruppe [...] der Fall eintreten, dass die Mitglieder einer Meinung sind und die Diskussion sich somit eigentlich erübrigt" (2010, S. 224). Die fehlende Notwendigkeit einer Beteiligung führt so schließlich zum Austritt. Bei den hier untersuchten Online-Diskussionen zeigen sich unterschiedliche Varianten dieses Motivs: Zum einen steigen die Teilnehmenden aus den Diskussionen aus, während die anderen völlig zustimmen. So beinhalten die letzten Kommentare häufig „[v]olle Zustimmung!" (T87, 25.11.2020, 17:00, D2). In diesen Fällen kann eine teilnehmende Person einer anderen „in vollem Umfang zustimmen" (T91, 28.11.2020, 17:41, D3) und verlässt danach die Diskussion. Zum anderen steigen auch die Teilnehmenden aus, denen völlig zugestimmt wurde. So gibt es Fälle, bei denen sowohl die teilnehmende Person, der zugestimmt wurde, als auch die Person, die anderen zustimmte, aussteigen. Ein solcher Fall lässt sich bspw. an einem verkürzten Gesprächsauszug aus Diskussion 1 verdeutlichen. Zunächst schlägt jemand vor: *„Es sollte mal wieder stärker zwischen Nachrichten und Kommentar getrennt werden. (…)"* (T10, 28.11.2020, 13:2, D1). Darauf folgte ein zustimmender Kommentar: *„Das sehe ich genauso. (…)"* (T12, 28.11.2020, 15:16, D1). Dies waren die letzten Kommentare beider Teilnehmenden in dieser Diskussion.

Motiv: Diskussionsthema

Das Diskussionsthema beeinflusst ebenfalls den Ausstieg aus Online-Diskussionen. So hat es, bzw. seine Kontroversität, einen Einfluss auf die Meinungsverteilung innerhalb einer Diskussion. Es zeigt sich, dass jeweils bei den beiden Diskussionen mit kontroverseren Themen (D1, D4) die Zahl der Austritte aufgrund von Gegenstimmen einerseits und von Zustimmung andererseits ziemlich ausgeglichen ist.[2] Bei den Diskussionen mit weniger kontroversen Themen (D2, D3) hingegen überwiegen die Austritte im Zusammenhang mit Zustimmung.[3] Über die Meinungsverteilung innerhalb der Online-Diskussion wird dadurch indirekt der Ausstiegsgrund beeinflusst. Dass sich bei Diskussionen mit kontroverseren Themen tendenziell mehr Moderierende beteiligen, könnte zudem ein Anzeichen für erhöhten Regelungsbedarf aufgrund stärkerer Kontroversität und heterogener Meinungsverteilung innerhalb dieser Diskussionen sein.

Das Phänomen „Einmal-Kommentierende"

Zudem gibt es erste Hinweise auf Phänomene, die sich beim Ausstieg von Teilnehmenden aus Online-Diskussionen zeigen. Bei Diskussion 3 beteiligte sich knapp die Hälfte der Teilnehmenden, bei den anderen drei untersuchten Diskussionen sogar die Mehrheit lediglich einmal an der Diskussion.[4] Dadurch, dass von diesen Teilnehmenden lediglich ein Kommentar innerhalb einer Diskussion geschrieben wurde, fallen bei ihnen Ein- und Ausstieg zusammen und es kommt so zur frühesten Form des Ausstiegs.

Motiv: Befriedigung der eigenen Selbstdarstellung

Ein weiteres Ausstiegsmotiv liegt in der Befriedigung eines Nutzungsmotivs. So liegen bereits der Nutzung von Kommentaren (sowohl dem Lesen als auch dem eigenständigen Schreiben) unterschiedliche Nutzungsmotive zugrunde. Springer hat bereits für die Beteiligung an solchen Diskussionen

---

2 D1: Zustimmung 15, Ablehnung 20. D4: Zustimmung 13, Ablehnung 12.
3 D3: Zustimmung 11, Ablehnung 4. D2: Zustimmung 20, Ablehnung 2.
4 In D1 47 von 61, in D2 39 von 55, in D3 37 von 77 und in D4 58 von 76 Teilnehmern.

das Motiv „Selbstbestätigung und -darstellung" (2014, S. 175) herausgearbeitet. Dieses Nutzungsmotiv zeigt sich ebenfalls in Verbindung mit dem Ausstiegsverhalten. Bei näherer Betrachtung der Fälle von Einmal-Kommentierenden wird deutlich, dass es sich bei diesen Kommentaren häufig lediglich um persönliche Statements ohne direkten Bezug zu anderen Kommentaren handelt. Bei diesen Teilnehmenden scheint kein wirkliches Interesse an einem Austausch mit anderen zu bestehen – bspw. für diese Art von Kommentaren:

> „Ich finde mich gut und objektiv informiert" (T98, 27.11.2020, 06:57, D1).

Wird durch die eigene Beteiligung der Wunsch nach eigener Selbstdarstellung vollständig erfüllt, verlassen diese Personen die Diskussion.

Motiv: Erfüllung von Kompetenzerwerb und -erleben

Wie zuvor erwähnt liegen bereits der Nutzung von Kommentaren unterschiedliche Nutzungsmotive zugrunde. Ebenfalls arbeitet Springer „Kompetenzerwerb und -erleben" (2014, S. 175) als Nutzungsmotiv für das Schreiben von Kommentaren heraus. Ein weiteres Ausstiegsmotiv liegt in der Befriedigung dieses Nutzungsmotivs. Wenn nun die Suche nach Kompetenzerwerb, bzw. in dem konkreten Fall nach dem eigenen Kompetenzerleben (also der Sichtbarmachung der eigenen Kompetenz den anderen Teilnehmenden gegenüber), im Rahmen der Beteiligung an einer Diskussion geglückt ist und das Bedürfnis erfüllt ist, führt dies zum Austritt. Ein verkürztes Beispiel sei aus Diskussion 3 gegeben, in der eine Teilnehmerin sehr ausführliche Informationen postet, bevor sie austritt (T108, 17.12.2020, 14:25, D3). Auf ihren Kommentar erhält sie folgende Bestätigung:

> „Vielen Dank für die guten Erklärungen und Zusammenhänge [...]" (T91, 17.12.2020, 18:32, D3).

Die Teilnehmerin beteiligte sich danach nicht weiter an der Diskussion. Wird also das Nutzungsmotiv „Kompetenzerwerb und -erleben" vollständig erfüllt, verlassen Teilnehmende ebenfalls die Diskussion.

Motiv: fehlende Reaktionen

Eine fehlende Reaktion auf den eigenen Kommentar kann ebenso Anlass für das Verlassen einer Online-Diskussion sein. Zur Illustration folgen beispielhaft die letzten Kommentare zweier Teilnehmenden, die Fragen beinhalten, auf die sie keine Reaktion erhalten:

> *„Oder liege ich hier falsch? Was kostet ein Spiel verglichen zu einem, sagen wir, Tatort?" (T60, 22.12.2020, 14:52, D4).*
> *„@hauke was meintest du genau mit 3,3..? Tippfehler?" (T18, 17.12.2020, 01:28, D2).*

Hierbei sind verschiedene Erklärungsansätze denkbar, weshalb das Ausbleiben von Reaktionen anderer Teilnehmenden zum Ausstieg führt. Zum einen könnte dies aufgrund unerfüllter Nutzungsmotive geschehen. So erarbeiteten Springer „Austausch" (2014, S. 175) und Ziegele et al. „Diskussion" (2013, S. 90) bereits als Nutzungsmotive für Kommentare heraus. Bleibt demnach der Austausch oder die Diskussion aus, werden die zuvor an die Beteiligung gestellten Erwartungen nicht erfüllt und die Teilnehmenden reagieren mit Austritt. Gleichzeitig ist das Ausbleiben von Reaktionen anderer Diskussionsteilnehmenden auch ein Anzeichen fehlender Deliberation, denn „Aufmerksamkeitssicherung und Reaktionen" sind ein wesentlicher Bestandteil von Deliberation (Ziegele, 2016, S. 68). Das Fehlen dieses Deliberationsaspektes könnte daher ebenfalls Anlass für die Teilnehmenden sein, diese Diskussionen zu verlassen, da möglicherweise ihre deliberative Erwartungen an die Diskussion in diesem Aspekt nicht erfüllt wurden. Inwieweit fehlende Deliberationsmerkmale von den Teilnehmenden als solche überhaupt wahrgenommen werden und ob diese dann speziell ein Austrittsgrund sind, bleibt an dieser Stelle allerdings unklar.

Das Phänomen „Kollektivausstieg"

Ein weiteres Phänomen, das sich im Zusammenhang mit dem Ausstieg aus Online-Diskussionen zeigt, ist der Kollektivausstieg. Häufig steigen mehrere Teilnehmende an derselben Stelle in einer Diskussion aus. Dieses Phänomen ist oft mit dem der Einmal-Kommentierenden verknüpft. So bündeln sich in diesen Bereichen teilweise Anmerkungen bzw. Kommentare ohne Bezugnahme auf andere Kommentare.

Motiv: Form der Moderation

Ein möglicher Grund sowohl für die häufig auftretende Kombination von Kollektivausstieg und Einmal-Kommentierenden als auch für ein weiteres Ausstiegsmotiv ist die gewählte Form der Moderation. Teil der Moderation der hier untersuchten Online-Diskussionen sind Diskussionsfragen, die jeweils zu Beginn einer Diskussion gestellt werden. Ein Beispiel aus Diskussion 3:

> *„Wie gut und ausgewogen informieren Fernsehnachrichten? Wie gut und ausgewogen fühlen Sie sich durch die Nachrichten bei zum Beispiel „heute-Journal" oder der „tagesschau" informiert?"*

Nach Ziegele et al. haben solche gezielten Fragen allerdings zur Folge, dass Diskussionsteilnehmende hauptsächlich nur noch auf diese Fragen und nicht mehr auf die Kommentare anderer Teilnehmenden antworten (2014, S. 1132). Ein solches Vorgehen bei der Moderation von Online-Diskussionen verhindert somit eine echte Diskussion unter den Teilnehmenden und begünstigt Einmal-Kommentierende und Kollektivausstieg. Diese beiden Aspekte führen schließlich wiederum zu einem frühen Austritt einzelner Teilnehmenden. Demnach kann die Form der Moderation ebenfalls beeinflussen, dass es zu einem schnellen Ausstieg kommt. Insgesamt lässt sich die Moderation somit als relevanter Aspekt möglicher Ausstiegsgründe herausarbeiten.

Das „Scheinwerfer-Phänomen"

Die Moderation von Online-Diskussionen scheint jedoch noch in weiterer Hinsicht relevant zu sein. So haben generell Interventionen von Moderierenden in unterschiedlicher Weise einen Einfluss auf den Austritt aus Diskussionen. Zum einen erfolgen Austritte nach offener Kritik oder Ermahnung von Moderierenden. Hierzu bspw. einen verkürzten Ausschnitt aus Diskussion 3, in dem ein Moderator einen Teilnehmer ermahnt:

> *„Lieber [T49], bitte bemühen Sie sich doch um einen sachlichen, respektvollen und wertschätzenden Ton. Vielen Dank und weiterhin gute Diskussionen!"* (M4, 14.12.2020, 11:23, D3).

Trotz Einladung des Moderators, sich weiter an der Diskussion zu beteiligen, blieb dies der letzte Beitrag dieses Teilnehmers in dieser Diskussion.

Zum anderen scheint Moderation bereits im Zusammenhang mit allgemeinen Rückfragen von Bedeutung für einen Ausstieg zu sein. So stiegen verschiedene Teilnehmende nach Rückfragen von Moderierenden aus der Diskussion aus. Hierbei zeigen sich unterschiedliche Varianten:

1) Ausstieg im Zusammenhang mit Rückfragen von Moderierenden in Kombination mit Streit bzw. Konflikt: Beispielhaft verdeutlichen lässt

sich dieser Aspekt an verkürzten Diskussionsausschnitten des Teilnehmers T138. Dieser ist in drei der vier untersuchten Diskussionen aufgrund von Nachfragen von Moderierenden ausgestiegen. In Diskussion 1 stellte ihm die Moderatorin die Frage:

> *„Haben Sie Beispiele oder Vorschläge für aus Ihrer Sicht gute Talkshowmoderatoren oder -moderatorinnen?"* (M5, 13.12.2020, 18:02, D1).

Der angesprochene Teilnehmer antwortete zwar mit den Worten:

> *„Habe doch zwei Beispiele genannt. Plasberg und Friedmann. Nicht gelesen? Zum anderen ist das nicht meine Intension"* (T138, 13.12.2020, 18:18, D1),

stieg dann allerdings aus der Diskussion aus. Ein ähnliches Verhalten zeigte er bei den Diskussionen 2 und 3. Bei all diesen Beispielen fordern die Moderierenden Belege und Argumentationen zu seinen Aussagen ein. Hier spielt erkennbar auch die zuvor erläuterte Heterogenität der Meinungsverteilung eine Rolle, da der Teilnehmer auf diese Art mit Gegenstimmen (durch die Moderation) konfrontiert wird. Weiter zeigen sich jeweils gereizte, gar aggressive Reaktionen des Teilnehmers. Dies führt zu einer angespannten Diskussion und schließlich zum Ausstieg des Teilnehmers.

2) Darüber hinaus zeigen sich allerdings auch Fälle, bei denen Rückfragen von Moderierenden mit keiner Konfrontation in Verbindung stehen und dennoch zum Austritt führen. Hierzu ein Beispiel aus der Diskussion 2: Auf einen Beitrag des Teilnehmers T132 schrieb eine Moderatorin die Bitte, er möge seinen Gedanken noch etwas ausführen:

> *„Hallo [T132], danke für Ihren Kommentar! Wie könnte solch eine gesellschaftsrealistische Besetzung konkret aussehen? Was braucht es Ihrer Meinung nach am ehesten?"* (M2, 17.12.2020, 16:50, D2).

Dieser Bitte kam der angesprochene Teilnehmer nach. Obwohl die Situation deutlich konfliktärmer (als die zuvor gezeigten) ist, war dies dennoch sein letzter Beitrag in dieser Diskussion.

Insgesamt zeigt sich eine Art „Scheinwerfer-Phänomen" im Zusammenhang mit direkter Ansprache von Moderierenden. Diese haben durch ihre besondere Funktion eine besondere Rolle und Autorität innerhalb der Diskussion. Durch direkte Ansprache durch Moderierende (die als solche gekennzeichnet sind) erhalten die angesprochenen Teilnehmenden mehr Aufmerksamkeit und dadurch in gewisser Weise auch eine herausgehobene Position innerhalb der Diskussion. Auf sie wird quasi ein Scheinwerfer gerichtet. Dies mag den vorherigen Diskussionsfluss stören und manchen Teilnehmenden gar so unangenehm sein, dass sie daraufhin die Diskussion verlassen. Ebenfalls denkbar wäre, dass die direkte Ansprache bereits so erfüllend ist, dass ausreichende Teilhabe an der Diskussion vorliegt. Dies würde erklären, weshalb manche von ihnen aussteigen, selbst nach 3) einer direkten Ansprache mit Lob von Moderierenden und nachdem sie der Forderung der Moderierenden nachgekommen sind. Verdeutlichen lässt sich dies an einem verkürzten Ausschnitt aus Diskussion 3, bei dem auf einen Beitrag der teilnehmenden Person T22 ein entsprechender Kommentar einer Moderatorin folgte:

„Hallo [T22], danke für Ihren Beitrag. Möchten Sie dazu ein konkretes Beispiel mit uns teilen, in dem die von Ihnen erwähnte Problematik auftritt?" (M2, 15.12.2020, 17:28, D3.)

Die angesprochene Person nennt daraufhin Beispiele und führt diese aus (T22, 16.12.2020, 08:22, D3). Es folgte eine weitere Reaktion der Moderatorin:

„Danke für Ihre Darlegung. Sollten, wenn es nach Ihnen geht, solche Aussagen/Meinungen gar nicht mehr, oder eher auf eine andere Weise abgebildet werden?" (M2, 16.12.2020, 10:42, D3).

In einer weiteren Antwort nennt T22 ausführlich entsprechende Beispiele (T22, 16.12.2020, 10:51, D3). Die Moderatorin bedankt sich und antwortet mit:

„Danke Ihnen für Ihre Beiträge [T22]!" (M2, 16.12.2020, 10:57, D3).

Nach dem Dank der Moderatorin beteiligte sich T22 nicht weiter an dieser Diskussion. Zwar bleiben an dieser Stelle die genauen dahinter liegenden Motive unklar, festhalten lässt sich allerdings ein Zusammenhang zwischen generellen Interventionen von Moderierenden und einem zeitnahen Ausstieg der angesprochenen teilnehmenden Personen.

Weiterer Einflussfaktor: Persönlichkeit

Nach der Konflikttheorie der Rational-Choice-Theorie (für eine kurze Einführung Kunz, 2005) existieren bei Konflikten zwei unterschiedliche Handlungsalternativen. Einerseits kann die eigene Stimme erhoben werden, dieser „politische Mechanismus des Widerspruchs (voice) funktioniert [...] unter Bedingungen der Teilhabe und des Engagements" (Knoll, 2017, S. 186). Andererseits kann sich auch der Situation entzogen werden, dieser „ökonomische Wettbewerbsmechanismus funktioniert über die Möglichkeit der Abwanderung (exit) unter der Bedingung eines Konkurrenzverhältnisses" (Knoll, 2017, S. 186). Während „der Widerspruch die direkte Auseinandersetzung und Einmischung" (Knoll, 2017, S. 186) erfordert, erfolgt eine Abwanderung „anonym und stillschweigend" (Knoll, 2017, S. 186).[5] Übertragen auf Online-Diskussionen bedeutet das, dass der Austritt von manchen Teilnehmenden möglicherweise gezielt als Handlungsoption gewählt wird, um sich konflikthaften Situationen zu entziehen. Wie zuvor erläutert, lassen sich bereits verschiedene Konfliktursachen in Online-Diskussionen herausarbeiten. So können (kontroverse) Diskussionsthemen zu einer heterogenen Meinungsverteilung und so zu Konflikten führen oder aber auch gezielte Rückfragen von Moderierenden können von anderen Teilnehmenden als unangenehm und konflikthaft empfunden werden. Die Wahl der Handlungsalternative wird möglicherweise vom individuellen Umgang mit Konflikten (oder als Konflikt wahrgenommene Situationen) beeinflusst. In solchen Situationen treten manche Teilnehmenden lieber aus, als sich weiter den Gegenstimmen argumentativ zu stellen. Ein Beispiel wären die zuvor gezeigten gereizten Reaktionen des Teilnehmers T138 auf Beiträge von Moderierenden bei drei der vier Diskussionen, nach denen er diese jeweils verließ. Andere Teilnehmende handelten in ähnlichen Situationen hingegen anders, bspw. T49 (14.12.2020, 11:50, D3), T107 (14.12.2020, 12:09, D3), T79 (25.12.2020, 15:11, D1) und T122 (3.12.2020, 10:09, D3). Sie stiegen nach direkter Ansprache von Moderierenden nicht direkt aus den Diskussionen aus. Somit ist eine unterschiedliche Reaktion auf gleiche oder ähnliche Situationen zu erkennen. Hierbei scheinen individuelle Persönlichkeitsmerkmale wie die Big Five (Extravision, Verträglichkeit, Neurotizismus, Gewissenhaftigkeit und Offenheit für Erfahrungen) (vgl. Ziegele, 2016, S. 197) eine Rolle zu spielen. Insgesamt liegt somit auch in den individuellen Persönlichkeitsmerkmalen der Diskussionsteilnehmenden eine Ursache für einen frühen Diskussionsausstieg.

4. Fazit

Zusammenfassend lassen sich die folgenden Erkenntnisse festhalten: Als Besonderheiten bzw. Auffälligkeiten beim Ausstieg aus Online-Diskussionen zeigen sich unterschiedliche Phänomene (Einmal-Kommentierende,

---

5 Dies erschwert insgesamt die Identifikation von Austrittsmotiven.

Kollektivausstieg sowie das Scheinwerfer-Phänomen), die auf unterschiedliche Weise einen (frühen) Diskussionsausstieg beeinflussen oder gar begünstigen. Außerdem liefern die Ergebnisse erste Hinweise auf Gründe und Motive für einen (frühen) Ausstieg aus Online-Diskussionen. Diese lassen sich einerseits als Rahmenbedingungen subsummieren. So kann die Meinungsverteilung (heterogen/homogen) innerhalb einer Diskussion einen Einfluss auf den Ausstieg haben. Ebenso spielt die Kontroversität des Diskussionsthemas (das die Meinungsverteilung beeinflussen kann) eine wichtige Rolle. Zudem kann auch die gewählte Form der Moderation einen Einfluss haben. Die Ergebnisse deuten andererseits daraufhin, dass die Beweggründe für einen Ausstieg auch von individuellen Merkmalen der Teilnehmenden abhängen. So sind sowohl die Befriedigung persönlicher Nutzungsmotive als auch individuelle Dispositionen bzw. Persönlichkeitsmerkmale der Teilnehmenden für einen (frühen) Ausstieg relevant. Dies ist insbesondere im Hinblick auf das eingangs genannte Diskussionsergebnis als auch für mögliche Wirkungen auf andere Nutzende, die sich bei der Rezeption dieser Diskussionen ergeben könnten, von Bedeutung. Es lässt sich somit ableiten, dass die Gründe für einen Ausstieg zwar einerseits an individuelle Eigenschaften (Persönlichkeit, Erwartungen etc.) geknüpft sind – und damit nur schwierig von außen zu beeinflussen sind. Andererseits hängen sie aber auch von der Ausgestaltung einer Diskussion ab, bspw. der Kontroversität des Themas oder der Formen der Moderation. Das bedeutet, dass diejenigen, die die Rahmenbedingungen von Online-Diskussionen setzen, den Ausstiegszeitpunkt der Teilnehmenden durchaus in einem gewissen Maße über die Ausgestaltung beeinflussen können.

Limitationen der Ergebnisse ergeben sich zum einen aus den eingangs beschriebenen Besonderheiten des Untersuchungsmaterials. Die hier untersuchten Diskussionen weichen in einigen Punkten von denen auf gewöhnlichen Social-Media-Plattformen (wie bspw. Facebook) ab, die Ergebnisse sind daher nicht vorbehaltlos übertragbar. Weitere Limitationen ergeben sich zum anderen ganz generell durch die Erhebung von Ausstiegsmotiven mittels Inhaltsanalyse. Die Motive können dadurch nicht direkt erhoben werden, wodurch sich Intentionen der teilnehmenden Personen nur schwer erfassen lassen. Daher sind die Ergebnisse eher als Gründe für einen Ausstieg statt als wirkliche Handlungsmotive zu sehen. Die Ergebnisse geben so insgesamt lediglich einen ersten Einblick in den Ausstiegsprozess. Für die gezielte Erfassung von Handlungsmotiven ist es zukünftig sinnvoll, die Datenerhebung um Befragungen zu erweitern.

Literatur

Esau, Katharina; Frieß, Dennis; & Eilders, Christiane (2019). Online-Partizipation jenseits klassischer Deliberation: Eine Analyse zum Verhältnis unterschiedlicher Deliberationskonzepte in Nutze-kommentaren auf Facebook. Nachrichtenseiten und Beteiligungsplattformen. In: Ines Engelmann; Marie Legrand; & Hanna Marzinkowski (Hrsg.), Politische Partizipation im Medienwandel (S. 221–245). Berlin.

Goriunova, Olga (2017). The Lurker and the Politics of Knowledge in Data Culture. International Journal of Communication, (11), 3917–3933.

Hölig, Sascha; Hasebrink, Uwe; Merten, Lisa; & Schmidt, Jan-Hinrik (2017). Nachrichtennutzung und Meinungsbildung in Zeiten sozialer Medien. (Informatik-Spektrum), 4(40), 358–361.

Hussy, Walter; Schreier, Margrit; & Echterhoff, Gerald (2010). Forschungsmethoden in Psychologie und Sozialwissenschaften. Berlin u. Heidelberg: Springer Verlag.

Junggeburth, Julian (2020). Facebook und der Leserbrief 2.1: Zur Rezeption von Nutzerkommentaren bei Nachrichtenbeiträgen auf Facebook. In: Moritz Maisenbacher; Lea Makowka; Vera Markowsky; & Hanna Senck (Hrsg.), Vernetzung, Wahlkampf und Populismus im digitalen Raum – wissenschaftliche Perspektiven auf aktuelle Phänomene der politischen Kommunikation (S. 103–123). Düren: Shaker Verlag.

Knoll, Lisa (2017). Albert O. Hirschman: Abwanderung und Widerspruch (Wirtschaft + Gesellschaft). In: Klaus Kraemer; & Florian Brugger (Hrsg.), Schlüsselwerke der Wirtschaftssoziologie (S. 185–194). Wiesbaden: VS Verlag.

Kolleck, Alma (2017). Politische Diskurse online – Einflussfaktoren auf die Qualität der kollektiven Meinungsbildung in internetgestützten Beteiligungsverfahren (Politische Kommunikation und demokratische Öffentlichkeit). Baden-Baden: Nomos.

Kunz, Volker (2005). Die Konflikttheorie der Rational Choice-Theorie (Friedens- und Konfliktforschung). In: Thorsten Bonacker (Hrsg.), Sozialwissenschaftliche Konflikttheorien – Eine Einführung (3. Auflage., Band 5, S. 461–484). Wiesbaden: VS Verlag.

Mayring, Philipp; & Fenzl, Thomas (2014). Qualitative Inhaltsanalyse. In: Nina Baur; & Jörg Blasius (Hrsg.), Handbuch Methoden der empirischen Sozialforschung (S. 543–556). Wiesbaden: Springer VS.

Springer, Nina (2014). Beschmutzte Öffentlichkeit? Warum Menschen die Kommentarfunktion auf Online-Nachrichtenseiten als öffentliche Toilettenwand benutzen, warum Besucher ihre Hinterlassenschaften trotzdem lesen, und wie die Wände im Anschluss aussehen (Mediennutzung) (Band 20). Berlin: LIT.

Springer, Nina; Engelmann, Ines; & Pfaffinger, Christian (2015). User comments: motives and inhibitors to write and read. Information, Communication & Society, 18(7), 798–815. https://doi.org/10.1080/1369118X.2014.997268.

Yang, Xue, Li, Guoxin; & Sam Huang, Songshan (2017). Perceived online community support, member relations, and commitment: Differences between posters and lurkers. Information & Management, (54), 154–165.

Ziegele, Marc (2016). Nutzerkommentare als Anschlusskommunikation – Theorie und qualitative Analyse des Diskussionswerts von Online-Nachrichten. Wiesbaden: Springer Fachmedien.

Ziegele, Marc; Breiner, Timo; & Quiring, Oliver (2014). What Creates Interactivity in Online News Discussions? An Exploratory Analysis of Discussion Factors in User Comments on News Items. Journal of Communication, 64(6), 1111–1138. https://doi.org/10.1111/jcom.12123.

Ziegele, Marc; Johnen, Marius; Bickler, Andreas; Jakobs, Ilka; Setzer, Till; & Schnauber, Alexandra (2013). Männlich, rüstig, kommentiert? Einflussfaktoren auf die Aktivität kommentierender Nutzer von Online-Nachrichtenseiten. Studies in Communication|Media, 2(1), 67–114. https://doi.org/10.5771/2192-4007-2013-1-67.

3. Exkurs

Der ARD-Zukunftsdialog

Matthias Trénel

Einleitung

Bereits seit vielen Jahren sieht sich der öffentlich-rechtliche Rundfunk einem steigenden Druck ausgesetzt, seine Finanzierung durch die Erhebung von Rundfunkbeiträgen zu rechtfertigen. 2018 sorgte in der Schweiz die Volksabstimmung „No Billag" für Aufsehen. Zwar hat sich die Bevölkerung schlussendlich gegen die Abschaffung der Rundfunkabgaben entschieden, dennoch musste der öffentlich-rechtliche Rundfunk in der Folge ein großes Sparpaket verkraften. In Deutschland spitzte sich die Lage Ende 2020 zu, als das Bundesland Sachsen-Anhalt seine Zustimmung zur geplanten Erhöhung des Rundfunkbeitrags verweigerte und der erneuerte Medienstaatsvertrag in der Folge nicht in Kraft treten konnte. Als Reaktion darauf reichten die öffentlich-rechtlichen Programme Klage beim Bundesverfassungsgericht ein.

Vor diesem Hintergrund wurde im Januar 2021 von den Intendant:innen der Arbeitsgemeinschaft der öffentlich-rechtlichen Rundfunkanstalten der Bundesrepublik Deutschland (ARD) beschlossen, zwischen Mai und November 2021 den ARD-Zukunftsdialog durchzuführen. Das übergreifende Ziel bestand darin, die Reformdiskussion über die Ausrichtung und Finanzierung des öffentlich-rechtlichen Rundfunks in einer aktiven Rolle mitzugestalten (Buhrow, 2021). Dies sollte nicht nur in den Rundfunkräten geschehen, in denen Politik und gesellschaftliche Gruppen vertreten sind, sondern auch in der Öffentlichkeit mit den Menschen selbst – und zwar unabhängig davon, ob von ihnen das Programmangebot des öffentlich-rechtlichen Rundfunks genutzt wird oder nicht. Ein weiteres konkreteres Ziel des Zukunftsdialogs war zudem, Erkenntnisse darüber zu gewinnen, welche Vorstellungen die Menschen zur Zukunft der ARD haben. Diese sollten im direkten Gespräch mit Mitarbeiter:innen der ARD ausgetauscht werden, um sie für Reformbestrebungen innerhalb der ARD nutzen zu können.

Allerdings schien die gewohnte Art und Weise, wie der öffentlich-rechtliche Rundfunk Meinungen von Bürger:innen einholt, nämlich im Kontext von Medienforschung und Programmanalyse, wenig geeignet. Die Diskussion in solchen nicht-öffentlichen und kontrollierten Forschungssettings wird zwar gelegentlich „Publikumsdialog" genannt, ist aber davon geprägt, dass Publikum mit Publikum vor den Forscher:innen diskutiert, welche sich in einer beobachtenden Rolle befinden. Die beteiligten Bürger:innen erhalten für ihre Mitwirkung in den repräsentativen Fokusgruppen – wie in der Markt- und Meinungsforschung üblich – eine Vergütung und haben in der Regel darüber hinaus keine Erwartungen, was mögliche Konsequenzen aus den Gesprächen betrifft. Auch die vom Zweiten Deutschen Fernsehen in den Jahren 2018 und 2019 als Podiumsdiskussion praktizierten „Bürgerdialoge" eigneten sich kaum als Vorbild (ZDF, 2019). Sie waren gekennzeichnet durch eine klare Trennung zwischen Podium und Publikum: Im Wesentlichen diskutierte das ZDF mit Expert:innen vor Publikum[1].

Für den ARD-Zukunftsdialog wurde daher eine neue Form des Dialogs gesucht, eine die *erstens* auf einer quasi-repräsentativen Stichprobe von Bürger:innen fußt, die *zweitens* transparent in der Öffentlichkeit stattfindet und die *drittens* im Sinne einer verständigungsorientierten Öffentlichkeitsarbeit (Burkart, 2012) einen wechselseitigen Diskurs von der ARD mit den Bürger:innen ermöglicht.

Prozess

Der ARD-Zukunftsdialog wurde als Prozess mit vier aufeinander aufbauenden Schritten konzipiert. Das „Herz" des Prozesses war eine vierwöchige öffentliche Online-Beteiligung, die flankiert wurde durch zwei Großgruppenveranstaltungen mit Losbürger:innen – eine Auftaktkonferenz zur Vorstrukturierung der Themen für die Online-Beteiligung und eine Abschlusskonferenz zur Validierung der Ergebnisse von der Online-Beteiligung. Daran schloss sich die Umsetzung der Erkenntnisse zur Weiterentwicklung der ARD an (siehe Tabelle 1).

Die Abfolge von Großgruppenkonferenz, Online-Beteiligung und erneuter Großgruppenkonferenz ist ein bewährtes und robustes Dialogkon-

---

1 Für das Publikum bestand die Möglichkeit, Nachfragen zu stellen. Dies ändert jedoch nichts an der Einschätzung, dass der Mittelpunkt der Gespräche auf dem Podium lag.

zept für die Bürgerbeteiligung in Veränderungsprozessen (Trénel, 2020). Dieses Modell „smarter Partizipation" kombiniert die Vorteile großer Reichweite und Offenheit mit der Qualität kokreativ erarbeiteter Ergebnisse und dabei entstehendem Vertrauen.

Tabelle 1: Ablauf des ARD-Zukunftsdialogs im Überblick

	1. Auftakt-konferenz	**2. Online-Be-teiligung**	**3. Abschluss-konferenz**	**4. Umsetzung**
Zeit-punkt	08.05.2021	31.05.-27.06.2021	13.11.2021	ab 25.11.2021
Mitwir-kende	Losbürger:innen (n = 139) ARD-Vertre-ter:innen (n = 35)	Öffentlichkeit (n = 3.822) ARD The-menpat:in. (n = 16)	Losbürger:innen (n = 91) ARD-Vertre-ter:innen (n = 18)	ARD-Sender und Kommis-sionen
Funkti-on	Future Search	Crowdsour-cing	Reality Check	Implementati-on
Aus-gangs-fragen	Wie nimmst du die ARD wahr? Was wünschst du dir für die Zu-kunft? Und welche The-men sind dir dabei wichtig?	Welche Ideen und Wünsche hast du für die Zukunft der ARD?	Wie bewertest und gewich-test du die Zu-kunftsthe-men?	Mit welchen Maßnahmen werden die ARD-Zu-kunfts-the-men in An-griff genom-men?
Ergeb-nis	9 Themen-komplexe	3.761 Ideen in 7 Themenräu-men	Feedback zu 5 ARD-Zu-kunftsthemen	13 ARD-Zu-kunftsprojek-te

Das Projektteam der ARD wurde bei der Konzeption und Realisierung des ARD-Zukunftsdialogs durch die Dialogdienstleister *frischer wind* (Gesamt-konzeption, Großgruppenkonferenzen) und *Zebralog* (ebenfalls Gesamt-konzeption, Losbürgerrekrutierung, Online-Beteiligung) unterstützt. Alle Prozessschritte wurden auf der Transparenzseite zum ARD-Zukunftsdialog dokumentiert (ARD, 2021a). Nachfolgend werden diese näher erläutert, bevor die inhaltlichen Ergebnisse im anschließenden Kapitel dargestellt werden.

1. Auftaktkonferenz

Der Zukunftsdialog startete am 8. Mai 2021 mit einer Auftaktkonferenz, die aufgrund der COVID-19-Pandemie als Videokonferenz durchgeführt wurde.

Daran nahmen 139 Bürger:innen teil, die aus dem gesamten Bundesgebiet mithilfe eines telefonischen Losverfahrens ausgewählt wurden. Durch die Einladung nach dem Zufallsprinzip sollte eine proportionale Verteilung aller Bevölkerungsgruppen erreicht werden, damit die Bürger:innen einen Querschnitt der Gesellschaft abbilden. Dies gelang im Großen und Ganzen mit folgenden Einschränkungen: Jüngere Altersgruppen waren relativ gering vertreten genauso wie Menschen aus den neuen Bundesländern. Zudem gab es einen leichten Überhang an Frauen. Zu den Teilnehmenden der Auftaktkonferenz gehörten weiterhin 35 Vertreter:innen der Landesrundfunkanstalten und Gemeinschaftseinrichtungen der ARD, darunter der damalige Vorsitzende der ARD und Intendant des Westdeutschen Rundfunks, Tom Buhrow.

Die Funktion der Auftaktkonferenz bestand darin, ohne Vorgaben und Einengungen eine Themenstruktur für die kommenden Prozessschritte zu erarbeiten. Hierfür wurde die Methode „Future Search Conference" gewählt – also eine Methode, die vor allem dann eingesetzt wird, „wenn die Menschen sozusagen auf der grünen Wiese gemeinsam ihre Zukunft planen" (Krummenacher et al., 2019, S. 20). Um eine rege Diskussion mit allen Teilnehmer:innen zu erreichen, wurden diese auf Kleingruppen von sieben bis acht Personen inklusive ein bis zwei Vertreter:innen der ARD verteilt. Im Wechsel zwischen Plenum und Kleingruppen wurden drei Runden durchlaufen: Zunächst ging es um die aktuellen Wahrnehmungen der ARD. Dann wurde über Wünsche und Erwartungen für die Zukunft gesprochen. Schließlich wurden Themen gesammelt, die die ARD in der Zukunft anpacken sollte. Jede Runde schloss mit einer übergreifenden Zusammenfassung aller Wortmeldungen durch das Projektteam der ARD und einem Voting durch die Bürger:innen zur Gewichtung der Vorschläge ab.

Im Ergebnis wurden auf diese Weise neun Themenkomplexe erarbeitet (siehe Tabelle 2), die wiederum Ausgangspunkt für die darauffolgende Online-Beteiligung waren.

2. Online-Beteiligung

Im nächsten Schritt wurde zwischen dem 31. Mai und dem 27. Juni 2021 eine öffentliche Online-Beteiligung durchgeführt (ARD, 2021b).

Daran nahmen 3.822 Personen teil, die zusammen 14.601 Beiträge schrieben, davon 3.761 „Ideen" und 10.840 Kommentare zu den „Ideen". Insgesamt wurde die Online-Beteiligung von 15.626 Personen besucht (*unique visitors*). Die Intensität der Mitwirkung im zeitlichen Verlauf korrespondierte deutlich mit den öffentlichen Aufrufen zur Teilnahme im Online-, Fernseh- und Hörfunkangebot der ARD, zum Beispiel in der „tagesschau" am 31.05.2021 (ARD, 2021c). Auf der Grundlage freiwilliger Angaben der Teilnehmenden ließ sich erkennen, dass sich jüngere Altersgruppen und Menschen aus den neuen Bundesländern im Verhältnis zu ihrem Anteil in der deutschen Bevölkerung in stärkerem Umfang beteiligten als bei der Auftaktveranstaltung. Zu den Teilnehmenden gehörten zudem 16 Themenpat:innen der ARD, die sich aktiv in die Online-Diskussion einbrachten. Sie stammten aus verschiedenen Landesrundfunkanstalten und waren zum Teil Personen, die aus dem Programm der ARD einer größeren Öffentlichkeit bekannt sind (zum Beispiel Frank Bräutigam vom Südwestrundfunk, Hülya Deyneli vom Hessischen Rundfunk oder Roman Nuck vom Mitteldeutschen Rundfunk).

Ziel der Online-Beteiligung war ein Crowdsourcing von Ideen und Wünschen zu den Themenkomplexen, die in der Auftaktkonferenz identifiziert wurden. Dafür wurden die Themenkomplexe vom ARD-Projektteam zur Vereinfachung auf sechs reduziert und um einen Komplex „Sonstiges" ergänzt. Entsprechend wurde eine digitale Beteiligungsplattform (Zebralog, 2021) mit sieben Themenräumen eingerichtet, in denen Ideen und Wünsche zur Zukunft der ARD als Textbeiträge gesammelt wurden. Die Online-Beteiligung war offen einsehbar für alle interessierten Bürger:innen.

Um eigene Ideen beizutragen oder die Ideen anderer zu kommentieren, war eine Registrierung mit gültiger E-Mail-Adresse und einem Pseudonym obligatorisch. Außerdem musste jede Idee bei der Einreichung einem von ca. sechs vordefinierten Unterthemen je Themenraum zugeordnet werden. Diese „Tags" wurden jeder Idee sichtbar angehängt und halfen dabei, sich über Filterfunktionen einen besseren Überblick über die abgegebenen Ideen zu verschaffen.

Jeder Themenraum wurde von zwei bis drei Themenpat:innen der ARD betreut, um die Interaktion zwischen Publikum und ARD lebendig zu gestalten. Über die Zeit der Online-Beteiligung wählten sie mehrmals in der Woche solche Ideen aus und hoben sie auf der Plattform hervor, die aus

Ihrer Sicht einen wichtigen Impuls für die Zukunftsdebatte der ARD lieferten. Für die Auswahl waren vor allem Kriterien wie Kreativität, Kritik, Aktualität und thematische Vielfalt ausschlaggebend. Einige Themenpat:innen haben zudem an Live-Diskussionen teilgenommen, die am 9., 16. und 23. Juni zu bestimmten Themenschwerpunkten gestreamt wurden. Sie griffen darin Ideen aus der laufenden Online-Beteiligung auf und diskutierten sie weiter. Dabei wurden sie von Gebärdendolmetscher:innen begleitet. Die Bürger:innen brachten ihre Fragen und Meinungen derweil per Chat ein. Im Nachgang wurden die Live-Diskussionen auf der Plattform als Video zur Verfügung gestellt.

Insgesamt war die Online-Beteiligung von einer konstruktiven Atmosphäre und konkreten Verbesserungsvorschlägen geprägt. Selbst bei Meinungsunterschieden diskutierten die Teilnehmer:innen überwiegend sachlich miteinander, sodass polemische Äußerungen die Ausnahme blieben. Einzelne Themen wie Gendern, Neutralität der ARD und Klimakrise wurden teils hitzig diskutiert. In diesen Fällen wirkte ein Team von Online-Moderator:innen auf der Grundlage öffentlich einsehbarer Dialogregeln darauf hin, den Austausch zu versachlichen (Gottwald, 2022). Tagsüber wurden alle Ideen und Kommentare unmittelbar bei ihrer Abgabe auf der Plattform veröffentlicht und nach kurzer Zeit von den Moderator:innen geprüft. In der Nacht hingegen erschienen die abgegebenen Beiträge sicherheitshalber vorerst nicht, sondern wurden von den Moderator:innen erst zu Beginn des folgenden Tages freigeschaltet.

Wie im folgenden Kapitel dargestellt, wurden die umfangreichen Ergebnisse der Online-Beteiligung systematisch ausgewertet (siehe Tabelle 3) und im September und Oktober 2021 in internen Workshops der Landesrundfunkanstalten und ARD-Gemeinschaftseinrichtungen diskutiert. Schließlich wurden fünf Themenbündel von den ARD-Intendant:innen zu „ARD-Zukunftsthemen" erklärt.

3. Abschlusskonferenz

Die Abschlusskonferenz am 13. November 2021 rundete die aktive Phase des ARD-Zukunftsdialogs ab. Sie wurde – wie schon die Auftaktkonferenz – als Videokonferenz durchgeführt, um zur Eindämmung der COVID-19-Pandemie beizutragen. Somit wurde der ARD-Zukunftsdialog von Anfang bis Ende vollständig digital ohne jegliche persönliche Begegnung durchgeführt.

Von den Teilnehmenden der Auftaktkonferenz nahmen etwas weniger als die Hälfte erneut an der Abschlusskonferenz teil. Deshalb wurden weitere Bürger:innen hinzugeladen. Einige hatten zuvor an der Online-Beteiligung mitgewirkt und andere wurden mithilfe desselben telefonischen Losverfahrens wie bei der Auftaktkonferenz neu gewonnen. Dabei lag der Fokus auf der Gruppe der unter 30-Jährigen, weil diese bereits bei der ersten Auftaktkonferenz unterrepräsentiert war und nun ein ausgewogenes Verhältnis erreicht werden sollte, was auch näherungsweise gelang. Allerdings waren Menschen aus den neuen Bundesländern weiterhin in geringerem Maße vertreten. Insgesamt diskutierten 91 Bürger:innen und 18 ARD-Vertreter.innen miteinander.

Die Aufgabe der Abschlusskonferenz bestand darin, die Auswahl der deklarierten fünf ARD-Zukunftsthemen von einer quasi-repräsentativen Bürgerstichprobe zu validieren und einem „Reality Check" zu unterziehen. Schließlich wurden die fünf ARD-Zukunftsthemen mithilfe eines Votings gewichtet, wobei es zulässig war, auch mehr als einem Thema die Zustimmung zu geben. Das Ergebnis wird in Tabelle 4 dargestellt.

4. Umsetzung

Die Ergebnisse der Abschlusskonferenz wurden von der ARD dafür genutzt, 13 Maßnahmen zu entwickeln, die sich zur Umsetzung der ARD-Zukunftsthemen eignen. Diese „ARD-Zukunftsprojekte" wurden von den Intendant:innen der ARD verabschiedet und am 9. Dezember in einem Bericht zum Abschluss des ARD-Zukunftsdialogs bekannt gemacht (ARD, 2021d). In dem Bericht wird zudem dargelegt und begründet, welche Ideen und Wünsche die ARD nicht weiterverfolgen wird oder kann (siehe Tabelle 5). Gleichzeitig wurde eine „Transparenzseite" (ARD, 2021a) eingerichtet, in der seitdem in regelmäßigen Abständen über die Umsetzung der Zukunftsprojekte berichtet wird[2].

Auswertung und Ergebnisse

Alle Prozessschritte wurden dokumentiert und ausgewertet, um eine Grundlage für die nachfolgenden Schritte zu erarbeiten. In den folgenden Tabellen werden die inhaltlichen Ergebnisse des ARD-Zukunftsdialogs im Überblick dargestellt – von der Definition der Themenkomplexe (Tabelle

---

2 Zum Zeitpunkt des Verfassens von diesem Beitrag stammte die letzte Aktualisierung vom 22. März 2022.

2) über die Sammlung von Ideen und Wünschen (Tabelle 3) bis hin zur Gewichtung der Zukunftsthemen und zur Umsetzung der Zukunftsprojekte (Tabelle 4).

Für die Auswertung der Online-Beteiligung wurden die 3.761 Ideen und 10.840 Kommentare in die Auswertungssoftware MaxQDA (Rädiker & Kuckartz, 2019) überführt. In dieser Umgebung erfolgte dann eine qualitative Inhaltsanalyse nach Mayring (2015), die zwei Etappen umfasste:

Erstens wurden alle Beiträge (Ideen und Kommentare) in jedem Themenraum nach ihrer Zuordnung zu den vorgegebenen und von den Teilnehmenden selbst zugeordneten Unterthemen geordnet. Dann wurden alle Beiträge eines Unterthemas gelesen und auf induktive Weise Kategorien bzw. Themenschwerpunkte gebildet, um die Kernaussagen in den Beiträgen zusammenzufassen.

Zweitens wurden alle Beiträge, die zu einem Unterthema gehörten, ein weiteres Mal gelesen. In dem Zuge wurde interpretiert, welche Textstellen einem der zuvor gebildeten Themenschwerpunkte zugeordnet werden können. Für die Themenschwerpunkte mit den meisten zugeordneten Ideen wurde eine Beschreibung erstellt, welche die zentrale Sinneinheit wiedergibt (Welche Anregung, Wunsch oder Forderung ist enthalten?). Schließlich wurde für jeden Themenschwerpunkt ein repräsentatives Schlüsselzitat aus einem der zugeordneten Beiträge ausgewählt, um die Themenschwerpunkte durch den Originalton des Teilnehmers oder der Teilnehmerin zu veranschaulichen.

Die auf diese Weise generierten Themenschwerpunkte sollen allerdings nicht als repräsentatives Meinungsbild verstanden werden. Der Vorteil einer Online-Beteiligung liegt vielmehr darin, anders als bei repräsentativen Meinungsumfragen die Sichtweisen von Bürger:innen auf unverzerrte Weise zu erfassen, also unabhängig von vorgegebenen Fragen oder Antwortformaten. Zusätzlich lassen sich die emotionale Intensität sowie Überschneidungen und Konflikte zwischen Perspektiven erkennen.

Tabelle 2: Ergebnisse des ARD-Zukunftsdialogs – Auftaktkonferenz

ZUKUNFTSDIALOG DER ARD				
1. Auftaktkonferenz mit Losbürger:innen				
Wie nimmst du die ARD wahr? Was wünschst du dir für die Zukunft? Und welche Themen sind dir dabei wichtig? 9 Themenkomplexe:				
Wissen und Bildung	*Meinungsvielfalt*	*Digitales*	*Programmangebote*	*Qualität und Kommunikation*
Journalismus mit positivem Fokus			*regionale und internationale Berichterstattung* *Diversität* *Angebote für Jugendliche und junge Erwachsene*	

Tabelle 3: Ergebnisse des ARD-Zukunftsdialogs – Online-Beteiligung

2. Online-Beteiligung mit Öffentlichkeit

Welche Ideen und Wünsche hast du für die Zukunft der ARD?
7 Themenräume zur Diskussion (mit Zahl der Beiträge/Kommentare):

Wissen und Hintergründe (302/726)	Menschen und Meinungen (577/3.070)	Mediathek und Audiothek (399/1.020)	Programmideen (1.448/2.892)	Region und Lebensgefühl (245/535) Generation Zukunft (203/759)	Das beschäftigt mich außerdem ... (587/1.837)
Bildung/Wissen/Hintergr.: *Berichterstatt. für die Generation Zukunft; Sach-zusammenhänge über den klassischen „Schulstoff" hinaus; Positive, lösungsorientierte Berichterstattung*	*Thematisch ausgewogenere Politformate Mehr konservative Stimmen Darstellung unterschiedlicher Sichtweisen*	*Digitale Angebote ausbauen, Auffindbarkeit verbessern Bessere Möglichkeiten für Personalisierung bieten Angebote möglichst*	**Sport:** *Zu viel Sport-Bündelung in Spartenkanal; Zu viel Fußballberichterstatt. in den Nachrichten; Mehr Platz für Breiten-/Behind.-sp.* **Krimis:** *Krimis zu brutal und unrealistisch; Kritik an Inhalts- und*	**Vielfalt Stadt/Land:** *Mehr ländlicher Blickwinkel; Mehr Sichtbarkeit des Regionalen in Mediathek/Audiothek; Mehr Angebote für junge Menschen vom Land*	**Gendern:** *Vorwurf von „Spracherziehung" bzw. „Sprachentstellung"; Sprachliche Abbildung von Diversität; Wunsch nach Abstimmung in der Bevölkerung*

Mehr Klimaberichterstatt.: Mehr Bewusstsein für Nachhaltigkeitsthemen; Große Zusammenhänge aufzeigen; Vertiefte Hintergründe **Serien:** Weniger, dafür qualitativ hochwertigere Serien; Mehr Themen von historischer, politischer Bedeutung; Serien auch im Originalton (Zweikanalton) **Dokus:** Mehr Dokus; Mehr inhaltliche Tiefe, längere Formate; „Bessere" Sendezeiten	*lange verfügbar machen Kommentarfunktion in Mediathek/Audiothek Ausbau des Community Managements* *Produktions-qualität der Krimis; Zu viele Produktionen und Wiederhol.* **Musik:** *Mehr Abwechslung, weniger Wiederholungen; Mehr region. Künstler:innen; Mehr deutsch- und anderssprachige, weniger anglo-amerikanische Musik* **Quiz:** *Mehr „normale" Bürger:innen, weniger „B-Promis"; Mehr natur-wissenschaftliche Themen; Anspruchsvollere Gestaltung*	***Diversität:*** *Mehr Diversität bei Moderator:innen/Gästen; Unterschiedliche Lebensentwürfe abbilden; Diversere Besetzung von Talkshow-Runden* ***Auftrag und Struktur:*** *Abschaffung von Mehrfachstrukturen, Fusionierung von Sendern, Nutzung von Synergien; Wunsch nach „gerechterem" Rundfunkbeitrag; Stärkere Mitbestimmung der Beitragszahler:innen Transparenzformate einführen Zukunftsdialog fortführen*

Tabelle 4: Ergebnisse des ARD-Zukunftsdialogs – Abschlusskonferenz und Umsetzung

3. Abschlusskonferenz mit Losbürger:innen

5 ARD-Zukunftsthemen (mit Gewichtung in Prozent, Mehrfachnennungen möglich):

4. Umsetzung durch die ARD

13 Zukunftsprojekte – Was sich die ARD vorgenommen hat:

Nachhaltigkeit und Hintergrund (49 %)	Meinungen (45 %)	Streaming (40 %)	Dialog (39 %)	Vielfalt der Gesellschaft (33 %)	Was ARD nicht weiter-verfolgen wird oder kann:
Die ARD tut mehr für das Wissen um die großen und langfristigen Zusammenhänge: Erklärformate für komplexe Themen; Ausbau des Doku-Bereichs; Hochwertige Serien mit relevantem Hintergrund	*Die ARD bildet ein breiteres Meinungsspektrum in ihren Angeboten ab:* Neues Konzept für Pro-und-Contra-Format; Meinungen der Bürger:innen stärker aufgreifen	*Die ARD bringt den Ausbau von ARD Mediathek und ARD Audiothek konsequent voran:* Suche in Mediathek verbessern; Mehr Funktionen fürs ARD-Konto	*Die ARD verstärkt den Austausch mit ihren Nutzer:innen:* Mehr Dialog und Community Management; Neues Format ARD-Check in Social Media; Gründung Arbeitsgruppe Dialog	*Unterschiedliche Bevölkerungsgruppen und Lebensentwürfe spielen in den Angeboten der ARD eine größere Rolle:* Ländlichen Raum stärker abbilden; Pilot für Austausch mit Menschen mit Migrationshintergrund; Mehr Angebote in leichter Sprache	*Mehr Breitensport – weniger Fußball; Weniger Krimis und Gewalt; Vielfältigere Musikauswahl und Konzerte; Anspruchsvollere Quizshows; Gendern; Auftrag und Struktur*

Tabelle 5: Ergebnisse des ARD-Zukunftsdialogs – Begründung für Nicht-Umsetzung von Ideen und Wünschen

4. Umsetzung durch die ARD (Fortsetzung)	
Was ARD nicht weiterverfolgen wird oder kann:	Begründung der ARD:
Mehr Breitensport – weniger Fußball	Fußball ist Lieblingssport der Deutschen. Ein separater öffentlich-rechtlicher Sportkanal findet bislang keine medienpolitische und finanzielle Unterstützung. Sportberichterstattung ist bereits vielfältig (sie umfasst mehr als 100 Sportarten), Breitensport ist Thema der Serie „No Sports".
Weniger Krimis und Gewalt	Krimis haben hohe Akzeptanz beim Publikum. Krimis sind ein Format, in dem Unterhaltung mit der Behandlung gesellschaftlich relevanter oder psychologisch schwierigerer Themen verknüpft werden kann. Alle Sender haben Kinder- und Jugendschutzbeauftragte. Krimis sind nur ein kleiner Teil des Programms.
Vielfältigere Musikauswahl und Konzerte	Es ist nicht möglich, Angebote für jeden spezifischen Musikgeschmack zu schaffen. Jede Radiowelle hat bereits ein eigenes musikalisches Profil, um eine möglichst große Vielfalt anzubieten. Es gibt regelmäßige Umfragen unter Hörer:innen nach ihren musikalischen Vorlieben.
Anspruchsvollere Quizshows	Die Rückmeldungen zu den Quizshows sind uneinheitlich. Gebraucht werden auch Quizformate, die von der ganzen Familie geschaut werden. Es gibt bereits eine Vielfalt an Quizformaten mit unterschiedlichen Anspruchsniveaus. Neue Quizformate werden in den dritten Programmen pilotiert.

Gendern	Eine zentrale Vorgabe zum Gendern wird es auf absehbare Zeit nicht geben, weil darüber jede Landesrundfunkanstalt selbst entschiedet. Landesrundfunkanstalten haben unterschiedliche Einschätzungen zum Gendern. Aktuell gendert die Mehrheit der ARD-Programme im gesprochenen Wort nicht.
Auftrag und Struktur	Auftrag, Struktur und Finanzierung des öffentlich-rechtlichen Rundfunks werden durch die Medienpolitik bestimmt; die Sender haben nur bedingt Einfluss darauf. Hinweise zum Rundfunkbeitrag, zum Auftrag oder zur Anzahl der Sender werden gebündelt an die Medienpolitik weitergeleitet.

Fazit

Im Bericht zum ARD-Zukunftsdialog schreibt die ARD mutig: „Der ARD-Zukunftsdialog war erst der Anfang" (ARD, 2021d, S. 38). Die Vieldeutigkeit dieses Statements wirft gleichwohl neue Fragen auf: Wird damit in Aussicht gestellt, dass die Umsetzung der Zukunftsprojekte auf Dauer angelegt ist? Oder steht der ARD-Zukunftsdialog allgemein für neue Methoden, die auch zukünftig zum Einsatz kommen sollen, um die Beziehungen zwischen der ARD und ihrem Publikum enger zu gestalten und ihre Innovationsfähigkeit zu verbessern?

Am 20. Juli 2021 hat das Bundesverfassungsgericht der Beschwerde der ARD stattgegeben und die vom Land Sachsen-Anhalt blockierte Erhöhung des Rundfunkbeitrags wieder in Kraft gesetzt. Damit ist mitten in der Laufzeit des ARD-Zukunftsdialogs ein Anlass entfallen, der anfangs sicherlich einer der Trigger für den Beschluss war, das Partizipationsverfahren zu starten. Die im Raum stehende These, der ARD-Zukunftsdialog sei bloß Element einer Kampagne mit dem übergreifenden Ziel, das ARD-Image in der Öffentlichkeit zu verbessern, scheint allerdings nicht haltbar zu sein. Zumindest konnte nach dem Urteil des Bundesverfassungsgerichts, das aus Sicht der ARD erfolgreich ausfiel, nicht beobachtet werden, dass die Ernsthaftigkeit in der Auseinandersetzung mit den inhaltlichen Dialogergebnissen nachließ. Im Gegenteil: In der Anlage und Durchführung des Dialogs war bis zum Schluss durchgehend erkennbar, dass die Vertreter:innen der ARD das direkte Gespräch mit den Bürger:innen suchten und sich auch im Nachgang in internen Runden damit beschäftigten, die Vorschläge aus dem Zukunftsdialog mit den eigenen Vorhaben abzugleichen und darauf aufbauend Zukunftsprojekte zu definieren. Die laufenden politischen Debatten über die Novelle des Medienstaatsvertrags und über Reformüberlegungen zum öffentlich-rechtlichen Rundfunk waren vermutlich ein günstiges Umfeld für die Durchführung des ARD-Zukunftsdialogs.

Ist der ARD-Zukunftsdialog nun eine gute Blaupause für zukünftige Formen des Publikumsdialogs? In vielerlei Hinsicht kann diese Frage bejaht werden: Es konnte demonstriert werden, wie über eine Kaskade von Prozess- und Auswertungsschritten substanzielle Ergebnisse entstanden. Der Wechsel zwischen quasi-repräsentativen Losbürger-Formaten und einem öffentlichen Format wie einer Online-Beteiligung erzeugte zudem hinreichend Legitimation und Aufmerksamkeit – in der Öffentlichkeit genauso wie innerhalb der ARD – damit die Ergebnisse als relevant für die Umsetzung erachtet wurden. Nicht zuletzt wurde auch die Erfahrung gemacht, dass viele Bürger:innen bereit sind, sich an einem solchen Dialogverfahren zur Weiterentwicklung der ARD ehrenamtlich, engagiert und konstruktiv zu beteiligen.

Gleichwohl kann der ARD-Zukunftsdialog dafür kritisiert werden, nicht genügend transparent gewesen zu sein. Die Auswahl der Fragestellungen und Formate sowie die inhaltlichen Auswertungen waren allein Sache der ARD und der von ihr beauftragten Dialogdienstleister. Somit gab es kein Instrument, mit dem das Bedürfnis nach Inszenierung, das vielen Organisationen innewohnt, eingehegt werden konnte. Um die Glaubwürdigkeit ähnlicher Dialogangebote weiter zu stärken, könnte zukünftig eine „Spurgruppe" oder eine andere Form von Begleitgremium, in dem die Interessen der Teilnehmenden Bürger:innen vertreten sind, in die Vor- und Nachbereitung der Prozessschritte einbezogen werden (Krummenacher et al., 2019, S. 37; Trénel, 2020, S. 81).

In diesem Zusammenhang sollte auch überlegt werden, welche Rolle die Aufsichtsgremien des öffentlich-rechtlichen Rundfunks, also die Rundfunkräte und die Gremienvorsitzendenkonferenz (GVK), bei zukünftigen Formen der Publikums- und Bürgerbeteiligung der ARD spielen können. Die Möglichkeiten reichen von einer definierten Beobachterrolle über die Mitgliedschaft in einem Begleitgremium (wie beispielsweise einer Spurgruppe) bis hin zur Ausrichterrolle solcher Dialogangebote. Auf welche Weise auch immer – eine klare und stärkere institutionelle Aufhängung wird einen positiven Effekt darauf haben, den Stimmen des Publikums und der Bürger:innen nachhaltig Einfluss zu geben.

Literatur

ARD (2021a, 17. Dezember). Transparenzseite zum ARD-Zukunftsdialog. Abgerufen am 22. März, 2022, von https://ard.de/zukunftsdialog

ARD (2021b, 28. Juni). Online-Beteiligung des ARD-Zukunftsdialogs. Abgerufen am 22. März, 2022, von https://ard-zukunftsdialog.de

ARD (2021c, 31. Mai). ARD-Zukunftsdialog: Jetzt ist das Publikum gefragt. Abgerufen am 22. März, 2022, von https://www.tagesschau.de/inland/gesellschaft/ard-zukunftsdialog-101.html

ARD (2021d, 9. Dezember). Bericht 2021 zum ARD-Zukunftsdialog. Abgerufen am 22. März, 2022, von https://daserste.de/ard/die-ard/spezial/ARD-Zukunftsdialog-Bericht-2021-100.pdf

Buhrow, Tom (2021, 22. März). Wo die ARD im Jahr 2030 steht. Gastbeitrag in der Frankfurter Allgemeinen Zeitung. Abgerufen am 22. März, 2022, von https://www.faz.net/aktuell/feuilleton/medien/wdr-intendant-tom-buhrow-wo-die-ard-im-jahr-2030-steht-17258121.html?premium

Burkart, Roland (2012). Verständigungsorientierte Öffentlichkeitsarbeit. In: Walter, Hömberg; Daniela, Hahn; & Timon B. Schaffer (Hrsg.), Kommunikation und Verständigung: Theorie – Empirie – Praxis, 17–37. Wiesbaden, Deutschland: Springer VS Verlag für Sozialwissenschaften.

Gottwald, Anne. (2022, 26. Januar). ARD-Zukunftsdialog: Über die Moderation großer Online-Beteiligungsprozesse. Beitrag in der Kategorie „Praxis" des Berlin Instituts für Partizipation – bipar. Abgerufen am 22. März, 2022, von https://www.bipar.de/ard-zukunftsdialog/

Krummenacher, Paul; Neff, Petra; Schjold, Inger; von Wurstemberger, Britta. (2019). Praxis der Großgruppenarbeit – Prozesse partizipativ gestalten. Stuttgart, Deutschland: Schäffer-Poeschel Verlag.

Mayring, Philipp (2015). Qualitative Inhaltsanalyse. Weinheim/Basel: Beltz Verlag.

Rädiker, Stefan; & Kuckartz, Udo (2019). Analyse qualitativer Daten mit MAXQDA: Text, Audio und Video. Wiesbaden, Deutschland: Springer VS Verlag für Sozialwissenschaften.

Trénel, Matthias. (2020). Gelebte digitale Partizipation. Bürgerbeteiligung in Veränderungsprozessen am Beispiel der Stadt Zürich. Zeitschrift für Organisationsentwicklung, 20 (2), 80–86.

ZDF (2019, 11. Dezember). Das ZDF im Dialog mit den Bürgern. Nachrichten in eigener Sache der heute-Redaktion. Abgerufen am 22. März, 2022, von https://www.zdf.de/nachrichten/in-eigener-sache/zdf-buerdialoge-gesammelt-100.html

Zebralog (2021, 28. Juni). Die Dialogzentrale: Plattform für digitale Beteiligung. Abgerufen am 22. März, 2022, von https://www.zebralog.de/dialogzentrale

IV. Methodenanhang

1. Die Beteiligungsplattform und das Verfahren

Der übergeordneten Frage nachgehend, wie die Zukunft des öffentlich-rechtlichen Fernsehens aussehen soll und was sich Zuschauerinnen und Zuschauer von dem Medium wünschen, wurde über die digitale Partizipationsplattform #meinfernsehen2021 die Öffentlichkeit in den Diskurs über die aktuellen Gegebenheiten und zukünftigen Ausgestaltungen des Mediensystems öffentlich-rechtlicher Rundfunk miteinbezogen. Innerhalb der Diskussionen zwischen den Teilnehmenden ließ sich keine Homogenität feststellen, im Gegenteil wurde die Vielschichtigkeit der Meinungen, Wünsche und Kritik der Teilnehmer:innen deutlich. Durch das Beteiligungsformat wurden außerdem nicht nur Daten erhoben, sondern vor allem Argumente und Vorschläge sichtbar gemacht. Diese waren der öffentlichen Kritik und Diskussion ausgesetzt und trugen dementsprechend zu fruchtbaren Diskursen über Sichtweisen und Meinungen bei. Das verwendete Verfahren umfasste drei konkrete Phasen: In der ersten Phase ging es primär um die Sammlung von Ideen und Meinungen hinsichtlich der Bereiche Unterhaltung, Information, Zugang und Nutzung sowie Neue Themen, ein inhaltlich nicht festgelegter Bereich, der Diskussionsbeiträge zu weiteren, von den Teilnehmenden definierten Themen liefern konnte. Darauf folgte die zweite Diskussionsphase unter den Leitfragen: Wie geht Fernsehen für alle? Was läuft im Fernsehen? Wie wird Fernsehen mitgestaltet? Schließlich schloss das Beteiligungsverfahren mit einer dritten und letzten Abstimmungsphase, in welcher die Teilnehmenden die Möglichkeit hatten, zuvor aus den Diskussionen synthetisierte Kernaussagen positiv oder negativ zu bewerten.

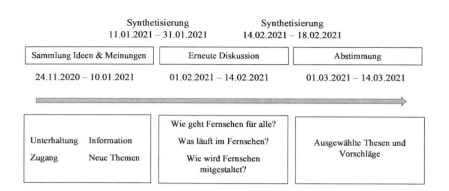

Abbildung 1: *konkreter Ablauf des dreiphasigen Beteiligungsprojekts*

Die Online-Diskussion im Rahmen des #meinfernsehen2021-Projekts zur Beteiligung der Bürger:innen an der Diskussion um die Zukunft des Fernsehens erfolgte über eine digitale Partizipationsplattform. Interessierte konnten sich auf der Website unter Angabe ihrer E-Mail-Adresse und eines pseudonymisierten Usernames anmelden. Die Freischaltung zur Diskussion durch die jeweilige E-Mail-Adresse gewährleistete eine gewisse Kontrolle der Teilnehmenden und schreckte möglicherweise Trolle ab, die die Diskussion destruktiv hätten beeinflussen können. Durch die Form konnten ergänzend zu konkreten Positionen und Bewertungen der Teilnehmenden zu verschiedenen Sachverhalten auch Argumente und Meinungsbildungsprozesse sichtbar gemacht werden.

Die Teilnehmenden wurden primär über die Verteiler des Grimme-Instituts, des Deutschen Volkshochschul-Verbands und der Bundeszentrale für politische Bildung akquiriert. Weitere Interessierte wurden durch Medienberichterstattungen und Pressemitteilungen auf die Beteiligungsplattform aufmerksam. Die zuvor konkretisierte Zielgruppe sollte Menschen im Alter zwischen 20 und Mitte 50 umfassen, um die Standpunkte von Personen mit unterschiedlichen Mediensozialisationen einzufangen.

Aufgrund der verteilerbasierten Ansprache der Teilnehmenden war die Zusammensetzung allerdings nicht konkret zu steuern; das Partizipationsprojekt kann daher nicht als repräsentativ im Hinblick auf die Stimmung in der Gesamtbevölkerung betrachtet werden. Es liegen – ausgenommen der Personen, die an der freiwilligen Abschlusserhebung teilgenommen haben – keine soziodemographischen Daten zu Alter, Geschlecht oder Bildungsabschluss vor.

In den ersten beiden Phasen des Beteiligungsprojekts haben sich 1.014 Menschen auf der Plattform registriert, mit Abschluss der dritten Phase waren es 1.113 Personen. Davon haben inklusive der dritten Phase 693 am Verfahren teilgenommen und 278 Teilnehmende haben eigene Textbeiträge verfasst. Insgesamt wurden 3.507 Beiträge geschrieben, davon 2.418 in den ersten beiden Phasen. Die durchschnittliche Anzahl von Beiträgen pro Tag betrug in der ersten Phase 41, in der zweiten Phase 33 und in der dritten Phase 78. Von den 693 Personen, die den zweistufigen Registrierungsprozess durchlaufen haben, haben 97 (14 %) an der Evaluation teilgenommen.

Das dreiphasige Partizipationsverfahren wurde durch eine von der Bundeszentrale für politische Bildung finanzierte Moderation begleitet. Diese bestand aus mehreren, im Schichtbetrieb agierenden Teams und sollte einen angemessenen Ton und eine angeregte Diskussionskultur gewährleisten und fördern.

Jeder auf der Plattform verfasste Beitrag konnte von anderen Teilnehmenden unmittelbar positiv oder negativ bewerten sowie durch einen eigenen Beitrag ergänzend kommentiert werden. Alle Beiträge der ersten Phase wurden in einem kollaborativen Verdichtungsprozess von Expert:innen des Grimme-Instituts und des Düsseldorfer Instituts für Internet und Demokratie zu Kernaussagen synthetisiert. Herrschte zu einem Standpunkt ein grundsätzlicher Konsens, wurde diese Aussage für die Abstimmung in der dritten Phase vorgemerkt. Kontroverse Positionen und Argumente wurden für die zweite Phase erneut zur Diskussion gestellt. In der dritten und abschließenden Phase konnten die Teilnehmenden schließlich über pointiert zusammengefasste Statements zum Status quo und zur Zukunft des öffentlich-rechtlichen Fernsehens abstimmen. Die Tabelle mit den Abstimmungsergebnissen wird nachfolgend abgebildet. Je nach prozentual höherer Zustimmung (grün) oder Ablehnung (rot) der These, sind die Ergebnisse farblich markiert.

Tabelle 1: *Abstimmungsergebnisse der dritten Phase*

001 Der Sendezeitanteil für Nachrichten soll erhöht werden. (Informationsangebote) **ja**	64	23
002 In den Nachrichten sollen mehr internationale Themen einschließlich ihrer Hintergründe behandelt werden. (Informationsangebote) **ja**	68	5
003 In den Nachrichten soll mehr über „vergessene" oder „vernachlässigte" Themen berichtet werden. (Informationsangebote) **ja**	55	10
004 Der ÖRR soll seinen Umgang mit der Trennung von Information und Meinung in den Nachrichten verbessern. (Informationsangebote) **ja**	47	23
005 Dokumentationen sollen sich stärker auf Zahlen, Fakten und aktuelle Debatten fokussieren. (Informationsangebote) **ja**	45	9
006 Dokumentationen sollen diverser gestaltet werden, sodass nicht immer ähnliche Themen im Fokus stehen. (Informationsangebote) **ja**	39	9
007 Für die Talkshows braucht es frische Ideen für Formate, neue Moderierende und regelmäßige Innovationen. (Informationsangebote) **ja**	49	9
008 In Talkshows soll stärker auf fachkompetente Podiumsgäste mit kontroversen Meinungen geachtet werden. (Informationsangebote) **ja**	42	6
009 In Talkshows sollen vermehrt Bürger*innen eingeladen werden. (Informationsangebote)	29	29
010 Die Zuschauenden sollen stärker interaktiv in Talkshows eingebunden werden. (Informationsangebote) **nein**	19	30
011 Serien/Filme sollen stärker auf aktuelle Debatten eingehen und auf Probleme der Gesellschaft aufmerksam machen. (Unterhaltungsangebote) **nein**	19	39
012 Es sollen weniger Krimis produziert und gesendet werden. (Unterhaltungsangebote) **ja**	63	19
013 Der Programmanteil an Satire-Formaten soll erhöht und neue Formate sollen kontinuierlich entwickelt werden. (Unterhaltungsangebote) **ja**	40	25

014 Es sollen innovative Musikshows entwickelt werden, in denen Musik jenseits von Schlager vorgestellt wird. (Unterhaltungsangebote) **ja**	41	13
015 Sportübertragungen sollen bis auf große Sportevents hinter einer Pay-Wall oder über private Anbieter verfügbar sein. (Unterhaltungsangebote) **ja**	54	20
016 In der Sportberichterstattung soll eine größere Vielfalt an Sportarten neben Fußball berücksichtigt werden. (Unterhaltungsangebote) **ja**	48	10
017 Regionalprogramme sollen stärker regional und zeitnah berichten, beispielsweise über anstehende regionale Events. (Programm) **ja**	44	5
018 Der Anteil an Unterhaltung soll zugunsten dokumentarischer und nachrichtlicher Formate verringert werden. (Programm) **ja**	61	15
019 Öffentlich-rechtliche Angebote sollen stärker auf unterschiedliche Alters- und Zielgruppen zugeschnitten werden. (Programm) **ja**	32	19
020 Die organisatorische Struktur und das Programm des öffentlich-rechtlichen Rundfunks sollen umgestaltet werden. (Struktur) **ja**	62	8
021 Die Zusammensetzung, Auswahl und Arbeitsweise der Rundfunkräte soll reformiert werden. (Struktur) **ja**	80	2
022 Der öffentlich-rechtliche Rundfunk soll grundsätzlich auf YouTube präsent sein. (Struktur) **nein**	28	57

Am 27. Mai 2021 wurden die Ergebnisse der Partizipationsplattform auf einer Tagung im NRW-Forum, Düsseldorf vorgestellt. Auf drei Panels zu den Themenschwerpunkten 1) Politische Ausgewogenheit und Neutralität, 2) Wie werden Realitäten im ÖRR abgebildet – regional & fiktional? und 3) Tagesbilanz und Zukunft des Fernsehens tauschten sich Expert:innen auf Grundlage des Beteiligungsprojektes aus[1].

---

1 Die Veranstaltung wurde aufgezeichnet und ist unter https://www.meinfernsehen2 021.de/veranstaltung/ abrufbar.

2. Die Fokusgruppen-Interviews

Die Partizipationsplattform #meinfernsehen2021 kann nicht als repräsentativ verstanden werden; es ist davon auszugehen, dass „fernsehaffine" Personen mit einem ausgeprägten Interesse an dem öffentlich-rechtlichen Mediensystem überrepräsentiert waren. Aufgrund des freiwilligen Evaluationsbogens wurde deutlich, dass sich insbesondere hinsichtlich des Alters der Teilnehmenden eine eindeutige Tendenz abzeichnete: Der Blickwinkel jüngerer Zuschauer:innen konnte durch die Ergebnisse kaum abgebildet werden. Um auch die Perspektive Jugendlicher einzufangen, wurde das SINUS-Institut im Frühjahr 2021 mit einer entsprechenden Erhebung beauftragt. Zur Gewinnung der Daten wurden drei Online-Fokusgruppen mit insgesamt 19 Jugendlichen im Alter zwischen 14 und 17 Jahren durchgeführt[2].

3. Die Codierung und Auswertung der Daten nach der quantitativen Inhaltsanalyse

Um die deliberative Qualität der Diskussionen auf der Partizipationsplattform zu untersuchen, wurde eine quantitative Inhaltsanalyse der Kommentare durchgeführt, die von Teilnehmer:innen des Verfahrens verfasst wurden. Die quantitative oder standardisierte Inhaltsanalyse ist eine empirische Forschungsmethode aus der Kommunikationswissenschaft zur systematischen und intersubjektiv nachvollziehbaren Untersuchung von Mitteilungen (Früh, 2017; Rössler, 2017). Die Inhalte werden mithilfe eines Kategoriensystems („Codebuch") systematisch erfasst und können anschließend statistisch ausgewertet werden (für einen Überblick siehe Rössler, 2017).

Auf der Partizipationsplattform wurden insgesamt 3.817 Kommentare verfasst. Für die quantitative Inhaltsanalyse wurden Kommentare aus dem Modul „Was noch" ausgeschlossen, da sich Beiträge aus diesem Modul hinsichtlich ihrer Datenstruktur von den anderen Modulen unterschieden. Im Gegensatz zu den anderen Modulen war es hier auch Teilnehmer:innen möglich, eigene Themen zu eröffnen. Außerdem wurden alle Moderationskommentare ausgeschlossen, sodass die Grundgesamtheit nur Kommentare, die von Teilnehmer:innen verfasst wurden, enthielt. Aus

---

2 Zur Ansicht der gesamten Methode, siehe in diesem Band: Tim Gensheimer: *Exkurs: #meinfernsehen2021 – Zur Sicht der Jugendlichen.*

den verbliebenen Kommentaren (N = 2.941) wurde eine geschichtete Zufallsstichprobe von 800 Initialkommentaren und allen dazugehörigen Antwortkommentaren gezogen. Diese Vorgehensweise resultierte in einer Gesamtstichprobe von 1.469 Kommentaren (800 Initialkommentare und 669 Antwortkommentare). Das entspricht einem Anteil von 50 Prozent der Grundgesamtheit.

Das Codebuch enthält 15 Qualitätskriterien, die zum Großteil auf deliberativer Qualität basieren (Dryzek et al., 2019; Fishkin, 1991; Habermas, 1991). Die Kriterien bilden drei Schlüsseldimensionen von deliberativer Qualität ab: *Rationalität* (z. B. Begründungen), *Reziprozität* (z. B. Bezugnahmen auf andere Nutzer:innen) und expliziten *Respekt* (z. B. höfliche Anrede) (Frieß & Eilders, 2015; Spörndli, 2003; Ziegele et al., 2020). Außerdem wurden *Storytelling* und *Emotionen* als Qualitätskriterien jenseits klassischer Deliberation berücksichtigt (Bächtiger et al., 2010; Esau et al., 2019; Graham, 2010). Zudem enthält das Codebuch Indikatoren für *Inzivilität* (z. B. Beleidigungen) (Coe et al., 2014; Papacharissi, 2004). Drei studentische Codiererinnen wurden anhand des Codebuchs geschult. Die Intercoder-Reliabilität wurde an einer Stichprobe von 159 Kommentaren getestet und übertraf den kritischen Wert von 0.67 (Krippendorff's Alpha) in 20 von 21 Kategorien (Ø =.74). Tabelle 3 enthält eine Übersicht über alle Kategorien mit Codieranweisungen, Mittelwerten und Reliabilitätswerten. Das vollständige Codebuch mit ausführlichen Codieranweisungen und Codierbeispielen kann auf Anfrage von den Untersuchungsleiter:innen zur Verfügung gestellt werden.

Tabelle 2: *Übersicht über Kategorien, Mittelwerte und Intercoder-Reliabilität der quantitativen Inhaltsanalyse (Dominique Heinbach, Marc Ziegele & Lena K. Wilms)*

	Kurzbeschreibung	Mittelwerte		Intercoder-reliabilität
		M	**SD**	**K-Alpha (ordinal)**
Rationalität				
Themenbezug	*Bezieht sich der Kommentar auf das Thema des Posts?*	3.35	0.95	.70
Tatsachenbehauptung	*Enthält der Kommentar mindestens eine objektiv überprüfbare Aussage mit Wahrheitsanspruch?*	1.81	1.21	.78
Begründung	*Enthält der Kommentar mindestens eine Begründung, die eine Aussage (z. B. eine Behauptung, Meinung oder Forderung) untermauern soll?*	1.85	1.26	.73
Lösungsvorschlag	*Enthält der Kommentar mindestens einen Vorschlag, wie Probleme oder Angelegenheiten gelöst werden können?*	1.84	0.98	.75
Zusatzwissen	*Enthält der Kommentar Zusatzinformationen, die Wissenscharakter haben und einen inhaltlichen Mehrwert bieten?*	1.26	0.70	.72
Echte Frage	*Enthält der Kommentar mindestens eine*	1.16	0.59	.75

	Frage mit echtem Infor-mationsbedürfnis?			
Reziprozität				
Bezugnahme Nut-zer:in / Community	*Bezieht sich der Kom-mentar auf mindestens eine:n weitere:n Nut-zer:in oder auf alle Nutzer:innen in der Community?*	1.96	1.31	.78
Bezugnahme auf den Inhalt anderer Kom-mentare	*Bezieht sich der Kom-mentar auf Inhalte, Argumente oder Posi-tionen in anderen Kommentaren?*	2.02	1.31	.78
Kritische Bezugnah-me	*Bezieht sich der Kom-mentar kritisch auf einen oder mehrere an-dere Kommentare?*	1.45	0.93	.86
Expliziter Respekt				
Höfliche Anrede	*Enthält der Kommen-tar Formulierungen der höflichen Anrede oder Begrüßungs- oder Ab-schiedsfloskeln?*	1.07	0.41	.80
Respektsbekundung	*Enthält der Kommen-tar Anerkennung, Lob oder Danksagungen?*	1.26	0.72	.71
Emotionen				
Positive Emotionen	*Enthält der Kommen-tar positive Emotionen wie Freude, Hoffnung oder Erleichterung?*	1.26	0.74	.69
Negative Emotionen	*Enthält der Kommen-tar negative Emotionen wie Wut, Trauer oder Angst?*	1.48	0.88	.75
Storytelling				

Storytelling	*Werden im Kommentar persönliche Geschichten und Erfahrungen geschildert?*	1.11	0.45	.85
Argumentatives Storytelling	*Werden im Kommentar persönliche Geschichten oder Erfahrungen geschildert, um ein Argument, eine Behauptung oder eine Positionierung zu stützen?*	1.06	0.33	.75
Inzivilität				
Geringschätzung	*Enthält der Kommentar abwertende, herabwürdigende, respektlose und/oder geringschätzende Äußerungen gegenüber Personen, Gruppen, Positionen oder Meinungen?*	1.59	1.02	.81
Schreien	*Enthält der Kommentar Anhäufungen von Satzzeichen oder Großschreibung, die Lautstärke implizieren sollen?*	1.15	0.58	.76
Vulgäre Sprache	*Enthält der Kommentar obszöne, unflätige oder vulgäre Ausdrucksweisen, die für einen zivilen Diskurs unangemessen sind?*	1.05	0.29	.71
Beleidigung	*Enthält der Kommentar Beleidigungen oder Beschimpfungen einer oder mehrerer anderer*	1.06	0.36	.56

	Personen oder Personengruppen?			
Sarkasmus/Zynismus/Spott	*Enthält der Kommentar beißenden Spott und Hohn, der auf die Abwertung des Referenzobjektes zielt und/oder es lächerlich machen will, zynische Aussagen, „schwarzen Humor" oder Fatalismus?*	1.40	0.87	.68
Lügenvorwurf	*Enthält der Kommentar mindestens einen Lügen- oder Täuschungsvorwurf und/oder Manipulations- oder Lenkungsunterstellung?*	1.11	0.48	.72
		N = 1469	n = 159; 3 Codierer:innen	

Anmerkungen: Alle Merkmale wurden auf Kommentarebene auf einer vierstufigen Skala erfasst (1 = Merkmal ist eindeutig nicht vorhanden; 2 = Merkmal ist eher nicht vorhanden; 3 = Merkmal ist eher vorhanden; 4 = Merkmal ist eindeutig vorhanden). M (Mittelwert), SD (Standardabweichung), K-Alpha (Krippendorffs Alpha).

4. Die Evaluation

Die Evaluationsbefragung konnte von den Teilnehmenden der Partizipationsplattform #meinfernsehen2021 freiwillig und anonym durchgeführt werden. Dabei wurden die Fragestellungen unter folgenden Oberkategorien systematisiert: a) Persönliche Einstellungen gegenüber dem öffentlich-rechtlichen Fernsehen, b) persönliche Einstellungen zu den Phasen des Beteiligungsverfahrens, c) allgemeine Bewertung des Beteiligungsverfahrens, d) Ergebniszusammenfassung, e) technische Umsetzung und f) Soziodemografie. Zuletzt hatten die Teilnehmenden durch ein offenes Antwortfeld die Gelegenheit, Rückfragen zu stellen, Feedback zu geben, Anregungen und Wünsche zu formulieren etc. Darüber hinaus wurde der Sinus-Milieu-Indikator in den Fragebogen integriert, sodass die Teilnehmenden aufgrund ihrer Antworten bei 29 Einstellungs-Items in das Gesellschafts- und Zielgruppenmodell der Sinus-Milieus kategorisiert werden konnten. Dem Sinus-Institut war es somit möglich, anhand der Stichprobe die Milieu-Struktur dieser zu definieren. 97 Personen (14 %) haben an der Evaluation teilgenommen. Teilnehmende an der Evaluation haben nicht zwangsläufig aktiv an dem Diskurs teilgenommen und eigene Textbeiträge verfasst.

Laut Angaben der Teilnehmenden herrschte in Phase 1 des Partizipationsprojekts die meiste Teilnahme (79,4 %). Mehr als die Hälfte der Teilnehmenden (51,5 %) hat an allen drei Phasen teilgenommen. Die Hauptgründe für die Teilnahme an der Beteiligungsplattform beliefen sich auf 1) Kritik äußern, 2) Austausch mit anderen und 3) Lernen über andere Positionen. Neben den vorgegebenen Antwortmöglichkeiten war es den Teilnehmenden möglich, unter dem Feld „Sonstiges" eigene Gründe für die Teilnahme zu nennen; die Möglichkeiten, Anregungen zu äußern und Vorschläge zur Änderung einzubringen wurden hier am häufigsten angeführt. Die Teilnehmenden gaben an, sich in Phase 1 primär durch das Erstellen von Beiträgen zu den vorgegebenen Fragen und Thesen sowie das Kommentieren und Liken anderer Beiträge an der Diskussion beteiligt zu haben. In der zweiten Phase wurde sich hauptsächlich durch das Liken und Kommentieren in den Diskurs eingebracht. In Phase 3 wurden insbesondere die Abstimmungsvorschläge als Partizipation an der Diskussion gelikt. Darüber hinaus wurde außerdem durch das Kommentieren anderer Vorschläge, das Liken anderer Kommentare sowie das Kommentieren anderer Kommentare an dem Austausch teilgenommen. Eine kleine Mehrheit der Teilnehmenden (50,5 %) hat den Ergebnisreiter der Partizipationsplattform gelesen. 67 Personen haben den Einsatz von Moderation als positiv empfunden[3].

Hinsichtlich der Soziodemografie lassen sich eindeutige Tendenzen feststellen: Der Großteil der Teilnehmenden gehörte zu den Altersgruppen 1) 50 bis 59 Jahre (28,9 %), 2) 60 bis 69 Jahre (21,6 %) und 3) 70 bis 79 Jahre (17,5 %). Lediglich sieben Personen (7,2 %) gaben an, zu der Altersgruppe 18 bis 29 zu gehören. Außerdem waren laut der Evaluation männliche Teilnehmende (75,3 %) deutlich überrepräsentiert. Hinsichtlich des Bildungsabschlusses dominierte der Hochschulabschluss (54,6 %). Zum Be-

---

3 Bei der Aussage „Der Einsatz einer Moderation war sinnvoll" wählten 44 Personen (45,4 %) „stimme voll und ganz zu" und 23 Personen (23,7 %) „stimme eher zu".

rufsbild gaben die meisten Teilnehmenden an, Rentner:in oder Pensionär:in (32 %) oder einfache:r, mittlere:r Angestellte:r (22,7 %) zu sein.

Literatur

Bächtiger, André; Shikano, Susumu; Pedrini, Seraina; & Ryser, Mirjam (2010). Measuring Deliberation 2.0: Standards, Discourse Types, and Sequentialization. University of Konstanz and University of Bern. https://ash.harvard.edu/files/ash/files/baechtiger_0.pdf

Coe, Kevin; Kenski, Kate; & Rains, Stephen A. (2014). Online and uncivil? Patterns and determinants of incivility in newspaper website comments. Journal of Communication, 64, 658–679. https://doi.org/10.1111/jcom.12104

Dryzek, John S.; Bächtiger, André; Chambers, Simone; Cohen, Joshua; Druckman, James N.; Felicetti, Andreas; Fishkin, James S.; Farrell, David M.; Fung, Archon; Gutmann, Amy; Landemore, Hélène; Mansbridge, Jane; Marien, Sofie; Neblo, Michael A.; Niemeyer, Simon; Setälä, Maija; Slothuus, Rune; Suiter, Jane; Thompson, Dennis; & Warren, Mark E. (2019). The crisis of democracy and the science of deliberation. Science (New York, N.Y.), 363(6432), 1144–1146. https://doi.org/10.1126/science.aaw2694

Esau, Katharina; Frieß, Dennis; & Eilders, Chistiane (2019). Online-Partizipation jenseits klassischer Deliberation: Eine Analyse zum Verhältnis unterschiedlicher Deliberationskonzepte in Nutzerkommentaren auf Facebook-Nachrichtenseiten und Beteiligungsplattformen. In: Ines Engelmann; Marie Legrand & Hanna Marzinkowski (Hrsg.), Digital Communication Research: Bd. 6. Politische Partizipation im Medienwandel (S. 221–245).

Fishkin, James S. (1991). Democracy and deliberation: New directions for democratic reform. Yale University Press. http://www.jstor.org/stable/10.2307/j.ctt1dt006v https://doi.org/10.2307/j.ctt1dt006v

Frieß, Dennis; & Eilders, Christiane (2015). A systematic review of online deliberation research. Policy & Internet, 7(3), 319–339. https://doi.org/10.1002/poi3.95

Früh, Werner (2017). Inhaltsanalyse: Theorie und Praxis (9. Aufl.). utb-studi-e-book: Bd. 2501. UTB GmbH. https://doi.org/10.36198/9783838547350

Graham, Todd (2010). The Use of Expressives in Online Political Talk: Impeding or Facilitating the Normative Goals of Deliberation? In Efthimios Tambouris; Ann Macintosh & Olivier Glassey (Hrsg.), Lecture Notes in Computer Science: Bd. 6229. Electronic Participation (Bd. 6229, S. 26–41). Springer Berlin Heidelberg. https://doi.org/10.1007/978-3-642-15158-3_3

Habermas, Jürgen (1992). Faktizität und Geltung: Beiträge zur Diskurstheorie des Rechts und des demokratischen Rechtsstaats. Suhrkamp.

Papacharissi, Zizi (2004). Democracy online: civility, politeness, and the democratic potential of online political discussion groups. new media & society, 6(2), 259–283. https://doi.org/10.1177/1461444804041444

Spörndli, Markus (2003). Discourse quality and political decisions: an empirical analysis of debates in the German Conference Committee. (Discussion Papers/Wissenschaftszentrum Berlin für Sozialforschung, Forschungsschwerpunkt Zivilgesellschaft, Konflikte und Demokratie, Abteilung Zivilgesellschaft und transnationale Netzwerke, 2003–101). Berlin: Wissenschaftszentrum Berlin für Sozialforschung gGmbH. https://nbn-resolving.org/ urn:nbn:de:0168-ssoar-111517

Ziegele, Marc; Quiring, Oliver; Esau, Katharina & Frieß, Dennis (2020). Linking News Value Theory With Online Deliberation: How News Factors and Illustration Factors in News Articles Affect the Deliberative Quality of User Discussions in SNS' Comment Sections. Communication Research, 47(6), 860–890. https://doi.org/10.1177/0093650218797884

V. Autorinnen und Autoren

Bieber, Christoph (Prof. Dr.) ist Politikwissenschaftler an der Universität Duisburg-Essen und Forschungsprofessor am Center for Advanced Internet Studies (CAIS) in Bochum. Dort leitet er das Forschungsprogramm „Digitale demokratische Innovationen". Bieber war von 2013 bis 2017 Mitglied des WDR-Rundfunkrats und publiziert regelmäßig zu den digitalen Herausforderungen öffentlich-rechtlicher Medienangebote.

Eilders, Christiane (Prof. Dr.) ist seit 2011 Professorin für Kommunikations- und Medienwissenschaft an der Heinrich-Heine-Universität Düsseldorf. Sie ist Sprecherin des Düsseldorfer Instituts für Internet und Demokratie (DIID). In Forschung und Lehre befasst sie sich mit Partizipation und öffentlicher Meinungsbildung und untersucht die Rolle von etablierten Massenmedien und Online-Kommunikation in diesem Prozess. Im Rahmen des DIID gilt ihr Interesse neben der deliberativen Qualität und den Verlaufsformen von Beteiligungsverfahren auch den Online-Partizipationsangeboten von Kommunen.

Esau, Katharina ist Wissenschaftliche Mitarbeiterin in der Abteilung Kommunikations- und Medienwissenschaft am Institut für Sozialwissenschaften der Heinrich-Heine-Universität Düsseldorf. 2020 hat sie ihre Promotion im Fach Kommunikations- und Medienwissenschaft abgeschlossen. Ihre Forschungsschwerpunkte liegen im Bereich der Politischen Online-Kommunikationsforschung, Online-Deliberation, Digitalen Öffentlichkeit und Meinungsbildung im Internet.

Gensheimer, Tim ist seit 2017 in der Position Research & Consulting am SINUS-Institut tätig. Sein Arbeitsschwerpunkt ist die qualitative und quantitative Zielgruppenforschung und -beratung im Bereich Politik, Jugend und Medien unter Anwendung der Gesellschafts- und Zielgruppentypologie der Sinus-Milieus.

Gerlach, Frauke (Dr.) ist Direktorin und Geschäftsführerin des Grimme-Instituts sowie Geschäftsführerin des Grimme-Forschungskollegs an der Universität zu Köln. Sie ist Mitglied der Programmkommission des Center for Advanced Internet Studies und des Hochschulrats der Universität zu Köln. Zu ihren Fachgebieten zählt das Verfassungs- und Medienrecht. Ihre transdisziplinäre Arbeit bezieht sich auf praxisorientierte Lösungsansätze an den Schnittstellen zwischen Medien, Gesellschaft, Wissenschaft und Politik im Zeitalter des digitalen Wandels.

Hallenberger, Gerd (Dr. phil. habil.) ist freiberuflicher Medienwissenschaftler mit den Arbeitsschwerpunkten Fernsehunterhaltung, allgemeine Medienentwicklung und Populärkultur. Lehrtätigkeit an zahlreichen Hochschulen, 2013–2015 Professor an der Hochschule für Medien, Kommunikation und Wirtschaft (HMKW, Köln). 1996–2004 Leiter des deutschen Zweigs des Forschungsprojekts „Eurofiction". Schon oft Mitglied von Nominierungskommissionen und Jurys für den Grimme-Preis, Mitglied des Kuratoriums der Freiwilligen Selbstkontrolle Fernsehen e.V.

Heinbach, Dominique ist seit 2018 wissenschaftliche Mitarbeiterin am Institut für Sozialwissenschaften der Heinrich-Heine-Universität Düsseldorf. Zuvor war sie wissenschaftliche Mitarbeiterin am Institut für Publizistik der Johannes Gutenberg-Universität Mainz. Sie hat Publizistik, Filmwissenschaft und Kommunikationswissenschaft in Mainz studiert. Ihre Forschung befasst sich vor allem mit Kommentarmoderation und Community Management, der Qualität von Online-Diskussionen sowie der Medienwirkungs- und Persuasionsforschung im Social Web.

Junggeburth, Julian ist seit 2019 Doktorand der Kommunikations- und Medienwissenschaft an der Heinrich-Heine-Universität Düsseldorf. Sein Forschungsschwerpunkt liegt im Bereich von Online-Diskussionen in sozialen Medien.

Mütschele, Henri ist wissenschaftlicher Mitarbeiter am Lehrstuhl Kommunikations- und Medienwissenschaft III an der Heinrich-Heine-Universität in Düsseldorf. Im Rahmen seiner Promotion beschäftigt er sich mit den Strukturen und Wirkungen von Argumentation im Kontext von Online-Deliberation. Zuvor hat er Politikwissenschaft, politische Theorie und Rhetorik in Friedrichshafen, London und Tübingen studiert.

Neuberger, Christoph (Prof. Dr.) ist Professor für Publizistik- und Kommunikationswissenschaft mit dem Schwerpunkt „Digitalisierung und Partizipation" an der Freien Universität Berlin und Geschäftsführender Direktor des Weizenbaum-Instituts für die vernetzte Gesellschaft, Berlin. Er ist ordentliches Mitglied der Bayerischen Akademie der Wissenschaften und der Deutschen Akademie der Technikwissenschaften (acatech). Sein Forschungsschwerpunkt ist der digitale Wandel von Medien, Öffentlichkeit und Journalismus.

Nienhaus, Sarah-Michelle ist seit April 2021 Wissenschaftliche Mitarbeiterin in der Abteilung für Kommunikations- und Medienwissenschaft an der Heinrich-Heine-Universität Düsseldorf. Ihr Bachelor- und Masterstudium absolvierte sie ebenfalls an der HHU (Sozialwissenschaften und Politische Kommunikation). Ihre Forschungsschwerpunkte sind Online-Deliberation und Framing.

Peifer, Karl-Nikolaus (Prof. Dr.) ist wissenschaftlicher Direktor am Grimme-Forschungskolleg und Inhaber des Lehrstuhls für Bürgerliches Recht mit Urheberrecht, Gewerblichem Rechtsschutz, Neuen Medien und Wirtschaftsrecht an der Universität zu Köln. Nach dem Studium der Rechtswissenschaften, der Romanistik und der Amerikanistik sowie Volkswirtschaftslehre an den Universitäten Trier, Bonn, Duisburg, Hamburg und Kiel promovierte er 1994 an der Universität Bielefeld. Seine Forschungsschwerpunkte liegen im gewerblichen Rechtsschutz und Urheberrecht sowie im Medienrecht.

Reuters, Lena studierte Public Administration, European Studies und Politikwissenschaft in Münster, Enschede und Hamburg. Im Anschluss an ihren Masterabschluss absolvierte sie ein Volontariat beim Grimme-Institut mit Stationen bei der Süddeutschen Zeitung, dem WDR und der Bundeszentrale für politische Bildung. Zu ihren Forschungsschwerpunkten gehören Medienbildung und -entwicklung sowie Online-Deliberation und Online-Partizipation.

Schulz, Anne (Dr.) ist wissenschaftliche Mitarbeiterin am *Institut für Kommunikationswissenschaft und Medienforschung* der Universität Zürich und Research Associate am *Reuters Institute for the Study of Journalism* an der *University of Oxford*. In Ihren Studien beschäftigt sie sich mit globalen Trends in der Nachrichtennutzung mit besonderem Fokus auf die Nutzung öffentlich-rechtlicher, regionaler und lokaler Nachrichten. Sie ist Co-Autorin des *Reuters Institute Digital News Report*. Ihre Forschung knüpft an die kommunikationswissenschaftlichen Felder der Journalismusforschung, Medienpsychologie und politischen Kommunikation an.

Seim, Jonathan ist wissenschaftlicher Mitarbeiter am Center for Advanced Internet Studies (CAIS) im Forschungsprojekt Digitale Ethik, welches aus Projektmitteln der Stiftung Mercator finanziert wird. Zudem ist er als wissenschaftlicher Mitarbeiter in der Koordination des Düsseldorfer Instituts für Internet und Demokratie (DIID) tätig. Jonathan Seim forscht im Bereich der Demokratietheorie zu den normativen Grundlagen von Bürger:innenbeteiligung und promoviert im Fach Philosophie zur legitimen Verteilung von Partizipationsrechten bei internetgestützten Bürger:innenbeteiligungsverfahren.

Soßdorf, Anna (Dr.) lehrt und forscht als promovierte Kommunikations- und Medienwissenschaftlerin an der Heinrich-Heine-Universität Düsseldorf zu digitaler Bildung, Partizipation und Wissenschaftskommunikation mit einem besonderen Fokus auf Jugendliche. Sie ist außerdem selbstständige Trainerin, Referentin und Beraterin zu unterschiedlichen Facetten der Digitalisierung und Digitalität.

Trénel, Matthias ist Geschäftsführer der Zebralog GmbH, einer Agentur für Dialog und Beteiligung. Zugleich ist er in der Forschung tätig als Doktorand an der Universität Stuttgart in der Abteilung für Politische Theorie und empirische Demokratieforschung. Der Diplom-Psychologe hat an der FU-Berlin und an der University of Melbourne studiert, bevor er am Wissenschaftszentrum Berlin für Sozialforschung Diskursverfahren im Feld untersucht hat.

Warnken, Viviana N. E. ist Studentin der Politischen Kommunikation an der Heinrich-Heine-Universität Düsseldorf. Zuvor studierte sie Kommunikationswissenschaft und Sozialwissenschaften an der Universität Erfurt und beschäftigte sich an der Tilburg University, an der Uniwersytet Wrocławski und im Rahmen verschiedener Projekte mit Politik und digitalen Medien, sozialen Bewegungen und politischer Partizipation. Zu ihren Forschungsschwerpunkten zählen die politische Online-Kommunikation sowie politische Social-Media-Influencer:innen und deren Einfluss auf die öffentliche Meinungsbildung.

Wilms, Lena K. ist wissenschaftliche Mitarbeiterin am Düsseldorfer Institut für Internet und Demokratie (DIID). In diesem Rahmen entwickelt und evaluiert sie Maßnahmen zur Verbesserung von Online-Beteiligungsverfahren mittels KI-unterstützter Moderation. Ihr besonderes Interesse gilt dabei dem Design inklusiver demokratischer Online-Umgebungen. Zuvor studierte sie Politikwissenschaft, Soziologie und Kommunikationswissenschaft in Düsseldorf und Budapest.

Ziegele, Marc (Jun.-Prof. Dr.) ist Juniorprofessor für Kommunikations- und Medienwissenschaft mit Schwerpunkt politische Online-Kommunikation an der Heinrich-Heine-Universität Düsseldorf. Gleichzeitig ist er Leiter der vom Ministerium für Kultur und Wissenschaft des Landes Nordrhein-Westfalen geförderten Nachwuchsforschungsgruppe „Deliberative Diskussionen im Social Web". Zu seinen Forschungsschwerpunkten zählen Partizipation und Diskussionen von Bürgerinnen und Bürgern im Internet.

VI. Danksagung

Die aufwendige Entwicklung, Durchführung und Auswertung des Partizipationsverfahrens #meinfernsehen2021 erstreckt sich über einen Zeitraum von mehr als zwei Jahren. Die Verantwortlichen und Mitarbeitenden der inter- und transdisziplinär kooperierenden Institutionen (Grimme-Institut, DIID und bpb) haben aufgrund ihrer Offenheit für den komplexen Arbeitsprozess und mit ihrem Einsatz, der die Grenzen der eigenen Disziplinen und Institutionen oftmals überschritten hat, #meinfernsehen2021 erst ermöglicht. Die große Resonanz der Beteiligten konnte nur durch den in jeder Hinsicht versierten und engagierten Einsatz von Anna Soßdorf, Annette Schneider, Julia Wilms, Lena Reuters, Lucia Eskes und Monika Elias verarbeitet werden. Jana Peters und Viviana Warnken haben mit komplexen Datenanalysen in den Abschnitten zur Deliberation wichtige Beiträge geleistet.

Ein besonderer Dank gebührt Jonathan Seim, der sich unermüdlich und gegen einige Widrigkeiten dafür eingesetzt hat, dass die Interessierten auch Zugang zur Plattform erhalten haben. Für die technische Umsetzung der Plattform danken wir außerdem Guido Königstein.

Wir danken der Bundeszentrale für Politische Bildung und seinem Präsidenten Thomas Krüger sowie Arne Busse und Wiebke Sondermann für ihre konzeptionelle, inhaltsreiche und verbindliche Unterstützung und Förderung des Projektes #meinfernsehen2021.

Der gesamte Arbeitsprozess zur Herstellung der vorliegenden Publikation wurde versiert und sorgfältig von Katharina Schmitz koordiniert und begleitet.

Für die verlässliche finanzielle Unterstützung danken wir dem Land Nordrhein-Westfalen.

Christiane Eilders und Frauke Gerlach